COMENTARIO SWINDOLL

del

NUEVO TESTAMENTO

JUAN

CHARLES R. SWINDOLL

COMENTARIO SWINDOLL

del

NUEVO TESTAMENTO

JUAN

La misión de Editorial Vida es ser la compañía líder en comunicación cristiana que satisfaga las necesidades de las personas, con recursos cuyo contenido glorifique a Jesucristo y promueva principios bíblicos.

COMENTARIO SWINDOLL DEL NUEVO TESTAMENTO – JUAN
Edición en español publicada por
Editorial Vida - 2010
Miami, Florida

© 2010 Charles R. Swindoll

Originally published in the USA under the title:
  Swindoll's New Testament Insights: John
  Copyright © 2010 by Charles R. Swindoll
Published by permission of Zondervan, Grand Rapids, Michigan 49530

Traducción: *Rojas & Rojas Editores*
Edición: *Rojas & Rojas Editores*
Diseño interior: *Words for the World, Inc.*
Adaptación de cubierta: *Good Idea Productions, Inc.*

RESERVADOS TODOS LOS DERECHOS. A MENOS QUE SE INDIQUE LO CONTRARIO, EL TEXTO BÍBLICO SE TOMÓ DE LA SANTA BIBLIA NUEVA VERSIÓN INTERNACIONAL. © 1999 POR BÍBLICA INTERNACIONAL

ISBN: 978-0-8297-5804-7

Categoría: Estudios bíblicos / Nuevo Testamento

IMPRESO EN ESTADOS UNIDOS DE AMÉRICA
PRINTED IN THE UNITED STATES OF AMERICA

10 11 12 13 ❖ 6 5 4 3 2 1

CONTENIDO

Prefacio del Autor 7
Introducción a Juan 11
Comentario sobre Juan 21
    Presentación del Verbo (Juan 1:19—4:54) 33
    Acreditación del Verbo (Juan 5:1—12:50) 97
    Confirmación del Verbo (Juan 13:1—17:26) 208
    Vindicación del Verbo (Juan 18:1—21:25) 283

Lista de mapas y tablas
    Mapa: El mundo de Juan 10
    Tabla: El Evangelio de Juan de un vistazo 12-13
    Mapa: Betania más allá del Jordán 40
    Tabla: Siete señales del Hijo de Dios 57
    Mapa: Judea, Samaria, Galilea 81
    Mapa: Caná, Capernaúm 94
    Tabla: Calendario judío y ciclo de festivales 124
    Mapa: Mar de Galilea 125
    Tabla: Etapas de rechazo 158
    Tabla: Semana final 200
    Tabla: Los doble amén en Juan 218
    Tabla: Jesús predice su muerte y resurrección 229
    Mapa: Jerusalén al tiempo de la crucifixión 271
    Tabla: Juicios de Jesucristo 287
    Mapa: Jerusalén 289
    Tabla: Falsos juicios de Jesús 294-295
    Gráfico: Flagrum 306
    Gráfico: Cruz 312

PREFACIO DEL AUTOR

Por casi sesenta años he amado la Biblia. Fue ese amor por las Escrituras, combinado con un claro llamamiento al ministerio del evangelio durante mi servicio en el Cuerpo de la Marina, que me condujo a que yo asistiera al Seminario Teológico de Dallas para prepararme para toda una vida de ministerio. Durante esos cuatro grandiosos años tuve el privilegio de estudiar bajo destacados hombres de Dios, que también amaban la Palabra de Dios. No solo que tenían en alta estima la Palabra inerrante de Dios, sino que la enseñaban meticulosamente, la predicaban con pasión, y la modelaban de manera congruente. ¡Una semana no pasa en que yo no doy gracias a Dios por la grandiosa herencia que estaba a mi alcance y de la que podía apropiarme! Estoy para siempre en deuda con esos excelentes teólogos y mentores, que cultivaron en mí una firme dedicación a la comprensión, exposición y aplicación de la verdad de Dios.

Por más de cuarenta y cinco años me he dedicado a hacer exactamente eso; ¡y cómo lo he disfrutado! Confieso sin vacilación que soy adicto al examen y proclamación de las Escrituras. Debido a esto, los libros han desempeñado un papel principal en mi vida todo el tiempo que he estado en el ministerio; especialmente los volúmenes que explican las verdades y mejoran mi comprensión de lo que Dios ha escrito. En todos estos años he acumulado una voluminosa biblioteca personal, que ha demostrado ser invaluable al tratar de seguir siendo un fiel estudiante de la Biblia. Hasta el fin de mis días, la meta principal de mi vida es comunicar la Palabra de Dios con precisión, agudeza, claridad y en forma práctica. Sin libros de consulta buenos y confiables a los cuales acudir, ya me hubiera «secado» hace décadas.

Entre mis volúmenes favoritos y bien gastados están los que me han capacitado para captar mejor el texto bíblico. Como la mayoría de los expositores, estoy continuamente buscando herramientas literarias que pueda usar para aguzar mis dones y afilar mis habilidades. Para mí, eso quiere decir buscar recursos que tomen lo complicado y lo hagan sencillo y fácil de entender, que ofrezcan comentarios penetrantes e imágenes verbales que me capaciten para ver la pertinencia de la verdad sagrada a la luz de mi mundo del siglo veintiuno, y que hagan penetrar esas verdades en mi corazón de manera que no las olvide fácilmente. Cuando encuentro tales libros, permanecen en mis manos mientras los devoro y luego los instalo en mi biblioteca para referencia futura… y, créeme, vuelvo a ellos a menudo. ¡Qué alivio es tener estas obras de apoyo a las cuales acudir cuando me falta una noción fresca, o cuando necesito el relato o la ilustración precisa, o cuando me atasco en el texto enredado y no puedo hallar la salida! Para el expositor serio, una biblioteca es esencial. Como un mentor me dijo una vez:

«¿En dónde más puedes tener diez mil profesores en la punta de tus dedos?»

En años recientes he descubierto que no hay recursos suficientes como los que acabo de describir. Fue ese descubrimiento lo que me impulsó a considerar convertirme en parte de la respuesta en lugar de lamentar el problema. Pero la solución se transformaría en una gigantesca empresa. Un proyecto de redacción que cubra todos los libros y cartas del Nuevo Testamento parecía abrumador e intimidante. Experimenté gran alivio cuando me di cuenta que durante los pasados cuarenta y cinco y más años había enseñado y predicado la mayor parte del Nuevo Testamento. En mis archivos había carpetas llenas de notas de esos mensajes que dormían allí esperando que los sacaran de la oscuridad, que se les diera un toque fresco y pertinente a la luz de las necesidades de hoy, y que se aplicaran para que encajaran en la vida de hombres y mujeres que anhelan una palabra fresca del Señor. ¡Eso bastó! Empecé a buscar la mejor editorial para convertir mi sueño en realidad.

Gracias al arduo trabajo de mis agentes literarios, Sealy y Matt Yates, ubiqué una editorial interesada en acometer un proyecto de esta extensión. Agradezco a las excelentes personas de Zondervan Publishing House por su respaldo entusiasta para esta aventura de múltiples volúmenes que requerirá más de diez años para completarse. Habiendo conocido a muchos de ellos a lo largo de los años mediante otras obras que he escrito, sabía que tienen las calificaciones para acometer tal empresa y que serían buenos mayordomos de mi material, manteniéndose a la par con la tarea de llevarlo a forma impresa. Estoy agradecido por la confianza y estímulo tanto de Stan Gundry como de Paul Engle, que han seguido siendo leales y de ayuda desde el principio. Es también un placer trabajar con Verlyn Verbrugge. Aprecio sinceramente su sabiduría de experiencia y ayuda de ojo de águila.

También ha sido un deleite especial trabajar, de nuevo, con mi amigo de toda la vida y anterior editor, John Sloan. Él ha provisto invaluable consejo como mi editor general. Lo mejor de todo ha sido el entusiasta respaldo de John. También debo expresar mi gratitud a Mark Gaither y a Mike Svigel por sus incansables y delicados esfuerzos, sirviendo como mis editores de manos en la masa, de todos los días. Ellos han hecho un excelente trabajo conforme recorríamos los versículos y capítulos de todos los veintisiete libros del Nuevo Testamento. Ha sido un placer ver cómo ellos han tomado mi material original y me han ayudado a ponerlo en un estilo que es fiel al texto de las Escrituras, y al mismo tiempo prepararlo de manera interesante y creativa, y a la vez permitir que mi voz surja de manera natural y fácil de leer.

Debo añadir mis palabras sinceras de agradecimiento a las congregaciones en las que serví en varios lugares de los Estados Unidos de América por casi cinco décadas. Ha sido mi buena suerte ser el receptor de su cariño, respaldo, estímulo, paciencia y frecuentes palabras de afirmación al cumplir mi llamamiento de pararme y presentar el mensaje de Dios año tras año. Las ovejas de esos rebaños se han hecho queridas por este pastor en más maneras de las que podría expresar en palabras... y ninguna más que las que al presente sirvo con deleite en la iglesia Stonebriar Community Church, en Frisco, Texas.

Finalmente, debo agradecer a mi esposa, Cynthia, por su comprensión a mi adicción a estudiar, predicar y escribir. Ella nunca se ha desalentado porque yo persista en esto. Nunca ha dejado de instarme a que procure hacer lo mejor posible. Por el contrario, su respaldo afectuoso y personal, y su propia consagración a la excelencia al dirigir Insight for Living (Visión Para Vivir) por más de tres décadas, se han combinado para mantenerme fiel a mi llamamiento «a tiempo y fuera de tiempo».

Sin esta devoción, además de nuestro compañerismo de toda una vida de ministerio, Comentario Swindoll del Nuevo Testamento nunca se hubiera emprendido.

Estoy agradecido porque ahora ha llegado a sus manos y, en última instancia, a los anaqueles de su biblioteca. Mi esperanza y oración continua es que usted halle estos volúmenes útiles en su propio estudio y aplicación personal de la Biblia. Que ellos le ayuden a darse cuenta, como yo lo he hecho en estos muchos años, que la Palabra de Dios es tan eterna como es verdad.

La hierba se seca y la flor se marchita,
    pero la palabra de nuestro Dios permanece para siempre (Isaías 40:8).

Chuck Swindoll
Frisco, Texas

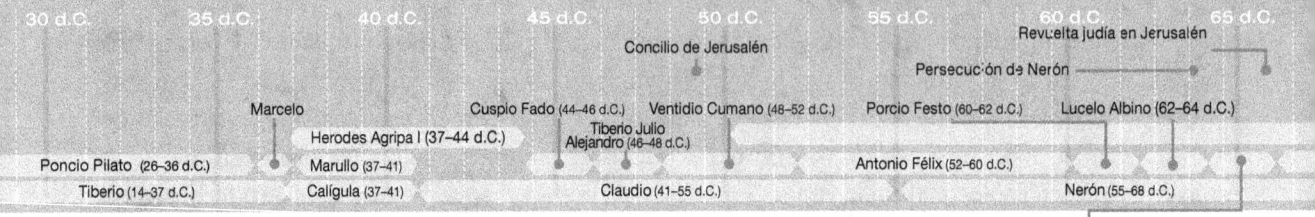

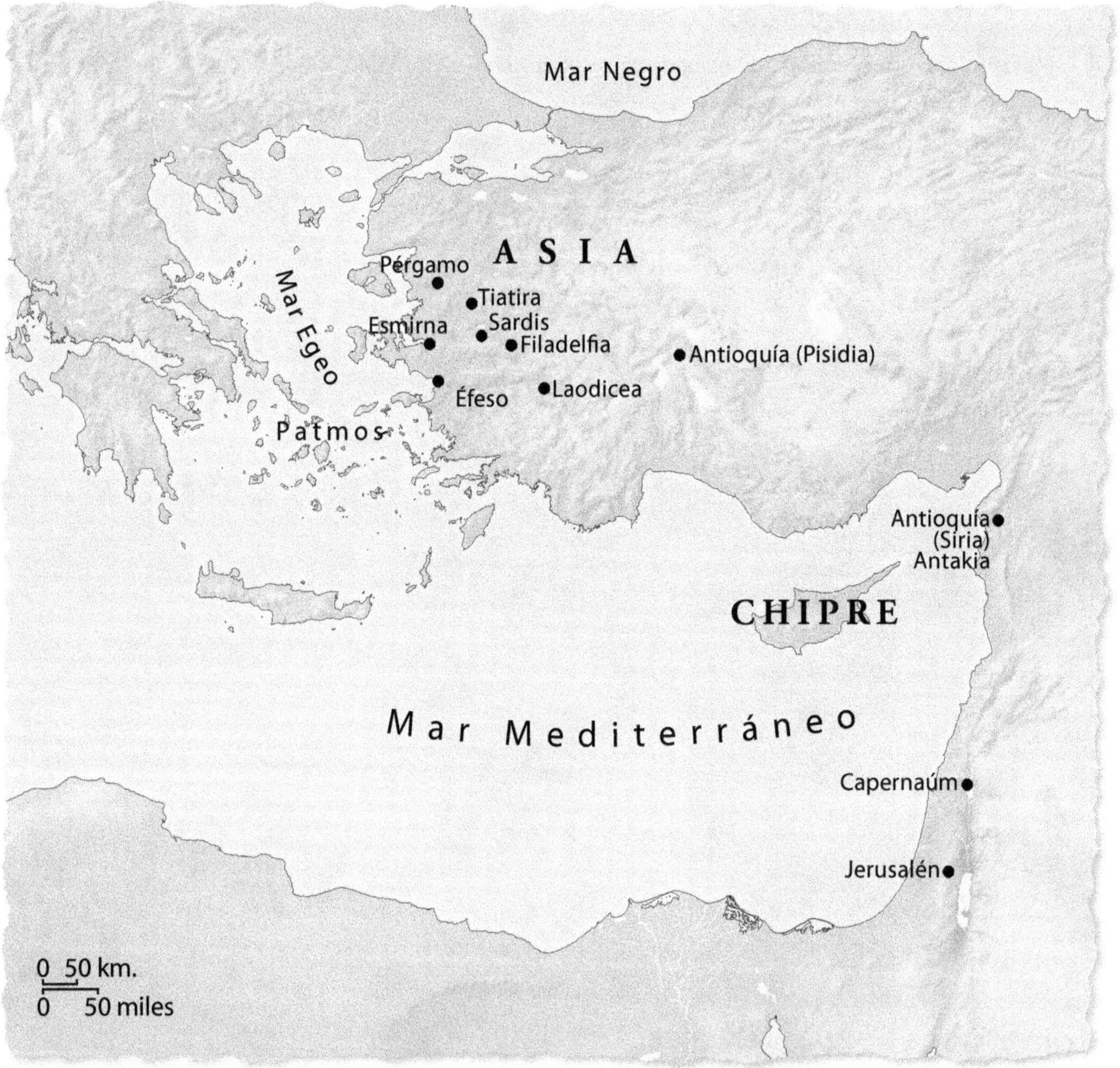

El mundo de Juan: Antes de que conociera a Jesús, Juan probablemente pensaba que pasaría su vida atendiendo la empresa de pesca de su familia en Betsaida, y que no viajaría más allá de unos 80 Km. de casa. Pero la destrucción de Jerusalén en el año 70 d.C. probablemente le obligó a mudarse a Antioquía de Siria, en donde una gran iglesia gentil prosperaba. Luego, más tarde en su vida, Domiciano desterró al apóstol a Patmos, en donde escribió Apocalipsis. La tradición sugiere fuertemente que pasó el resto de su vida cerca de Éfeso, ministrando a las iglesias de Asia.

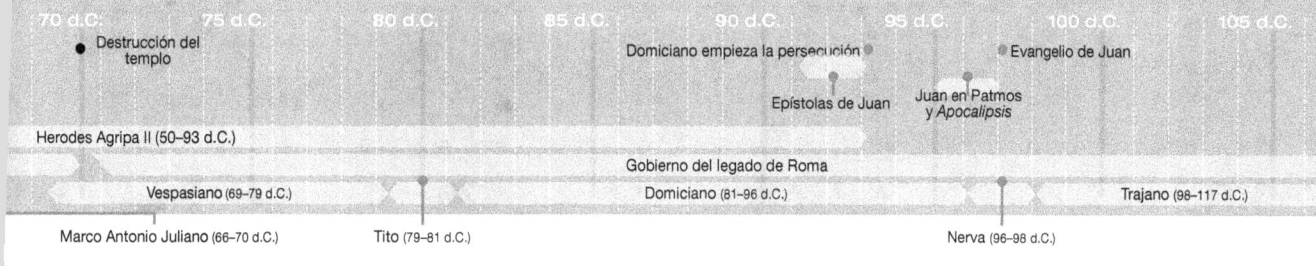

JUAN

Introducción

Juan había vivido lo suficiente para verlo todo, desde el principio hasta el mismo fin. Audaz y desenvuelto en su juventud, la idea de deambular por el desierto de Judea para seguir a Juan el Bautista le pareció muy atractiva. Así que dejó su próspera empresa de pesca en manos de su hermano Jacobo, y abandonó su estatus privilegiado por una dieta de langostas y miel silvestre, y la posibilidad de preparar a Israel para la venida del Mesías. Ayudó al precursor de Cristo a bautizar a miles de judíos arrepentidos y respaldó a este personaje extraño, que se parecía a Elías, mientras pedía que descendiera juicio sobre los corruptos líderes del templo.

Finalmente llegó el día cuando Juan vio al tan esperado Ungido. No se parecía para nada a lo que Juan había imaginado. Pero su mentor del desierto, Juan el Bautista, fue inequívoco. Era él. Juan y otro de los discípulos de Juan el Bautista decidieron echarle otro vistazo, seguirle a casa y oír lo que tenía para decir en cuanto a sí mismo e Israel. Antes de que amaneciera al día siguiente, ya lo sabía. Habían hallado al Mesías.

El tiempo que pasó con Jesús voló en menos de lo que canta un gallo, y sin embargo permaneció vívidamente claro en su mente por más de setenta años. Vio al hombre que pensaba que sería el salvador de Israel, conquistador, super-David, más bien despojado de sus ropas, flagelado sin ninguna piedad, y colgado en una cruz como si fuera un ladrón. Vio el cielo oscurecerse mientras la Luz del mundo enfrentaba la muerte. Vio su esperanza resucitada para asumir una forma más gloriosa de lo que jamás podía haberse imaginado. Contempló asombrado cómo la presencia de Dios llenaba a unos discípulos agresivos y autopromovidos, y los transformaba en los huesos y músculos, manos y pies del cuerpo de Cristo.

Conforme la sangre de sus hermanos martirizados inspiraba a nuevos seguidores, Juan los cuidaba. Mientras Pablo, Bernabé, Silas, Apolos, Lucas, Timoteo, Tito, y todo un ejército de otros misio-

El Evangelio de Juan de un vistazo

Sección	Prólogo	Presentación del Verbo	Acreditación del Verbo
Temas	Dios en carne humana El mundo dominado por el mal	Encuentros con el Hijo de Dios	"Los suyos" "El mundo"
Términos clave	Recibir El "Verbo" Carne Gracia Vida	Verdad Bautizar Testimonio Creer Señal	Verdaderamente Gloria Obra(s) Juez
Énfasis	Señales públicos ② Agua en vino ④ Sana al hijo del noble ⑤ Sana invalidos	⑥ Alimenta multitud ⑥ Anda sobre el agua ⑨ Sana a un ciego	⑪ Revivifica muertos
Audiencia	"El mundo"		
Tiempo	Prólogo	Aproximadamente 3 años	
Pasaje	1:1–18	1:19—4:54	5:1—12:50

Confirmación del Verbo		Vindicación del Verbo
Amor entre creyentes Obediencia Comprensión Espíritu Santo ――――――― Persecución del mundo Aborrecimiento Tinieblas Tribulación		El Hijo glorificado Triunfo sobre el mal La ascensión de Cristo La comisión de los discípulos
Comprender Permanecer Aborrecer Abogado		Seguir Glorificar Completo Manifestar
Charlas privadas ⑭ Cielo ⑰ Oración ⑮ Fruto ⑳ Apariciones ⑯ Promesas ㉑ Comisionar		
Creyentes		
Aproximadamente 3 semanas		Epílogo
13:1—17:26	18:1—20:31	21:1-25

neros fervientemente extendían la iglesia hacia el occidente, Juan sostenía su fundamento. Cuando los críticos atacaban, Juan defendía. Cuando los impostores subvertían, Juan los delataba. Cuando los falsos profetas desviaban, Juan refutaba su mensaje herético. Condensó su enseñanza en tres cartas, que originalmente circularon en las iglesias de Asia Menor alrededor del año 65 d.C.

Después de que Juan quedó con vida cuando todos sus compañeros murieron como mártires, el emperador Domiciano exilió al apóstol a la casi desértica isla de Patmos. Allí él vio el futuro del mundo, hasta el mismo punto de su destrucción y re-creación; preservó todo lo que presenció en Apocalipsis. Después de la muerte de Domiciano, Juan descansó al cuidado de la iglesia en Éfeso, la que a su vez disfrutó de su labor pastoral gentil, como de abuelo.

Los Evangelios Sinópticos (Mateo, Marcos y Lucas) habían sido parte de la enseñanza de la Iglesia desde alrededor del año 50 d.C. Relataban la experiencia de Jesús desde diferentes perspectivas, y sin embargo cada uno incluía muchos de los mismos eventos, principalmente tomados de su ministerio en Galilea. Décadas después, el cristianismo creció en algo más que un movimiento; se volvió un sistema sofisticado de pensamiento; y esta madurez trajo nuevos desafíos. El peligro fue menor en forma de ataques físicos u oposición religiosa, y mayor por corrupción filosófica y acomodos teológicos. Todavía más, a la biografía de Jesús le faltaba una dimensión cósmica muy necesaria.

Así que, en los años finales de su vida —cuando la cercanía de la muerte da a los recuerdos un brillo eterno— y después de haber presenciado el período más significativo que la historia del mundo jamás haya conocido, Juan escribió de su Maestro.

«PARA QUE USTEDES CREAN»

El Evangelio de Juan es una obra maestra de relatos, encantadora en su sencillez tanto como desafiante por su profundidad; una excepcional obra de literatura que pueden apreciar por igual los niños a quienes les agrada lo ameno como los filósofos de hondo pensamiento. El relato de Juan, inspirado por Dios, del ministerio terrenal de Cristo usa un griego tan elemental que parece ser el primer libro de lectura infantil. Por eso generalmente es el primer libro que los aprendices de koiné aprenden a traducir. Sin embargo, filósofos y teólogos pasan toda su vida tratando de captar completamente las profundas verdades que Juan presenta. Martín Lutero se maravillaba por la naturaleza doble de los escritos de Juan, admitiendo: «Nunca he leído un libro escrito en palabras más sencillas que éste, y sin embargo, palabras inexpresables»[1].

El Evangelio de Juan presenta a Dios como Padre más tiernamente que cualquier otro libro de la Biblia. De manera intrépida y sin ambigüedades establece la doble naturaleza de Jesucristo: plenamente Dios y plenamente humano, perfectamente unido en una persona. Y revela el misterio del Espíritu Santo como ningún otro Evangelio. Todavía más, la narración de Juan provee una amplia variedad de lecciones prácticas para guiar al creyente por la vida. Varios pasajes vienen a nuestro rescate cuando se conduce a alguien a la fe en Jesucristo, mientras que otros dan consuelo y confort cuando debemos enterrar a un ser querido. Del Evangelio de Juan aprendemos sobre nuestra alienación creciente del mundo y nuestra intimidad cada vez más profunda con el Todopoderoso, y empezamos a apreciar la prioridad que el Señor pone en la unidad en la familia de Dios.

Juan tomó un enfoque deliberado. Bajo la inspiración del Espíritu Santo, cuidadosamente preparó cada frase para revelar los fascinantes misterios del cielo en vocabulario sencillo, y meticulosamente escogió cuáles hechos relatar y cuáles dejar fuera. En sus propias palabras «Jesús hizo también muchas otras cosas, tantas que, si se escribiera cada una de ellas, pienso que los libros escritos no cabrían en el mundo entero» 21:25). En lugar de escribir un documento cuatro veces del tamaño del Antiguo Testamento, escogió el método de «menos es más» y estratégicamente escogió cuáles relatos contar a fin de lograr su propósito primario: «para que ustedes crean que Jesús es el Cristo, el Hijo de Dios, y para que al creer en su nombre tengan vida» (20:31).

¿POR QUÉ CUATRO EVANGELIOS?

¿Por qué tenemos cuatro biografías de Jesús cuando una habría bastado? ¿Por qué no catorce? En realidad, no tenemos cuatro evangelios; tenemos un solo evangelio desde cuatro puntos de vista. Tenemos una biografía dicha por cuatro testigos, cada escritor proveyendo una perspectiva única.

Si fuéramos a documentar la vida de Jesús usando solo imágenes, escogeríamos uno de dos métodos. Podríamos usar una filmadora para grabar todo momento en detalle, y si la cinta tuviera suficiente capacidad, reproducir su vida desde su nacimiento, a la muerte, a la resurrección y más allá. La duración de la película superaría los treinta y tres años de proyección ininterrumpida. O podríamos captar momentos clave en imágenes fijas —tal vez desde varios ángulos a la vez— y relatar la historia de su vida en un mosaico fotográfico. Los beneficios serían obvios. La narración se puede abreviar de manera adecuada y, sin embargo, da tiempo para reflexionar en los detalles de los momentos más importantes. En el caso de los Evangelios, tenemos cuatro álbumes de la vida de Cristo, producidos por individuos que destacaron temas diferentes y, sin embargo, cruciales.

Mateo fue un judío discípulo de Jesucristo que anteriormente se ganaba la vida como recaudador de impuestos, funcionario del gobierno de Roma. Impulsado por el Espíritu de Dios, escribió una biografía de Jesús desde un punto de vista hebreo, haciendo énfasis en los derechos de realeza de Jesús como Mesías y Rey legítimo de Israel. Rastreó la genealogía de Cristo hasta Abraham, pasando por el rey David. Es un libro judío escrito por un judío para sus compatriotas hijos del pacto. Su tema primordial: *El Mesías ha venido.*

Marcos no fue uno de los Doce, sino hijo de una seguidora llamada María (Hechos 12:12) y asociado íntimo de Bernabé, Pablo y Pedro. Presentó el ministerio de Cristo desde un punto de vista práctico, orientado a la acción, en una narración frecuentemente acentuada por la frase «e inmediatamente». Su estilo apelaría a los pragmáticos romanos del primer siglo, que respetaban a los pensadores profundos pero para líderes buscaban hombres de acción. El Evangelio de Marcos muestra que Jesús es el Varón de Dios práctico que vino del cielo para completar una tarea. «Porque ni aun el Hijo del hombre vino para que le sirvan, sino para servir y para dar su vida en rescate por muchos» (Marcos 10:45). El tema primario de Marcos: *El Hijo de Dios vino para buscar, servir y salvar.*

Lucas era médico, que nació y probablemente se crió en Macedonia. Era gentil, no judío. Escribió, no al espiritualmente privilegiado judío, ni tampoco al políticamente privilegiado romano, sino a los griegos comunes, la mayoría de los cuales no tenían ni poder, ni riqueza, ni esperanza. El Evangelio de Lucas destaca la humanidad de Jesús, favoreciendo el título «Hijo del hombre» y proveyendo detalles en cuanto a su humilde nacimiento, su niñez común, su compasión por los pobres y enfermos y el alcance global de su ministerio. La genealogía que Lucas da rastrea el linaje de Jesús hasta el mismo Adán, padre de toda la humanidad. Tema primario de Lucas: *El Hijo del hombre vino para redimir a toda la humanidad.*

Juan por cierto conocía estos Evangelios y probablemente enseñó de ellos por muchos años antes de decidir, bajo la dirección del Espíritu Santo, que la biografía de Jesús estaba incompleta. El mundo cristiano conocía a Jesús como Rey de los judíos, Jesús como siervo y Jesús como Hijo del hombre, pero todavía se necesitaba el tema *Jesús como Hijo de Dios*. Juan escribió su Evangelio para que supiéramos que el Hijo del hombre es Dios en carne humana: completamente humano y, sin embargo, no menos Dios que cuando «en el principio», con su palabra, hizo que el universo existiera.

El Evangelio de Juan no provee genealogía, ilustrando el hecho de que la deidad no tiene principio. El Evangelio de Juan no ofrece detalles de la infancia ni repite parábolas[2], tal vez para recalcar su naturaleza trascendente como Dios. El Evangelio de Juan no relata la tentación de Jesús en el desierto, ni su transfiguración en el monte, ni su comisión a los discípulos después de su resurrección, ni su ascensión de la tierra.

Más bien, Juan escribe desde una perspectiva filosófica y teológica, poniendo gran énfasis en los milagros de Jesús, que él llama «señales». Para Juan, los milagros indicaban un suceso sobrenatural, prueba de que lo que para muchos eran verdades teóricas, eran en realidad reales y tangibles. El Verbo se había hecho carne para darle a la humanidad toda razón para creer y dejarnos sin excusa para la duda. Tema primario de Juan: *El hombre que conocemos como Jesús no es otro que Dios en la tierra.*

- Mateo escribió: «Este es el Mesías, el Rey; adórenle».
- Marcos escribió: «Este es el Siervo que sirve a la humanidad; síganle».
- Lucas escribió: «Este es el único hombre entre los hombres que no tiene pecado; imítenlo».
- Juan escribió: «Este es Dios en carne humana; crean en él».

LA CRISIS DE FE

Juan declara, en efecto: «No escribo meramente para informar. No escribo meramente para entretener. Escribo para estimular el corazón del lector a *creer*». La palabra griega que se traduce «creer» aparece noventa y ocho veces en el Evangelio de Juan; múltiples veces por capítulo. Pero, ¿qué quiere decir «creer»? ¿Quiere decir creer en el personaje histórico de Cristo, concordar con el hecho de que un hombre llamado Jesús vivió en algún punto del tiempo? ¿Significa admirarle, o emularle, o aceptar su causa revolucionaria? ¿Quiere decir sentirse atraído, o venerarle como algo más que humano y dedicar tiempo y energía a fin de agradarle?

No. Ese tipo de creencias son buenas; algunas incluso necesarias. Pero el tipo de creencia que Juan pide que sus lectores abracen abarca mucho más. Primero, el término griego *pisteuo* quiere decir «reconocer la verdad como verdad». Cuando digo que creo en el libro de Juan, quiere decir que acepto como verdad su contenido. Creer en Cristo es, primero, aceptar como verdad lo que él dice. Segundo, y más importante todavía, *pisteuo* quiere decir «confiar, apoyarse en, derivar confianza en» algo o alguien. Cuando digo que creo en Jesucristo, declaro que confío en él, que me apoyo en él, que he puesto en él mi confianza completa. Todo lo que sé acerca de esta vida y lo que sea que ocurra después de la muerte depende de lo que él dijo en cuanto a sí mismo y cómo yo debo responder a su oferta de gracia.

En los últimos años las iglesias en los Estados Unidos han experimentado un asombroso crecimiento y el fenómeno de las «megaiglesias» ha cundido por el globo. Es emocionante. Las crecientes multitudes que atiborran estos santuarios, sin embargo, incluyen audiencias que siguen la corriente, que escuchan con la Biblia sobre sus rodillas y toman copiosas notas de lo que sea que oyen semana tras semana, pero que nunca se han entregado al mensaje de Jesucristo ni han puesto en él su absoluta confianza. Escuchan y aprenden y asienten en acuerdo, pero no creen. No han sometido su corazón y voluntad a la verdad de Jesucristo, a su identidad como Dios y a su oferta de vida eterna solo por fe.

Otro importante aspecto del llamado de Juan es que se nos invita a creer en Jesucristo, la persona, y no meramente el mensaje, su enseñanza, su ejemplo, o su desafío a vivir de cierta manera. Se nos llama primero y primordialmente a creer en él. Esta fue la crisis intelectual y moral que presentó a toda clase de personas la narración de Juan, muchas de las cuales respondieron con creencia y confianza completa. Considere estos seis ejemplos.

- Juan, el precursor del Mesías: «Yo mismo no lo conocía, pero el que me envió a bautizar con agua me dijo: "Aquel sobre quien veas que el Espíritu desciende y permanece, es el que bautiza con el Espíritu Santo". Yo lo he visto y por eso testifico que éste es el Hijo de Dios» (1:33-34).
- Natanael, el discípulo descreído:
  — ¡De Nazaret! —replicó Natanael—. ¿Acaso de allí puede salir algo bueno?
  —Ven a ver —le contestó Felipe.
  Cuando Jesús vio que Natanael se le acercaba, comentó:
  —Aquí tienen a un verdadero israelita, en quien no hay falsedad.
  — ¿De dónde me conoces? —le preguntó Natanael.
  —Antes de que Felipe te llamara, cuando aún estabas bajo la higuera, ya te había visto.
  —Rabí, ¡tú eres el Hijo de Dios! ¡Tú eres el Rey de Israel! —declaró Natanael (1:46-49).
- Pedro, el discípulo impulsivo:

Desde entonces muchos de sus discípulos le volvieron la espalda y ya no andaban con él. Así que Jesús les preguntó a los doce:

—¿También ustedes quieren marcharse?

—Señor —contestó Simón Pedro—, ¿a quién iremos? Tú tienes palabras de vida eterna. Y nosotros hemos creído, y sabemos que tú eres el Santo de Dios» (6:66-69).

- Marta, la discípula hacendosa:

—Yo sé que resucitará en la resurrección, en el día final —respondió Marta. Entonces Jesús le dijo:

—Yo soy la resurrección y la vida. El que cree en mí vivirá, aunque muera; y todo el que vive y cree en mí no morirá jamás. ¿Crees esto?

—Sí, Señor; yo creo que tú eres el Cristo, el Hijo de Dios, el que había de venir al mundo» (11:24-27).

- Tomás, el discípulo meditabundo:

Luego [Jesús] le dijo a Tomás:

—Pon tu dedo aquí y mira mis manos. Acerca tu mano y métela en mi costado. Y no seas incrédulo, sino hombre de fe.

—¡Señor mío y Dios mío! —exclamó Tomás.

—Porque me has visto, has creído —le dijo Jesús—; dichosos los que no han visto y sin embargo creen» (20:27-29).

- Juan, el biógrafo:

«Jesús hizo muchas otras señales milagrosas en presencia de sus discípulos, las cuales no están registradas en este libro. Pero éstas se han escrito para que ustedes crean que Jesús es el Cristo, el Hijo de Dios, y para que al creer en su nombre tengan vida» (20:30-31).

SEÑALES Y DISCURSOS

La narración de Juan es asombrosa en varios aspectos, y su estructura no es el menor de éstos. El versículo 1 del capítulo 13 marca un cambio dramático en el relato del ministerio terrenal de Cristo de modo que los nueve capítulos finales tienen un estilo muy diferente que el de los primeros doce. Los capítulos del 1 al 12 describen un ministerio y mensaje muy públicos, extensos. Los capítulos 13 al 21 nos llevan detrás de puertas cerradas para presenciar el ministerio privado de Jesús. Los capítulos 1 al 12 nos llevan por un período de más de tres años, en tanto que los ocho capítulos finales abarcan cuatro días (sin incluir el epílogo del capítulo 21, que tiene lugar en algún punto en los cuarenta días después de la resurrección de Cristo). La primera sección destaca los milagros de Jesús, en tanto que la segunda anota sus discursos a los doce.

El capítulo 1 empieza con el precursor proclamando la llegada del Mesías y el bautismo de Jesús, acompañado de la resonante voz del Padre. En el capítulo 2, Jesús convierte el agua en vino. En el capítulo 4 sana al hijo de un oficial. En el capítulo 5 sana a un paralítico. En el capítulo 6 da de comer a más de cinco mil hombres y sus familias, y camina sobre la superficie del Mar de Galilea. En el capítulo 9 da la vista a un ciego de nacimiento. Sus milagros alcanzan un crescendo en el capítulo 11 cuando revivifica a un muerto. Juan llama a esto «señales» debido a que demuestran que Jesús, aunque siendo completamente humano, era más que humano. Era el Hijo del hombre que también era el Hijo de Dios.

Capítulos 1–12	Capítulos 13–21
Más de 3 años	Más de 3 días
Proclamación pública	Instruciómn privada
Milagros espectaculares	Discursos íntimos

El capítulo 13 empieza un período relativamente tranquilo en la narración, una calma antes de la gran tormenta. Justo antes de su arresto, juicios, crucifixión, sepultura y resurrección, Jesús lleva a sus hombres aparte para un tiempo final de preparación, una revisión de sus lecciones más importantes antes de la gran prueba, después de la cual ellos serían enviados para ministrar sin la presencia física de su Maestro.

Capítulo 13, amor con corazón de siervo. Capítulo 14, la promesa del cielo, la unidad de la Trinidad y la promesa del Espíritu. Capítulo 15, la vida del creyente en un mundo hostil y la necesidad de permanecer en Cristo. Capítulo 16, la certeza de retos y persecución, la ayuda del Espíritu Santo, el poder de la oración y la promesa de la victoria. Capítulo 17, la oración de Jesús por sí mismo, sus discípulos y todos los futuros creyentes; oración que forja su visión por la iglesia. Los capítulos 18 y 19 describen su Pasión; y luego el capítulo 20 nos lleva detrás de puertas cerradas para varias apariciones privadas posteriores a la resurrección y a sus seguidores más cercanos. El capítulo 21 nos permite presenciar la comunión tranquila del Señor con sus discípulos y la gentil restauración de Pedro después de su fracaso.

Juan no estructura su Evangelio al azar. La narración se desdobla de manera muy parecida a la misma vida cristiana. Nuestra polémica introducción inicial al Salvador, rápidamente lleva a un llamado a creer y a seguir. La comprensión vendrá con el tiempo. Esta no es una decisión intelectual, sino moral. Luego, conforme presenciamos su poder, oímos su enseñanza y vivimos la vida en su presencia, nuestra comprensión se ahonda y nuestra confianza crece. Gradualmente llegamos a ser discípulos maduros, aunque nunca más allá de la necesidad de gracia después del fracaso. El Dr. David Beck incluso avanza más para decir que Juan intencionalmente presentó personajes anónimos, incluyéndose a sí mismo, «el discípulo a quien Jesús amaba», como un medio de atraer al lector a la narración de modo que él o ella puedan participar en el relato3.

En otras palabras, el relato que da Juan de la vida y ministerio de Jesús sobre la tierra no es una mera biografía. El Evangelio de Juan es una invitación a creer en el Hijo de Dios, a convertirnos en sus discípulos, a profundizar nuestra comprensión de su identidad y misión, a crecer en madurez, y a unirnos a él apacentando sus ovejas.

«¡Aquí tienen al Cordero de Dios, que quita el pecado del mundo!» (1:29)

NOTAS: Prefacio del Autor

1. Citado por I. Howard Marshall, *The Epistles of John* (2ª ed.; Eerdmans, Grand Rapids, 1978), xi.
2. Algunos consideran su ilustración de 10:1-18 como una parábola, pero a mí me parece que es meramente una analogía, una imagen verbal. Las parábolas son relatos breves, ilustraciones que presentan personajes y una trama.
3. David R. Beck, *The Discipleship Paradigm: Readers and Anonymous Characters in the Fourth Gospel* (Brill, Leiden, 1997).

EL EVANGELIO DE JUAN

Preludio a la Deidad (Juan 1:1–18)

¹En el principio ya existía el Verbo, y el Verbo estaba con Dios, y el Verbo era Dios. ²Él estaba con Dios en el principio. ³Por medio de él todas las cosas fueron creadas; sin él, nada de lo creado llegó a existir. ⁴En él estaba la vida, y la vida era la luz de la humanidad. ⁵Esta luz resplandece en las tinieblas, y las tinieblas no han podido extinguirla.

⁶Vino un hombre llamado Juan. Dios lo envió ⁷como testigo para dar testimonio de la luz, a fin de que por medio de él todos creyeran. ⁸Juan no era la luz, sino que vino para dar testimonio de la luz. ⁹Esa luz verdadera, la que alumbra a todo ser humano, venía a este mundo.

¹⁰El que era la luz ya estaba en el mundo, y el mundo fue creado por medio de él, pero el mundo no lo reconoció. ¹¹Vino a lo que era suyo, pero los suyos no lo recibieron. ¹²Mas a cuantos lo recibieron, a los que creen en su nombre, les dio el derecho de ser hijos de Dios. ¹³Éstos no nacen de la sangre, ni por deseos naturales, ni por voluntad humana, sino que nacen de Dios.

¹⁴Y el Verbo se hizo hombre y habitó entre nosotros. Y hemos contemplado su gloria, la gloria que corresponde al Hijo unigénito del Padre, lleno de gracia y de verdad.

¹⁵Juan dio testimonio de él, y a voz en cuello proclamó: «Éste es aquel de quien yo decía: "El que viene después de mí es superior a mí, porque existía antes que yo"». ¹⁶De su plenitud todos hemos recibido gracia sobre gracia, ¹⁷pues la ley fue dada por medio de Moisés, mientras que la gracia y la verdad nos han llegado por medio de Jesucristo. ¹⁸A Dios nadie lo ha visto nunca; el Hijo unigénito, que es Dios y que vive en unión íntima con el Padre, nos lo ha dado a conocer.

En 1964, Thayer S. Warshaw, maestro de inglés en la Secundaria Newton cerca de Boston, se preocupó que cuando las escuelas públicas prohibieron la Biblia, a los estudiantes se les privaba de una parte importante de su cultura. Para martillar su punto diseñó una prueba sobre alusiones comunes a las Escrituras según aparecen en la literatura y vocabulario secular. A pesar de su obvia inteligencia y educación de primera clase, la mayoría de estos colegiales y futuros universitarios no pudieron completar las siguientes expresiones comunes (los porcentajes de los que no pudieron completar la frase se dan en paréntesis):

«Convertirán sus espadas en arados». (63%)
«Muchos son llamados, pero pocos los escogidos». (79%)
«La verdad les hará libres». (84%)
«El orgullo va delante de una caída». (88%)
«El amor al dinero es raíz de todos los males». (93%)

Varios de los estudiantes de este colegio nacionalmente aclamado pensaban que Sodoma y Gomorra eran amantes, y muchos mencionaron a los cuatro Evangelios como «Mateo, Marcos, Lutero y

TÉRMINOS CLAVE

λαμβάνω [*lambano*] (2983) «recibir, aceptar, apegar a uno».

En el sentido literal, el término quiere decir aceptar deliberadamente lo que ha sido ofrecido. Cuando se usa de una persona, «recibir» es recibir de buen grado una conexión íntima, como cuando un hombre recibe a una mujer o una mujer recibe a un hombre en matrimonio, o cuando alguien recibe a un invitado en su casa.

λόγος [*logos*] (3056) «palabra, mensaje, asunto, razonamiento».

El significado más básico del término es «palabra», que puede ser un solo término o todo un mensaje, tal como: «Recibimos *palabra* de la victoria del ejército». Los filósofos griegos adoptaron el término para describir la lógica evidente que hace que el universo obedezca leyes naturales, tales como la gravedad, matemáticas y la moralidad. Para ellos, el universo caería en total caos si no fuera por esta mente divina impersonal, que ellos llamaron «la palabra», o «el Verbo».

σάρξ [*sarx*] (4561) «carne; sustancia del cuerpo; materia terrenal, tangible».

Esta palabra tiene tres esferas de uso: literal, técnica y filosófica. En el sentido literal, «carne» es meramente músculos y ligamentos, como distinta de hueso, sangre, etc. También adquirió un matiz técnico para denotar el aspecto material de la humanidad. La filosofía y religión griegas con el tiempo llegaron a ver todo lo tangible, incluyendo la «carne», como inherentemente malo[1]. Juan usa «carne» literal y técnicamente para hablar de la humanidad en el ámbito tangible a fin de socavar la influencia de la religión griega sobre la doctrina cristiana.

χάρις [*caris*] (5485) «gracia, gozo, bondad divina, bendición inmerecida».

La definición griega secular es «regocijarse», y se asocia con los sentimientos de alegría. En el Antiguo Testamento, este sentimiento con mayor frecuencia se asocia con la obra de Dios de salvación, el deleite en su ley, o su abundante provisión en una cosecha. Juan deriva fuertemente del gozo del tiempo de cosecha y celebraciones de bodas, ambas de las cuales ilustran gran bendición recibida como una dádiva.

ζωή [*zoé*] (2222) «vida».

En lo más básico, el término se refiere a la vitalidad física de un ser vivo. Para los judíos que hablaban griego, *zoé* se aproxima muy de cerca a *jayim*, termino hebreo para vida, que consideraban como el bien supremo de la creación y una dádiva divina que había que atesorar, aunque el pecado la había acortado y corrompido. La noción judía de *zoé* lleva consigo la oportunidad de disfrutar *shalom*, «paz».

Juan». De acuerdo a estos estudiantes de primera clase, Eva fue formada de una manzana, Moisés bautizó a Jesús, Jezabel fue el burro de Ajab (¡no lejos de la verdad!), y Jesús habló en «parodias»[2].

A fines de la década de 1950 y a principios de la de 1960, estuve estrechamente relacionado con la Cruzada Estudiantil y Profesional para Cristo. Algunos amigos íntimos y yo hablábamos con universitarios en los planteles de la Universidad de Oklahoma, Universidad Estatal de Oklahoma, de la Universidad de Texas en Austin y en Arlington. Para entablar la conversación usábamos un cuestionario sencillo, que incluía la pregunta: «En tu opinión, ¿quién fue Jesús de Nazaret?». La respuesta más común era: «El Hijo de Dios». Eso tal vez le sorprenda, como también me sorprendió a mí. Yo esperaba «un gran maestro», o «el fundador del cristianismo», o «un mártir que murió por sus creencias».

Cuando hacía la siguiente pregunta, sin embargo: «¿Cómo llegaste a esa conclusión?», la respuesta más común era: «No lo sé». Lo mismo es cierto entre muchos creyentes hoy. Saben la respuesta correcta, pero no saben por qué la respuesta es verdad.

El apóstol Juan escribió su relato de la vida de Jesús para revelar la identidad de Jesús a fin de que podamos responder en creencia. Empieza su Evangelio con un prólogo (1:1-18), que declara en términos intrépidos, nada ambiguos, que Jesús no es otro que Dios en carne humana. Juan entonces entreteje su tesis primaria en todo el resto de la narración. Jesús adujo deidad, sus milagros respaldaron lo que dijo, sus actividades presuponían esta verdad y su resurrección finalmente vindicó todo lo que dijo e hizo.

El prólogo de Juan ofrece cuatro razones para creer que Jesucristo es Dios:

- Jesucristo es eterno; no tuvo principio ni tendrá fin (1:1-2).
- Jesucristo es el Creador; todas las cosas fueron hechas por él (1:3).
- Jesucristo es la fuente de vida; nada permanece vivo aparte de él (1:4-13).
- Jesucristo, aunque completamente humano, revela plenamente al Padre (1:14-18).

Antes de examinar cada una de estas razones en detalle, lea 1:1-18 y tome notas de la progresión deliberada de Juan de lo infinito y la eternidad a un solo individuo, en quien reside todo lo que es infinito y eterno.

— 1:1-2 —

Los primeros dos versículos recalcan que *Jesucristo es eterno; no tiene principio ni tendrá fin*. Una traducción literal de la primera frase es: «En principio», no «en *el* principio». La frase no tiene artículo definido. En la eternidad pasada, antes del principio de nada —espacio, tiempo, materia— en la expansión indefinida de la existencia sin tiempo, en un principio que no tiene principio, «el Verbo» existía en un «presente» eterno, infinito. El Verbo que se traduce «existía» representa el tiempo pasado imperfecto del verbo *eimí*, «ser». La traducción literal de la primera oración de Juan es: «En principio estaba existiendo el Verbo».

¿Por qué es esto tan importante? Porque Juan forjó cuidadosamente estas oraciones iniciales para establecer una verdad esencial. Escogió sus palabras cuidadosamente y las arregló con precisión para no dejar lugar a malos entendidos. Antes de cualquier punto concebible en el pasado eterno, «el Verbo» ya estaba existiendo[3]. «El Verbo», por consiguiente, no tiene principio. «El Verbo» siempre ha existido.

Más adelante en el prólogo (v. 14), aprendemos que «el Verbo» es Jesucristo. El término griego es *logos*, concepto profundamente significativo entre los filósofos, por lo menos por tres siglos antes de Cristo. Se refería a una mente divina no creada que da significado y orden al universo. Juan esencialmente concordó con el concepto, diciendo en efecto: «El concepto que los filósofos paganos han teorizado en realidad existe; es Dios, y Jesucristo es él».

Juan sigue describiendo «al Verbo» y dice que estaba *con* Dios. La preposición griega *pros*, cuando se usa de esta manera, representa familiaridad. «El Verbo» y Dios Padre existían en intimidad, compartiendo lugar y propósito. En verdad, la intimidad y familiaridad era tal que «el Verbo era Dios». El Verbo y Dios participaban de la misma esencia; por consiguiente, todo lo que es cierto de Dios, es cierto del Verbo.

Salmo 90 vino de la pluma de Moisés y celebra la existencia eterna de Dios, que no tiene principio, a diferencia de su creación.

> Señor, tú nos has sido refugio de generación en generación.
> Antes que naciesen los montes y formases la tierra y el mundo,
> Desde el siglo y hasta el siglo, tú eres Dios (Salmo 90:1-2).

La palabra hebrea que aquí se traduce «siglo» es *olam*, que probablemente se deriva de una palabra similar que quiere decir «esconder». Si se aleja un objeto más y más de un observador, a la larga desaparece de su vista. Está más allá del punto de desaparecer. Una buena paráfrasis expresaría la idea

ÉFESO: LUGAR DE NACIMIENTO DE «EL VERBO»

Alrededor del año 500 a.C., un hombre griego de Éfeso llamado Heráclito enseñó que el universo opera de acuerdo a una estructura racional, un principio unificado ordenador, que podemos discernir si observamos con cuidado sus patrones y resolvemos sus muchos acertijos. De acuerdo a esta teoría, todas las leyes de física, matemáticas, razón e incluso moralidad se pueden rastrear a este principio ordenador, que él llamó *logos*: «palabra» o «verbo».

Otros filósofos, tales como los estoicos, adoptaron esta idea seminal y le añadieron sus propias doctrinas, inclusive llegando a describir «el Verbo» como un principio divino animador (que da vida, que mueve la vida) que permea el universo. Filón de Alejandría (20 a.C.–50 d.C.), filósofo judío fuertemente influido por Platón, enseñó que el *logos* era el principio creativo de Dios, necesario porque Dios, en el campo del puro pensamiento, no puede tener ninguna asociación directa con nada en el campo tangible de la materia.

Éfeso no sólo dio a luz a la idea del *logos*, sino que llegó a ser un notorio depósito de textos de filosofía griega. Para cuando Juan vivió y enseñó allí, los encuentros con los sacerdotes de Artemisa se habían convertido en recuerdo distante. Ahora, los filósofos de Grecia, tanto antiguos como modernos, amenazaban con corromper la doctrina cristiana. Algunos han sugerido que Juan se dejó influir demasiado por la idea griega del *logos* y le han acusado de inclinarse hacia el gnosticismo. Los filósofos griegos, sin embargo, hubieran objetado fuertemente a que el *logos* se hiciera carne. Juan meramente afirmó las partes válidas de la filosofía griega a fin de predicar la verdad de Cristo en terreno común.

Tal vez como resultado de la enseñanza de Juan, la iglesia de Éfeso llegó a ser una fortaleza de teología cristiana.

Biblioteca de Celso. Por siglos, varias escuelas de filosofía griega operaron en Éfeso, atrayendo aprendices de todo el imperio romano. Luego, en el año 110 d. C., el hijo del cónsul romano Celso Polemano empezó la construcción de esta biblioteca en honor a su padre. Cuando se terminó en el año 135 d. C., albergaba aproximadamente 12.000 rollos, que indudablemente cimentaron la reputación de Éfeso como un centro principal de aprendizaje.

de esta manera: «Desde el punto en que desaparece en el pasado hasta el punto en que desaparece en el futuro, tú has existido, Señor».

Juan expresó esta misma idea sobre el Verbo. A. W. Tozer capta el pensamiento muy bien en su libro *The Knowledge of the Holy* [El conocimiento del Dios santo]:

> La mente mira hacia atrás en el tiempo hasta que el pasado tenue se desvanece, luego se vuelve y mira hacia el futuro hasta que el pensamiento y la imaginación colapsan por el agotamiento; y Dios está en ambos puntos, sin que lo afecten ni uno ni otro.
>
> El tiempo marca el principio de la existencia creada, y debido a que Dios nunca empezó a existir esto no puede aplicarse a él. «Empezó» es una palabra de tiempo, y no puede tener significado personal para el Alto y Sublime que habita en la eternidad[4].

Para subrayar y resumir su punto, Juan añade: «Él estaba con Dios en el principio». En esa existencia eterna antes del tiempo, el Verbo y Dios estaban juntos y era el mismo ser. Los teólogos describen esta relación eterna de esta manera: En tanto que Padre e Hijo son «personas» distintas, participando de la misma naturaleza y atributos, también son de la misma esencia. Y por «esencia» Padre e Hijo existen como un solo Ser Supremo.

—1:3—

Jesucristo es el Creador; todas las cosas fueron hechas por él. En los vv. 1-2, Juan ha dicho que el Verbo es deidad y pasa a respaldar su caso desde el punto de vista del tiempo: solo Dios es eterno; y debido a que el Verbo es eterno, es Dios. Ahora en el v. 3 el apóstol establece la deidad de Cristo desde otra perspectiva: creación. (Siga conmigo mientras me detengo en el campo de la antigua filosofía.)

En la mente antigua, hebrea y gentil, todo lo que existe puede colocarse en una de dos categorías distintas:

"Creado"	"No creado"
Cosas (o seres) que existen debido a que fueron creados.	Cosas (o seres) que no fueron creados debido a que siempre han existido.

Todo lo «no creado» —es decir, cualquier cosa que no ha sido creada— es deidad. Para el hebreo en particular, solo Dios fue «no creado». Por consiguiente, cualquier cosa de la que se diga «no creada» es, por definición, Dios. Teniendo en mente esta antigua cosmovisión, lea de nuevo 1:3 con todo cuidado: «Por medio de él todas las cosas fueron creadas; sin él, nada de lo creado llegó a existir».

Note el énfasis de Juan en la frase «llegó a existir», que usa tres veces. Todo lo que «llegó a existir» tiene un principio. En algún punto no existía, y entonces empezó a existir. Juan nos lleva de regreso a la eternidad del pasado, mucho más allá de Génesis 1:1, para decir que Cristo ya existía. Siendo el mismo Dios, que solo existía como «no creado», trajo todo lo demás a que exista y sea.

¿Por qué es este punto tan importante? Porque los falsos maestros —empezando en los días de Juan y que persisten incluso ahora— aducen que Jesucristo no es Dios, igual, coeterno y coexistente con el Padre en la eternidad pasada. Muchos dicen que él fue el primer ser creado, que el Padre dio existencia al Hijo, quien luego creó todo lo demás. A Arrio, falso maestro del siglo tercero, le encantaba decir: «Hubo un tiempo en que él no era». Esta enseñanza continúa hoy como doctrina oficial de la Iglesia de Jesucristo de los Santos de los Últimos Días (mormones) y de los Testigos de Jehová; ambas organizaciones han modificado el prólogo de Juan para que se ajuste a su teología. Juan señala el momento de la creación para decir que antes de que cualquier cosa existiera, Cristo, que es el Creador, con su palabra hizo que existieran «todas las cosas».

— 1:4–8 —

Jesucristo es la fuente de vida; nada permanece vivo aparte de él. El Evangelio de Juan hace algo que no hacen los Evangelios Sinópticos (Mateo, Marcos y Lucas). Mateo rastreó la genealogía de Cristo hasta Abraham. Lucas rastreó sus raíces hasta el primer ser humano, Adán. Pero Juan va más allá de la creación física para decir que en Jesucristo estaba la vida y la luz, dos imágenes que Moisés usó en referencia a Dios en Génesis 1. El Creador con su palabra hizo que el mundo existiera y luego lo llenó con la luz de su verdad (Génesis 1:3). El Creador entonces empezó a llenar la tierra con vida: vegetación, seres marinas, aves, animales terrestres, y su logro supremo: la humanidad. Sopló su propia vida en el hombre y la mujer, y ambos llevan su imagen.

Juan dice, en efecto: «En el principio Dios Hijo creó a la humanidad y la llenó de vida. Luego vino a la tierra como ser humano para dar vida de nuevo a la humanidad que está espiritualmente muerta debido al pecado». En tanto que es cierto que Juan no menciona específicamente la caída de la humanidad (Génesis 3), podemos dar por sentado que para el fin del primer siglo, la doctrina de la

EL PRÓLOGO DE JUAN: ANTIGUO CUBO RUBIK

El prólogo de Juan no es muy diferente a un cubo Rubik, el exasperante juguete rompecabezas de la década de los 70. No se puede cambiar una frase del prólogo sin producir problemas lógicos a las demás.

José Smith, por ejemplo, alteró el prólogo de Juan en su «Versión inspirada» de las Escrituras para respaldar la noción de que Cristo no es Dios, sino más bien una figura exaltada creada por Dios antes de todo lo demás. No pudo, sin embargo, explicar 1:3.

En el principio fue el evangelio predicado por el Hijo. Y el evangelio era la palabra, y la palabra estaba con el Hijo, y el Hijo estaba con Dios, y el Hijo era Dios. El mismo estaba en el principio con Dios. Todas las cosas fueron hechas por él; y sin él no fue hecho nada de lo que fue hecho (Juan 1:1-3, *Versión inspirada* de José Smith).

De acuerdo a la Versión inspirada de Smith, el Verbo creó «todas las cosas». Es más, cualquier cosa que «llegó a ser», es decir, cualquier cosa (o cualquiera) que ha tenido un principio, fue creado por el Verbo. Pero si «hubo un tiempo cuando Cristo no fue», si él llegó a existir en algún punto del tiempo, tuvo que haberse creado a sí mismo antes de haber existido.

Si esto suena como absurdo, tiene razón. ¡*Es* absurdo! Por consiguiente, en este punto podemos concordar: «Sin él no fue hecho nada de lo que fue hecho». Cristo no pudo haberse hecho a sí mismo; por consiguiente, él es Dios, y creó todas las cosas.

depravación humana, la mayoría la entendía bastante bien. No obstante, Juan sí subrayó nuestra necesidad desesperada de salvación al describir la reacción del mundo a la aparición de la Vida y la Luz.

Juan declara que las tinieblas del mundo no *katalambano* la luz. Esta palabra griega tiene una variedad de significados, dependiendo del contexto y, por consiguiente, no tiene equivalente directo en español. El significado primario es «atrapar, atacar, vencer, sostener sin soltar el apretón». Como sucede a menudo en el lenguaje, sin embargo, la definición literal a la larga condujo a su uso metafórico, «comprender o entender». ¿Qué quería decir Juan? ¿«Las tinieblas no vencieron a la Luz» o «Las tinieblas no comprendieron a la Luz»?

Esto pudiera tener un doble sentido, tanto literal como figurado. Al final, las tinieblas no pudieron suprimir la Luz ni siquiera poniendo a la Luz en una tumba. Los versículos que siguen, sin embargo, parecen recalcar la deficiencia mental de las tinieblas; su reticencia a creer y por consiguiente su incapacidad de comprender. Luego, conforme el relato de Jesús continúa, Juan mostrará que la verdad no tiene sentido a la mente oscurecida por el pecado (8:44-45, 47; 14:17; 18:38).

Juan el Bautista, el hombre a quien Jesús llamó el más grande de todos los profetas (Mateo 11:9-13), no fue rival para las tinieblas. Como Moisés, Samuel, Elías, Isaías, Jeremías, Ezequiel, Daniel y todas las luminarias de la Palabra a través de los siglos antes de él, Juan no logró iluminar a la humanidad. Después de todo, ellos eran solamente humanos. La única esperanza para la humanidad era la Fuente de luz, que puede iluminar toda mente debido a que él es más que humano.

«LUZ» ILUMINADORA EN LA LITERATURA BÍBLICA

Algunos símbolos son tan universales, tan comunes en la experiencia humana, que tienen el poder de cruzar culturas e incluso barreras lingüísticas. Los estudiantes de arte y literatura conocen estos símbolos como «arquetipos». El color verde, por ejemplo, simboliza crecimiento o nueva vida. El invierno alude a la muerte o adversidad. En la literatura bíblica y antigua, a la verdad a menudo se la pinta como luz. Cuando alguien adquiere sabiduría, decimos que ha sido «iluminado».

Cuando Moisés da el relato de la creación, deriva del símbolo literario de la luz para comunicar una verdad importante. Inmediatamente después de la formación del espacio y la materia, el Señor llenó de luz la tierra vacía y sin forma: luz literal, sí, pero no meramente iluminación. Antes de formar las fuentes físicas de luz en el cuarto día: el sol, la luna y las estrellas, llenó el universo con la luz de su presencia: Verdad, el cimiento de todo lo demás que sería hecho. Antes de darle orden al mundo (dividiendo día y noche, cielo y tierra, tierra seca y océano), el Señor infundió todo átomo con su Verdad de modo que todo reflejara su carácter.

Un día, tal vez más pronto de lo que pensamos, un nuevo cielo y una nueva tierra «no necesitarán luz de lámpara ni de sol, porque el Señor Dios los alumbrará» (Apocalipsis 22:5). El mal habrá desaparecido y toda la creación de nuevo reflejará a Aquel en quien «no hay ninguna oscuridad» (1 Juan 1:5). Esta es nuestra esperanza porque «estas palabras son verdaderas y dignas de confianza» (Apocalipsis 21:5).

1:9-13

El versículo 9 puede ser problemático a primera vista. Parecería contradecir lo que Juan acaba de declarar en el versículo 5: «Esta luz resplandece en las tinieblas, y las tinieblas no han podido extinguirla». Siga leyendo y el punto de Juan se vuelve claro. Ahora que la Fuente de luz ha venido a la tierra y ha iluminado las mentes de los seres humanos, nadie puede legítimamente aducir ignorancia. Todos los que no creen no tienen excusa. Antes de su arresto Jesús les dijo a sus discípulos:

> Si yo no hubiera venido ni les hubiera hablado, no serían culpables de pecado. Pero ahora no tienen excusa por su pecado. El que me aborrece a mí, también aborrece a mi Padre. Si yo no hubiera hecho entre ellos las obras que ningún otro antes ha realizado, no serían culpables de pecado. Pero ahora las han visto, y sin embargo a mí y a mi Padre nos han aborrecido. Pero esto sucede para que se cumpla lo que está escrito en la ley de ellos: "Me odiaron sin motivo" (Juan 15:22-25).

Permítame ilustrar el punto de Juan de otra manera. Toda casa moderna se conecta a una red eléctrica, que provee la energía necesaria para iluminar cada rincón. Los que viven en esas casas, sin embargo, pueden escoger vivir en la oscuridad. La luz está disponible pero no es obligatoria. Aunque la Fuente de luz ha venido al mundo y ha iluminado todas las mentes, muchos escogen cerrar las cortinas y ahuyentar la luz. Ahora que Cristo ha venido, creer o no creer ya no es una crisis del intelecto (como si alguna vez lo fuera); es una crisis de la voluntad. Cuando una mente oscurecida escoge seguir en las tinieblas, nadie sino el mismo individuo es culpable de haber tomado esa decisión.

En tanto que muchos han rechazado la luz, muchos otros han escogido recibirla por fe; es decir, escogieron creer en Jesucristo. Juan predice la enseñanza de Cristo en 3:1-21 declarando que los que han escogido creer son «hijos de Dios» como resultado del nacimiento sobrenatural de arriba. Un nacimiento natural es el resultado de dos seres humanos que deciden procrear. Una persona nace espiritualmente como resultado de la decisión soberana de Dios.

1:14-18

Jesucristo, aunque completamente humano, revela plenamente al Padre. Aunque usted no lo crea, en los días de Juan la mayoría no tenía problema para aceptar la divinidad de Cristo. Tenían más problemas con su humanidad. La influencia de Platón permeaba todo aspecto de la religión y filosofía de manera que cualquier cosa tangible llegó a verse como inherentemente mala. La gran esperanza de los filósofos griegos era escapar del ámbito dañado, pernicioso, a fin de tener comunión con la mente divina, que existía solo en el campo de la idea pura. En la vida trataban de negar el cuerpo como medio de conectarse con lo que concebían como dios. Veían a la muerte como la liberación del alma (el aspecto bueno del hombre) de la prisión del cuerpo (el aspecto malo del hombre). Así que, naturalmente, retrocedían ante la noción de que Dios llegara a ser algo genuinamente material.

Para preservar la impecabilidad de Dios, estos filósofos inventaron toda clase de mitos para explicar cómo Cristo podía parecer humano sin tener en realidad materia terrestre como parte de su naturaleza. El más común, el *docetismo*, sugería que él solo *parecía* tangible, pero que en realidad era una aparición celestial. Los llamados evangelios gnósticos cuentan relatos de cómo Jesús producía la ilusión de comer alimentos mientras que en realidad nunca lo digería ni necesitaba defecar.

La terminología de Juan es sin duda ofensiva a estos falsos maestros. Él dice, en efecto: «La Palabra se hizo carne». Puesto que me encantan los frijoles con carne, a veces describo su encarnación diciendo que él era «Dios con carne». Vivió entre nosotros en el mundo material. Literalmente lo vimos, y lo oímos, y le tocamos. En 1 Juan 1:1 el apóstol lo dice en términos inequívocos: «Lo que ha sido desde el principio, lo que hemos *oído*, lo que hemos *visto* con nuestros propios ojos, lo que hemos *contemplado*, lo que hemos *tocado* con las manos» (cursivas mías).

Dios no permaneció abstracto. Habiéndose revelado en sueños y visiones, como fuego sobrenatural en medio de una zarza, como un resplandor del otro mundo sobre el arca del pacto, y no contento con enviar ángeles en su lugar, Dios se hizo hombre: un ser humano de carne, sangre y huesos, que podía ser visto, oído, tocado, e incluso olfateado. El Hijo de Dios se hizo una representación tangible del Padre en toda su gloria. Si tenemos problemas para comprender a Dios Padre, solo necesitamos mirar a Dios Hijo para ver todo lo que necesitamos saber. O, para resumir a Juan: Vimos su gloria (v. 14) y recibimos su plenitud (v. 16), porque Cristo ha «explicado» al Padre (v. 18). El término griego describe lo que estoy haciendo precisamente ahora: exponiendo. El Hijo ha expuesto al Padre mucho mejor que todos los mejores comentaristas de la historia.

En todos los treinta y más años de Jesús en la tierra, la gente se preguntaba: *¿Cómo es Dios?* Uno podía haber dicho: «Visiten la casa de María y José; el hijo que ellos están criando es su presencia visible». Mientras Jesús realizaba su ministerio entre los pobladores de Galilea, Samaria y Judea, muchos se preguntaban: *¿Cómo es Dios?* Los discípulos podrían haber dicho: «Vengan y véanlo con sus propios ojos. Es el Rabí de este grupo de discípulos. Dios se declara y muestra por él». Hasta hoy, la gente lucha por conocer a Dios y saber cómo es. Podemos señalar a Jesucristo y decir: «Conócele, y conocerás a Dios».

Aplicación
Cinco cualidades de la fe auténtica

¿Qué quiere decir ser un seguidor genuino cuya vida se caracteriza por una fe auténtica? Encuentro en el Evangelio de Juan no menos de cinco cualidades prácticas que fluyen de una vida de confianza en Cristo.

(1) *El creyente genuino no es demasiado independiente como para admitir sus propias necesidades.* En toda la narración de Juan, los que necesitan salud, o perdón, o iluminación, entendieron su propia condición desvalida y vinieron a Cristo buscando ayuda. En tanto que el orgullo mantuvo a muchos atrapados en su pecado, la vulnerabilidad le dio a Jesús la oportunidad de realizar milagros.

Esa clase de confianza en el Señor se debe traducir en intimidad con otros. Los hijos anhelan oír a sus padres pedir disculpas después de que han tomado una decisión precipitada, o han reaccionado con rigor, o se han portado de manera hipócrita. Las esposas consagradas anhelan que el Señor quebrante la voluntad de sus esposos a fin de poder oír finalmente las palabras: «Cariño: Ya he llegado al fin de mi cuerda. Necesito ayuda». Los esposos consagrados anhelan que sus esposas se den sin reservas, antes que permanecer encerradas en torres de distancia y desconfianza.

Solo cuando confiemos en el Señor lo suficiente para admitir nuestra debilidad e ineptitud disfrutaremos intimidad con las personas que él nos ha dado como bendición.

(2) *El creyente genuino no está demasiado ocupado para conocer a los que lo rodean*. Las personas, no las tareas, son la prioridad de los creyentes que ponen en práctica su fe en verdad. Con demasiada frecuencia, hombres y mujeres dicen que sus seres queridos son más importantes que todo lo demás, pero rara vez lo admiten —o incluso se permiten sentir su valor— hasta que un ser querido yace frío en un ataúd frente a una iglesia. La confianza auténtica en Cristo reconoce el valor de otros, a pesar de sus fracasos y limitaciones, y dedica tiempo adecuado para conocerlos bien.

(3) *El creyente genuino no es demasiado orgulloso como para apoyarse en la palabra de Dios*. La mayoría de los que asisten a la iglesia hacen lo mejor que pueden por obedecer lo que saben de las Escrituras. La fe genuina, sin embargo, anhela saber de la palabra de Dios tanto como sea posible, porque no confía en sí mismo. La confianza genuina en Cristo permanece humildemente dedicada a saber lo que Cristo piensa en cuanto a la vida, y cómo quiere que vivamos.

(4) *El creyente genuino no se apoya solo en su propia perspectiva*. Los creyentes genuinos no tienen problemas para admitir el impacto continuo de su naturaleza de pecado, y hacen lo necesario para anular su influencia al tomar decisiones. Buscan la verdad de la palabra de Dios, oran por la dirección del Espíritu Santo, se someten a la sabiduría de consejeros maduros, y permanecen sensibles a la crítica constructiva de otros... incluso de sus enemigos.

(5) *El creyente genuino no se toma a sí mismo o a la vida misma demasiado en serio*. Eso no es sugerir que la vida no sea seria o incluso desalentadora a veces. ¡La vida en un mundo caído puede ser difícil! No obstante, los creyentes genuinos mantienen de manera relajada sus posesiones, e incluso más a sus seres queridos. Aceptan las injusticias, y abusos, y reveses como confirmación de que están en el camino a la gloria. Mantienen una perspectiva de compostura, se niegan a permitir que la amargura estropee su perspectiva, escogen la alegría, y nunca pierden una oportunidad de reírse.

Los creyentes pueden hacer esto cuando de verdad confían en Dios como indefectiblemente bueno y totalmente soberano.

Por supuesto, la auténtica creencia en Jesucristo tiene implicaciones eternas. él vino para buscar y salvar a los perdidos, para recibirlos para sí mismo, y para disfrutar de su adoración para siempre. Pero la fe genuina tiene profundas implicaciones para la vida aquí en la tierra. Nuestra vida abundante empieza *ahora*.

¿Cree usted en Cristo? Quiero decir, ¿*en realidad* cree?

NOTAS: El Evangelio de Juan

1. En tanto que hay alguna similitud entre el uso que Pablo hace de *sarx* y el de la filosofía y religión griegas, la forma en que

la usa Juan es única. Para él *sarx* se refiere al aspecto material de la humanidad que no es inherentemente mala, sino que está corrompida junto con el resto del mundo material después de la caída de la humanidad (Génesis 3:14-19). La teología de Pablo usó *sarx* para denotar nuestra forma de pensar y obrar rebelde que disfruta del sistema pervertido del mundo como resultado del pecado de Adán.
2. «Does Sodom Love Gomorrah?» *Time* (20 marzo 1964).
3. «Tiempo del verbo en donde el escritor señala una acción en proceso o un estado de ser que está ocurriendo en el pasado sin ninguna evaluación de la terminación de la acción» (ver Michael S. Heiser, *Glossary of Morpho-Syntactic Database Terminology*, «Imperfect» [Logos Bible Software, 2005]).
4. A. W. Tozer, *The Knowledge of the Holy: The Attributes of God; Their Meaning in the Christian Life* (Harper & Row, San Francisco, 1978), 39. Hay traducción al español.

PRESENTACIÓN DEL VERBO (JUAN 1:19—4:54)

El mundo nunca ha sido amable con la verdad o los que la dicen. Eso se debe a que poco después de que el Verbo dio existencia al universo y luego lo llenó con luz, el pecado hundió en tinieblas a toda la creación (Génesis 3). En tanto que la oscuridad en verdad es la ausencia de luz, no hay que equivocarse; puesto que la causa de esta oscuridad no es ignorancia, no se puede superar con educación. Las personas no hacen cosas malas meramente porque no saben nada mejor. El mal es una decisión deliberada. Las tinieblas que envuelven al mundo son resultado de la rebelión contra su Creador. Las personas resisten a la verdad porque quieren solo lo que quieren, y no toleran que nadie, ni siquiera Dios, se los quite. Cegados por su propia oscuridad, en verdad piensan que pueden derrotar al Todopoderoso y entonces moldear su mundo de acuerdo con sus propias reglas.

Es cierto que el mundo necesita ser iluminado, pero las mentes oscurecidas no pueden aceptar la verdad, ni la aceptarán, aun cuando venga de los labios de Dios a sus oídos, incluso con señales inequívocas de su presencia entre ellos. Las mentes oscurecidas no necesitan más información. Solo la re-creación resolverá el problema del mal. Luz de adentro. Vida de arriba.

El Evangelio de Juan empieza con la aurora de la re-creación. ¿Cómo responderá el mundo?

Un hombre enviado de Dios (Juan 1:19-34)

¹⁹Éste es el testimonio de Juan cuando los judíos de Jerusalén enviaron sacerdotes y levitas a preguntarle quién era. ²⁰No se negó a declararlo, sino que confesó con franqueza:

—Yo no soy el Cristo.

²¹—¿Quién eres entonces? —le preguntaron—. ¿Acaso eres Elías?

—No lo soy.

—¿Eres el profeta?

—No lo soy.

²²—¿Entonces quién eres? ¡Tenemos que llevar una respuesta a los que nos enviaron! ¿Cómo te ves a ti mismo?

²³—Yo soy la voz del que grita en el desierto: "Enderecen el camino del Señor" —respondió Juan, con las palabras del profeta Isaías.

²⁴Algunos que habían sido enviados por los fariseos ²⁵lo interrogaron:

—Pues si no eres el Cristo, ni Elías ni el profeta, ¿por qué bautizas?

²⁶—Yo bautizo con agua, pero entre ustedes hay alguien a quien no conocen, ²⁷y que viene después de mí, al cual yo no soy digno ni siquiera de desatarle la correa de las sandalias.

²⁸Todo esto sucedió en Betania, al otro lado del río Jordán, donde Juan estaba bautizando.

TÉRMINOS CLAVE

ἀλήθεια [*aleteia*] (225) «verdad, realidad, fidelidad»

Este término se basa en el concepto antiguo griego de «no ocultar», en el sentido de transparencia; las cosas como realmente son, no escondidas ni falsificadas. Los filósofos griegos usaban la palabra para denotar la verdadera naturaleza de algo a diferencia de su apariencia. En el sentido filosófico, «lo que verdaderamente es se puede igualar con lo que es divino o eterno, en lo cual uno debe participar para ser salvado»[1]. Juan deriva de estos conceptos y redefine el término para representar el orden creado original de Dios, el universo como él originalmente lo concibió, y antes de la caída.

βαπτίζω [*baptizo*] (907) «bautizar, sumergir, lavar»

El uso no religioso de este término describe el proceso de inmersión de algo en agua a fin de quitar las impurezas; de modo que se tiene en mente lavar o enjuagar. La palabra también describe «sumergir» algo en una solución con propósitos de teñido. La adoración del Antiguo Testamento usaba el enjuague ceremonial como medio de adquirir pureza ritual y a la larga usó el lavamiento del cuerpo entero como rito de iniciación de los gentiles (después de la circuncisión para los varones) que querían ser incluidos en el pacto de Abraham. De este modo, bautismo llegó a asociarse de cerca con el arrepentimiento.

μαρτυρία [*marturía*] (3141) «testimonio, testigo, informe»

En la esfera secular, este término es «una declaración o confirmación de hechos o sucesos»[2], comúnmente usado en conexión con procedimientos legales. En las cortes antiguas, el «testimonio» corroborado de testigos independientes se consideraba virtualmente irrefutable. El Nuevo Testamento usa el término exclusivamente en sentido no religioso (siete veces), con excepción de Hechos 22:18 y en los escritos de Juan (treinta veces). Para Juan el verbo «testificar» y el sustantivo «testimonio» surgen del significado legal para ofrecer prueba de lo que está más allá del ámbito material, que pueden ver sólo los muertos, que no pueden volver, y los seres sobrenaturales (el Señor y sus ángeles).

πιστεύω [*pisteuo*] (4100) «creer, aceptar como verdad, comprometer la confianza de uno»

En el uso del griego clásico, este término se basa en el conocimiento, añadiéndole obediencia. Uno puede recibir conocimiento de una cierta verdad e incluso puede ofrecer acuerdo verbal. Pero «confiar» o «confianza» no se dice que está presente sino hasta que la conducta de uno refleje esa verdad. Por ejemplo, alguien puede verbalmente concordar que el volar es seguro, pero «confiar» (como el término griego lo define) tiene lugar sólo cuando ese individuo en realidad aborda un aeroplano.

σημεῖον [*semeion*] (4592) «señal, marca autenticadora, muestra, milagro»

El significado más básico es «algo que da una indicación verdadera de algo más». Un letrero en la carretera indica con precisión lo que le espera por delante al viajero. Los griegos dieron al término atención especial como indicación física de voluntad divina o augurios sobrenaturales. Los griegos, por ejemplo, indicaban la voluntad de Zeus, y el trueno era una indicación ominosa de que él estaba a punto de hablar mediante una «señal». Para los judíos una «señal» era una confirmación visual de que un profeta era auténticamente de Dios o era una manifestación física de la gloria de Dios.

²⁹Al día siguiente Juan vio a Jesús que se acercaba a él, y dijo: «¡Aquí tienen al Cordero de Dios, que quita el pecado del mundo! ³⁰De éste hablaba yo cuando dije: "Después de mí viene un hombre que es superior a mí, porque existía antes que yo". ³¹Yo ni siquiera lo conocía, pero, para que él se revelara al pueblo de Israel, vine bautizando con agua.

³²Juan declaró: «Vi al Espíritu descender del cielo como una paloma y permanecer sobre él. ³³Yo mismo no lo conocía, pero el que me envió a bautizar con agua me dijo: "Aquel sobre quien veas que el Espíritu desciende y permanece, es el que bautiza con el Espíritu Santo". ³⁴Yo lo he visto y por eso testifico que éste es el Hijo de Dios».

Muchos cristianos ven a Juan el Bautista como una figura sombría. La mayoría podría disponer todo lo que saben de él en media página de cuaderno y les sobraría espacio. Claramente, el hombre bautizaba a las personas. Algunos saben que vivía en el desierto y que subsistía en una dieta de langostas y miel. Los interesados en la teología saben que fue el precursor del Mesías. Y… eso es todo lo que la mayoría sabe. Y sin embargo, Jesús dijo de él: «Entre los mortales no se ha levantado nadie más grande que Juan el Bautista» (Mateo 11:11).

El Evangelio de Juan nos da poca información sobre el hombre, de dónde vino y cómo era. Esto, por supuesto, es intencional. La falta de información sirve a un propósito importante para Juan, que pronto descubriremos. Debemos buscar en los Evangelios de Mateo, Marcos y Lucas los detalles.

El Dr. Lucas, médico de oficio, se interesaba en la humanidad de los que rodeaban a Jesús. De él aprendemos que Juan nació como hijo único de un sacerdote anciano, Zacarías, y de Elisabet, una mujer posmenopáusica. Su nacimiento atrajo la atención de todos en la región montañosa de Judea, no solo porque fue un nacimiento milagroso, sino porque fue apartado desde el día en que nació para que sea nazareo. No debía cortarse el pelo, ni tocar nada muerto, ni participar de nada de la vid: ni vino, ni uvas, ni pasas (Números 6:2-6). Dios le había escogido, incluso desde antes de su concepción, para que sea el precursor profetizado del Mesías (Isaías 40:3-5; Lucas 1:14-17).

Juan el Bautista no se crió en algún palacio. Lucas dice: «El niño crecía y se fortalecía en espíritu; y vivió en el desierto hasta el día en que se presentó públicamente al pueblo de Israel» (Lucas 1:80). No lo malentienda: esto no era un desierto como Palm Springs en California. Juan creció entre polvo, y piedras, y arbustos, y calor, y escasez de todo, incluyendo comida y agua. En silencio y soledad, sin embargo, y en la sencillez de esos días difíciles, Juan tenía comunión con el Autor de la verdad. Estuvo lleno del Espíritu Santo desde sus primeros años (Lucas 1:15), y vivió según el principio fundamental del reino de Dios: estándar que Israel había dejado de obedecer siglos atrás: «no solo de pan vive el hombre, sino de todo lo que sale de la boca del Señor» (Deuteronomio 8:3).

Cuando Juan salió del desierto para confrontar y convencer a la nación de Israel, se veía, parecía y actuaba totalmente diferente que los demás dirigentes religiosos que el pueblo estaba acostumbrado a oír. El Evangelio de Marcos nos dice que «la ropa de Juan estaba hecha de pelo de camello. Llevaba puesto un cinturón de cuero, y comía langostas y miel silvestre» (Marcos 1:6). En tanto que los saduceos, fariseos, principales sacerdotes, escribas y herodianos se vestían con lujo y se daban el gusto de comer carne y tomar vino, Juan mostraba las huellas de una vida ascética y curtido por el sol.

El mensaje de Juan estaba desprovisto de adornos tanto como su apariencia. Cuando los representantes de los saduceos y fariseos, practicantes de una religión hipócrita, vinieron para un bautismo fingido basado en un arrepentimiento vacío, falsificado, Juan no los aguantó, ¡y se los dijo! «¡Camada de víboras! ¿Quién les dijo que podrán escapar del castigo que se acerca? Produzcan frutos que demuestren arrepentimiento. No piensen que podrán alegar: "Tenemos a Abraham por padre". Porque les digo que aun de estas piedras Dios es capaz de darle hijos a Abraham» (Mateo 3:7-9).

¡Ah, cómo lo aborrecía la élite religiosa! Y lo hubieran matado, si no hubiera estado protegido por el desierto y rodeado por crecientes multitudes de personas que genuinamente se arrepentían de su pecado.

Aunque Juan el Bautista fue tan extraordinario como cualquier ser meramente humano pudiera ser, fue con todo un hombre. Simplemente un hombre. Por consiguiente Juan, el autor de este Evangelio, le introduce sencillamente como «Vino un hombre llamado Juan. Dios lo envió» (1:6). Juan 1:19-34 nos mostrará lo que hacía tan especial a este mero hombre.

Desierto de Judea. En tanto que la mayoría de rabinos disfrutaba de las comodidades de vestidos resplandecientes, rica comida, viviendas seguras, y protección política, Juan escogió la vida austera del desierto al sur de Jerusalén. Aunque no completamente desolado, la tierra no rinde sustento con facilidad. Esto no sólo protegió a Juan de sus enemigos políticos y religiosos, sino que le enseñó completa dependencia en Dios para toda necesidad física.

—1:19—

La cuestión de la verdad era importante para Juan el evangelista. Sabemos esto porque aparece repetidas veces en su relato del ministerio de Jesús en la tierra. En este primer episodio, «los judíos» (término técnico de Juan para los dirigentes religiosos que gobernaban a Israel mediante el templo de Jerusalén) cuestionaron a Juan el Bautista. Su principal preocupación era la de autoridad. ¿Quién tenía el derecho de proclamar la verdad? Tome nota de sus preguntas. Las examinaremos en detalle más adelante.

«¿Quién eres?» (v. 19).
«¿Quién eres entonces? [...] ¿Acaso eres Elías?» (v. 21).
«¿Eres el profeta?» (v. 21).
«¿Entonces quién eres? ¡Tenemos que llevar una respuesta a los que nos enviaron! ¿Cómo te ves a ti mismo?» (v. 22).
«Pues si no eres el Cristo, ni Elías ni el profeta, ¿por qué bautizas?» (v. 25).

La pregunta real que estaba haciendo era: «¿Quién te crees que eres?» De acuerdo al estándar del mundo, quienquiera que ostente el mayor poder tiene el derecho de determinar lo que es la verdad y quién la proclama. Es decir, a menos que uno sea religioso. De acuerdo al estándar de la religión, solo los que son dignos pueden ser una fuente de verdad, y debemos escuchar solo a los que pasan el cedazo religioso.

Este predicador de apariencia extraña, ultra dogmático, del desierto, era un enigma para la élite religiosa. Este hombre que predicaba en las regiones agrestes de Judea no buscaba poder ni dignidad. El pensamiento de celebridad no le venía a la cabeza. Más bien se cuidó mucho de despojarse de todas las credenciales:

«¿Quién eres?» «Yo no soy el Cristo» (v. 20).
«¿Acaso eres Elías?» «No lo soy» (v. 21).
«¿Eres el Profeta?» «No» (v. 21).
«¿Cómo te ves a ti mismo?» «Yo soy la voz...» (vv. 22-23).

Juan el Bautista rehusó darse ningún prestigio, escogiendo más bien aclarar su papel. Dijo, en efecto: «Yo no soy la fuente de la verdad; yo doy testimonio del que sí lo es».

—1:20—

Al presionar a Juan pidiéndole sus credenciales, a los emisarios del templo se les acabó su lista religiosa de verificación: ¿Cristo? ¿Elías? ¿El profeta? ¿Alguna otra autoridad?

Juan respondió a su primera pregunta antes de que tuvieran oportunidad de hacerla: «¿Eres tú el Cristo?»

«Cristo» es traducción griega del término hebreo mashíaj, o «Mesías». Significa «ungido». En el Antiguo Testamento era Dios quien escogía al rey de Israel. Luego, en una ceremonia pública, un sacerdote ungía la cabeza del escogido con aceite de oliva, de esa manera convirtiéndolo en el «ungido». Ningún rey, no obstante, jamás superó la bondad y consagración del rey David, incluso con su terrible caída (2 Samuel 11:1—12:15). Por siglos los profetas proclamaron el surgimiento con el tiempo de una figura más grande que la vida conocida como «el Ungido», un rey que agradaría a Dios de manera perfecta, conduciría a la nación a apropiarse de todas las promesas del pacto, e incluso gobernaría a todo el mundo (2 Samuel). Para el primer siglo, los judíos esperaban que fuera un acopio impresionante de poder político y genio militar que los libertaría del gobierno de Roma y los guiaría a tiempos de prosperidad sin precedentes. (Incluso entonces, todo era cuestión de la economía).

Juan contundentemente negó ser el Mesías.

— 1:21 —

Al preguntarle si era Elías, los dirigentes religiosos querían saber si era el mismo profeta del Antiguo Testamento que, en lugar de morir, fue llevado al cielo en un carro de fuego (2 Reyes 2:11-12). El profeta Malaquías más tarde predijo que un personaje como Elías anunciaría la llegada inminente del Mesías (Malaquías 3:1; 4:5-6). Muchos tomaron las palabras del profeta literalmente y esperaban el retorno del hombre real. Aunque Juan el Bautista en efecto cumplió la profecía de Malaquías, no era el querido vidente de la antigüedad.

Al preguntarle si era «el profeta», los dirigentes religiosos tenían en mente la profecía de Moisés (Deuteronomio 18:15-19). Aunque Moisés se refirió al mismo Mesías, la mayoría de judíos del primer siglo aceptaban la falsa noción de que el profeta y el Mesías eran dos hombres diferentes. Todavía es un malentendido común entre los judíos de hoy. El predicador del desierto era en realidad un profeta genuino. Sin embargo, no era el profeta.

— 1:22-23 —

Habiéndoseles agotado la lista de posibilidades conocidas, los dirigentes religiosos continuaron presionando la cuestión preguntándole a Juan si era algún otro tipo de autoridad, tal vez alguien que ellos no consideraron. De nuevo, Juan negó toda clase de credenciales personales. Desde el principio, este hombre de aspecto estrafalario había sido claro respecto a su función, y el Evangelio de Juan fielmente refleja su mensaje.

[Vino] como testigo para dar testimonio de la luz, a fin de que por medio de él todos creyeran. Juan no era la luz, sino que vino para dar testimonio de la luz (Juan 1:7-8).

Juan dio testimonio de él, y a voz en cuello proclamó: «Éste es aquel de quien yo decía: "El que viene después de mí es superior a mí, porque existía antes que yo"» (Juan 1:15).

Para evitar cualquier noción errada de que él tuviera alguna importancia, Juan se describió meramente como «una voz». No un profeta, aunque lo era. No un hombre de Dios asombrosamente digno, aunque lo era. Ni siquiera un hombre que hay que notar, ¡aunque por cierto lo era! «Una voz». Derivó su descripción de una profecía mesiánica bien conocida (Isaías 40:3), que a su vez derivaba de una figura familiar.

En la antigüedad un monarca (tal como un dirigente nacional hoy) rara vez viajaba a alguna región sin hacer planes. La ciudad se preparaba y la ruta se limpiaba de todo lo que pudiera estorbar su carruaje o hacer desagradable su viaje. Juan se llamó precursor, un individuo que anunciaba la llegada inminente del rey, una voz que no tenía autoridad propia. Si la gente escogía escuchar su mensaje, sería porque reverenciaban al rey que venía.

— 1:24-28 —

Los fariseos se preocupaban mayormente en cuanto a reglas, regulaciones, rituales y derechos. ¿Quién tenía la autoridad para hacer qué? Les preocupaba el atrevimiento de Juan para bautizar a las personas sin contar con las credenciales apropiadas, sin considerar el uso apropiado del rito, y sin seguir su procedimiento establecido.

En el bautismo judío al nuevo convertido al judaísmo se le sumergía ceremonialmente en agua pura como un lavamiento simbólico del pecado, de una vez por todas, antes de que entrara a la comunidad hebrea del pacto. Se suponía que debía ser administrado por los sacerdotes, no por un fogoso predicador de ojos desorbitados, que comía langostas y que vivía en el desierto. Estaba destinado a prosélitos gentiles, no a judíos nacidos ya en el pacto de Abraham con Dios. Debía ser en agua pura y en el templo, no en el lodoso río Jordán. Pero éstas eran reglas hechas por el hombre.

Juan le dio al rito del bautismo gentil una nueva aplicación. Llamó a los judíos a un bautismo de arrepentimiento, diciendo, en efecto: «Debido a su pecado, ustedes están fuera del pacto de Abraham con Dios. Ustedes deben arrepentirse tal como los gentiles y venir a Dios como si fuera la primera vez». Como resultado, la gente venía por multitudes.

No obstante, Juan admitió que su bautismo era meramente simbólico y rápidamente desvió la conversación del bautismo en agua —que en sí mismo señalaba al Mesías— hacia Aquel a quien él había venido a anunciar. Después de todo, él era meramente un testigo de la verdad, no la fuente de verdad. Él era solo el candelero, no la luz.

— 1:29 —

Al día siguiente después de la desprendida negativa de Juan de toda credencial y su persistencia para desviar de sí mismo toda gloria, el momento para el que había nacido de repente llegó. Vio a Jesús y lo identificó, no como el Rey de Israel, el profeta, o incluso el Mesías, sino primero como «el Cordero de Dios», clara referencia al cordero pascual (Éxodo 12:1-13, y la imagen mesiánica de Isaías (Isaías 53:7).

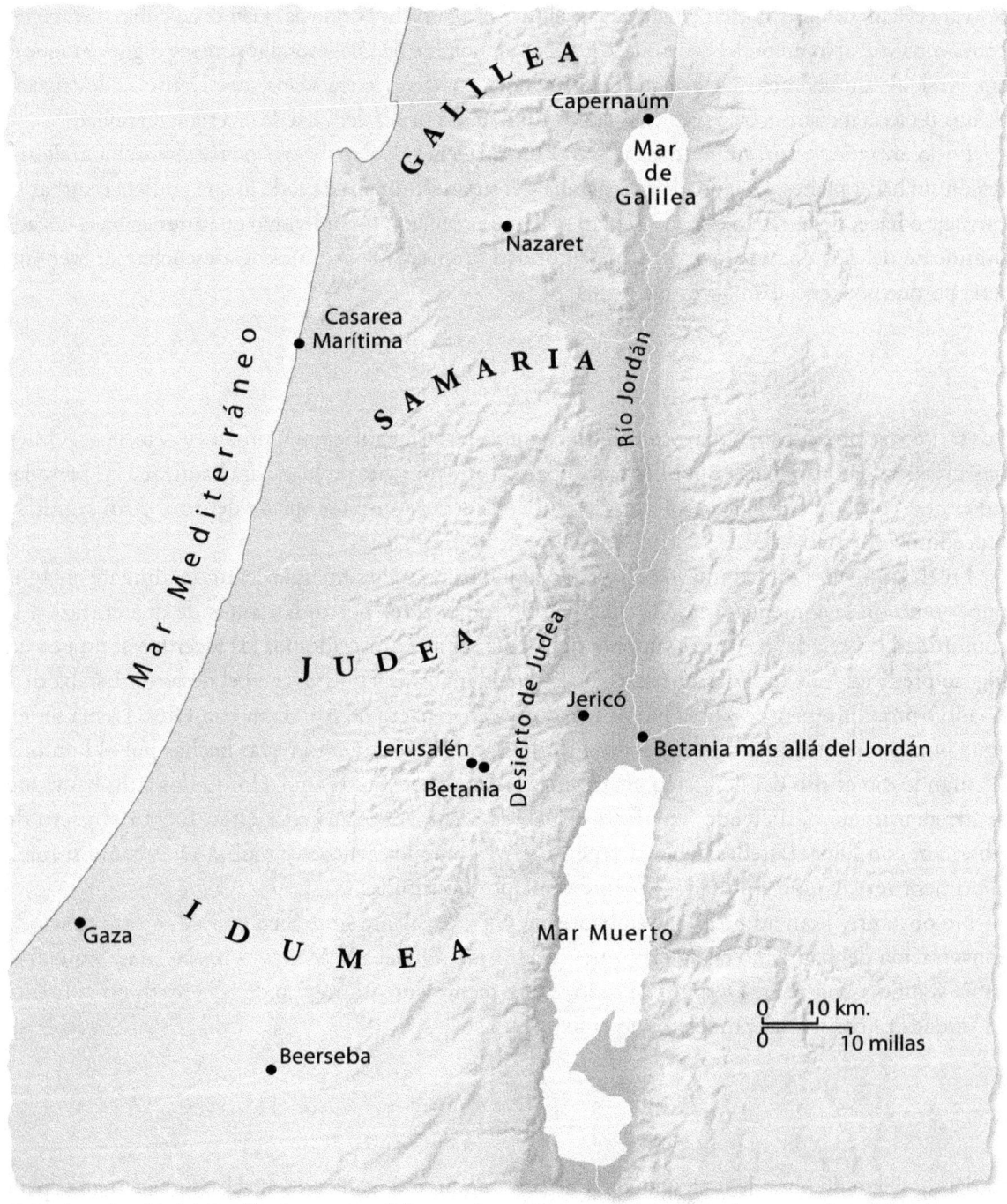

Betania más allá del Jordán. Los que residían en Jerusalén conocían a Betania como el pueblo a tres kilómetros al oriente de la muralla de la ciudad. Betania más allá del Jordán, por otro lado, estaba como a unos cuarenta kilómetros en el lado oriental del valle del Jordán. Allá es donde Juan el Bautista llamaba a los judíos a arrepentirse de sus pecados y someterse al rito del bautismo.

No conocemos el lugar preciso del ministerio de Juan junto al río Jordán; sabemos sólo que bautizaba cerca de la ciudad de Betania (más allá del Jordán). Debido a que el rito judío de conversión de gentiles incluía la inmersión completa, con probabilidad escogió una porción de corriente lenta del río, en donde las aguas tenían una profundidad como hasta la cintura.

— 1:30-31 —

La honestidad de Juan es impresionante. Por un lado, habla libremente de recibir revelación directa de Dios, privilegio reservado para los profetas. Por otro lado, no reconoció a su propio primo como el Mesías. Con certeza, sus familias se conocían. Sin ninguna duda, Elisabet le dijo muchas veces a su hijo la experiencia de su visita con María. Sin embargo él «no conocía» (la misma palabra griega que usó en 1:26) la verdadera identidad de Jesús.

En lugar de tratar de explicar cómo o por qué Juan el Bautista no reconoció al Mesías antes, y en vez de buscar interpretaciones ingeniosas, dejemos a un lado lo que sabemos de los demás Evangelios y concentrémonos en el punto primario de Juan. Jesucristo, aunque igual con Dios en todo aspecto, no parecía a primera vista un hombre extraordinario. Era un hombre entre hombres, hijo judío de una madre judía, criado en un pueblo oscuro lejos del centro de la actividad religiosa. Era asombroso porque nunca había pecado; extraordinario en su comprensión de las Escrituras y asuntos espirituales pero no poseía ninguno de los rasgos que se esperaría en un líder: no tenía aspecto de astro de cine, ni halo, ni carisma cálido, ni optimismo contagioso, ni vestido inmaculado con ribetes de oro. ¡Ni siquiera tenía un agente o publicista!

Pero no se equivoque; él es el Verbo, el Autor de la verdad en cuerpo humano. Cuando estuvo entre sus semejantes humanos, sin embargo, nadie lo reconoció. Nadie conectó los puntos. Y, seamos francos; ¿Cuántas veces tenemos la Verdad exactamente ante nuestros ojos y no la reconocemos?

—1:32-34—

Sabemos por los otros Evangelios que Juan bautizó a Jesús, pero el escritor de este Evangelio dejó fuera ese relato. Tanto él como sus lectores sin duda sabrían bien el suceso, de manera que no se perdía nada al omitirlo. Es más, servía mejor a su propósito. Al describir la escena se cuidó de recalcar la superioridad de Jesucristo y de martillar el papel de Juan el Bautista como testigo. Tal vez por eso vemos la frase «bautizar en agua» por tercera vez en conexión con la palabra griega *oida*, «conocer, reconocer»

> «Yo bautizo con agua, pero entre ustedes hay alguien a quien no *conocen*» (1:26).
> «Yo ni siquiera lo *conocía*, pero, para que él se revelara al pueblo de Israel, vine bautizando con agua» (1:31).
> «Yo mismo no lo *conocía*, pero el que me envió a bautizar con agua me dijo: "Aquel sobre quien veas que el Espíritu desciende y permanece, es el que bautiza con el Espíritu Santo"» (1:33).

Así como «luz» era una imagen clásica para «verdad», «agua» por largo tiempo había sido símbolo de «vida». El bautismo de Juan en agua meramente simbolizaba lo que iba a venir, y tenía lugar en el contexto de ceguera espiritual. Entonces Jesús, el Verbo, entró en la escena bautizando en el Espíritu Santo —vida auténtica, abundante— y hay reconocimiento instantáneo. La fuente genuina de verdad ha llegado y bautiza en vida eterna. No puede haber prueba más convincente que esto.

El escritor del Evangelio cierra el episodio tal como lo empezó: «Éste es el testimonio de Juan [...] Yo lo he visto y por eso testifico que éste es el Hijo de Dios» (1:19, 34).

Juan el Bautista dijo, en efecto: «Cristo es la luz; yo soy meramente el candelero». El propósito

De mi Diario

Dios con nosotros

La verdad de la naturaleza doble de Cristo: su deidad inmaculada y su completa humanidad, es vitalmente importante en la teología, pero es crucial en un sentido práctico también. Cuando me veo tentado a crispar mi puño contra el cielo y preguntarme si Dios está siendo cruelmente indiferente cuando yo sufro aquí abajo en la tierra, el Evangelio de Juan me recuerda una verdad importante. Cuando Adán trajo el pecado al mundo, y la muerte con el pecado (Romanos 5:12), el Señor pudo haber incinerado al mundo como justo castigo y él no hubiera sido menos santo o menos justo. Pero no lo hizo. Es más, cuando nosotros pecamos, sea como individuos o colectivamente como seres humanos, Dios tiene todo derecho de darnos la espalda y decir: «Está bien. Manejen el mundo a su manera. El caos que hagan es cuestión de ustedes». Pero no lo hace.

Al contrario, el Creador voluntariamente se hizo uno de nosotros en la persona de Jesucristo, que sufrió como nosotros sufrimos, que fue tentado como nosotros somos tentados, y que soportó la injusticia como nosotros jamás lo haremos. Y sin embargo, sin pecado. Me consuela el saber que él nos comprende y entiende. Por su encarnación, podemos apreciar su compasión más plenamente. Debido a que vivió y murió como hombre, podemos más fácilmente aceptar que, en su resurrección, el Hijo de Dios está por nosotros aun cuando nos sintamos abandonados, maltratados o castigados por Dios.

del candelero es sostener la luz de modo que todo quede iluminado. Por costoso y hermoso que pudiera ser un candelero, es inútil sin una luz. Esta es una distinción crucial cuando se sirve a Dios en el ministerio, que las autoridades religiosas de Jerusalén no entendieron. Juan el Bautista, sin embargo, nunca olvidó su papel y su propósito. Rehusó permitir que alguien pasara por alto el mensaje concentrándose en el mensajero. Y eso fue lo que lo hizo un hombre extraordinariamente excepcional entre los hombres.

Aplicación

Personas comunes, mensaje nada común.

Al reflexionar en el testimonio de Juan el Bautista, este extraño personaje parecido a Elías llamando a Israel desde el desierto, observo cuatro verdades que pueden ayudarnos, especialmente a los que estamos dedicados al ministerio.

1. *Juan era extraordinario, pero solo era humano.* Este desusado predicador del desierto fue un hombre extraordinario en muchos respetos. Renunció a la mayor parte de lo que sus contemporáneos hubieran considerado comodidades razonables. Escogió una dieta de langostas y miel silvestre, y vestía de pelo de camello y cuero en vez de lino y lana. Llamó a los judíos a acercarse a Dios por la puerta de gentiles convertidos, y llamó al establecimiento religioso a rendir cuenta de su hipocresía y crímenes. Juan no fue un hombre como otros de su día. Fue singular, la mayoría incluso dirían estrafalario. Con todo, él, como Elías, su predecesor espiritual, fue «un hombre con debilidades como las nuestras» (Santiago 5:17), necesitando de un Salvador. Juan, como toda la humanidad, enfrentó el juicio al fin de sus días en la tierra. En este respecto, fue solamente humano: un hombre común.

Esto nos da esperanza. Juan tenía al Espíritu Santo morando en él. Los que estamos en Cristo tenemos el Espíritu Santo morando en nosotros. Dios le dio a Juan un mensaje extraordinario, contrario a la cultura; el evangelio es un mensaje extraordinario, contrario a la cultura. Juan se distinguió del mundo a fin de alcanzarlo más efectivamente; nosotros somos llamados a hacer lo mismo (Juan 17:15-18). Juan dijo la verdad con intrepidez a pesar del riesgo de sufrir persecución de los enemigos de la verdad; nosotros tenemos las mismas oportunidades virtualmente a dondequiera que vayamos.

En un sentido real, todos tenemos la oportunidad de ser hombres y mujeres nada comunes porque el Señor nos ha dado todas las ventajas con que contaba Juan.

2. *Juan fue una lámpara, pero él no era la luz; fue una voz, pero no era el Verbo.* En tanto que Juan logró reunir un número elevado de seguidores leales, nunca permitió a sus admiradores que confundieran el mensaje con el mensajero. Oswald Sanders escribe: «El líder es más exitoso si apega el afecto de sus seguidores más a Cristo que a sí mismo»[3]. Esto quiere decir que si usted dirige un grupo de discipulado, ese grupo no debe girar alrededor suyo; los miembros nunca deben dudar que el mensaje señala a nuestro Salvador. Si usted tiene un púlpito, el púlpito no gira alrededor suyo; es una lámpara desde la cual brilla el Verbo. La congregación no se compone de su gente; son rebaño

de Dios. Sanders continúa: «Puede correctamente derivar ánimo del hecho de que su servicio ha sido fructífero y se aprecia, ¡pero debe persistentemente rehusar que lo idolatren!»[4]

3. *Juan fue útil, pero no era indispensable.* Los que llegan a tener «éxito» en el ministerio, especialmente aquellos que logran reunir elevado número de seguidores, enfrentan un peligro peculiar. Si no tienen cuidado, empiezan a creer su propio bombo; permiten que el estímulo bien intencionado de otros se vuelva la base de su perspectiva. Antes de que pase mucho, se creen indispensables en la obra de Dios.

¿Qué de usted? ¿Está usted sirviendo en un comité y pensando que no podría funcionar sin usted? ¿Está usted dirigiendo a otros y sintiendo que los objetivos no se lograrán sin su intervención directa? ¿Debe usted meter la mano en todo lo que sucede alrededor suyo por temor de que nada se haga «como se debe hacer»? ¿Es usted así de controlador? ¿Cuán cómodo se siente al permitir que sus subordinados tengan para su organización una visión mayor que la suya? ¿Cuán intenso se ha vuelto? ¿Es usted uno de aquellos que justifican un horario interminable con la vieja excusa: «Es mejor quemarme que oxidarme?»

Enfrentémoslo; los cementerios están llenos de gente intensa, indispensable.

4. *Juan fue eficaz, pero permaneció humilde.* Juan efectivamente cumplió el papel al que Dios le había llamado, y supo que tuvo éxito al completar la tarea que le fue dada y, sin embargo, siguió humilde.

La humildad no conduce a que uno se sienta inferior o dude de su propia valía. La denigración propia no es la senda a la humildad. Pensar demasiado poco de uno mismo en realidad es una forma de orgullo. Por el contrario, la humildad es verse a uno mismo tal como Dios lo ve. Humildad es entender nuestro lugar en el plan del Señor mientras que se da preferencia al bienestar de otros por sobre uno mismo. Sobre todo, la humildad es reconocer al Señor como el único y solo objeto de adoración.

Juan lo señaló de manera sucinta cuando dijo: «A él le toca crecer, y a mí menguar» (Juan 3:30). Que esta actitud sea nuestro testimonio. Aquellos verdaderamente enviados por Dios exaltan al que los envió y disminuyen al enviado.

Cinco que siguieron por fe (Juan 1:35-51)

[35]Al día siguiente Juan estaba de nuevo allí, con dos de sus discípulos. [36]Al ver a Jesús que pasaba por ahí, dijo:
—¡Aquí tienen al Cordero de Dios!
[37]Cuando los dos discípulos le oyeron decir esto, siguieron a Jesús. [38]Jesús se volvió y, al ver que lo seguían, les preguntó:
—¿Qué buscan?
—Rabí, ¿dónde te hospedas? (Rabí significa: Maestro.)
[39]—Vengan a ver —les contestó Jesús.
Ellos fueron, pues, y vieron dónde se hospedaba, y aquel mismo día se quedaron con él.

Eran como las cuatro de la tarde.

⁴⁰Andrés, hermano de Simón Pedro, era uno de los dos que, al oír a Juan, habían seguido a Jesús. ⁴¹Andrés encontró primero a su hermano Simón, y le dijo:

—Hemos encontrado al Mesías (es decir, el Cristo).

⁴²Luego lo llevó a Jesús, quien mirándolo fijamente, le dijo:

—Tú eres Simón, hijo de Juan. Serás llamado Cefas (es decir, Pedro).

⁴³Al día siguiente, Jesús decidió salir hacia Galilea. Se encontró con Felipe, y lo llamó:

—Sígueme.

⁴⁴Felipe era del pueblo de Betsaida, lo mismo que Andrés y Pedro. ⁴⁵Felipe buscó a Natanael y le dijo:

—Hemos encontrado a Jesús de Nazaret, el hijo de José, aquel de quien escribió Moisés en la ley, y de quien escribieron los profetas.

⁴⁶—¡De Nazaret! —replicó Natanael—. ¿Acaso de allí puede salir algo bueno?

—Ven a ver —le contestó Felipe.

⁴⁷Cuando Jesús vio que Natanael se le acercaba, comentó:

—Aquí tienen a un verdadero israelita, en quien no hay falsedad.

⁴⁸—¿De dónde me conoces? —le preguntó Natanael.

—Antes de que Felipe te llamara, cuando aún estabas bajo la higuera, ya te había visto.

⁴⁹—Rabí, ¡tú eres el Hijo de Dios! ¡Tú eres el Rey de Israel! —declaró Natanael.

⁵⁰—¿Lo crees porque te dije que te vi cuando estabas debajo de la higuera? ¡Vas a ver aun cosas más grandes que éstas!

Y añadió:

⁵¹Y le dijo: De cierto, de cierto os digo: De aquí adelante veréis el cielo abierto, y a los ángeles de Dios que suben y descienden sobre el Hijo del Hombre.

La Guerra Fría nunca fue más fría que durante la década de 1970. Parecía entonces que nada detendría el avance incontenible del comunismo. Una por una, naciones capitalistas de Europa, Asia y África se derrumbaron ante las fuerzas militares soviéticas o cayeron bajo el embrujo del socialismo. Pocos en los Estados Unidos temían un ataque militar del Este. La verdadera amenaza del comunismo vendría desde adentro.

Allí fue cuando resultó que leí una serie de conferencias de Douglas Hyde, comunista de toda la vida que había renunciado su afiliación al partido y pasó el resto de los años de su vida exponiendo las técnicas comunistas para reclutar miembros y desarrollarlos como líderes. Al leer *Dedication and Leadership Techniques* [Técnicas de dedicación y liderazgo], descubrí que a ningún nuevo recluta se le trataba como insignificante; muy por el contrario. Los reclutadores exigían total dedicación y esperaban grandes cosas de cada miembro. Y el alcance de su ambición era nada menos que cambiar el mundo. Karl Marx escribió: «Los filósofos solo han *interpretado* el mundo, de varias maneras; el punto, sin embargo, es *cambiarlo*»[5]. Él concluyó su manifiesto con el llamado apasionado a la acción: «[Trabajadores] no tienen nada que perder sino sus cadenas. Tienen un mundo para ganar»[6].

Para nuestra vergüenza como cristianos, los comunistas hicieron un mejor trabajo vendiendo su fracasado sistema mundial que el que nosotros hemos hecho proclamando las buenas nuevas. Ellos eran intrépidos, en donde nosotros hemos permanecido tímidos. Si algo aprendí del libro de Hyde, es esto: Las expectativas pequeñas despiertan una respuesta débil; las expectativas grandiosas inspiran acción heroica.

Jesús se dispuso a cambiar el mundo, empezando con un puñado de hombres sin distinción y desde el principio, él tuvo grandes expectativas.

1:35-39

Al leer Juan 1:19-51 uno pudiera pensar que el apóstol ha arrancado cuatro páginas de su diario personal::

1:19: «Éste es el testimonio de Juan...».
1:29: «Al día siguiente...».
1:35: «Al día siguiente Juan estaba de nuevo...».
1:43: «Al día siguiente...».

Presenta cuatro días consecutivos en orden sencillo, cronológico, basado en su observación personal de los sucesos. En el primer día Juan el Bautista anunció la revelación inminente del Mesías. Al segundo día Juan identificó a Jesús como el Mesías. En el tercero y cuarto días, Jesús llamó a sus primeros cinco discípulos, a quienes el escritor del Evangelio describe en sucesión rápida, como ametralladora.

En cada encuentro hay la presentación de la verdad, una respuesta inicial de que la oye, y luego una decisión de creer y seguir. El patrón es fijo; dentro de este patrón, sin embargo, cada respuesta a la verdad es tan individual como el hombre, y el Señor interacciona con cada hombre de acuerdo con eso.

En el primer encuentro, Andrés y Juan habían estado siguiendo al predicador del desierto cuando vieron a su mentor señalar a Jesús y luego declararle ser el Mesías hebreo largamente esperado, el hombre que salvaría del pecado al mundo. De inmediato, ellos se acercaron a Jesús para aprender más.

La frase «siguieron a Jesús» es tanto literal como figurada. Jesús iba a alguna parte, y los dos hombres le seguían. En el mundo antiguo los discípulos literalmente «caminaban después» de un maestro para observar su vida tanto como para escuchar su enseñanza. Cuando Jesús notó a los dos hombres, les preguntó: «¿Qué buscan?» que era preguntar: «¿Cuáles son sus intenciones?» En otras palabras: «¿Están ustedes aquí para hacer una pregunta o están indicando su deseo de ser mis discípulos?» La pregunta de ellos en cuanto a dónde residía confirma la intención de ellos de seguirle.

Me encanta la respuesta de Jesús: «Vengan a ver». Tales palabras sencillas tendrían un significado de toda la vida.

En los versículos 38 y 39 Juan usa tres veces uno de sus términos favoritos. El griego *meno* significa «quedarse, vivir, permanecer quieto, aguantar». Más adelante Jesús les ordenó (probablemente en arameo) a sus discípulos que «permanezca en mí», que Juan traduce en el griego usando *meno*.

El apóstol Juan recuerda que los dos hombres se quedaron con Jesús el resto del día, probablemente porque era «como la hora décima». De acuerdo con el sistema romano de contar las horas, que marca el principio del nuevo día a la medianoche, llegaron a su casa como a las 10 de la mañana. Según los judíos, sin embargo, el nuevo día empieza a las 6 de la mañana, lo que haría que ellos llegaron como a las 4 de la tarde. Juan claramente usó el sistema judío al narrar los sucesos del arresto y juicios de Jesús, así que lo mismo es probablemente cierto aquí. Es más, el sistema romano lo usaban solo para los asuntos oficiales del gobierno; las carillas de los relojes de sol romanos marcaban el mediodía con el número VI, no XII[7].

Debido a la hora avanzada, con probabilidad se reclinaron a la mesa de Jesús, hablaron hasta avanzada la noche, y se quedaron con él hasta la mañana siguiente. ¡Debe haber sido magnífico para ellos pasar esas horas a solas con el mismo Dios hombre!

— 1:40-42 —

Después de salir de la casa en donde Jesús estaba quedándose, Andrés de inmediato buscó a su hermano, Simón. Aunque Pedro era el dueño principal de la empresa de pesca en Galilea, más de ciento diez kilómetros al norte de Jerusalén, sin duda estaba cerca, tal vez visitando el templo. Andrés le anunció que había hallado al Mesías y le trajo para que viera a Jesús. Andrés evidentemente tenía el hábito de llevar a otros para que vieran a Jesús (ver 6:8-9; 12:20-22).

Cuando Jesús miró a Simón, de inmediato miró muy dentro del hombre. Podemos solo adivinar lo que vio o por qué dijo lo que dijo. Jesús le cambió el nombre del hombre de Simón, derivado de la palabra hebrea *shamá*, «oír». Su nuevo nombre sería *Kefa*, palabra aramea para roca. (Juan translitera el nombre como «Cefas» para sus lectores griegos). Los griegos le conocerían por la palabra que utilizaban para denotar piedra: *Petros*, o Pedro.

La narración de Juan nunca explica por completo la significación de este encuentro o la razón para el cambio de nombre. Podemos observar el carácter de Pedro y luego especular basados en su transformación, pero una opinión es tan buena como la otra. Esto, sin embargo, es cierto: Jesús vio en las personas no como eran, sino lo que finalmente llegarían a ser. Lo mismo es cierto hoy para usted y para mí.

— 1:43-44 —

Después de encontrar a Pedro, Jesús «decidió salir hacia Galilea», viaje de como tres días. Juan,

Andrés y Simón vivían todos en la misma aldea pesquera de Galilea. Felipe vivía también allí y probablemente había ido a Jerusalén por la misma razón que Pedro. Juan no nos dice cómo Jesús conocía a Felipe. Todo lo que sabemos es que Jesús le buscó con el propósito expreso de llamarle a que sea su discípulo. Felipe al parecer le siguió sin vacilación ni reservas.

— 1:45-50 —

La primera acción de Felipe como discípulo fue buscar a su amigo Natanael. Identificó a Jesús de tres maneras:[11]

«Aquel de quien escribió Moisés en la ley, y de quien escribieron los profetas».
«Jesús de Nazaret».
«El hijo de José».

Por supuesto, Jesús no era hijo físico de José y el escritor del Evangelio lo sabía. Felipe bien habló por ignorancia, o quería decir «miembro de la casa de José». Los sobrenombres no eran raros en el mundo antiguo. A la gente por lo común se les identificaba por su asociación familiar (cierto incluso para esclavos) y su lugar de origen. Jesús era de Nazaret y se crió en la casa de José.

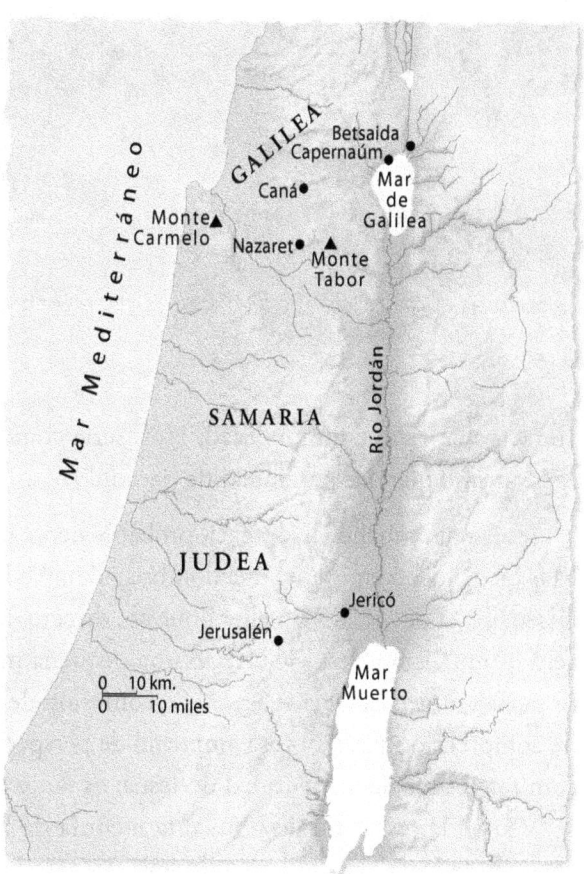

Temprano ese día Natanael buscó estar a solas bajo la sombra de una higuera. El Talmud (colección de escritos de eruditos judíos sobre la vida práctica) animaban a los hombres a meditar bajo un árbol grande para leer y reflexionar en las Escrituras por lo menos una vez al día. Es probable que Natanael estuviera haciendo precisamente eso. La descripción que Felipe da de Jesús influiría solo a un hombre que había estudiado «la ley y los profetas» y estaba buscando al Mesías.

Natanael respondió con incredulidad: «¡De Nazaret! ¿Acaso de allí puede salir algo bueno?» A Nazaret se le consideraba un pueblo sin importancia. No estaba lejos de Séforis, donde había una guarnición de soldados romanos. Y cuando uno halla una población llena de soldados aburridos, se halla un

La cultura hebrea celebraba a la higuera como símbolo de protección, o cobertura (1 Reyes 4:25; Miqueas 4:4; Zacarías 3:10). En verdad, el espeso follaje de un árbol maduro ofrecía un retiro fresco para la reflexión tranquila en las Escrituras o tal vez una siesta por la tarde.

almácigo de vicio e inmoralidad. Hoy, sería como decir: «El hijo de Dios viene de Las Vegas (que es lo mismo que decir "Ciudad de pecado")».

Jesús no reprochó a Natanael, probablemente porque fue una respuesta razonable sin saber más. Más bien, atisbó en el alma del hombre y llamó a Natanael «un verdadero israelita, en quien no hay falsedad», es decir, «un israelita honesto, directo»). Luego, para ayudar a Natanael a superar su sincero escepticismo, Jesús le ofreció una pequeña medida de evidencia sobrenatural, recabando una respuesta inmediata y entusiasta. La confesión de Natanael revela una profundidad impresionante de comprensión y asombrosa amplitud de perspectiva. Entendió tanto las implicaciones teológicas como prácticas de la identidad de Jesús: es tanto el Hijo de Dios como el Rey de Israel (v. 49).

Veo en la respuesta de Jesús una medida de humor así como también algo de predicción. El corazón de Natanael estaba totalmente preparado para recibir la verdad porque había estado estudiando fervientemente las Escrituras y buscando al Mesías. Así que, una vez que Jesús eliminó un obstáculo legítimo a la creencia, Natanael creyó de inmediato. Otros demostrarían ser precisamente lo opuesto; las más asombrosas exhibiciones de poder sobrenatural no los moverían a creer porque obstinadamente escogieron rechazar la verdad que tenían frente a sus ojos.

— 1:51 —

Las palabras finales de Jesús en este episodio revelan su propósito último para venir al mundo. Fue cerrar el gran abismo que el pecado produjo entre el cielo y la tierra. Esta es una referencia a Génesis 28:12, en la cual Jacob soñó con una escalera que subía de la tierra al cielo y ángeles que la usaban para subir y bajar por ella. Jesús anunció que él era esa escalera. Lo que había sido sueño ahora era realidad. Sin duda esto tenía una significación especial para Natanael, como hijo de Jacob, como hombre pecador, y como estudiante ferviente de «la ley y los profetas».

En todo este segmento de la narración de Juan (1:35-51), la palabra griega jeurisko, «ubicar por búsqueda», aparece no menos de cinco veces:

Andrés halló a Simón, diciéndole que habían hallado al Mesías (v. 51).
Jesús halló a Felipe (v. 43).
Felipe halló a Natanael, diciéndole que habían hallado al Mesías (v. 45).

Irónicamente, no es claro quién halló a quien. Desde la perspectiva humana, los hombres se hallaron unos a otros. El corazón de cada hombre, sin embargo, había sido providencialmente preparado para el momento.

Aplicación
La evangelización ilustrada

Claramente, el propósito primario del escritor del Evangelio no fue bosquejar diferentes modelos de evangelización. Sin embargo, vale la pena notar los diferentes medios por los cuales los primeros cinco discípulos fueron hallados y traídos a la fe en Cristo. Sus experiencias destacan una verdad importante. Ningún método de evangelización será eficaz para todos, porque cada uno de nosotros es diferente. Este pasaje ilustra cuatro medios populares que llaman a los individuos a seguir a Jesucristo.

Evangelización en masa (1:35-39). Por «evangelización en masa» nos referimos a un individuo talentoso proclamando las buenas noticias a públicos que todavía no han recibido la dádiva de la vida eterna. Juan el Bautista fue el evangelista del primer siglo. Señaló a Jesucristo y proclamó: «¡Allí está el Mesías, el Cordero de Dios! Síganle». Ejemplos más recientes serían Juan Knox, Juan Wesley, Jorge Whitefield, Dwight L. Moody, Billy Sunday y, por supuesto, Billy Graham. Predicaron a reuniones de no creyentes, y multitudes se convirtieron y llegaron a ser discípulos de Jesucristo.

Evangelización personal (1:40-42). La evangelización personal tiene lugar cuando una persona le habla de las buenas noticias de Jesucristo a un amigo o ser querido. Este es tal vez el medio más común y eficaz por el cual las personas llegan a conocer al Señor, porque oyen el evangelio de alguien a quien ya conocen y en quien confían y respetan. Lamentablemente, la evangelización personal es subutilizada en grado superlativo. Muchos creyentes temen la aterradora pregunta: «¿Cómo puedo ser salvado?» Prefieren invitar a otros a la iglesia o, todavía mejor, pagar a algún otro para que haga la evangelización.

Felizmente, los programas de capacitación en la evangelización personal no son costosos y están fácilmente disponibles. Casi sin excepción, los que los estudian surgen sintiéndose con confianza y deseo.

Evangelización por contacto (1:43-45). La evangelización de contacto, como la evangelización personal, tiene lugar cuando un individuo le habla del evangelio a otro, solo que en este caso los dos tal vez no hayan establecido ya algún contacto previo. No tenemos ningún registro de contacto entre los dos hombres antes de que Jesús «hallara» a Felipe. Es posible que el Señor haya estado hablándole a Felipe por varios días o semanas y luego lo llamó a que fuera un discípulo formal. Es igualmente probable, sin embargo, que «halló» es una forma breve de referirse Juan a una conversación de primera vez que resultó en la decisión inmediata de Felipe de creer (no diferente a 4:7-45). Después de que creyó, Jesús le llamó para que le siguiera como discípulo.

De todo corazón creo en las «citas divinas» en las cuales el corazón de una persona está preparado y el Señor pone a un mensajero dispuesto en su camino. La evangelización de contacto no busca convencer a otro a que crea; la evangelización de contacto meramente ayuda al corazón dispuesto a recibir la dádiva de la vida eterna. El creer, sin embargo, tal vez no ocurra de inmediato. Muchos que llegan a ser creyentes más tarde en la vida admiten haber oído el evangelio cinco o seis veces (a veces más) antes de creer.

Evangelización por la Palabra (1:45-51). No nos atrevamos a subestimar el poder de la Palabra de Dios. Muchos han llegado a conocer al Señor meramente al leer las Escrituras, reconociendo su necesidad y arrodillándose para orar a solas, incluso antes de poner un solo pie en una iglesia. En 1898 dos hombres de negocios reconocieron el poder de la Biblia para penetrar en el corazón de los no creyentes y por eso fundaron una organización mejor conocida por su uso efectivo de la evangelización por la Palabra. Los conocemos como los Gedeones Internacionales. Su programa de poner Biblias en hoteles, hospitales e instituciones educativas ha sido el medio para que muchos confíen en Jesucristo y lleguen a ser sus discípulos.

Cuando participo de una comida con personas por primera vez, me encanta hacer la pregunta: «¿Cómo llegó usted a conocer a Jesucristo?» Sus experiencias nunca dejan de fascinarme. Constantemente me asombra la variedad de medios que el Señor utiliza para atraer a los suyos a la fe.

¿Cómo llegó usted a confiar en el Salvador? ¿Cómo ha influido eso en su método favorito de evangelización?

Vino... monedas... y señales (Juan 2:1-25)

¹Al tercer día se celebró una boda en Caná de Galilea, y la madre de Jesús se encontraba allí. ²También habían sido invitados a la boda Jesús y sus discípulos. ³Cuando el vino se

De mi Diario

Santos como yo

A los discípulos nos los han presentado a través de la historia como santos, produciendo una cierta imagen santurrona que nos dejan sintiéndonos inferiores. ¿Cómo jamás podemos llegar a esa medida?

Cuando era niño nuestra familia asistía a una iglesia al final de nuestra calle, y que llevaba el nombre de San Andrés. Tenía una estatua que representaba exactamente lo que uno pensaría de un santo. El hombre llevaba sandalias y una bata larga y suelta. Sus manos estaban plegadas y tenía la cara de un líder decidido, pero gentil. No podía resistir el tocar la estatua y en mi mente infantil pensar: ¡Vaya! ¡San Andrés! Me parecía más grande que la vida.

Al madurar, aprendí que el relato bíblico de Andrés no presenta a nadie particularmente destacado. Es más, si usted tuviera que contratar a alguien para dirigir su empresa, probablemente no contrataría a Andrés. Era tímido. Nada impresionante. Hombre que era apenas una sombra de su hermano más carismático: Simón. Andrés, como todos los demás discípulos, fue cualquier cosa excepto heroico y por supuesto no santo. Estaba muy lejos de los especímenes inmaculados de perfección que tendemos a imaginarnos. Más bien, eran como nosotros. Confundidos, llamados a cumplir papeles muy superiores a sus capacidades, agobiados por toda clase de defectos, y obstaculizados por manías individuales. Cándidamente, ¡eran santos tal como usted y como yo!

Con el tiempo, los discípulos llegaron a ser hombres grandes de Dios. El Señor los escogió, los transformó, los equipó, los capacitó y luego los fortaleció para que hicieran discípulos a todas las naciones. Todo lo que hicieron fue creer y seguir. ¡Hasta yo puedo hacer eso!

acabó, la madre de Jesús le dijo:

—Ya no tienen vino.

⁴—Mujer, ¿eso qué tiene que ver conmigo? —respondió Jesús—. Todavía no ha llegado mi hora.

⁵Su madre dijo a los sirvientes:

—Hagan lo que él les ordene.

⁶Había allí seis tinajas de piedra, de las que usan los judíos en sus ceremonias de purificación. En cada una cabían unos cien litros.

⁷Jesús dijo a los sirvientes:

—Llenen de agua las tinajas.

Y los sirvientes las llenaron hasta el borde.

⁸—Ahora saquen un poco y llévenlo al encargado del banquete —les dijo Jesús.

Así lo hicieron. ⁹El encargado del banquete probó el agua convertida en vino sin saber de dónde había salido, aunque sí lo sabían los sirvientes que habían sacado el agua. Entonces llamó aparte al novio ¹⁰y le dijo:

—Todos sirven primero el mejor vino, y cuando los invitados ya han bebido mucho, entonces sirven el más barato; pero tú has guardado el mejor vino hasta ahora.

¹¹Ésta, la primera de sus señales, la hizo Jesús en Caná de Galilea. Así reveló su gloria, y sus discípulos creyeron en él.

¹²Después de esto Jesús bajó a Capernaúm con su madre, sus hermanos y sus discípulos, y se quedaron allí unos días.

¹³Cuando se aproximaba la Pascua de los judíos, subió Jesús a Jerusalén. ¹⁴Y en el templo halló a los que vendían bueyes, ovejas y palomas, e instalados en sus mesas a los que cambiaban dinero. ¹⁵Entonces, haciendo un látigo de cuerdas, echó a todos del templo, juntamente con sus ovejas y sus bueyes; regó por el suelo las monedas de los que cambiaban dinero y derribó sus mesas. ¹⁶A los que vendían las palomas les dijo:

—¡Saquen esto de aquí! ¿Cómo se atreven a convertir la casa de mi Padre en un mercado?

¹⁷Sus discípulos se acordaron de que está escrito: «El celo por tu casa me consumirá».

¹⁸Entonces los judíos reaccionaron, preguntándole:

—¿Qué señal puedes mostrarnos para actuar de esta manera?

¹⁹—Destruyan este templo —respondió Jesús—, y lo levantaré de nuevo en tres días.

²⁰—Tardaron cuarenta y seis años en construir este templo, ¿y tú vas a levantarlo en tres días?

²¹Pero el templo al que se refería era su propio cuerpo. ²²Así, pues, cuando se levantó de entre los muertos, sus discípulos se acordaron de lo que había dicho, y creyeron en la Escritura y en las palabras de Jesús.

²³Mientras estaba en Jerusalén, durante la fiesta de la Pascua, muchos creyeron en su nombre al ver las señales que hacía. ²⁴En cambio Jesús no les creía porque los conocía a todos; ²⁵no necesitaba que nadie le informara nada de acerca de los demás, pues él conocía el interior del ser humano.

Los eruditos se han rascado la cabeza por años en cuanto a las líneas iniciales de este episodio en el ministerio de Jesús: «Al tercer día...» El tercer día, ¿en conexión con qué? No podría ser el tercer día cronológico en la narración de Juan, porque han pasado cuatro días:

Día 1: Los dirigentes religiosos confrontan a Juan el Bautista (1:19-28).
Día 2: Juan el Bautista identifica a Jesús como el Mesías (1:29-34).
Día 3: Andrés y Juan (el apóstol) empiezan a seguir a Jesús (1:35-42).
Día 4: Se halla a Pedro, Felipe y Natanael (1:40-51).

El cómo interpretamos la frase inicial, «al tercer día», no es un tema insignificante. En cierta manera, es una prueba de cómo vamos a interpretar todo el libro. Por ejemplo, algunos eruditos optan por una interpretación puramente simbólica, y ven un ominoso enlace con la resurrección al tercer día. Aunque es cierto que Juan se apoya fuertemente en el simbolismo al relatar la experiencia de Jesús, debemos recordar que su narración no es obra de ficción en la que se puedan mover o alterar los hechos según convengan a sus caprichos. Está describiendo sucesos reales, históricos. Por consiguiente, debemos evitar cuidadosamente el buscar significados escondidos detrás de cada rasgo de su pluma.

Otros eruditos han ido al otro extremo, tomando un enfoque tan estrictamente literal a los detalles que no logran ver el cuadro mayor. Juan relató la experiencia de Jesús con precisión. Sin embargo, como profundo pensador y artista talentoso, nos lleva debajo de la superficie para apreciar la significación trascendente de detalles al parecer sin importancia. Por consiguiente, así como escribió un comentarista: «Los lectores deben recordar que al interpretar este libro, la comprensión del propósito del Evangelio debe ser un factor primario, y no debemos imponer un estilo simplista de reportaje periodístico en un gran documento literario como este Evangelio inspirado»[8].

Jesús asistió a una boda en Caná y ayudó a la familia del novio a evitar el bochorno de un paso social en falso. Pero fue mucho más. Su sencilla acción de bondad fue una señal. Poco después de esto Jesús actuó en contra de la corrupción en el templo. Pero no fue una mera protesta contra la injusticia obvia; se cumplió una profecía y otra se anunció.

— 2:1-2 —

«Al tercer día» con mayor probabilidad significa al tercer día después de los sucesos de 1:43-51, y después de que Jesús «decidió ir a Galilea» (1:43). O, tal vez esto sucedió después del tercer día de su llegada a Galilea. Sea como sea, Jesús está de nuevo en la región donde creció. Caná se encuentra como a seis kilómetros de Nazaret, y se trata probablemente de la boda de algún pariente. Esto explicaría la participación activa de su madre en la fiesta.

Las bodas en esos días diferían de las costumbres occidentales actuales. En el Cercano Oriente antiguo los matrimonios eran arreglados por los padres, se preparaba un contrato, se pronunciaban los votos en la sinagoga, se intercambiaban prendas simbólicas, y luego la pareja volvía a sus casas respectivas. Aunque legalmente se los consideraba casados, vivían separados durante un período de compromiso, que duraba no menos de dos meses o hasta un año.

Al final del período de espera, era usual que el novio salía a las calles con sus amigos, por lo general de noche, en un gran desfile de antorchas desde su casa hasta la de la novia, acompañado de pompa, color y canto. Después de que se pronunciaban palabras de buenos deseos y bendición sobre la pareja, el novio llevaba a la novia a su casa, en donde la familia y amigos celebraban una fiesta hasta por una semana. Se esperaba que la familia del novio proveyera suficiente comida y bebida para todos.

— 2:3-5 —

En esta fiesta de bodas, la familia no había planeado bien. No tenían suficiente dinero para servir a sus invitados, lo cual era una falta grave de etiqueta. Hasta hoy en el Oriente se considera la hospitalidad un deber sagrado y, en algunos casos raros, causa para entablar pleito legal si no se la brinda. Algo había que hacer, así que María acudió a su hijo en busca de ayuda.

Tres palabras o frases necesitan explicación, principalmente debido a que el vocabulario y la cultura son extraños para nosotros y pueden prestarse para malos entendidos.

«Mujer…» A los esposos e hijos les sugiero evitar esta forma de dirigirse a una mujer. No va en nuestro lenguaje moderno. En la cultura de Galilea del primer siglo, sin embargo, era una manera cortés, equivalente a decir «señora» o «doña».

«¿Eso qué tiene que ver conmigo?» El griego detrás de esta frase se basa en una expresión semítica, literalmente: «¿Qué, a mí y a ti?» Puede ser una represión severa (Jueces 11:12; 2 S 16:10; 1 Reyes 17:18; 2 Cr 35:21) o una petición amable para que a uno no se lo incluya en el asunto (2 Reyes 3:13; Oseas 14:8).

«Todavía no ha llegado mi hora». Jesús hizo varias referencias a su «hora» o su «tiempo». Cinco veces dice que su hora no ha llegado 2:4; 7:6, 8, 30; 8:20); tres veces declara que su hora ha llegado (12:23; 13:1; 17:1). La «hora» siempre es una referencia al tiempo de su glorificación, que estaba fijada que tendría lugar después de su resurrección y no antes.

Los que reconocieron a Jesús como el Cristo tenían razón para esperar que el Rey prometido recibiera la gloria de Dios y luego traería gloria a la nación (por ej., Isaías). El cómo iba a suceder eso, nadie lo entendía bien excepto Jesús. Esta expectativa conflictiva aparece con frecuencia en toda la narración de Juan, empezando con este incidente apenas pocos días después de que Juan el Bautista oficialmente anunció la identidad de Cristo.

María sabía antes que nadie que su hijo era el Mesías. Por años ella y José resistieron la mofa, el ridículo y los malos entendidos por lo que parecía ser la concepción de Jesús durante su tiempo de compromiso. Por décadas ella esperó con paciencia decirle al mundo su maravilloso secreto. Es probable que viera la presente crisis como una oportunidad perfecta para que Jesús irrumpiera en la escena política, motivara al pueblo a la acción, y empezara su campaña para tomar el trono de David.

La respuesta de Jesús a su madre aclara los tres malos entendidos. Primero, la gloria del Mesías vendría a costo de su muerte, no como resultado de una deslumbrante muestra de poder. Segundo, la gloria del Mesías vendría de Dios, no del pueblo. Y tercero, la gloria del Mesías tendría lugar según el calendario de su Padre, y no el de ningún otro.

María tal vez no entendió el pleno significado de la llamada de atención de su hijo, pero captó el mensaje. Él conoce su destino y él está en control.

2:6-10

El hecho de que Jesús en efecto actuó con medios sobrenaturales nos indica que él no objetó la petición de su madre. Habiendo atendido la motivación errónea de ella, se deleitó en ayudar a la familia anfitriona. Instruyó a los criados que llenaran seis tinajas de piedra para agua, cada una de las cuales contenía entre 80 y 120 litros. Esto proveería algo así como 600 litros de vino. Eso es suficiente para unas 2.500 copas.

En esa época, convertir agua en vino se había vuelto un truco de salón conocido, casi de rutina. Hoy sería como sacar un conejo de un sombrero. Los hechiceros en los templos paganos usaban

Siete señales del Hijo de Dios

Señal	Referencia	Descripción	Señal	Significado
1	2:1–11	Cambió el agua en vino	Poder sobre la vergüenza	Jesús es la fuente de vida
2	4:46–54	Sanó al hijo de un oficial del rey	Poder sobre la distancia	Jesús es el dador de la gracia
3	5:1–17	Sanó a un enfermo en el estanque de Betesda.	Poder sobre la enfermedad	Jesús es el dador de la salud.
4	6:1–14	Alimentó a una multitud hambrienta	Poder sobre la insuficiencia	Jesús es el Verbo de Dios.
5	6:15–21	Anduvo sobre el mar y calmó una tempestad	Poder sobre la naturaleza	Jesús es el Creador.
6	9:1–41	Sanó a un ciego de nacimiento	Poder sobre el pecado	Jesús es la verdad
7	11:17–45	Levantó a Lázaro de entre los muertos	Poder sobre la muerte	Jesús es la esperanza de resurrección.

jarras especiales con un espacios ocultos para producir la ilusión de verter bien sea agua o vino a voluntad. Veo a Jesús revelando su sentido del humor al escoger resolver el problema de la familia haciendo en realidad lo que otros meramente podían simular. Solo que no dejó campo para el truco o la duda. Mientras estaba atrás, tal vez reclinado a la mesa en otra habitación, los criados manejaron las tinajas, trajeron el agua y sacaron la muestra. Entonces, en algún punto entre las tinajas y el coordinador de la boda, la transformación milagrosa tuvo lugar.

Hay que notar dos hechos importantes en este milagro. Primero, es predicción de las cosas por venir. La provisión de vino fue abundante, y la calidad fue excelente. Segundo, nótese la motivación del Señor. Esto es una acción simple de bondad hecha por amor a sus amigos. Él no hizo de esto un espectáculo. En verdad, parece que los únicos que supieron fueron los que ya habían creído en él como el Cristo. El «encargado del banquete» ni siquiera supo lo que había sucedido.

— 2:11-12 —

Juan concluye esta viñeta con un comentario y una transición a la siguiente escena. Llama a este milagro de Jesús la primera de muchas «señales». La exhibición sobrenatural de poder atestiguaba su identidad como Dios. Es más, simbolizaba lo que él había venido a hacer: «transformar el contenido» de todos los que creen en él. En tanto que la hora de la «gloria» de Jesús no había venido, sus discípulos la presenciaron de todas maneras; y su fe fue fortalecida como resultado.

Después, Jesús y sus discípulos —cinco, a estas alturas— disfrutaron de un tiempo de reunión familiar en Capernaúm, como a unos veinticinco kilómetros al noreste de Caná. Debido a que ningún Evangelio menciona a José después de que Jesús tiene doce años (Lucas 2:41-52), podemos dar por sentado que había muerto. María probablemente vivía con alguno de los medios hermanos de Jesús.

— 2:13-14 —

Algún tiempo había pasado, y no hay manera de saber cuánto. A diferencia de Lucas, cuyo Evangelio parece más una historia tradicional —cronológico e impulsado por eventos— la narración de Juan es más filosófica y motivada por un propósito teológico central: demostrar que Jesús es el Cristo, el Hijo de Dios. Por consiguiente, algunos episodios parecen estar fuera de orden cronológico, organizados por temas antes que por tiempo o lugar.

En el Evangelio de Juan, la fiesta de la Pascua es un indicador en el recorrido de la vida de Jesús, y desempeña un papel crucial en la narración. Anteriormente Juan el Bautista llamó a Jesús «el Cordero de Dios» (1:29, 36). Juan no volverá a usar el término, pero usará el simbolismo para identificar a Jesús como el verdadero cordero sacrificial y el cumplimiento final del festival de la Pascua.

La Pascua se remonta a los tiempos en Egipto cuando Moisés recibió instrucciones de preparar un cordero de manera específica y honrar la presencia del Señor untando la sangre del cordero en el dintel y postes de las puertas de todas las casas de los israelitas. Cuando el ángel de la muerte pasó por Egipto para quitar la vida del primogénito de cada familia, pasó de largo en todo hogar que tenía la marca de la sangre del cordero sacrificado.

Hacia el primer siglo de nuestra era, la fiesta tenía un aspecto muy diferente. Casi ni se parecía en nada al solemne evento del éxodo de Israel de su esclavitud en Egipto. El corrupto sacerdocio había corrompido el templo con su codicia. Los atrios del lugar se habían convertido en una mezcla de pulguero y bolsa de valores. Se le llamaba el Bazar de Anás, por una figura paternal que en un tiempo había ocupado el cargo de sumo sacerdote, pero que el gobierno de Roma había depuesto unos quince años atrás. Desde ese tiempo gobernaba mediante una serie de sacerdotes títeres, la mayoría de ellos hijos suyos, y continuó dirigiendo su bien establecido negociado en gran escala. Dicho sin ambages, estaba corrupto hasta la médula.

Durante todo el año, pero especialmente en la Pascua, se esperaba que la mayoría de los hombres judíos visitaran el templo, para pagar el impuesto exigido por la ley mosaica y sacrificar un animal. En la Pascua el sacrificio debía ser un cordero y, como siempre, tenía que ser sin mancha ni defecto. Todavía más, el impuesto debía pagarse en siclos, no en moneda extranjera, la cual llevaba imágenes prohibidas por la ley mosaica.

Anás y sus secuaces establecieron lugares en los atrios del templo con el propósito de cambiar la moneda extranjera por siclos, a un interés exorbitante, por cierto. Luego proveía los animales para el sacrificio, por los cuales cobraba los precios que se le antojaba. Si alguien traía su propio animal, un inspector lo juzgaba inapropiado y le ofrecía otro, por supuesto, por una cantidad de dinero en efectivo. Indudablemente, el animal inferior se convertía en el sacrificio «superior» del siguiente que venía a ofrecer el sacrificio.

Durante la fiesta de la Pascua, la población de Jerusalén subía a más de 250.000 varones. Josefo calcula la cantidad total de personas (varones y sus familias) ¡en unos tres millones!⁹ Claro, el potencial para ganar dinero en el templo era asombroso.

Esto es lo que Jesús veía cada año cuando él y su familia iban al templo para celebrar la fiesta, obedecer los sacrificios y glorificar a Dios. Este año, como todos los demás, halló, no un lugar de adoración, sino un fraude vergonzoso: una capilla para la codicia y un santuario para ladrones. Solo que este año algo había cambiado.

— 2:15-17 —

Antes del comienzo oficial de su ministerio, Jesús iba al templo como adorador a la casa de su Padre. Pero había llegado el momento para que entrara como el Mesías, dueño y señor del lugar. En cumplimiento de la profecía (Malaquías 3:1-4), en su primera acción oficial limpió el templo de una infestación persistente.

Sus discípulos se quedaron atrás, probablemente en silencio aturdido. Boquiabiertos, miraron espantados mientras Jesús volcaba los muebles como si fueran palillos de dientes y lanzaba las monedas como si fueran semillas. El restañar de su látigo hizo que el ganado se agazapara junto a sus inmundos dueños mientras la voz del Dueño del templo retumbaba por los atrios: «¡Saquen esto de aquí!» De repente, los discípulos recordaron el Salmo 69:9: «El celo por tu casa me consume».

— 2:18-19 —

Una vez que la conmoción se calmó, llegó la inevitable confrontación. Jesús no se sorprendió. Él sabía lo que iba a suceder... y a dónde lo conduciría.

Los líderes religiosos también conocían las Escrituras. Preocupados por la cuestión de la autoridad —tal como lo fueron con Juan el Bautista en el desierto de Judea— dijeron en efecto: «Si mediante este acto declaras que eres el Mesías, demuéstralo con una serie de milagros». Juan usa el término «señal» aquí, tal como lo hizo en 2:11, porque Jesús no se oponía a ofrecer un milagro como sello de autenticidad bajo las circunstancias apropiadas (2:23). En este caso, sin embargo, no le correspondía a él presentar la prueba. *Él* no había violado la ley. *Sus* acciones no eran abiertamente inmorales. La verdad de sus acciones era autoridad suficiente. Más bien, Jesús les dio una respuesta velada. Solo el oyente perceptivo la comprendería, y ninguno de ellos lo era. Es más, sus propios discípulos tampoco entendieron su verdadero significado sino después de su resurrección.

Juan, más que los escritores de los otros Evangelios, destaca esta tendencia de Jesús para emplear un doble significado. Jesús no desperdiciaba sus palabras en los que no querían oír. Es más, nunca habló para convencer al escéptico o convencer al que quería disentir. Sus palabras tenían el propósito de dividir a su público en dos grupos: corazones receptivos y corazones endurecidos. Entendía que oírlo no era un proceso intelectual, sino un cambio de la voluntad. Varias veces en todo el relato cuando Jesús dice algo críptico, algunos *pensaron* que lo entendieron y se alejaron, en tanto que otros admitieron su confesión y se acercaron.

— 2:20-22 —

Tal como Jesús esperaba, las autoridades religiosas tomaron su reto de manera literal. Erraron por completo el punto.

El templo fue construido como morada de Dios. Él no necesitaba su estructura. Dios es omnipresente, está en todas partes simultáneamente. Más bien, ordenó que se construyera el templo para albergar la manifestación especial de su presencia en forma de una luz sobrenatural, llamada la *shequiná*. En el Antiguo Testamento esta luz apareció en una zarza frente a Moisés (Éxodo 3:1-3); condujo a los israelitas en el desierto como una columna (Éxodo 13:21-22) y se posó sobre el monte Sinaí ante los ojos del pueblo (Éxodo 19:18; 24:17). Cuando se construyó el tabernáculo, y más tarde el templo, la *shequiná* flotaba sobre el arca del pacto detrás de un grueso velo en el Lugar Santísimo (Éxodo 25:22; Levítico 16:2). El Señor hizo esto para beneficio de su pueblo, para afirmar su presencia entre ellos como su único y solo Dios.

Lamentablemente, debido al fracaso repetido y persistente de Israel de adorarle en forma exclusiva y debido a la inmoralidad y rebelión de ellos, la *shequiná* se había desvanecido tiempo atrás (Ezequiel 10:18).

El templo dejó de ser el lugar de morada de Dios por siglos. Cuando Jesús les presentó este reto a los dirigentes religiosos, probablemente señaló su propio pecho diciendo: «Este es el lugar auténtico de morada de Dios».

— 2:23-25 —

Juan concluye esta parte del relato con una nota positiva. En tanto que los dirigentes religiosos se obstinaron en su incredulidad y habían rechazado a su sumo sacerdote, muchos otros creyeron. Juan añade que los que creyeron lo hicieron al «ver» sus señales. La palabra griega es *teoreo*, de la cual se deriva nuestra palabra «teoría». El término significa «llegar a entender como resultado de la percepción»[10].

En toda esta porción (1:19—4:54) y la siguiente (5:1—12:50) Juan se interesa en mostrar que Jesús era diferente a cualquier líder religioso o político que el mundo jamás había conocido. El poder y autoridad de este hombre venía de un campo diferente, que se destaca en agudo contraste al sistema de este mundo, que ha sido —y seguirá siendo— corrupto por el pecado. Los pueblos hoy buscan líderes carismáticos que los conduzcan hacia donde ya quieren ir. En consecuencia, los dirigentes del mundo —en su mayor parte— derivan su poder e influencia del respaldo popular. Pero no este hombre, no este Rey.

Jesús simplemente se presentó en la verdad; algunos creyeron en él y otros no. Realizó señales milagrosas, no para convencer a los escépticos o persuadir a los que querían disentir, sino para indicar la llegada del Mesías. Ofreció «señales» para estimular la respuesta de los corazones dispuestos, ya preparados. Todavía más, no dependía de una respuesta favorable de nadie —ni de los líderes religiosos ni de las masas— para completar su misión. No estaba postulándose para una elección. No necesitaba el respaldo popular para tomar el trono; no tenía planes para entrenar a un ejército. Tampoco confió, ni su misión ni su futuro, a los seres humanos; confió en su Padre, y luego invitó a la humanidad a confiar en él.

Muchos hombres y mujeres valientes han ejercido un liderazgo parecido. Mucho antes de que Jesús llegara, dijeron la verdad y guiaron a aquellos cuyos corazones eran sensibles a esta verdad. Algunos fueron seguidos por grandes multitudes. La mayoría fueron ignorados o murieron como mártires. Todos murieron. Pero Jesús es diferente, y su reino es diferente.

Aplicación

Cómo mantener limpio su templo

Juan relata la limpieza que Jesús hizo del templo en Jerusalén para establecer tres verdades primarias.

1. *Dios, no los sacerdotes, es el Dueño de su templo.* Dios llamó a los sacerdotes para que sean mayordomos del templo y ayuden a las personas a acercarse a él tal como lo ordenó.

2. *La Palabra de Dios es la única autoridad reconocida en el templo, no la del sumo sacerdote o ningún otro cargo designado.* Cualquiera que actúa contrario a su Palabra no tiene autoridad.
3. *El Hijo de Dios vino para reclamar la propiedad del templo, y las «autoridades» religiosas lo rechazaron.* Este punto se repite a menudo en la narración de Juan y a la larga condujo al rechazo final de Jesús como el Mesías.

Este incidente también ilustra una verdad práctica para los creyentes: El templo de Dios es terreno sagrado, lugar dedicado de reunión entre el Señor y su pueblo. En el Antiguo Testamento el Señor usó una estructura física para ese propósito; primero un tabernáculo, que los hebreos llamaban «el tabernáculo (o tienda) de reunión», y luego un edificio permanente en Jerusalén. El Señor dio instrucciones específicas en cuanto a reservar para la adoración todo lo que había en el templo. Una vez que Jesús completó su obra de expiación por los pecados del mundo, el lugar de reunión cambió, pero los estándares siguen los mismos. Los creyentes son ahora su templo (1 Corintios 6:19-20), y debemos permanecer igual de santificados.

¿Cree que hay algo que el Señor quisiera expulsar de su templo? En tanto que el Señor quiere que el templo de su cuerpo sea limpio, no es tarea suya lograrlo. Note que no es un mero mortal el que quitó la corrupción del templo. Dios hecho hombre confrontó y sacó la impureza, como solo él puede hacerlo. Nuestra tarea es someternos a su proceso de limpieza: primero negándonos a tolerar la presencia de la corrupción, y luego pidiéndole a él que la saque.

Esta es una oración sencilla para ayudarle a empezar:

Señor, te reconozco como el Dueño de mi templo. Voluntariamente me someto a la autoridad de tu palabra. Confieso que he permitido que la corrupción de _____ tome el lugar reservado para adorar. Admito de buen grado que no tengo el poder para sacarla por cuenta propia. Por favor, límpiame, aunque tenga que soportar adversidad y sufrir aflicción en el proceso. Concédeme el valor para permanecer firme mientras tú obras. Concédeme valor para aceptar el proceso y provee estímulo adicional cuando mi paciencia vaya agotándose. Luego permíteme regocijarme cuando tu templo esté puro nuevamente. Te hago la misma petición que David hizo hace muchos años: «Crea en mí, oh Dios, un corazón limpio» (Salmo 51:10).

Te lo pido en el incomparable nombre de Jesús. Amén.

Lluvia de ideas sobre el nuevo nacimiento (3:1-21)

¹Había entre los fariseos un dirigente de los judíos llamado Nicodemo. ²Éste fue de noche a visitar a Jesús.

—Rabí —le dijo—, sabemos que eres un maestro que ha venido de parte de Dios, porque nadie podría hacer las señales que tú haces si Dios no estuviera con él.

³—De veras te aseguro que quien no nazca de nuevo a no puede ver el reino de Dios —dijo Jesús.

⁴—¿Cómo puede uno nacer de nuevo siendo ya viejo? —preguntó Nicodemo—. ¿Acaso puede entrar por segunda vez en el vientre de su madre y volver a nacer?

⁵—Yo te aseguro que quien no nazca de agua y del Espíritu, no puede entrar en el reino de Dios —respondió Jesús—. ⁶Lo que nace del cuerpo es cuerpo; lo que nace del Espíritu es espíritu. ⁷No te sorprendas de que te haya dicho: "Tienen que nacer de nuevo". ⁸El viento sopla por donde quiere, y lo oyes silbar, aunque ignoras de dónde viene y a dónde va. Lo mismo pasa con todo el que nace del Espíritu.

⁹Nicodemo replicó:

—¿Cómo es posible que esto suceda?

¹⁰—Tú eres maestro de Israel, ¿y no entiendes estas cosas? —respondió Jesús—. ¹¹Te digo con seguridad y verdad que hablamos de lo que sabemos y damos testimonio de lo que hemos visto personalmente, pero ustedes no aceptan nuestro testimonio. ¹²Si les he hablado de las cosas terrenales, y no creen, ¿entonces cómo van a creer si les hablo de las celestiales? ¹³Nadie ha subido jamás al cielo sino el que descendió del cielo, el Hijo del hombre.

¹⁴»Como levantó Moisés la serpiente en el desierto, así también tiene que ser levantado el Hijo del hombre, ¹⁵para que todo el que crea en él tenga vida eterna.

¹⁶»Porque tanto amó Dios al mundo, que dio a su Hijo unigénito, para que todo el que cree en él no se pierda, sino que tenga vida eterna. ¹⁷Dios no envió a su Hijo al mundo para condenar al mundo, sino para salvarlo por medio de él. ¹⁸El que cree en él no es condenado, pero el que no cree ya está condenado por no haber creído en el nombre del Hijo unigénito de Dios. ¹⁹Ésta es la causa de la condenación: que la luz vino al mundo, pero la humanidad prefirió las tinieblas a la luz, porque sus hechos eran perversos. ²⁰Pues todo el que hace lo malo aborrece la luz, y no se acerca a ella por temor a que sus obras queden al descubierto. ²¹En cambio, el que practica la verdad se acerca a la luz, para que se vea claramente que ha hecho sus obras en obediencia a Dios.

Tengo un buen amigo que *nació* cuando tenía veintisiete años. Todo empezó a los diez años cuando era un fervoroso muchacho que quería conocer a Dios. Dos años después descubrió que la mejor manera de conocer a Dios era unirse a una iglesia (o por lo menos así lo pensó), y eso hizo. Se unió a una iglesia y se bautizó… pero nada cambió. Tres años después empezó su desarrollo y pubertad. Tenía impulsos, presiones e intereses que eran, para decirlo de manera delicada, nada buenos. Así que intentó otro enfoque (en verdad, el mismo enfoque, solo que en otra congregación). Pasó al frente, se unió a la iglesia y se bautizó por segunda vez.

Esta iglesia le enseñó que la única manera efectiva de conocer a Dios era reformándose a uno mismo, principalmente abandonando ciertos hábitos. Así que eso fue lo que hizo. Dejó el licor, que había llegado a ser una parte regular de su vida. Dejó de fumar. Dejó de jugar baraja. Dejó de ir a bailes. Incluso dejó de salir con muchachas, lo cual no era un sacrificio pequeño para un muchacho de quince años. Pero pensó: *Bien vale la pena conocer a Dios*. Pero a pesar de todo lo que hacía, todavía no lograba conocer a Dios, así que empezó a preguntarse: *¿Es posible, en verdad, conocer a Dios?*

Después de dos años de una fiel renuncia a todas las cosas que le encantaban y persistir en la obediencia a las reglas y al régimen, probó otro enfoque (en realidad, el mismo enfoque, pero en otra iglesia). Pasó al frente, se unió a la nueva congregación, y esa misma noche se bautizó por tercera vez. Pasaron unos pocos meses y, más pronto que tarde, se dio cuenta de que su condición seguía tan sin esperanza como siempre. Ningún cambio. Así que, en sus propias palabras, «echó al viento todo y se dio al desenfreno».

Se matriculó en la universidad, y a poco andar perdió la carrera por pasárselo en fiestas. Se unió a las fuerzas armadas y sirvió a su país fielmente en medio de juergas. Después de que lo dieron de baja, conoció a una encantadora mujer y se casó, pero pronto el matrimonio empezó a derrumbarse. Consiguió un buen trabajo e hizo su mejor esfuerzo por vivir bien, pero a la larga decidió que todo era un desperdicio. Finalmente adoptó un lema familiar y se entregó a cumplirlo: «Vive veloz, juega duro, muere joven, ¡y deja un cadáver de agradable apariencia!»

Las personas en realidad no practican esa filosofía por mucho tiempo, ya sea porque no viven mucho tiempo, o descubren que la vida es de veras una preciosa dádiva. Un roce con la muerte le envió a hurgar en su antigua talega militar un Nuevo Testamento que le habían obsequiado los Gedeones al recibir el uniforme, muchos años atrás. Lo tomó y empezó a leer desde el principio, Mateo 1.

Cuando llegó a los capítulos 5, 6 y 7, se sumergió en honda desesperanza. Sabía que no podía alcanzar el estándar que Jesús predicó en el «Sermón del Monte». Así que se saltó a Marcos, solamente para hallar más mandamientos. Eso solo logró intensificar su culpa. Entonces pasó a Lucas y encontró más mandamientos que no podía guardar.

Confuso, frustrado y desdichado, pasó a Juan. En el capítulo 3 quedó cautivado. Tropezó con una intrigante conversación entre Jesús y un hombre profundamente religioso, que parecía compartir su lucha. No fue sino hasta ese momento que mi amigo reconoció su problema. Había empezado mal desde la primera vez. Lo que necesitaba era todo un nuevo comienzo; un comienzo diferente; un nacimiento de otra clase. Así que, como un niño, se puso de rodillas y oró: «Señor: Si me aceptas tal como soy, te recibo como tú eres, y espero de ti un nuevo nacimiento». ¡Eso cambió todo!

Mi amigo nació de nuevo, nació de arriba. Descubrió la diferencia entre religión y regeneración.

—— 3:1-2 ——

Acompáñeme a entrar en un imaginario túnel del tiempo y retrocedamos veinte siglos. Al hacerlo, encontraremos a otro hombre confuso en su religión. Si el judaísmo hubiera tenido un cargo similar al de «papa», Nicodemo (nombre griego que quiere decir «conquistador de pueblos») hubiera sido el candidato ideal. Al observar su encuentro con Jesús, describimos que poseía tres calificaciones sobresalientes que lo hacían uno de los religiosos vivos más impresionantes.

«Entre los fariseos» (v. 1). El significado más probable del término *fariseo* es «separado». Muchos remontan las raíces de los fariseos a Daniel y sus tres amigos, los que se negaron a participar de la comida de sus captores (Daniel 1:8-19), o a adorar al rey como un dios (Daniel 3:1-30) cuando estaban exiliados en Babilonia. Habiendo sido llevados de la tierra prometida y separados de su templo, se aferraron a la ley mosaica como un medio de preservar su identidad como hijos distantes de Abraham. Pero después de más de seiscientos años, esta admirable lealtad al nacionalismo y devoción a la ley había tomado vida propia.

Los fariseos se habían convertido en una hermandad bastante cerrada, en un partido político y religioso que se había ganado el respeto de sus compatriotas. Eran expositores meticulosos de las Escrituras y trabajaban incansablemente para aplicar los principios generales de la ley mosaica a la vida diaria. La ley decía, por ejemplo, que todo israelita debía separar el séptimo día de la semana para descansar el cuerpo y refrescar el alma (Éxodo 20:10-11). Así que a fin de que todos supieran cómo aplicar la ley y «reposar» como debían, los rabinos fariseos añadieron una larga lista de prohibiciones. Más tarde, esta tradición oral de los fariseos fue preservada en un documento llamado la Mishná, que contiene no menos de veinticuatro capítulos solo en cuanto a *cómo guardar el sabbat.*

Nadie podía competir con los fariseos en cuanto a ser religiosos. ¡Nadie!

«Un dirigente de los judíos» (v. 1). Antes de que los judíos fueran exiliados a Babilonia, un rey gobernaba la nación de Israel. Después de que volvieron a la tierra prometida, los judíos estuvieron sujetos a gobernantes extranjeros y miraban al sumo sacerdocio para el liderazgo. Para el primer siglo, cuando Roma dominaba a Israel, el sumo sacerdote presidía sobre un concilio de setenta estadistas y figuras religiosas de experiencia y notoriedad. Este concilio gobernante de ancianos, llamado el «sanedrín», servía como congreso o parlamento y corte suprema de Israel.

Nicodemo no solo era un religioso devoto, sino que era un líder de los religiosos.

«El Maestro de Israel» (v. 10). El relato de Juan de esta reunión se escribió en griego. Sin embargo, refleja el uso del artículo definido en arameo. Nicodemo era más que un mero maestro entre muchos en Israel. No había cargo rabínico o político llamado «*el* maestro de Israel», así que esto refleja, bien sea la opinión personal de Jesús o, más probablemente, la opinión general de los colegas de Nicodemo. Jesús halló ironía en la reputación del hombre, sugiriendo que la mayoría consideraba a Nicodemo como la voz preeminente de la enseñanza religiosa en Israel.

El hecho de que Nicodemo viniera a ver a Jesús bajo el velo de la oscuridad sugiere que le preocupaba que lo vieran con él. Las imágenes de la noche y la oscuridad son amenazadoras en el Evangelio de Juan (9:4; 11:10; 13:30; 19:39). Una confrontación abierta en el templo habría sido bochornosa para los dirigentes religiosos, así que tal vez sus colegas enviaron a Nicodemo para que negocie en privado. Las primeras líneas muestran toda la cortesía y dignidad de un hombre en una misión diplomática. También es posible que viniera con toda sinceridad para investigar al popular y controvertido Rabí de Galilea, tal vez con el espíritu de cortesía profesional, si no de curiosidad personal.

— 3:3 —

Juan puede haber resumido esta conversación mientras conserva el sabor general del encuentro. Nicodemo y Jesús pueden haber intercambiado más fórmulas de cortesía, —Jesús no era ningún maleducado— pero el Señor rápidamente pasó más allá de las lisonjas y fue directo al grano. Quien estaba sentado delante de él no era un judío común; era una mente asombrosamente astuta en términos teológicos. Y Jesús lo vio con visión sobrenatural de rayos X espirituales.

Jesús expuso ante el maestro una proposición teológica, usando terminología fresca. Esta es la primera instancia de la frase «nacer de nuevo», que para entonces no era un concepto familiar para los eruditos de las Escrituras hebreas. En el griego en el cual Juan escribió este relato, las palabras van cargadas de múltiples capas de significado, todas las cuales revelan una verdad sencilla pero profunda que invita a una investigación más de cerca. Juan prologó este concepto:

> Mas a cuantos lo recibieron, a los que creen en su nombre, les dio el derecho de ser *hijos de Dios*. Éstos *no nacen de la sangre, ni por deseos naturales, ni por voluntad humana, sino que nacen de Dios* (1:12-13, énfasis mío).

La palabra griega *anothen*, que en 3:3 se traduce «de nuevo», puede tener varios significados, pero la traducción más común es «de arriba», similar a nuestra expresión de que una persona ha «recibido ayuda de arriba», queriendo decir que Dios le ha ayudado. Sin embargo, esto tiene probablemente un doble significado, porque la palabra reúne «de arriba» y «de nuevo» para ilustrar una verdad profunda. En las palabras de Merrill Tenney: «El nacimiento es nuestro modo de entrar en el mundo y trae consigo el equipo potencial para el ajuste al mundo»[11]. Es pasar de un tipo de vida y de un medioambiente a otro. «Nacer de nuevo, o "nacer de arriba", significa una transformación de la persona de modo que es capaz de entrar en otro mundo y adaptarse a sus condiciones... Para pertenecer al reino celestial, uno debe nacer en él»[12].

Todavía más, el nacimiento no es algo que podamos hacer nosotros mismos. No podemos concebirnos nosotros mismos ni podemos alistarnos por cuenta propia para el nacimiento. El nacimiento físico es resultado de que un hombre y una mujer deciden procrear y luego unen sus cuerpos tal como Dios lo diseñó. El nacimiento espiritual es similar porque «el recién nacido» no puede producir su propio nacimiento; debe ser hecho para él. Pero, a diferencia del nacimiento físico, el nacimiento espiritual es estrictamente obra de Dios (1:12-13).

Jesús hizo de esta clase diferente de nacimiento un requisito para la ciudadanía en «el reino de Dios», frase que rara vez se usa en el cuarto Evangelio. Como político, Nicodemo se preocupaba por la crisis en Israel. El reino de Dios había sido reducido a una provincia de Roma. Todavía más, esperaba que el Mesías fuera un comandante militar y gobernante político, que transformaría a Israel en una potencia mundial dominante y una potencia económica. Este nuevo requisito captó su atención, y su semblante cambió dramáticamente. Dejó a un lado su fachada lisonjera e interactuó con Jesús en sesudo debate.

— 3:4-5 —

Cuando Nicodemo oyó el nuevo requisito: «deben nacer *anothen*», deliberadamente se concentró en el matiz «de nuevo» de la frase. Tal vez en broma, estiró la imagen deformándola. No se olvide. Quien está sentado frente Jesús no es ningún tonto. Es un teólogo brillante, diestro en el arte del debate, conversando con alguien a quien —posiblemente— veía como un joven arribista. Su pregunta significó, en efecto, «¡Qué proposición más absurda!»

Los judíos de su tiempo llamaban «recién nacidos» a los gentiles que se convertían al judaísmo, expresión de cariño para los que apenas iniciaban su nueva vida como «hijos del pacto» y herederos de las bendiciones de la descendencia de Abraham. A los hombres lo circuncidaban y a todos los convertidos los bautizaban en agua. Nicodemo no entendió mal la ilustración de Jesús. Objetó a la noción de que solo los convertidos gentiles podían tomar parte en el reino terrenal venidero bajo el Mesías. Esto dejaría a los judíos —el pueblo que Dios había preservado para sí mismo a través de los siglos (Salmos 106:5; 135:4)— fuera de las promesas hechas a Abraham (Génesis 12:1-3; 15:18-21).

Por supuesto, ese no era para nada el punto de Jesús. La perspectiva de Nicodemo estaba limitada al plano terrenal, la dimensión física. Para ayudar al viejo teólogo a ver, Jesús ofreció dos ilustraciones (3:6-8 y 3:14-15). Para los occidentales del siglo veintiuno ambas parecen más enigmáticas de lo que habrían parecido a los que vivían en el primer siglo, pero los conceptos deben haber sido familiares para Nicodemo.

Antes de examinar las dos ilustraciones, hay que notar el paralelismo entre los versículos 3 y 5. Este artificio literario común de los poetas hebreos es un medio útil de interpretación para nosotros hoy.

—De veras te aseguro que quien no *nazca de nuevo* no puede ver el reino de Dios —dijo Jesús (Juan 3:3).
—Yo te aseguro que quien no *nazca de agua y del Espíritu*, no puede entrar en el reino de Dios (Juan 3:5; énfasis añadido en ambos versículos).

Todos en Jerusalén, incluyendo este rabí, sabían del ministerio de Juan el Bautista. Juan llamaba a los judíos a un «bautismo de arrepentimiento», en el cual los judíos debían venir a Dios como si fuera la primera vez, como los convertidos gentiles. Pero recuérdese que el bautismo de Juan era solo un *símbolo* de la nueva vida (1:31-33). El bautismo de Jesús es un bautismo de vida real: vida abundante, vida espiritual, vida hecha posible solo por medio del Espíritu Santo. Es más, la conexión de los conceptos de «nacido de *anothen*» y «nacido de agua y del Espíritu» debe haber despertado en la memoria del rabí la promesa familiar del Antiguo Testamento:

> Los sacaré de entre las naciones, los reuniré de entre todos los pueblos, y los haré regresar a su propia tierra. Los rociaré con agua pura, y quedarán purificados. Los limpiaré de todas sus impurezas e idolatrías. Les daré un nuevo corazón, y les infundiré un espíritu nuevo; les quitaré ese corazón de piedra que ahora tienen, y les pondré un corazón de carne. Infundiré mi Espíritu en ustedes, y haré que sigan mis preceptos y obedezcan mis leyes. Vivirán en la tierra que les di a sus antepasados, y ustedes serán mi pueblo y yo seré su Dios (Ezequiel 36:24-28).

A menos que la persona nazca «de arriba» mediante la obra limpiadora del Espíritu de Dios por dentro, dicha persona no puede entrar en el reino de Dios.

3:6-8

La primera ilustración de Jesús revela una diferencia radical entre religión y regeneración. Su segunda ilustración (3:14-15) explica cómo funciona la regeneración.

La carne engendra carne. El Espíritu engendra espíritu. La vida espiritual es un misterio en el ámbito físico. No se puede obtener mediante medios físicos. Al Espíritu de Dios, fuente de toda vida espiritual, no se le puede impresionar para que dé vida como una recompensa; no se le puede sobornar, ni lisonjear, ni engatusar para que dé vida a cambio del sacrificio. Y él tampoco vende la vida eterna, que no tiene precio, por algo temporal, que no tiene valor.

La religión es hecha por el ser humano. La religión es cuestión del ámbito físico; impresionante en la tierra, basura en el cielo.

3:9-13

Démosle crédito a Nicodemo. En tanto que muchos rechazaban a Jesús de frente, él trató de entender su mensaje y luchó con la cuestión de su identidad. El estadista de mucha labia se había convertido en un alumno tartamudo. En la superficie, su problema parecía ser falta de comprensión, pero Jesús hurgó hondo para hallar la fuente real de su lucha. Nótese la progresión:

«*no entiendes...*» (v. 10)

«HIJO DEL HOMBRE»

Jesús con frecuencia se refería a sí mismo como «el Hijo del Hombre», título particularmente significativo con raíces profundas en el terreno de las Escrituras de Israel. Primero, Jesús lo usó para llamar la atención a su propia humanidad, que es débil y frágil (Job 25:6; Salmos 8:4; 144:3; 146:3; Isaías 51:12; cf. Mateo 26:41; Marcos 14:38). Ezequiel usó el título no menos de noventa veces, por lo general en referencia a su debilidad humana (por ej., Ezequiel 2:1). Jesús fue humano y sufrió los dolores de la humanidad, especialmente en la odisea de la cruz.

Más significativamente, «Hijo del hombre» es el título que Daniel le da a la figura mesiánica en una de sus visiones. Él era «como un hijo del hombre» (RVR-1960), que recibió del «Anciano de días» (RVR) dominio eterno sobre toda la tierra, para gobernar como su rey (Daniel 7:13-14).

Los judíos del tiempo de Jesús luchaban por entender la doble imagen del Mesías presentada en la profecía. Muchos teólogos, de entonces como de ahora, sugerían que tal vez el Mesías en realidad era dos individuos, uno que moría como el «Siervo sufriente», y el otro que resucitaba al primero y entonces reinaba como rey supremo. Sin que sea coincidencia, el título «Hijo del Hombre» aparece trece veces en el Evangelio de Juan (1:51; 3:13-14; 5:27; 6:27, 53, 62; 8:28; 9:35; 12:23, 34; 13:31) y siempre en conexión con una afirmación de deidad. Esta fue sin duda la manera de Jesús de identificarse como el único Mesías, que en realidad es Dios.

«ustedes no *aceptan*»... (v. 11)
«¿cómo van a *creer*?» (v. 12)

Primero, Jesús pareció incrédulo de que las cuestiones espirituales fueran tan ajenas a la mente del destacado maestro espiritual de Israel. Si el pastor es ciego, ¡el rebaño no tiene salvación!

Segundo, el conflicto real para Nicodemo y aquellos a quienes representaba (en los versículos 11 y 12 aparece el pronombre plural de segunda persona [cf. v. 2]) era su negativa a afirmar la verdad del testimonio ocular. En el mundo antiguo, no había evidencia más fuerte que el testimonio corroborado por testigos múltiples.

Tercero, Jesús reconoció que las realidades espirituales son más difíciles de creer que las verdades que se pueden demostrar mediante prueba científica. No obstante, el corazón del asunto es la credibilidad. ¿A quién uno va a creer?

Finalmente, Jesús afirmó ser testigo ocular de las verdades celestiales, habiendo visto lo que los ojos físicos no pueden ver. En tanto que un mero ser humano no puede físicamente ascender al cielo para presenciar realidades espirituales, Dios *puede* descender físicamente para testificar a la humanidad. No solo que Dios *puede* venir a la tierra como hombre, sino que *en efecto* vino a la tierra como un hombre. Jesús usó el modismo familiar del Antiguo Testamento «Hijo del hombre» para referirse a sí mismo. Esta es una de las muchas afirmaciones abiertas de deidad de los labios de Cristo que se anotan en el cuarto Evangelio.

--- 3:14-15 ---

Jesús usó el viento para ilustrar la diferencia fundamental entre religión y regeneración. Luego presenta un episodio familiar de la historia de Israel (registrado en Números 21:4-9) para ilustrar cómo tiene lugar la regeneración.

Los israelitas acababan de experimentar la liberación milagrosa de Dios de la esclavitud en Egipto: diez plagas, la apertura del Mar Rojo y una columna de nube o de fuego para guiarlos. Y sin embargo, empezaron a quejarse y a rezongar. A la larga, Dios decidió disciplinar su incredulidad, imponiendo sobre los desobedientes una aflicción en forma de serpientes venenosas. Cuando la gente empezó a morir, Moisés intercedió. En respuesta el Señor le instruyó que preparara una serpiente de bronce y la pusiera sobre un poste para que todos los que fueran mordidos pudieran mirarla. Luego prometió que cuando la persona mirara a la representación de bronce en medio de su aflicción, el veneno perdería su efectividad (vv. 8-9).

Tal como Dios prometió, el plan resultó. No solo que el pueblo sobrevivió a la aflicción, sino que adquirió una poderosa lección objetiva en cuanto al arrepentimiento. Cuando reconocemos nuestro pecado, asumimos la completa responsabilidad de nuestra culpa y venimos al Señor buscando salud, el veneno del mal pierde su poder de matar. Todavía más, la experiencia de los israelitas en el desierto mostró en velado lo que Cristo haría por todas las personas cuando él fuera «levantado» en una cruz (2 Corintios 5:21).

3:16-17

Debido a que Nicodemo estaba completamente familiarizado con las Escrituras del Antiguo Testamento y conocía bien la historia de la incredulidad de Israel, esta breve alusión le preparó para ver la verdad espiritual que se había estado perdiendo toda su vida. No era una nueva verdad; había estado claramente visible para todo el que quisiera verla:

> La regeneración tiene lugar al creer.

Juan 3:16 es tal vez el versículo más conocido de todas las Escrituras, y por buena razón. Las verdades contenidas en esa declaración sumaria cambian la vida, incluso para el religioso más ferviente. Examinemos el versículo, frase por frase.

«*Porque tanto amó Dios al mundo...*» A la religión le gusta pretender que Dios es bueno y amante, pero en realidad, toda la devoción religiosa es alimentada por un terror secreto de que Dios está buscando un pretexto para condenar a los que no le agradan. En tanto que un Dios santo debe castigar el pecado de acuerdo a su justicia, él no se deleita destruyendo lo que ha creado y formado con tanto cuidado. Dios es el autor de la vida; el pecado es la causa de la destrucción.

«*...que dio a su Hijo unigénito...*» La palabra griega que se traduce «unigénito» es *monogenés*, modismo basado en la antigua costumbre llamada «primogenitura». Dicho de manera sencilla, el hijo mayor de la familia, el «primogénito», tenía el derecho de recibir la mayor parte de la herencia. Si era el único hijo, «él único nacido», por supuesto que lo recibía todo. Las expresiones familiares a menudo pierden gradualmente su significado literal conforme se vuelven más comunes en círculos legales o técnicos. Por ejemplo, un «escrito de hábeas corpus» es un documento legal que dice que el gobierno debe tener evidencia de un crimen antes de arrestar a alguien. «Hábeas corpus» significa en latín «hay un cuerpo». En tanto que la expresión originalmente se aplicaba al asesinato, se convirtió en un principio general para todo tipo de supuesto crimen.

Monogenés se traduce mejor como «uno y único».

«*...para que todo el que cree en él...*» Creer es un concepto clave en todo el cuarto Evangelio. El término griego es *pisteuo*, «creer como cierto, confiar, poner la confianza en». Para un hombre que ha pasado la mayor parte de su vida afinando sus habilidades religiosas, cumpliendo meticulosamente toda expectativa de bondad y justicia, estas noticias bien pueden haberle llegado como un alivio maravilloso o como una desilusión exasperante. El orgullo es el factor determinante. Cuando uno confía en la dádiva de Dios antes que en su propio mérito, la vida eterna fluye como agua. ¡Qué sencillez!

«*...no se pierda...*» «Perecer» es traducción de una forma pasiva del griego *apolomy*, que quiere decir «ser destruido, estar completamente perdido». ¡Qué seguridad!

«*...sino que tenga vida eterna*». Desde una perspectiva humana, la vida es la cuestión primordial. Estamos destinados a morir físicamente, y existimos en una especie de muerte en vida mientras tanto. Aunque nada puede detener el proceso de decadencia, que empieza inmediatamente al nacer, y nada prevendrá el fin de la vida física, la gracia de Dios impedirá que la muerte reine. El mal no tendrá la última palabra. La vida —vida eterna, incorruptible, abundante— se ofrece a todos los que la reciben por fe. ¡Cuánta gracia!

En tanto que la religión adora a un dios siniestro, sádico, que se deleita en el sufrimiento y destrucción de los seres humanos, Jesús revela la verdadera naturaleza de Dios. Anhela ver a su creación salvada del castigo justo por el pecado y prosperando para siempre en su presencia. Por consiguiente, el Hijo de Dios vino a la tierra para salvar del castigo a la humanidad. ¡Cuánta esperanza!

3:18-21

Para concluir su discurso Jesús ayudó a Nicodemo a ver la conexión entre creer y la salvación o, más precisamente entre el no creer y la condenación. Los israelitas mordidos por las serpientes podían escapar de la muerte confiando en la palabra de Dios dicha por medio de Moisés. Debido a que el remedio era fácilmente accesible y completamente gratuito, no se podía decir que Dios condenaba a alguien. Si alguien moría, su muerte venía como el castigo justo del pecado. Dios, sin embargo, no condenaba. La persona se condenaba a sí misma al escoger no creer en la palabra de Dios y al rehusar su gracia.

Jesús echó mano a la imagen de la luz para ilustrar el poder de la verdad para estimular la obediencia. Los que genuinamente creen en verdad viven en concordancia. Jesús no vino para enseñar que la obediencia a los mandamientos de Dios no sirve para nada, o que las obras malas no importen. Por el contrario, la obediencia es crucial. Si un israelita genuinamente creía en la palabra que había oído por medio de Moisés, seguir las instrucciones sería el resultado natural. La creencia y la obediencia van juntas. Nicodemo —la misma personificación de la religión— había sacado a la creencia de esa ecuación.

Tratar de lograr la salvación por la obediencia es imposible, y siempre conduce a la hipocresía y desesperanza. La religión en última instancia no es otra cosa que fe en uno mismo, confiar en la propia capacidad de uno para ser lo suficientemente bueno como para impresionar a Dios. Tarde o temprano, las obras del religioso serán expuestas por lo que son: fruto del orgullo. Lamentablemente, el ser humano es crónicamente religioso.

¿Que podría ser menos complicado que creer? ¿Qué podría requerir menos esfuerzo que la fe? No hay nada que lograr, ni búsqueda que completar, ni reto que superar, ni método que dominar, ni mérito que ganar. Tenemos solo que confiar en el que nos hizo, que nos ama, y que satisfizo todas las expectativas de Dios por toda la humanidad. La mayoría, sin embargo, optará por la religión en vez de la regeneración. El orgullo no solo es poderoso. También es cegador.

2 Reyes 18 describe una ocasión en la historia de Israel, varios siglos después de la muerte de Moisés y mucho después de que la aflicción de las serpientes había pasado, cuando un rey justo alejó a su pueblo de la religión y lo volvió a la creencia genuina en Dios.

> [Ezequías] quitó los altares paganos, destrozó las piedras sagradas y quebró las imágenes de la diosa Aserá. Además, destruyó la serpiente de bronce que Moisés había hecho, pues los israelitas todavía le que-

maban incienso, y la llamaban Nejustán. Ezequías puso su confianza en el Señor, Dios de Israel (2 Reyes 18:4-5).

Por setecientos años los israelitas habían estado acarreando ese trozo de bronce por el desierto, a la tierra prometida, y durante toda la conquista de Canaán. La preservaron en la invasión, hambrunas, guerra civil y ascenso y caída de reyes. Los israelitas convirtieron el símbolo de bronce de la falta de fe de sus antepasados en un amuleto supersticioso de buena suerte. Incluso «le quemaban incienso». Como tienden a hacerlo todas las personas, cambiaron la confianza en Dios por algo tangible, algo que pensaban que podían manipular o controlar.

La misma falta de fe tuvo lugar en el tiempo de Juan, tal como había sucedido en edades pasadas y como ocurre hoy. Las iglesias están repletas de hombres y mujeres que se aferran fuertemente a sus preciados objetos o confían en sus propios méritos personales. El orgullo reina supremo. Según Jesús, se han acarreado castigo sobre sí mismos y por consiguiente han decidido su propio destino eterno.

No diga: «Que Dios tenga misericordia de sus almas». Ya la ha tenido. Los condenados se han acarreado castigos por sí mismos.

Aplicación

Usted tiene que nacer de nuevo

Cuando el ejemplo más excelente de Israel de devoción religiosa visitó a Jesús, se sorprendió al oír que su estatus prominente y su lista impresionante de calificaciones no le ganaron un lugar en el reino de Dios. Jesús dijo: «tienes que nacer *anothen*» (3:7). Este sencillo enunciado confrontó un significativo concepto errado que sostenía Nicodemo, tanto como todos los religiosos.

La salvación requiere un segundo nacimiento «de arriba», porque somos impotentes para salvarnos a nosotros mismos. La perfección moral es el estándar y nosotros nos hemos quedado cortos (Romanos 3:23). Por consiguiente, no podemos llegar a ser buenos lo suficiente para ganarnos un lugar en el cielo. Felizmente, Jesucristo ha pagado toda la pena del pecado. En lugar de tratar de vencer el mal por nuestra cuenta, debemos responder a su dádiva de vida eterna con la confianza completa de que él, y solo él, nos salvará (Efesios 2:8-9).

La salvación no se puede ganar; solo se la puede recibir como una dádiva. Recibimos la dádiva divina de salvación solo por fe y solo en Cristo, para el perdón de nuestros pecados. Si usted quisiera entrar en una relación personal con su Creador confiando en Cristo como su Salvador, esta es una oración sencilla que puede usar para expresar su fe:

Querido Dios,

Sé que mi pecado ha puesto una barrera entre tú y yo. Gracias por enviar a tu Hijo, Jesús, para que sufra la pena de mi pecado al morir en lugar mío a fin de que las barreras pudieran ser quitadas. Confío solo en Jesús para el perdón de mis pecados. Al hacer eso, también recibo su dádiva de la vida eterna, que es mía para siempre y por tu gracia.

Gracias.
En el nombre de Jesús,
Amén.

El predicador que perdió su congregación (Juan 3:22-36)

²²Después de esto Jesús fue con sus discípulos a la región de Judea. Allí pasó algún tiempo con ellos, y bautizaba. ²³También Juan estaba bautizando en Enón, cerca de Salín, porque allí había mucha agua. Así que la gente iba para ser bautizada. ²⁴(Esto sucedió antes de que encarcelaran a Juan.) ²⁵Se entabló entonces una discusión entre los discípulos de Juan y un judío en torno a los ritos de purificación. ²⁶Aquéllos fueron a ver a Juan y le dijeron:

—Rabí, fíjate, el que estaba contigo al otro lado del Jordán, y de quien tú diste testimonio, ahora está bautizando, y todos acuden a él.

²⁷—Nadie puede recibir nada a menos que Dios se lo conceda —les respondió Juan—. ²⁸Ustedes me son testigos de que dije: "Yo no soy el Cristo, sino que he sido enviado delante de él". ²⁹El que tiene a la novia es el novio. Pero el amigo del novio, que está a su lado y lo escucha, se llena de alegría cuando oye la voz del novio. Ésa es la alegría que me inunda. ³⁰A él le toca crecer, y a mí menguar.

³¹»El que viene de arriba está por encima de todos; el que es de la tierra, es terrenal y de lo terrenal habla. El que viene del cielo está por encima de todos ³²y da testimonio de lo que ha visto y oído, pero nadie recibe su testimonio. ³³El que lo recibe certifica que Dios es veraz. ³⁴El enviado de Dios comunica el mensaje divino, pues Dios mismo le da su Espíritu sin restricción. ³⁵El Padre ama al Hijo, y ha puesto todo en sus manos. ³⁶El que cree en el Hijo tiene vida eterna; pero el que rechaza al Hijo no sabrá lo que es esa vida, sino que permanecerá bajo el castigo de Dios.

Si quiere atizar una animada conversación en su próxima cena, haga la siguiente pregunta: «Aparte de Jesucristo, ¿quién es la persona más grande que jamás ha vivido, y qué fue lo que la hizo grande?» Le garantizo que la segunda parte de la pregunta dominará rápidamente la conversación, porque todos tenemos nuestra propia manera de medir grandeza y rara vez concordamos con los estándares de otros.

Jesús respondió a esa pregunta. Al revisar la historia desde la aurora del tiempo, pasó de largo a Abraham, el padre de la fe, y a Moisés, el instrumento de Dios para librar de la esclavitud a su pueblo del pacto. Omitió a David, el curtido y humilde pastor, campeón guerrero, el más grande de los reyes de Israel. Ignoró a Daniel, tal vez el hombre más poderoso e influyente, personaje destacado en dos de los más grandes imperios del mundo como fiel profeta de Dios. Dejó a un lado a Noé, Samuel, Salomón, Isaías y todo personaje notable en la historia secular. Más bien, Jesús con intrepidez nombró a un contemporáneo: «Les aseguro que entre los mortales no se ha levantado nadie más grande que Juan el Bautista» (Mateo 11:11).

Juan no tuvo las cualidades de grandeza que más apreciamos en los que admiramos. Él no se movió entre los ricos, famosos, orgullosos y poderosos. Escogió la soledad del desierto. No cultivó una imagen pulcra; vestía de pelo de camello y cuero. No subió entre las filas de los políticos y la sociedad para llegar a ser el flautista de los hombres. Confrontó, ofendió y dijo la verdad sin pedir disculpas. Los adjetivos para describir a Juan pudieran incluir austero, ascético, agresivo y enérgico. En el sentido más extremo y más elogioso de la palabra, era *extraño*. No obstante, Jesús, que mide la grandeza en una escala diferente, llamó a Juan «el hombre más grande que jamás ha vivido».

Juan nació para ser el precursor y cumplió ese papel a cabalidad. El precursor de Cristo tenía tres responsabilidades primordiales.

El precursor debía *limpiar el camino*. Debía quitar los obstáculos de la mente de la gente respecto al Mesías. Los judíos habían llegado a esperar un héroe poderoso en un caballo blanco, esgrimiendo una espada, inspirando valentía y atizando el celo nacional. Buscaban un Mesías que derrote a Roma, establezca su reino y guíe a Israel a una nueva era de abundancia militar y económica, conquiste el mundo, destruya el mal, y luego gobierne con justicia perfecta. En verdad, el Rey Jesús hará todo eso… a la larga. Primero, sin embargo, debe destruir el mal en el corazón de su pueblo y establecer su reino allí antes de conquistar un solo centímetro cuadrado de tierra.

El precursor debía *preparar el camino*. Con las falsas nociones puestas a un lado, Juan preparó los corazones llamando a las personas al arrepentimiento. Usó el símbolo del bautismo en agua para prefigurar el bautismo de vida que ofrece Jesús, vida abundante, vida del Espíritu, vida eterna.

Luego, el precursor debía *hacerse a un lado*. Eso fue lo que lo hizo grande.

— 3:22-24 —

«Esto» se refiere al limpiamiento de Jesús del templo, su confrontación con los líderes religiosos, su ministerio público (2:23) y su diálogo con Nicodemo. En el flujo de la narración de Juan, Juan el Bautista ejerció su ministerio en el desierto de Judea (1:19-36) en tanto que el Mesías condujo el suyo en Galilea y el templo (1:37—3:21). El escritor de este Evangelio luego edifica un sentido de drama en la forma en que prepara el tiempo y lugar del siguiente incidente.

Judea era claramente el territorio de Juan el Bautista. Jesús y sus discípulos fueron a Judea, en donde no solo se quedaron indefinidamente, ¡incluso bautizaban! Mientras tanto, Juan y sus discípulos continuaron su ministerio de bautismo en Enón (basado en la palabra griega que significa «fuente») cerca de Salim (término hebreo y arameo que quiere decir «paz»), lugares indudablemente familiares a los lectores del primer siglo. La selección de palabras de Juan eleva la tensión también. La palabra «pasar algún tiempo» se basa en la palabra griega *diatribo*. En tanto que el término se usaba figuradamente para significar «pasar tiempo, o desperdiciar tiempo», literalmente quería decir: «friccionar, o frotar duro, o frotar para quitar»[13]. El potencial para fricción es inconfundible.

— 3:25-26 —

Los discípulos de Juan en el desierto habían estado dedicados al ministerio del bautismo, que derivaba su inspiración del Antiguo Testamento y el lavamiento ceremonial de los convertidos gentiles. Es más, los fariseos habían elevado el rito de purificación a un arte elevado; así que naturalmente, la actividad de Juan desató toda una serie de debates teológicos. Los detalles específicos de esta conversación no son importantes para el escritor del Evangelio; la confrontación meramente llamó la atención a un problema, según lo vieron los discípulos de Juan el Bautista. Las multitudes que una vez acudían a Juan, ahora se iban con Jesús.

La respuesta de Juan demuestra por qué Jesús lo consideraba el hombre más grande desde Adán. No solo que Juan evitó que su ego lo hiciera caer en una trampa, sino que corrigió a los discípulos aclarando cuatro puntos:

1. Todos los líderes sirven por decisión de Dios (v. 27).
2. El ministerio de Juan ya había sido presentar a Jesús como el Cristo (vv. 28-30).
3. Jesucristo es el autor de la verdad; todo pensamiento de competencia era absolutamente absurdo (vv. 31-34).
4. El Hijo de Dios es el supremo gobernante de todo lo que existe (Daniel 7:13-14); oponerse a él es escoger la condenación (vv. 35-36).

— 3:27 —

Todos los líderes sirven por decisión de Dios. Juan es absoluto en esta declaración. No es error tomarla literalmente y aplicarla a todo lo imaginable. La autoridad, gracia, ingresos, posesiones, incluso nuestro próximo aliento, todo esto y cientos más de cosas son dádivas de arriba y más allá de cualquier cosa que merezcamos. Todo le pertenece al Señor y tiene derecho soberano para darlo o quitarlo como desee, incluyendo la autoridad para dirigir.

— 3:28-30 —

El ministerio de Juan ya había sido presentar a Jesús como el Cristo. Juan debe haber hallado difícil de creer que sus discípulos no hubieran oído su mensaje primordial o comprendido su propósito de ser. Él había dicho con claridad que no era el Mesías, sino el precursor. Luego echó mano a una ilustración familiar del primer siglo para explicar su propia actitud, que también debería ser la de sus discípulos.

El «amigo del novio» en la cultura del Cercano Oriente antiguo tenía considerablemente mayor responsabilidad que la del «mejor amigo» de hoy. Además de ayudar al novio para preparar su casa para el día cuando la novia llegara para quedarse, ayudaba a dirigir la fiesta de bodas al final del período de compromiso. Su deber más significativo era guardar la cámara nupcial durante la fiesta, especialmente después de que la novia había entrado en la habitación sin que los invitados la notaran.

Nadie, excepto el flamante esposo, tenía permitido acercarse a la cámara nupcial. Cuando el «amigo del esposo» oía la voz del novio, se hacía a un lado. Su alegría era completa cuando el novio llegaba.

— 3:31-34 —

Jesucristo es el autor de la verdad; todo pensamiento de competencia es absolutamente absurdo. Jesucristo, el Hijo de Dios, no tiene su origen en la tierra. Aunque es completamente humano en todo respeto, no es meramente humano. Nosotros llegamos a existir en la concepción; él no tuvo principio, porque es del cielo. En consecuencia, la verdad que proclama es conocimiento de primera mano, y no algo que recibió de otra fuente. Juan el Bautista les recuerda a sus discípulos que la misión común de ellos era proclamar la verdad de Dios. Por un lado, uno no puede proclamar la verdad y oponerse al Verbo, que es Dios. Por otro lado, creer en Jesús es afirmar la verdad de Dios.

— 3:35-36 —

El Hijo de Dios es el supremo gobernante de todo lo que existe (Daniel 7:13-14); oponerse a él es escoger la condenación. Juan el Bautista concluye su corrección con una advertencia escalofriante. El término griego que se traduce «ira» es *orgé*.

Un Dios de amor también debe tener capacidad para la ira. Sin embargo, la ira de Dios no es del tipo de cólera estruendosa que hemos llegado a asociar con la gente abusiva. Pablo describió la respuesta del Creador al pecado usando la palabra griega *orgé*, que quiere decir «aumentar». Cuando se usa para describir la ira, es una expresión apasionada de enfado contra el mal; en este contexto, ilustra la cólera apasionada, justa de Dios desbordándose por las murallas del cielo y derramándose sobre la tierra. Y en tanto que es en verdad una respuesta apasionada, creciente, es completamente consistente con el carácter de Dios, que también es amor. Su ira es, sin duda, aterradora y, sin embargo, también controlada, deliberada, medida, y absolutamente justa. Su ira es nada menos que una expresión razonable de su carácter justo y su indeclinable amor cuando confronta al mal[14].

Ningún judío admitiría no creer en Dios. Debido a que Jesús es el Verbo de Dios, el no confiar en él equivale a no creer en Dios. La historia hebrea está repleta de advertencias e ilustraciones de personas que cayeron bajo la ira de Dios por no creer. Juan les dijo a sus estudiantes, en efecto: «No se olviden que este "rival" al que ustedes están preparados para oponerse no es otro que Dios mismo en carne humana. Oponerse a él es rebelarse contra el Todopoderoso».

Charles Haddon Spurgeon fue quizá la voz más elocuente de su tiempo. A los veinte años, y sin ninguna educación tecnológica formal, atraía multitudes desbordantes a la histórica Capilla de la Calle New Park de Londres. A la larga, construyeron el Tabernáculo Metropolitano, con capacidad para cinco mil asientos, a fin de alojar a las multitudes que venían para oírlo. Desde los veintisiete años hasta el fin de su vida, virtualmente cada domingo todo asiento estuvo lleno mientras otros miles se quedaban de pie para oírle.

Basado en su estudio de los escritos y carrera de Spurgeon, Helmut Thielicke sabiamente escribió en su libro *Encounter with Spurgeon* [Encuentro con Spurgeon]:

> El éxito expone a un hombre a la presión de la gente y así lo tienta a aferrarse a sus ganancias mediante métodos y prácticas «carnales», y a permitirse que lo gobiernen totalmente demandas dictatoriales de expansión incesante. El éxito puede subírseme a la cabeza, y lo hará a menos que yo recuerde que es Dios quien realiza su obra, que él puede continuar haciéndola sin mi ayuda, y que él podrá hacerlo con otros medios cada vez que «me reduce a mi tamaño»[15].

La historia ha afirmado que Spurgeon fue un hombre bastante grande. Sin embargo, fue su dependencia de Jesucristo, lo que le permitió serlo.

Aplicación
Cómo llegar a ser grande

Cuando oigo que a alguien se describe como «grande», sea en la música, deportes, escritos, liderazgo o en algún otro esfuerzo que admiro, esa es mi señal para observar y aprender. Quiero saber lo que él o ella hace bien. De acuerdo a Jesús, Juan el Bautista era un gran hombre, más grande que cualquier otra persona en la historia. Con una presentación así, ¡quiero saber qué fue lo que lo hizo grande!

Esta porción de la narración describe la reacción de Juan ante una situación compleja en la vida de un líder: el éxito de otro líder. Debido a que las dificultades a menudo revelan el carácter de una persona, este incidente provee una oportunidad de observar de cerca a Juan, y luego recoger varios principios que nos ayudarán a imitar esta clase de grandeza.

1. *Todos los líderes sirven por voluntad de Dios* (v. 27). A todos, en un momento u otro, se nos ha pasado por alto, ignorado, apreciado o injustamente dejados fuera en una promoción u honor. Es difícil observar que otro triunfa, especialmente cuando el que observa sigue atascado en un ciclo de reveses. Juan no se sintió amenazado por el éxito de otro. Por el contrario, se regocijó por eso. Al hacerlo, hizo eco de las palabras del salmista que escribió:

> La exaltación no viene del oriente,
> ni del occidente ni del sur,
> sino que es Dios el que juzga:
> a unos humilla y a otros exalta (Salmo 75:6-7).

Esa es una perspectiva esencial que mantener cuando uno está luchando por triunfar, e incluso más cuando uno ha llegado a la cumbre del mundo. Todos los que sirven lo hacen por voluntad de Dios.

2. *El gozo viene al servir a Dios, no del cargo o de la descripción de trabajo de uno* (vv. 28-29). Digamos las cosas tal como son: títulos y descripciones de trabajo valen mucho en nuestra cultura. El orgullo tiene hambre de aprobación de otros, y los que están en cargos poderosos reciben abundante aplauso y afirmación. Juan, sin embargo, rehusó caer en la trampa. Halló su gozo al servir a su Señor,

cumpliendo un papel que daba gloria a Dios antes que a sí mismo. La ilustración de Juan describe al mejor amigo de un novio, que se deleita en haber completado su tarea y luego se hace a un lado para el novio.

Los títulos y honores vienen y van. Nuestra relación personal con el Señor permanecerá para siempre, dando más gozo que el que podemos describir.

3. *La humildad genuina llama la atención a Cristo, no a uno mismo* (vv. 30-34). Hay un triste concepto errado entre los creyentes de que la humildad genuina brota de sentimientos de no servir para nada. Erróneamente piensan que la «disminución» del yo «aumentará» a Cristo. Francamente, eso suena más como depresión que como gozo. La verdad sea dicha, tal concepto retiene el enfoque en uno mismo.

Juan consideró la exaltación de Cristo como la fuente de su gozo. F. B. Meyer ha escrito: «La única esperanza de menguar uno mismo es un Cristo que crece»[16]. No desperdicie su tiempo tratando de reducirse usted mismo pareciendo súper humilde. Ese es un enfoque equivocado. Usted se hundirá en un agujero tratando de actuar humilde, parecer humilde y sonar humilde. Antes de que pase mucho tiempo, será el más orgulloso de la iglesia. Más bien, hágase a un lado. Olvídese de usted mismo al exaltar a Cristo. Dirija la gloria a él, y sin siquiera saberlo, la humildad habrá emergido naturalmente.

A tratar de aplicar estos tres principios, cuídese de dos trampas comunes: la envidia y los celos. La gente a menudo confunde estos dos temores debido a que ambos son alimentados por el miedo a no tener.

La envidia tiene las manos vacías y las quiere llenas.
Los celos tienen las manos llenas y nunca las quiere vaciar.

La envidia languidece compadeciéndose a sí misma porque no tiene lo que otros tienen.
Los celos despotrican en paranoia porque temen perder lo que no se sabe poseer.

Juan el Bautista evitó ambas trampas. No se aferró a nada y se lo dejó todo al Señor: sus seguidores, su popularidad, su voluntad. Reconoció que Dios es dueño de todo y merece toda la gloria; por consiguiente, hallamos el mayor gozo al cumplir nuestro propósito: «glorificar a Dios y disfrutar con él para siempre»[17]. ¿Es sorpresa que Jesús lo consideró grande?

Agua para una mujer con sed (Juan 4:1-42)

¹Jesús a se enteró de que los fariseos sabían que él estaba haciendo y bautizando más discípulos que Juan ²(aunque en realidad no era Jesús quien bautizaba sino sus discípulos). ³Por eso se fue de Judea y volvió otra vez a Galilea. ⁴Como tenía que pasar por Samaria, ⁵llegó a un pueblo samaritano llamado Sicar, cerca del terreno que Jacob le había dado a su hijo José. ⁶Allí estaba el pozo de Jacob. Jesús, fatigado del camino, se sentó junto al pozo. Era cerca del mediodía. ⁷⁻⁸Sus discípulos habían ido al pueblo a comprar comida.

En eso llegó a sacar agua una mujer de Samaria, y Jesús le dijo:

—Dame un poco de agua.

⁹Pero como los judíos no usan nada en común con los samaritanos, la mujer le respondió:

—¿Cómo se te ocurre pedirme agua, si tú eres judío y yo soy samaritana?

¹⁰—Si supieras lo que Dios puede dar, y conocieras al que te está pidiendo agua —contestó Jesús—, tú le habrías pedido a él, y él te habría dado agua que da vida.

¹¹—Señor, ni siquiera tienes con qué sacar agua, y el pozo es muy hondo; ¿de dónde, pues, vas a sacar esa agua que da vida? ¹²¿Acaso eres tú superior a nuestro padre Jacob, que nos dejó este pozo, del cual bebieron él, sus hijos y su ganado?

¹³—Todo el que beba de esta agua volverá a tener sed —respondió Jesús—, ¹⁴pero el que beba del agua que yo le daré, no volverá a tener sed jamás, sino que dentro de él esa agua se convertirá en un manantial del que brotará vida eterna.

¹⁵—Señor, dame de esa agua para que no vuelva a tener sed ni siga viniendo aquí a sacarla.

¹⁶—Ve a llamar a tu esposo, y vuelve acá —le dijo Jesús.

¹⁷—No tengo esposo —respondió la mujer.

—Bien has dicho que no tienes esposo. ¹⁸Es cierto que has tenido cinco, y el que ahora tienes no es tu esposo. En esto has dicho la verdad.

¹⁹—Señor, me doy cuenta de que tú eres profeta. ²⁰Nuestros antepasados adoraron en este monte, pero ustedes los judíos dicen que el lugar donde debemos adorar está en Jerusalén.

²¹—Créeme, mujer, que se acerca la hora en que ni en este monte ni en Jerusalén adorarán ustedes al Padre. ²²Ahora ustedes adoran lo que no conocen; nosotros adoramos lo que conocemos, porque la salvación proviene de los judíos. ²³Pero se acerca la hora, y ha llegado ya, en que los verdaderos adoradores rendirán culto al Padre en espíritu y en verdad, porque así quiere el Padre que sean los que le adoren. ²⁴Dios es espíritu, y quienes lo adoran deben hacerlo en espíritu y en verdad.

²⁵—Sé que viene el Mesías, al que llaman el Cristo —respondió la mujer—. Cuando él venga nos explicará todas las cosas.

²⁶—Ése soy yo, el que habla contigo —le dijo Jesús.

²⁷En esto llegaron sus discípulos y se sorprendieron de verlo hablando con una mujer, aunque ninguno le preguntó: «¿Qué pretendes?» o «¿De qué hablas con ella?»

²⁸La mujer dejó su cántaro, volvió al pueblo y le decía a la gente:

²⁹—Vengan a ver a un hombre que me ha dicho todo lo que he hecho. ¿No será éste el Cristo?

³⁰Salieron del pueblo y fueron a ver a Jesús. ³¹Mientras tanto, sus discípulos le insistían:
—Rabí, come algo.

³²—Yo tengo un alimento que ustedes no conocen —replicó él.

³³«¿Le habrán traído algo de comer?», comentaban entre sí los discípulos.

³⁴—Mi alimento es hacer la voluntad del que me envió y terminar su obra —les dijo Jesús—. ³⁵¿No dicen ustedes: "Todavía faltan cuatro meses para la cosecha"? Yo les digo: ¡Abran los ojos y miren los campos sembrados! Ya la cosecha está madura; ³⁶ya el segador recibe su salario y recoge el fruto para vida eterna. Ahora tanto el sembrador como el segador se alegran juntos. ³⁷Porque como dice el refrán: "Uno es el que siembra y otro el

que cosecha." ³⁸Yo los he enviado a ustedes a cosechar lo que no les costó ningún trabajo. Otros se han fatigado trabajando, y ustedes han cosechado el fruto de ese trabajo.

³⁹Muchos de los samaritanos que vivían en aquel pueblo creyeron en él por el testimonio que daba la mujer: «Me dijo todo lo que he hecho». ⁴⁰Así que cuando los samaritanos fueron a su encuentro le insistieron en que se quedara con ellos. Jesús permaneció allí dos días, ⁴¹y muchos más llegaron a creer por lo que él mismo decía.

⁴²—Ya no creemos solo por lo que tú dijiste —le decían a la mujer—; ahora lo hemos oído nosotros mismos, y sabemos que verdaderamente éste es el Salvador del mundo.

Los instructores expertos saben que a fin de que un estudiante domine una nueva destreza, su capacitación debe incluir porciones balanceadas de tres elementos esenciales: teoría, práctica e inspiración. Estos pueden tener lugar en cualquier orden y por una variedad de medios, pero ninguna capacitación queda completa sin los tres. La teoría sin práctica es inútil. La práctica sin teoría es frustrante. La teoría y la práctica sin inspiración son tediosas. Déjese fuera cualquiera de los elementos y los estudiantes casi con certeza fracasarán o se darán por vencidos.

Una vez que Juan el Bautista anunció a Jesús como el Mesías, el Señor no desperdició tiempo para llamar a sus discípulos. Dentro de cuarenta y ocho horas cinco estudiantes seleccionados expresamente empiezan su capacitación para nada menos que la transformación del mundo. Habían visto a Jesús realizar milagros (2:1-12), habían visto su deseo apasionado de un despertar (2:13-25), y le habían oído predicar y enseñar (3:1-36). Había llegado el momento de que ellos tengan una visión de su futuro como evangelistas. Jesús, el reformador judío, se volvería Jesús el misionero y les mostraría a sus alumnos cómo alcanzar el mundo fuera del judaísmo. Entre Galilea al norte y Judea al sur, un pueblo perdido y olvidado vivía en una tierra espiritual de nadie llamada Samaria. También ellos necesitaban oír las buenas nuevas.

— 4:1-3 —

Rastrear los movimientos de Jesús que se describen en el Evangelio de Juan no es tan fácil como en Lucas, quien nos da un relato más cronológico. Los Evangelios Sinópticos (Mateo, Marcos y Lucas), sin embargo, no nos dicen tanto del ministerio del Señor en Judea como lo hace Juan. En Juan aprendemos que Jesús viajaba con frecuencia entre Galilea y Judea, por una amplia variedad de razones. En este caso, percibió que su ministerio en Judea estaba atrayendo la atención por razones erradas. En tanto que la verdad siempre despierta controversia, Jesús no estaba interesado en enfrentarse a los fariseos; por lo menos no todavía, y no sino cuando eso sirviera al propósito último (15:22-25).

— 4:4 —

La frase que la NVI traduce «tenía que pasar» traduce una expresión griega que significa «ser nece-

Agua para una mujer con sed (Juan 4:1-42)

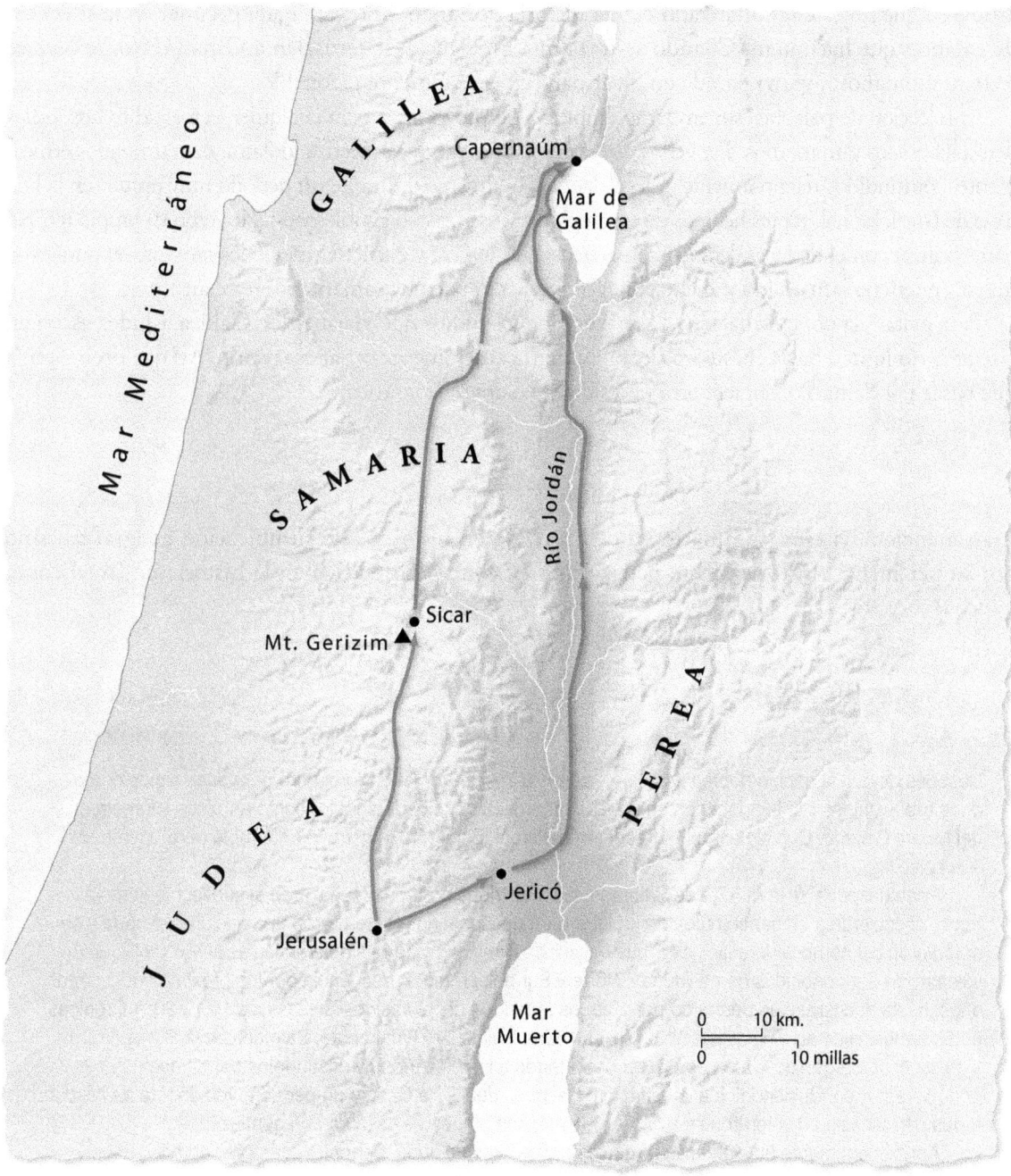

Los judíos que viajaban entre Judea y Galilea por lo general evitaban Samaria, tierra que consideraban impura por el matrimonio mixto con gentiles y el sincretismo religioso. Antes que pisar suelo impuro, bajaban por las montañas que rodean a Jerusalén hasta la llanura del Jordán, viajaban por la orilla oriental del Jordán, y luego volvían hacia el oeste a Galilea. Jesús, sin embargo, escogió una ruta directa de Jerusalén a Caná, lo que le llevó a la ciudad samaritana de Sicar.

sario». El que no esté familiarizado con la historia de Samaria no verá nada peculiar en la selección de palabras que hace Juan. Cuando se traza una línea recta de Jerusalén a Caná (4:46), se recorre terreno montañoso, y una parada en Sicar parece perfectamente razonable.

La selección de palabras, sin embargo, hubiera sido provocativa para cualquier lector judío. Los judíos detestaban a los samaritanos. Para ellos, los samaritanos eran raza mestiza idólatra: contaminados étnicamente, confundidos religiosamente y degradados moralmente. Durante un período muy oscuro en la historia de Israel, los habitantes hebreos de esta región se casaron con gentiles y establecieron su propio templo para rivalizar con el de Jerusalén. En consecuencia los judíos, y particularmente los fariseos, no ponían ni un pie en terreno samaritano y, dicho con franqueza, tampoco los samaritanos regaban amor.

Para evitar «la contaminación», la mayoría de los judíos que viajaban de Galilea a Judea escogían cruzar el río Jordán hacia el este y esquivar Samaria antes que atravesar esa región. Así que decir: «tenía que pasar por Samaria», sugiere otra necesidad que no es geográfica.

—— 4:5-6 ——

Juan menciona la ciudad samaritana de Sicar, no en términos de su ubicación geográfica, sino por su pertinencia histórica. Este pedazo de tierra fue significativo en la historia de Israel como

UNA BREVE HISTORIA DE LAS DIEZ TRIBUS «PERDIDAS»

Después de que la nación hebrea se estableció en la Tierra Prometida, prosperó por varios siglos como doce tribus unidas por la adoración en un solo tabernáculo, ubicado en Silo, como a quince kilómetros del Monte Gerizim. Con el tiempo, el tercer rey de Israel, Salomón, construyó un templo permanente en Jerusalén.

Poco después de la muerte de Salomón, las diez tribus norteñas rechazaron al sucesor legítimo al trono, escogieron a un general rebelde idólatra para que los dirigiera, formaron una nación separada y se apropiaron del nombre «Israel». Las tribus del sur de Benjamín y Judá siguieron leales al hijo de Salomón y llegaron a ser conocidas como «Judá». Norte y Sur pelearon con frecuencia por los próximos doscientos años, hasta que Israel fue destruido por ataques repetidos del rey asirio Pul (2 Reyes 15:19-20; 1 Crónicas 5:26), también llamado Tiglat-pileser (2 Reyes 15:29; Isaías 9:1). Finalmente, Salmanasar (2 Reyes 17:3-6) y su sucesor, Sargón acabaron con Israel deportando a las diez tribus y casándolos con otras naciones conquistadas, conduciéndolos a la extinción. Después del 721 a.C. sólo un pequeño remanente de las diez tribus permanecía en el territorio del Norte, y la mayoría empezó a casarse con gentiles.

Aproximadamente un siglo más tarde, los pobladores de Judá, conocidos también como «judíos», fueron deportados a Babilonia (606-587 a.C.) y cuando regresaron bajo el liderazgo de Zorobabel, Esdras y Nehemías, hallaron a la región del norte habitada por «samaritanos», de descendencia tanto hebrea como gentil. Las tensiones aumentaron cuando los samaritanos se opusieron a la reconstrucción de Jerusalén y del templo. La ruptura final tuvo lugar cuando los samaritanos construyeron su propio templo en el monte Gerizim, afirmando que allí, y no Jerusalén, era el lugar auténtico de adoración..

lugar comprado por Jacob (más tarde nombrado «Israel») y dado a sus hijos (Génesis 33:18-20). También fue el lugar en donde se depositaron los huesos de José después del éxodo de Israel desde Egipto (Josué 24:32).

La mención que hace Juan del pozo tampoco es accidente. Samaria no tenía ríos principales que proveyeran agua, sino solamente wadis (canales naturales de drenaje), que acarreaban solo las lluvias de temporada y luego se secaban por meses. Jeremías usó el wadi como una imagen de engaño (Jeremías 15:18). La ubicación histórica y la presencia del pozo de Jacob le dio a Jesús (y por consiguiente a Juan) otra oportunidad perfecta para echar mano del símbolo familiar de la vida: el agua.

La hora sexta según la manera judía de contar las horas era alrededor del mediodía. Temprano en mayo (durante la cosecha de la cebada), el sol habría estado muy alto y el tiempo candente y seco. Jesús y los discípulos habían viajado toda la mañana y necesitaban comida y agua para seguir su viaje. Mientras Jesús descansaba junto al pozo, probablemente bajo una sombra, sus estudiantes fueron a buscar comida (v. 8).

— 4:7-8 —

Según Juan relata el episodio —esta porción del cual tuvo que haberla oído de Jesús— la aparición de la mujer parece coincidencia. De nuevo, los que están familiarizados con las costumbres del día de inmediato notarán dos ominosos detalles. Primero, ella viene sola. Las mujeres por lo general venían al pozo en grupos, no solo para repartirse la tarea de sacar agua, sino para conversar. Segundo, ella vino durante el momento más caliente del día. El mejor tiempo para llevar como veinte litros de agua, que pesan alrededor de veinte kilos, era temprano en la mañana o poco antes de la caída del sol. Las circunstancias parecen curiosas y dan la impresión de que el encuentro fue accidental. El significado de «tenía que» (v. 4) se vuelve algo más claro ahora.

En la conversación que Jesús entabla con la mujer hay que notar un ciclo repetido. Seis veces Jesús apeló a la mujer y seis veces ella intentó desviar la conversación.

> Jesús apeló a la bondad de la mujer (v. 7), y la mujer respondió defensivamente (v. 9).
> Jesús apeló a su curiosidad (v. 10), y la mujer respondió con sarcasmo (vv. 11-12).
> Jesús apeló a su necesidad espiritual (vv. 13-14), y la mujer respondió con negación (v. 15).
> Jesús apeló a su interés personal (v. 16), y la mujer cambió de tema (v. 17).
> Jesús apeló a su conciencia (vv. 17-18), y la mujer planteó un asunto controvertido (vv. 19-20).
> Jesús apeló a su voluntad (vv. 21-24), y la mujer trató de postergar toda decisión (v. 25),

Jesús rompió la tradición de esa época hablando con la mujer y cortésmente le pidió que le sacara algo de agua del pozo. Si bien Jesús jamás quebrantaría un mandamiento ni se comportaría de manera inmoral, solía contravenir (y a veces parece que se deleitaba de manera especial en contravenir) las costumbres carentes de sentido de la religión. Había venido para redimir a esta mujer y sabía

De mi Diario

Ninguna buena obra queda sin castigo

Aterricé en un aeropuerto congestionado. Buscar mi equipaje fue más tedioso de lo normal y se me hacía difícil ir hacia la agencia de autos de alquiler. Tan pronto llegó el diminuto autobús, tomé asiento detrás del conductor mientras un pequeño ejército subía atiborrándose detrás de mí. De inmediato noté que algunas mujeres estaban de pie en el centro, sujetándose de una correa con una mano y balanceando su equipaje con la otra. Pensé: *Qué vergüenza*. Así que me puse de pie y le ofrecí mi asiento a la dama que estaba más cerca.

Alzando la vista a sus ojos le dije:

—¿Quisier...

—¿Qué pasa? —dijo ella con brusquedad.

—Nada. ¿Le gustar...

— No, ¡Puedo quedarme de pie!

Tengo que mencionar que el año era 1974, poco después de que Bobby Riggs perdió el partido de tenis de «la batalla de los sexos» ante Billie Jean King. Miré a otra mujer por un momento, pero ella me lanzó una mirada de puñales. Decidí sentarme y cerrar la boca. Ese fue el día en que aprendí que con algunas personas uno nunca puede ganar. Incluso la cortesía hecha con la motivación más pura puede reventársele a uno en la cara. No se lo tome personalmente. La mayoría se prepara para el impacto y no sabe qué hacer con un sencillo acto de bondad.

cómo llegar a ella. Ella llevaba la armadura emocional de una mujer aporreada por la moralidad de los santurrones. Él respetó su vulnerabilidad estrechamente guardada apelando a su bondad.

— 4:9 —

Ella respondió a la defensiva. La forma en que Juan registra las palabras de la mujer revela esta sorpresa. Literalmente dijo: «¿Cómo tú, siendo judío, me pides a mí de beber, que soy mujer samaritana?» El tono de su pregunta significaba, en efecto: «¿Qué haces pidiéndome de beber? ¿Acaso no sabes las reglas? Yo estoy muy por debajo de ti siendo que no soy judía, soy mujer, y encima de eso samaritana. No puedes en un instante hacer tabla rasa de siglos de barreras como esas».

Juan subraya el prejuicio racial para quien no note la fuente de la tensión.

— 4:10 —

Jesús no respondió a la actitud defensiva de la mujer. Más bien, en efecto le dijo: «Si supieras en realidad con quién estás hablando, *tú* me estarías pidiendo *a mí* que te dé de beber, y yo te daría agua *viva*». La estructura de la oración en griego hace énfasis en el adjetivo «viva».

«¿Don de Dios?» «¿Quién es el que te dice?» «¿Agua viva?» ¡Qué declaración más enigmática! Deliberadamente entretejió su comentario con frases estimulantes que él pronunció con facilidad. Esto no es menos estrafalario que si yo dejara caer lo siguiente en una conversación normal: «Pues bien, allá en Marte, donde vivo, todo mundo tiene televisión gratis por cable». La gente pensaría que estoy bromeando.

Sin duda quería despertar su curiosidad.

— 4:11-12 —

La samaritana mostró rápido ingenio respondiendo con sarcasmo, que el diccionario define como «modo de ingenio satírico que depende para su efecto de vocabulario amargo, cáustico y a menudo irónico que por lo general se dirige contra un individuo»[18].

Una versión moderna de su respuesta pudiera ser: «Vamos, hombre. Las aguas de este pozo están bien hondas. Y, claramente, ¡ni siquiera tienes balde que llegue allá! Así que, ¿de dónde piensas sacar esa agua, esa agua viva?» Ella también reaccionó a la insinuación de Jesús de que él era alguien especial trayendo a colación la historia del sitio.

Se trata de una mujer inteligente con un encantador sentido del humor, pero que una vida áspera había afilado su ingenio. Indudablemente, muchos hombres la habían seducido y la habían dejado destrozada. Ahora, cualquier hombre que piense que es un don de Dios debe tener mucho cuidado.

La mayoría de los hombres hubieran recibido el mensaje y se hubieran echado para atrás. Pero Jesús no quería de ella lo que querían otros hombres.

4:13-14

Jesús dejó a un lado el ataque sarcástico y apeló a su necesidad espiritual. Ella necesitaba vida nueva. El pecado había destruido su vida vieja, tanto en sentido teológico como en sentido emocional. Ya mucho tiempo atrás ella había dejado de vivir y meramente estaba existiendo. Todavía más, su vida de muerta pronto terminaría en la muerte eterna.

Jesús utilizó las imágenes del agua del pozo, estancada, y del agua corriente, que es «viva», para describir la clase de vida disponible para los que creen en él. Los que confían en Cristo nunca tienen que mirar fuera de sí mismos buscando satisfacción porque él mora en ellos, y les suple toda necesidad emocional y espiritual. Ellos nunca se quedarán sin agua otra vez.

4:15

O bien la mujer era sorda al tono en lo espiritual, o deliberadamente estaba evadiendo el asunto real. A menudo las personas evitan hablar de las cosas espirituales porque las necesidades físicas son más fáciles de saciar y con frecuencia proveen la ilusión de una satisfacción más honda. Eso es lo que impulsa a todo tipo de compulsiones y adicciones. También evaden la conversación espiritual porque esto es demasiado doloroso en lo personal y han aprendido a vérselas con su desesperanza; no quieren que nadie trastorne el delicado equilibrio que se han esforzado tanto por conseguir.

No obstante, la mujer llevó la conversación de nuevo a lo superficial, en donde ella se sentía más cómoda.

4:16

Jesús puso fin a los desvíos de ella con una petición inocente. En la superficie, apeló a su interés personal. En cualquier otra conversación, nadie podría haberse ofendido. Pero Jesús sabía el dilema que eso presentaba para ella. Indudablemente ella sintió el aguijonazo y probablemente hizo la conexión entre «sed» y su situación corriente de vida.

Por supuesto que Jesús sabía su situación. Él sabía todo en cuanto a la vida de promiscuidad sexual de ella. Y él fue directamente a su necesidad. Apeló a su anhelo personal más hondo.

La mujer respondió cambiando de tema. Ella esperaba cambiar el tema de conversación a un lado aceptable de su media verdad: «No tengo marido (en el sentido tradicional de la palabra)».

— 4:17-18 —

Jesús utilizó su conocimiento sobrenatural para llevar la conversación por debajo de la superficie. Dejó a un lado toda la distracción y juegos a fin de apelar a su conciencia. Vale la pena notar que él ni la condenó, ni la avergonzó, ni explotó su pecado. Meramente enunció la verdad y dejó que se mantuviera por derecho propio. El hombre con quien ella estaba viviendo no era su esposo, sino el sexto hombre temporal en una larga lista de hombres temporales. A pesar de esa horrible realidad, Jesús halló una manera de elogiarla por la mitad veraz de su media verdad.

— 4:19-20 —

La mujer no se sintió tan amenazada como para salir corriendo. Cuando se expone la fuente de la vergüenza de alguien con demasiada rapidez, dejándolo sintiéndose emocionalmente desnudo, la única respuesta natural es salir corriendo a esconderse. Pero el tiempo de Jesús fue perfecto. Estableció conexión. Permitió que la mujer viera su preocupación genuina por ella como persona, no como un objeto. La trató con dignidad nada común y le habló con compasión a su necesidad espiritual. No permitió que ella lo distrajera de las cuestiones reales, incluyendo el esfuerzo de ella de lisonjearlo y después de arrastrarlo a un debate teológico inútil.

«Ah, usted ha ido al seminario. Usted debe ser extraordinariamente inteligente. Permítame preguntarle algo que siempre me ha interesado. ¿Cómo reconcilia usted el gran problema existencial de la soberanía de Dios y el libre albedrío del ser humano?» Solo que en la cultura de ella, el gran debate giraba alrededor del lugar más apropiado para adorar a un Dios omnipresente.

— 4:21-24 —

Quisiera poder pensar tan rápido como Jesús. Él ni dio lugar a su desvío ni ignoró su pregunta. Usó la distracción de ella para llevar la conversación de regreso al asunto real. Su problema, como en la mayoría de personas en el relato de Juan, no era intelectual, sino de voluntad. Jesús respondió apelando a su voluntad. Le presentó tres cuestiones como reto.

1. *La ubicación terrenal de la adoración es preocupación secundaria en el cielo.* Un templo es para beneficio de los seres humanos, no de Dios. Un templo meramente sirve para concentrar nuestra atención que se desvía. Muchos judíos adoraban fielmente a Dios incluso hallándose a miles de kilómetros del templo de Jerusalén, que estaba en ruinas.
2. *El objeto de la adoración está primordialmente en el cielo y en forma secundaria en Samaria.* No hay que equivocarse, porque el templo samaritano fue diseñado y construido en oposición directa a los esfuerzos de reconstrucción de Esdras y Nehemías. Los hombres que lo construyeron no conocían al Dios único y verdadero. Jesús no esquivó la verdad incómoda. Los samaritanos en verdad eran idólatras.

3. *La calidad de la adoración es la verdadera medida de devoción a Dios.* Incluso mientras Jesús hablaba con la mujer en Samaria, los dirigentes religiosos judíos estaban contaminando el templo con sus fraudes de cambio de moneda. Por consiguiente, el templo de Jerusalén no era mejor o peor que el que había en el monte Gerizim. El Señor quiere adoración genuina, impulsada por el Espíritu.

― 4:25-26 ―

La mujer retrocedió a su última línea de defensa, que de manera común se usa hoy: demora. Ella trató de retroceder en la conversación, aduciendo que todas las cuestiones de teología son minucias hasta que el Mesías venga para resolverlas. Los samaritanos esperaban un Mesías que fuera como Moisés, más maestro y profeta, y menos gobernante y sacerdote (Deuteronomio 18:15-18). De acuerdo a esta línea de razonamiento: «Nadie puede en realidad decir lo que es la verdad y lo que no es, sino hasta que el gran Maestro venga y revele todas las cosas».

El esfuerzo de la mujer de retroceder en la conversación sirvió perfectamente a los planes de Jesús. La descripción de Juan del encuentro sube hasta un clímax. El Señor con éxito soslayó todas las defensas de ella a fin de presentarle la verdad máxima. Él dijo en efecto: «¡Exacto! Ya no tienes que esperar. Yo soy el Mesías, y estoy aquí tal como fue prometido».

En el griego la frase «yo soy» es particularmente enfática: *ego eimí*. Retrocede hasta la identificación que Dios le dio a Moisés: «Yo soy el que soy» (Éxodo 3:14). Tanto judíos como samaritanos entendieron lo que Jesús quería decir. A decir verdad, los dirigentes religiosos acusaron a Jesús de blasfemia por decir que era Dios debido a que repetidas veces él usó la fórmula «Yo soy» (6:48; 8:18, 24, 28, 58; 9:5; 10:7, 11; 11:25; 13:19; 14:6; 15:1; 18:5-8).

― 4:27-30 ―

La vuelta de los discípulos y su evidente sorpresa por una obvia ruptura de la etiqueta judía pudiera haber parecido incómoda, por lo menos para la mujer. No se nos dice. Todo lo que sabemos es que la mujer se olvidó de su tarea original y corrió de regreso a la ciudad para conferenciar con sus propias autoridades religiosas.

La construcción de la frase griega en el versículo 29 espera una respuesta negativa: «Él no podría ser posiblemente el Cristo, ¿verdad?» Pero entonces la mujer presentó evidencia que sugiere que ella, en verdad, creía que Jesús era el Mesías. Asombrosamente, los detalles que ella tan dolorosamente evitó mencionar habían llegado a ser una confirmación gozosa de su esperanza espiritual.

Su testimonio tuvo un efecto positivo. Los hombres de la ciudad se sintieron impulsados a conocer al hombre que posiblemente pudiera ser su Salvador.

4:31–34

El interludio entre la conversación de Jesús con la mujer y su ministerio al resto de la ciudad nos permite ver por qué Juan incluyó este incidente en su Evangelio. Jesús «tenía que pasar por Samaria» (4:4) para redimir a esta mujer, que luego trajo a toda su ciudad a Cristo con su testimonio. E igual de importante, «tenía que pasar por Samaria» a fin de darles a sus discípulos capacitación crucial en la evangelización. Éste fue el propósito de Jesús para venir a la tierra y el destino de sus discípulos. Todavía más, fue una lección tangible de la primera regla de su nuevo reino: *La obediencia a la palabra de Dios es más importante y más satisfactoria que satisfacer una mera necesidad física* (Deuteronomio 8:3; Mateo 4:4; Lucas 4:4).

4:35–38

Jesús entonces se dirigió a los sembríos de cebada (grano de los pobres) y notó cómo su color había pasado de verde a marrón claro. «Blancos para la siega» es una exageración, queriendo decir «extremadamente maduro». Si el grano no se cosechaba a tiempo, las espigas se caían de las cañas, lo que era una falta trágica y humillante para el agricultor.

Algunos comentaristas sugieren que Jesús miró por los campos y citó un proverbio agrícola: «Todavía faltan cuatro meses para la cosecha», antes de volverse para ver a los samaritanos llegando con sus vestidos blancos. «Alcen sus ojos [...] ya están blancos para siega». Esto tal vez sea verdad, pero podemos solo especular. Lo que sí sabemos con certeza es que Jesús pensaba de la evangelización cómo segar lo que Dios había cultivado y madurado. También sabemos que él llamó a los discípulos a cosechar a los hombres y mujeres que Dios había preparado.

4:39–42

Juan, experto para la narración, pasa de las palabras de Jesús y vuelve a la ilustración viva que él había orquestado. Toda la ciudad de los samaritanos siguió el testimonio de la mujer para descubrir por sí mismo al Salvador. ¡Qué «evangelista» desusada fue la mujer! Ella no tenía raíces sólidas. No tenía capacitación en el seminario. Sabía muy poca teología. No podía explicar por qué Jesús debía ser el Mesías. Simplemente informó de su encuentro personal.

La respuesta de los samaritanos se destaca en agudo contraste a la de los dirigentes religiosos de Jerusalén. A diferencia de los judíos teológicamente entendidos que gobernaban el templo, los detestados «mestizos» recibieron con brazos abiertos a Jesús y le pidieron que enseñe. Como resultado de oírle, «muchos más llegaron a creer».

Juan concluye la lección sobre evangelización con una declaración aleccionadora de parte de los recién cosechados samaritanos. En tanto que el testimonio de la mujer los llevó para que oyeran a Cristo, fue su propio encuentro con el Verbo que les hizo creer en Jesús como su Salvador.

Aplicación

Los pocos, los humildes, los segadores

Al relatar Juan la experiencia de Jesús con la samaritana, conscientemente hace énfasis en la aguda distinción entre las actitudes y acciones de Jesús y las de sus discípulos. Su disimilitud es especialmente clara en el interludio entre su conversación con la mujer y su encuentro con los pobladores de la ciudad. Mientras la mujer iba a testificarles a los dirigentes de la ciudad, el Señor imprimió en sus discípulos la necesidad urgente de obreros para cosechar almas que el Espíritu Santo ha madurado. Los discípulos ilustran varias actitudes que frecuentemente nos impiden entrar en los campos de la cosecha. Tres vienen a la mente.

1. *El prejuicio e intolerancia nos quitan las ganas.* Los discípulos vieron a Jesús hablando con una samaritana —para ellos, ella estaba en el escalón más bajo de la escala social como alguien podía descender— y no podían creerlo. Digámoslo tal como es; nos preocupamos por la salvación de algunos más que por la de otros. Y, aunque sea duro admitir, esperamos que algunas almas detestables jamás escapen de la oscuridad del infierno. Nuestro Creador, sin embargo, no cataloga a la gente en una escala de valía. Todos somos indignos de la salvación, y sin embargo él nos amó por igual.

2. *Nos dejamos consumir por los detalles y minucias de la vida.* Los discípulos no podían dejar de pensar lo suficiente en cuanto a comida como para notar el entusiasmo de su Maestro. Le dejaron cansado, con hambre y con sed del viaje, volvieron para hallarle rebosando de energía. Cualquiera con un ápice de percepción hubiera dejado a un lado la comida y le hubiera preguntado al Señor qué es lo que lo puso tan contento. Pero no aquellos discípulos que se servían a sí mismos, y cortos de vista.

Pasamos la mayor parte de nuestro día lidiando con las llamadas necesidades de la vida: preparando comidas, cumpliendo horarios, ganándonos la vida. ¿Cuándo fue la última vez en que usted dedicó tiempo e hizo planes específicos para hablar de las buenas nuevas en el trabajo, o a alguien con quien usted ha entablado amistad en su barrio?

3. *Nos arrulla a la inacción la promesa del mañana.* Los discípulos no apreciaron la urgencia de su llamado. Jesús usó un refrán popular entre los agricultores de su día: «Todavía faltan cuatro meses para la cosecha», para animarlos a la acción. Él dijo, en efecto: «No cuatro meses sino ¡AHORA! ¡El tiempo es ahora!».

Nosotros postergamos. Damos por sentado el mañana. Mientras tanto, la muerte continúa segando. Todavía más, el tiempo antes del fin de los días es cada vez más corto.

Noto que los que participan activamente en la evangelización carecen de muchas de las actitudes que destruyen a las iglesias. El gozo de su llamado les impide discutir sobre la valía de la gente. La prioridad de su llamado les inspira para atender los detalles de la vida en forma rápida y pasar a asuntos más apremiantes, tales como la cosecha de almas. La urgencia de su llamado les impulsa a vencer la postergación y aprovechar al máximo las oportunidades. Estas personas no tienen ni el tiempo ni la energía para desperdiciar en otra cosa que no sea el llamado a cosechar. Sin embargo, ellos no vencieron las actitudes negativas y *luego* obedecieron el llamado.

Si me permite cambiar de metáforas, los que participan activamente en la evangelización son como los que están en el frente de batalla. Uno de mis amigos en el Cuerpo de Marina, que ha visto más de lo que le corresponde en combate, una vez comentó: «Los hombres en la línea del frente jamás se quejan de la comida; ¡son los que están más lejos de la batalla los que se quejan más cuando están en la fila del comedor!». La lucha de vida o muerte tiene su manera de mantener las cosas en perspectiva.

Admitimos que la evangelización no es una guerra. No obstante, el principio sigue siendo el mismo. Si esperamos hasta que el prejuicio, detalles minuciosos, o la postergación no sean un problema, jamás entraremos en la cosecha. Somos llamados a cosechar. Por consiguiente, debemos obedecer. Una vez que hemos pasado a las líneas del frente, los obstáculos hostigosos rápidamente se desvanecen.

Cura a distancia (Juan 4:43-54)

⁴³Después de esos dos días Jesús salió de allí rumbo a Galilea ⁴⁴(pues, como él mismo había dicho, a ningún profeta se le honra en su propia tierra). ⁴⁵Cuando llegó a Galilea, fue bien recibido por los galileos, pues éstos habían visto personalmente todo lo que había hecho en Jerusalén durante la fiesta de la Pascua, ya que ellos habían estado también allí.

⁴⁶Y volvió otra vez Jesús a Caná de Galilea, donde había convertido el agua en vino. Había allí un funcionario real, cuyo hijo estaba enfermo en Capernaúm. ⁴⁷Cuando este hombre se enteró de que Jesús había llegado de Judea a Galilea, fue a su encuentro y le suplicó que bajara a sanar a su hijo, pues estaba a punto de morir.

⁴⁸—Ustedes nunca van a creer si no ven señales y prodigios —le dijo Jesús.

⁴⁹—Señor —rogó el funcionario—, baja antes de que se muera mi hijo.

⁵⁰—Vuelve a casa, que tu hijo vive —le dijo Jesús—.

El hombre creyó lo que Jesús le dijo, y se fue. ⁵¹Cuando se dirigía a su casa, sus siervos salieron a su encuentro y le dieron la noticia de que su hijo estaba vivo. ⁵²Cuando les preguntó a qué hora había comenzado su hijo a sentirse mejor, le contestaron:

—Ayer a la una de la tarde se le quitó la fiebre.

⁵³Entonces el padre se dio cuenta de que precisamente a esa hora Jesús le había dicho: «Tu hijo vive». Así que creyó él con toda su familia.

⁵⁴Ésta fue la segunda señal que hizo Jesús después de que volvió de Judea a Galilea.

No soy un «sanador». No celebro reuniones en las cuales los enfermos se ponen en fila, esperando que se les toque en la frente con un grito. No puedo sanar a nadie, no soy una «tubería» del poder sanador de Dios. Y, francamente, estoy seguro que nadie tiene tampoco tal don de curar. Las supuestas curaciones que realizan ciertos personajes notorios tienen escaso parecido a las «señales» que realizó Jesús y sus apóstoles. Esto no quiere decir, no obstante, que yo no crea en la curación sobrenatural. Lo creo. En verdad, puedo recordar muchos ejemplos en los cuales el poder sanador de Dios dejó mudos a los médicos.

En cierta ocasión a un buen amigo mío se le presentó un tumor maligno en un lado de su lengua. Cuando se lo diagnosticaron, ya se había extendido a los nódulos linfáticos y por una parte de su torso superior. Padre de cuatro hijos, con toda una vida y una carrera promisoria por delante, halló necesario preparar su testamento, arreglar sus asuntos, y (si fuera necesario) empezar a entregar su negocio a sus socios.

Varios de sus amigos, incluyendo yo, no podíamos ir a su lado de inmediato, así que convenimos en orar por él. Aunque estábamos separados por muchos kilómetros, fielmente oramos y empezamos a pedirle a Dios un milagro, si esa era su voluntad. Pedimos que el Señor se glorificara en sanar y dejar vivir a aquel amigo. Para ser francos, ninguno de nosotros sabía cuál era la voluntad del Padre para nuestro amigo; pero todos convenimos en que nuestro Dios puede. Todavía más, queríamos al hombre, y desesperadamente queríamos que Dios lo arrebatara de las fauces de la muerte.

Un palpable sentido de seguridad nos envolvió como una frazada abrigada. Aunque nunca nos habíamos reunido para orar juntos, con confianza esperábamos que Dios interviniera de alguna manera nada usual. ¡Y vaya que lo hizo!

En cuestión de días, nuestro amigo se bajó de un avión en Rochester, Minnesota, para más radiografías, más exámenes, diagnósticos refinados y si fuera necesario, un tratamiento más agresivo. Si alguien podía ayudarlo, serían los expertos de la Clínica Mayo. Para sorpresa del equipo de cuatro médicos, cuando se le hicieron otras radiografías, no pudieron hallar ni rastro de la enfermedad. La explicación obvia fue de un diagnóstico original incorrecto, pero una verificación del historial rindió la misma conclusión. Su cáncer maligno ampliamente extendido era inequívoco… pero todos los tumores se habían desvanecido. Todavía más, exámenes anuales confirmaron que habían desaparecido para siempre.

¿Qué sucedió? Clara y milagrosamente, Dios lo sanó.

Tengo otros ejemplos que no son menos dramáticos. Admito que sé de solo un puñado de casos en casi cincuenta años de ministerio. Muchos menos de los que yo hubiera esperado, pero como a un colega ministro le gusta decir: «Si sucederán todos los días, los llamaríamos "regulares", no "milagros"». No hay que equivocarse: Dios puede sanar y en efecto sana hoy. No hay necesidad de buscar a alguien supuestamente con un «don» para que suceda. Dios nos ha dado acceso sin restricción al salón del trono del cielo. Él nos invita a ir directamente al Todopoderoso con nuestros problemas más apremiantes y aflicciones angustiosas, y él ha prometido oír todas nuestras preocupaciones y recibir con compasión nuestras peticiones. Debemos tener en mente, sin embargo, que el Señor hará lo que él determine que se debe hacer, que tal vez no sea lo que nosotros queremos o pedimos. En ese punto, nuestra confianza en él enfrenta su mayor reto.

— 4:43-46 —

Varios días antes, Jesús había estado en Judea y decidió ministrar en Galilea. En lugar de viajar esquivando la región de Samaria por la orilla oriental del Jordán como la mayoría de sus contemporáneos judíos, Jesús pasó directamente por Samaria, deteniéndose en Sicar para descansar. Allí halló multitudes de samaritanos listos para recibirle como su Mesías y confiar en él como su Salvador.

Después de dos días de ministerio, siguió a Galilea, en donde había pasado su niñez.

Jesús les había advertido a sus discípulos con la declaración: «a ningún profeta se le honra en su propia tierra» (Mateo 13:57; Marcos 6:4; Lucas 4:24), especialmente al ministrar en la región cerca del hogar de su niñez. Juan insertó su comentario editorial para destacar la ironía del rechazo de los judíos tan pronto después de que Jesús había disfrutado de gran éxito entre los samaritanos. Aunque en esta ocasión los galileos trataron a Jesús de buen grado —tal vez porque se sentían orgullosos de su héroe local— el Señor mantuvo su buena voluntad en perspectiva.

Cuando la gente consigue lo que quieren, la creencia viene con facilidad. Pero, ¿cómo responderán cuando se enfrentan a la verdad? Cuando el verdadero Mesías confronta al «mesías» de sus expectativas, ¿cuál escogerán?

Los días por delante revelarían un choque de voluntades: las expectativas humanas versus la soberanía de Dios. El encuentro de Jesús con el «funcionario del rey» ilustra la respuesta de fe que él desea.

— 4:46-47 —

Juan señala el lugar como Caná, el lugar de su primera «señal». Un «funcionario real» parece que estaba haciendo negocios en Caná cuando oyó que Jesús había vuelto de Judea. Juan nos dice que el hombre vivía en Capernaúm, ciudad importante en la orilla norte del mar de Galilea, como a unos veinticinco kilómetros de distancia (como seis horas a pie, dos horas en carro tirado por caballos).

El término que se traduce «funcionario real» es *basiliscos* en griego y generalmente se refiere a algo o alguien asociado con la realeza: vestidos del rey (Hechos 12:21), territorio del rey (Hechos 12:20), ley del rey (Santiago 2:8). El hombre puede haber sido un pariente de la familia extendida de Herodes Antipas. Más probablemente, sin embargo, se trataba de un judío que servía como oficial en la corte real. Sin que importe, era un hombre de influencia, riqueza y privilegio, que ostentaba autoridad significativa.

Podemos estar seguros de que su venida para ver a Jesús no pasó desapercibida. Su presencia no correspondía a su cargo. Su hijo estaba muriéndose en Capernaúm y él «le suplicaba» a Jesús que hiciera el viaje. Esta es una buena traducción del verbo griego, que está en imperfecto de indicativo. Describe acción que bien sea ya está sucediéndose o es repetitiva. En la urgencia de la enfermedad de su hijo, el funcionario dejó a un lado toda dignidad, y «seguía suplicando» al Señor que fuera.

Hay que notar el concepto del padre en cuanto a la curación. En su mente, Jesús y el muchacho tenían que estar en el mismo lugar. Él, como la mayoría de personas hasta hoy, probablemente pensaba que el toque físico era necesario.

— 4:48 —

Jesús respondió con una reprensión, que parece severa. «Ustedes», plural en griego, identifica al hombre con un grupo. ¿Qué grupo? ¿Galileos en general? ¿Gente asociada con la familia del rey? Debido a que el hombre era un aristócrata judío, es probable que fuera miembro de los saduceos, que no creían que Dios intervenía en los asuntos humanos. Creían que cada persona produce su propio destino y por consiguiente merece cualquiera que sea el destino que recibe, incluyendo enfermedad, pobreza y muerte. El que un saduceo le suplicara a Jesús un milagro era una ironía notable.

Debido a que el hombre era un galileo destacado entre galileos, también es probable que Jesús estaba notando un patrón sutil en su pensamiento que más tarde se volvería inequívoco (6:26-27). El hombre desesperadamente quería que Jesús «*bajara* y sanara su hijo». Esto indica que vio una limitación en el poder de Jesús, que le impedía sanar a gran distancia. Todavía más, tuvo la osadía

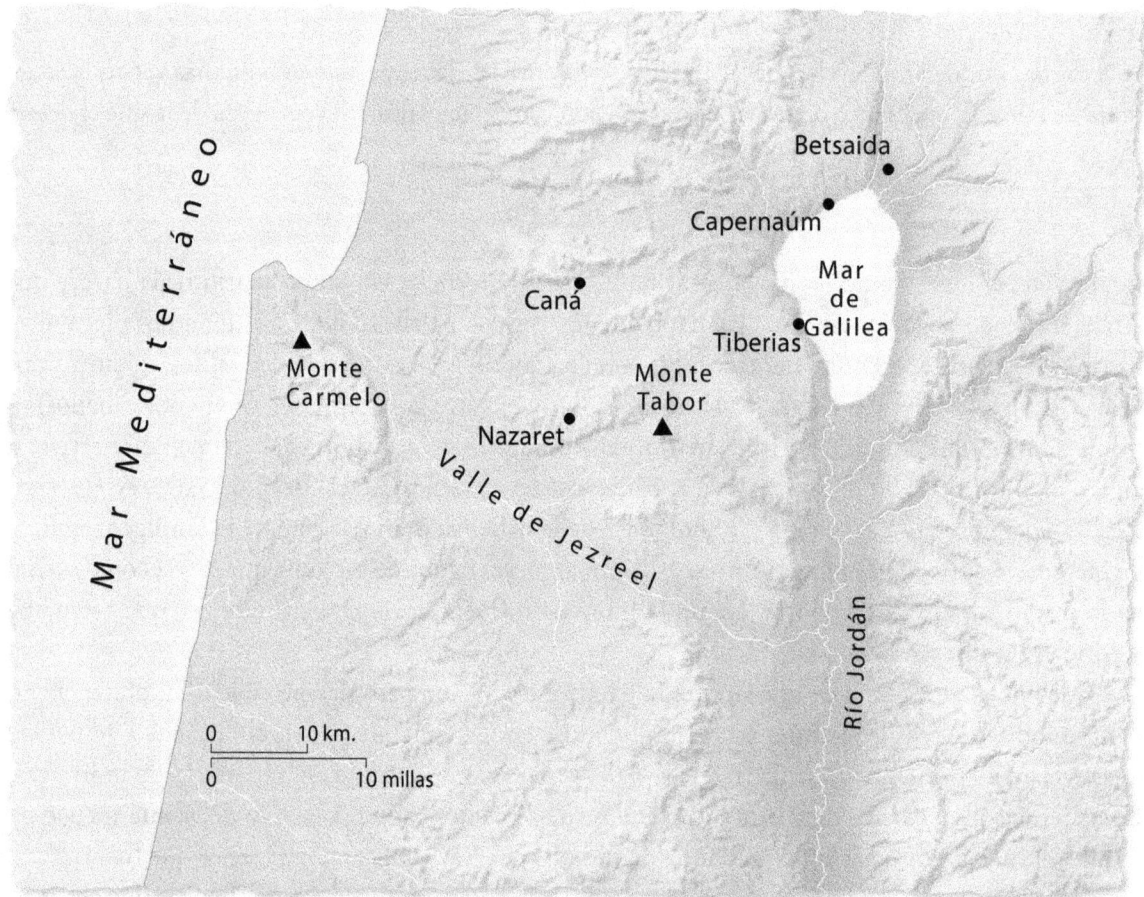

El «funcionario real» encontró a Jesús en Caná, pero su hijo estaba muriéndose en Capernaúm, como a unos 25 km de distancia (seis horas a pie, dos horas en carro tirado por caballos). Jesús sanó al hijo del hombre con una sola palabra, demostrando que la distancia no puede disminuir su poder.

de decirle a Jesús *cómo* curar antes que simplemente confiarle al Señor el cuidado de su hijo. Y, más significativamente, buscó a Jesús como un medio de conseguir lo que quería, no como el Mesías digno de adoración.

— 4:49-50 —

El funcionario real no se amilanó. Al enfrentar este tipo de situación desesperada, no era el aristócrata, ni el oficial, ni el saduceo, y ni siquiera galileo. Era primero y primordialmente un padre, preocupado a más no poder por su hijo moribundo. Jesús utilizó el estado vulnerable mental del hombre para enseñarle lo que es creer genuinamente. Le dijo, en efecto: «Sigue con tus tareas; tu hijo está bien». El verbo que se traduce literalmente «ve» tiene el mismo sentido como decir: «Adelante».

Juan dice que «El hombre creyó *lo que Jesús le dijo*». ¡Qué significativo! «Creencia» es un rasgo clave en la narración de Juan, pero «creencia» no es necesariamente confiar en Jesús como Mesías y Salvador. Cuando Juan usa el verbo «creer» sin un objeto, como en «muchos creyeron» (1:7, 50; 3:12, 15; 4:41), describe fe que salva, confianza en Jesús como Salvador. Lo mismo es cierto de la frase: «creer *en él*» (3:16-17). El hombre creyó que era cierto lo que Jesús dijo, que era un primer paso importante, pero no la misma creencia que salvó a los samaritanos (4:41).

Claramente, la palabra del Señor fue suficiente para este padre. Juan dice que «se fue». Es el mismo verbo para «ve» que el Señor Jesús usó antes.

— 4:51-52 —

Alguien que lea esta historia rápidamente pudiera pensar que la frase «se fue» del versículo 50 quiere decir que el hombre volvió a su casa. Una respuesta natural sería correr a casa para verificar que el muchacho en verdad había mejorado. Pero un examen más de cerca de los detalles revela un dato diferente. El hombre no regresó corriendo a Capernaúm. Se fue a sus actividades en Caná. ¿Cómo lo sabemos? Reuniendo varios indicios.

Como ya mencioné, Capernaúm estaba a no más de seis horas de distancia a pie, dos horas en carro. (¡Los ricos no caminaban cuando tenían un medio de transporte!) Cuando el hombre regresaba a su casa, sus criados le recibieron con las noticias de que su hijo se había recuperado. Note la hora en que lo curó: la hora séptima (1 p.m.) *ayer*. El padre no volvió a su casa sino hasta *el día siguiente* después de su encuentro con Jesús.

Jesús le dijo: «Dedícate a tus tareas», ¡y el hombre hizo precisamente eso!

— 4:53-54 —

Cuando el hombre se dio cuenta de que la fiebre dejó a su hijo a la misma hora en que Jesús declaró que el muchacho estaba sanado, el hombre «creyó». Nótese la ausencia de todo objeto directo. En tanto que antes él «creyó lo que Jesús le dijo», ahora simplemente «creyó». Creyó en el Salvador, junto con toda su casa.

Sabemos por los relatos de los otros Evangelios que Jesús realizó muchas más señales en Galilea y Judea, y su creciente fama atrajo multitudes que buscaban salud física y espiritual. En poco tiempo empezó a formarse un movimiento conforme los seguidores que seguían al Rabí de Nazaret, que también resultaba ser descendiente de David. Creyeron en sus palabras, y parecía que creían en él. También buscaban un rey que los dirigiera. Pero, ¿aceptarían ellos el reino que él prometía, o querían un rey según su propio criterio?

Cuando Jesús empezó a dirigirse a Jerusalén, sus seguidores enfrentaron una decisión difícil.

NOTAS: Sección 1: Presentación del Verbo (Juan 1:19—4:54)

1. Gerhard Kittel y Gerhard Friedrich, eds., *Theological Dictionary of the New Testament: Abridged in One Volume* (trad. Geoffrey W. Bromiley; Eerdmans, Grand Rapids, 1985), 38.
2. Ibid., 567.
3. J. Oswald Sanders, *Spiritual Leadership* (ed. rev.; Moody Press, Chicago, 1980), 230.
4. Ibid.
5. Karl Marx, *Karl Marx and Frederick Engels: Selected Works in Two Volumes* (Foreign Languages Publishing, Moscú, 1949), 2:367.
6. Karl Marx y Friedrich Engels, *The Communist Manifesto of Karl Marx and Friedrich Engels* (ed. D. Ryazanoff; Russell & Russell, Nueva York, 1963), 68.
7. *The NET Bible Notes* (Biblical Studies Press, Peabody, MA., 2003; disponible en bible.org), nota sobre Juan 1:39.
8. Gerald L. Borchert, *John 1–11* (New American Commentary 25A; Broadman & Holman, Nashville, 1996), 153.
9. Josefo, *The Jewish Wars*, 2.15.3 (280).
10. Johannes P. Louw y Eugene Albert Nida, *Greek-English Lexicon of the New Testament: Based on Semantic Domains* (2nd ed.; United Bible Societies, Nueva York, 1989), 1:381.
11. Merrill Tenney, «John», *Expositor's Bible Commentary* (Zondervan, Grand Rapids, 1981), 9:47.
12. Ibid.
13. H. G. Liddell y Robert Scott, *A Greek-English Lexicon* (ed. rev.; Oxford Univ. Press, Oxford, 1976), 416.
14. Ver Charles R. Swindoll, *Comentario Swindoll: Romanos* (Editorial Vida, Miami, 2010), discusión sobre Romanos 1:18–19.
15. Helmut Thielecke, *Encounter with Spurgeon* (trad. John W. Doberstein; Fortress, Filadelfia, 1963), 14.
16. F. B. Meyer, *John the Baptist* (Christian Literature Crusade, Fort Washington, PA., 1983), 97.
17. *The Westminster Standards* (Great Commission Publications, Filadelfia, 1986), 35.
18. *Merriam-Webster's Collegiate Dictionary*, 11ª ed., s.v. «sarcasm».

ACREDITACIÓN DEL VERBO
(JUAN 5:1—12:50)

El ministerio del Señor empezó bien. Un intrépido anuncio de parte de Juan el Bautista inmediatamente produjo cinco discípulos consagrados sin reservas a seguir al Hijo de Dios. Su conversión del agua en vino fortaleció la fe de sus discípulos. Enseñó a Nicodemo, realizó señales en Jerusalén, redimió a una ciudad samaritana y sanó al hijo de un noble, todo lo cual resultó en que multitudes de todo sector de Israel confiaran en Jesús como Salvador. En tanto que el ministerio del Señor desató algo de conflicto, en general la gente respondió con creencia al Verbo.

Luego, como el primer frío de invierno en una brisa de otoño, algo empezó a cambiar. No todos creyeron de inmediato. Unos pocos empezaron a oponerse abiertamente, a los que siguieron otros. El Hijo de Dios vino al mundo para iluminar la luz de la verdad, y sin embargo algunas mentes siguieron oscurecidas. En lugar de unir a Israel, el Verbo empezó a producir agudas divisiones.

El autor humano de Hebreos llamó a la palabra de Dios «espada de dos filos», hoja aguda lo suficiente como para dividir todo en sus partes constitutivas (Hebreos 4:12). Dividir es, después de todo, el propósito de una espada. Es más, esta espada —la Palabra o Verbo— «juzga los pensamientos y las intenciones del corazón». En otras palabras, aunque la verdad ilumina los corazones dispuestos, también demuestra que algunos están a propósito oscurecidos. Así que no debe ser sorpresa para nadie que cuando el Verbo se hizo carne, el mundo empezó a dividirse ante él.

Le he dado a esta sección de la narración de Juan (5:1—12:50) el título de «Acreditación del Verbo» por dos razones. Primero, Jesús dará otras cinco «señales» autenticándose como el Mesías prometido, así como también Dios en carne humana. Cada señal identifica al Hijo de Dios más claramente que la anterior hasta que la verdad es inequívoca para los corazones dispuestos, corazones preparados para recibirle. Segundo, la verdad de Jesucristo acreditará a aquellos que le son dados (6:37, 39; 17:2, 6, 9, 24). Las palabras y obras de Jesús separarán a los creyentes de «el mundo», identificándolos como suyos, almas que confían y que él prometió preservar hasta el último día.

Conforme los creyentes son separados de sus semejantes no creyentes, el «mundo» en la narración de Juan empieza a tomar un carácter más amenazador. En la primera sección (1:19—4:54), «el mundo» se refiere a todos los seres humanos, a quienes Dios ama y envió a su Hijo a salvar (1:29; 3:16-19; 4:42). En esta segunda sección (5:1—12:50), el Señor continúa iluminando «al mundo»; tal como Juan advirtió antes a sus lectores (1:10). Sin embargo, el mundo empieza a rechazar a Jesús, en tanto que «los suyos» continúan creyendo, aunque con fe frágil y débil entendimiento. Después de la segunda sección, «el mundo» se vuelve la expresión del Señor para todos los que rechazan al Verbo (14:17, 27, 30-31; 15:18-19; 16:8, 20-21, 28, 33; 17:5-6, 9-11, 13-18, 21, 23-25), demostrando de esta manera ser enemigos abiertos de Dios y sus elegidos.

TÉRMINOS CLAVE

ἀμήν [amén] (281) «amén, verdaderamente, con seguridad, con certeza»

Amén es sencillamente una transliteración de una exclamación hebrea que las personas pronunciaban para afirmar un pronunciamiento de Dios o confirmar la aceptación de una directiva divina (Deuteronomio 27:15; 1 Reyes 1:36; 1 Crónicas 16:36; Nehemías 5:13). Jesús usó amén para indicar que su declaración siguiente era una nueva revelación de Dios, que también llevaba su propio sello de autoridad como Hijo de Dios.

δόξα [doxa] (1391) «gloria, buena reputación, muestra, milagro»

Este sustantivo se deriva del verbo *dokeo*, «creer, pensar», así que la literatura griega secular usa el término para indicar «opinión», que puede ser bien sea positiva o negativa. La literatura del Nuevo Testamento utiliza *doxa* exclusivamente en el sentido positivo, muy parecido a cuando pudiéramos decir: «él es un hombre de buena reputación». Se da por sentado una buena reputación. Los judíos del primer siglo escogieron *doxa* para traducir el término hebreo *kabod*, término del Antiguo Testamento para el esplendor radiante del carácter de Dios, que a menudo se manifestaba como luz (la *shequiná*). Por consiguiente, el Nuevo Testamento asocia estrechamente *doxa* con la expresión visible de la presencia de Dios.

ἔργον [ergon] (2041) «obra(s), hecho(s), hacer»

Fundamentalmente, este término se puede referir al esfuerzo, el resultado del esfuerzo de uno, o ambas cosas simultáneamente. Las «obras» de Dios se pueden ver en la creación del universo y en su continua intervención en la creación en la forma de provisión y protección. Las «obras» de la humanidad pueden ser tangibles, como arte, construcción y agricultura, o intangibles. Las «obras» intangibles de los seres humanos por lo general tienen una connotación moral y bien se podría traducir como «buenas obras». Estos esfuerzos contribuyen a la obra de Dios en el universo y, como tales, le agradan.

κρίνω [krino] (2919) «juzgar, separar y seleccionar, evaluar, decidir»

El significado literal es «cernir y separar» a fin de aislar los componentes de una mezcla. El uso primario es metafórico en el sentido de «cribar los detalles para llegar a una conclusión». En términos de una persona, la idea es cernir los detalles de la vida de uno a fin de examinarlos y llegar a una decisión en cuanto al carácter de la persona. Los sustantivo *krisis* y *krima* se derivan de este verbo, pero tienen significados ligeramente diferentes. *Krisis* (2920) es el acto de juzgar; *krima* (2917) es el resultado del juicio, que bien puede ser un veredicto o una sentencia.

Para el fin de su ministerio público, la línea entre creyentes y no creyentes era inequívoca. Como una espada, el Verbo había dividido a Israel por la mitad.

La cultura moderna juzga la calidad de sus líderes por su habilidad de unir a la gente. Si he aprendido algo en mis años de ministerio pastoral, sin embargo, es que la verdad no une a las personas; las divide. De hecho, la manera más fácil de unir a la gente es esconder la verdad y decirles lo que quieren oír. La historia ha demostrado que la manera más efectiva de reunir una cantidad elevada de seguidores es venderles una imagen. Prepare un símbolo alrededor del cual se puedan reunir y otro que detestar. Haga sus símbolos audaces, haga su mensaje sencillo, ajústelo a las necesidades más hondas de las personas, convénzalas de que seguirlo a usted resolverá todos sus problemas y, haga lo que haga, mantenga oculta la verdad real. Esto requerirá control absoluto, totalitario. Todavía más, tendrá que hacer un ejemplo de los que dicen la verdad, pero su recompensa será inmenso poder en forma de elevado número de seguidores.

La verdad, por otro lado, no tiende a atraer a muchos seguidores. Por el contrario, la verdad atrae a los enemigos como un imán en una caja de clavos. Por eso el liderazgo santo requiere valor, tenacidad, perseverancia y, sobre todo, humildad. El que proclama la verdad no puede preocuparse por la imagen o el aplauso, ni las encuestas o la popularidad. Debe contentarse con presentar la verdad, y permitir que se levante por sí sola —que ella atraiga o repele a quien sea que lo haga— y luego aceptar el rechazo personal como el resultado más probable.

Si esta fue la experiencia del Verbo —Verdad divina en carne humana— entonces usted puede estar seguro de que no será nada diferente para usted.

Legalismo al descubierto (Juan 5:1-18)

¹Algún tiempo después, se celebraba una fiesta de los judíos, y subió Jesús a Jerusalén. ²Había allí, junto a la puerta de las Ovejas, un estanque rodeado de cinco pórticos, cuyo nombre en arameo es Betzatá. ³En esos pórticos se hallaban tendidos muchos enfermos, ciegos, cojos y paralíticos. ⁵Entre ellos se encontraba un hombre inválido que llevaba enfermo treinta y ocho años. ⁶Cuando Jesús lo vio allí, tirado en el suelo, y se enteró de que ya tenía mucho tiempo de estar así, le preguntó:

— ¿Quieres quedar sano?

⁷—Señor —respondió—, no tengo a nadie que me meta en el estanque mientras se agita el agua, y cuando trato de hacerlo, otro se mete antes.

⁸—Levántate, recoge tu camilla y anda —le contestó Jesús.

⁹Al instante aquel hombre quedó sano, así que tomó su camilla y echó a andar. Pero ese día era sábado. ¹⁰Por eso los judíos le dijeron al que había sido sanado:

—Hoy es sábado; no te está permitido cargar tu camilla.

¹¹—El que me sanó me dijo: "Recoge tu camilla y anda" —les respondió.

¹²— ¿Quién es ese hombre que te dijo: "Recógela y anda"? —le interpelaron.

¹³El que había sido sanado no tenía idea de quién era, porque Jesús se había escabullido entre la mucha gente que había en el lugar.

¹⁴Después de esto Jesús lo encontró en el templo y le dijo:

—Mira, ya has quedado sano. No vuelvas a pecar, no sea que te ocurra algo peor.

¹⁵El hombre se fue e informó a los judíos que Jesús era quien lo había sanado.

¹⁶Precisamente por esto los judíos perseguían a Jesús, pues hacía tales cosas en sábado. ¹⁷Pero Jesús les respondía:

—Mi Padre aun hoy está trabajando, y yo también trabajo.

> ¹⁸Así que los judíos redoblaban sus esfuerzos para matarlo, pues no solo quebrantaba el sábado sino que incluso llamaba a Dios su propio Padre, con lo que él mismo se hacía igual a Dios.

El legalismo es un enemigo. Hago esta declaración no solo sobre la base de las Escrituras; he descubierto por experiencia propia su capacidad para asfixiar el espíritu. En mi juventud, ya creyente, buscando compañeros que participaran de mi jornada espiritual, me hallé rodeado de un grupo de legalistas y, sin darme cuenta, empecé a abrazar sus puntos de vista. Empecé a medir la calidad de mi vida espiritual y de la vida de otros con una lista de cosas que hacer y no hacer, midiendo la valía de cada uno en términos de desempeño y logro. Quería alcanzar excelencia espiritual, pero pensaba que podía hacerlo en mis términos, como si la justicia dependiera completamente de mis esfuerzos. En lugar de hallar mayor gozo en mi relación personal con Cristo, me volví criticón y santurrón. Gradualmente cultivé un espíritu riguroso, negativo, rígido. La libertad desapareció. La adoración era insípida. El servicio era un tedio. No me daba cuenta en ese tiempo, pero el ambiente del legalismo estaba asfixiándome.

Debido a que el legalismo es un asesino sutil, silencioso, necesitamos entender a nuestro enemigo antes de confrontarlo. Necesitamos saber qué es, cómo aparece, y por qué es malo.

1. *¿Qué es el legalismo?* El legalismo es el establecimiento de estándares cuidadosamente seleccionados por las personas con el propósito de celebrar el logro humano bajo el disfraz de agradar a Dios. El legalismo es justicia definida por seres humanos, aunque los que dan la definición con frecuencia citan a Dios como la fuente del estándar. En realidad, los estándares vienen de la cultura, la tradición y con mayor frecuencia de las preferencias personales de los que ocupan cargos de poder e influencia.

El legalismo se basa en listas (¡a los legalistas les encantan las listas!). Si uno guarda todo lo que tienen en sus listas de cosas por hacer y no hacer, uno es aceptable espiritualmente. Pero si uno no sigue el estándar prescrito, es indigno del favor de Dios y de la aprobación de otros. Naturalmente, los legalistas siempre saben cómo Dios juzga y están más que dispuestos a actuar en su nombre.

2. *¿Cómo se ve el legalismo?* El legalismo casi siempre se adorna de los ropajes suntuosos de la jerga religiosa y esgrimen las credenciales de organizaciones religiosas. Esto no es para condenar a las organizaciones cristianas o la ropa que llevan. Meramente señalo que los legalistas se sienten atraídos a ellas y con éxito se han infiltrado en las iglesias, misiones, organizaciones paraeclesiásticas, organizaciones de benevolencia e instituciones educativas. Cuando lo hacen, usan los arreos religiosos para convencer a otros de que sus propias agendas tienen la aprobación de Dios. A la larga, los seguidores empiezan a temer la desaprobación de los líderes, que se vuelven más y más visibles y controladores mientras el Señor desvanece en la oscuridad.

3. *¿Por qué el legalismo es malo?* El legalismo niega la gracia de Dios y presume que se gana su favor por obras. Es una justicia fabricada por hombres que exalta a la humanidad antes que el Señor. El legalismo produce bien sea orgullo o depresión en las personas que están bajo su embrujo —orgullo para los que guardan la lista a su propia satisfacción, depresión para los que reconocen su absoluta incapacidad

de guardar con perfección la lista. La crítica es la motivación primaria. El objetivo del legalismo es dar toda la crítica que sea posible y evitarla a toda costa. La crítica es mortal, así que se pasa.

El legalismo es malo porque produce en las personas lo que el Señor menos desea: orgullo, jactancia, hipocresía y santurronería.

Los legalistas en quintaesencia del día de Jesús eran los fariseos, un grupo de expertos en la religión[1]. Cuando Jesús limpió el templo, afirmó ser el Dueño de los símbolos más visibles del judaísmo. Su propósito era restaurar la adoración. En su próxima visita a Jerusalén, dijo ser el Dueño de la institución más preciada del judaísmo: el sabbat. Su propósito en esa ocasión fue restaurar la gracia.

— 5:1-2 —

Después de que Jesús hubo ministrado en Galilea por algún tiempo, lo que pudiera haber sido varias semanas o incluso meses, se fue a Jerusalén para observar «una fiesta de los judíos». Juan no dice cuál fiesta, probablemente porque no contribuye a su propósito, a diferencia de la Pascua (2:23; 6:4; 11:55), que es profundamente significativa para su caso. Solo nos dice por qué Jesús fue a Jerusalén. En el principio de su ministerio, fue a la capital solo con el propósito de adorar, siguiendo la ley judía. A la larga, entraría a la ciudad para afirmar que es el Rey de Israel, pero no aun.

El estanque descrito por Juan tiene un extraordinario parecido a un complejo de dos estanques rodeados de cinco columnatas cerca de la esquina noroeste del templo de Herodes. El edificio parece haber sido una especie de hospital religioso, conocido en el mundo griego como *asklepieion*. Los griegos pensaban que Esculapio, el dios de la medicina, era un sanador bondadoso, gentil.

> En el templo dedicado al culto [de Esculapio] había espaciosos corredores en los cuales los enfermos yacían para descansar y que los sanaran mientras dormían. Este sueño en el templo se conocía como *incubatio*. Mientras dormían, los enfermos soñaban que estaban siendo sanados por intervención de Esculapio, así que a la mañana siguiente se despertarían con buena salud. Los cojos podrían caminar de nuevo, los mudos hablar, los ciegos ver. Muchas personas experimentaron curas milagrosas y en gratitud donaron oro o imágenes de plata de las extremidades que habían sido sanadas o trajeron ofrendas al templo. Se elogiaba a Esculapio como el dios de la salud y un salvador que vino para ayudar a los seres humanos y atenderlos[2].

Cuando Jesús llegó a Jerusalén, al parecer visitó este hospital pagano, que estaba a la sombra del gran templo construido por Herodes. Las autoridades del templo, especialmente los fariseos entre ellos, jamás entraban en el lugar y probablemente reprochaban a cualquier judío que lo hacía.

— 5:3-4 —

Algunas versiones marcan una porción de los vv. 3-4 con corchetes o paréntesis para indicar texto que

El estanque de Betesda se parece mucho a un hospital pagano, conocido en el mundo griego como *asklepieion*. Nótese la proximidad al templo de Herodes. Las tres torres en la esquina superior izquierda de la foto marcan la esquina noroeste del complejo del templo.

no aparece en los manuscritos griegos más antiguos. Lo más probable es que algunos de los primeros escribas añadieron el texto como aclaración basada en su conocimiento de la tradición.

El nombre *Betesda* (RVR 1960) o *Betzatá* (NVI y otras) es una especie de juego de palabras, queriendo decir «casa de gracia» o «casa de derramar [agua]». Una curiosa mezcla de religión hebrea y superstición griega sostenía que un ángel de Dios periódicamente agitaba el agua y prometía curar al primer inválido capaz de meterse en el estanque. No podía haber habido una imagen más apropiada de religión legalista en todo Israel. Alrededor del símbolo de la vida yacían personas desesperadamente enfermas, todas esperando ganarle a la otra en una patética carrera de inválidos en la cual la curación iba a la persona menos necesitada entre ellos.

«¿Casa de gracia?» ¡Ni en sueños!

Nosotros sabemos que un manantial subterráneo periódicamente llenaba los estanques.

Legalismo al descubierto (Juan 5:1-18)

— 5:5-6 —

Mientras Jesús observaba a los enfermos vanamente tratando de sanarse, halló a un hombre que «que llevaba enfermo» treinta y ocho años, más tiempo que la expectativa de vida promedio para un hombre en el imperio romano del primer siglo. Literalmente había estado enfermo toda su vida. Así que, la pregunta de Jesús suena absurda: «¿Quieres quedar sano?»

Juan dice que Jesús «sabía» (tiempo aoristo) el historial de la enfermedad del hombre, lo que sugiere que ya tenía este conocimiento antes de hablarle al hombre. Bien sea alguien le había informado anteriormente al Señor, o ejerció su percepción sobrenatural (1:47-48; 4:17). De todas maneras, la pregunta es lo primero que Jesús dice al hombre, probablemente a fin de captar su atención antes de llevarlo a él (y a nosotros) a una verdad importante.

— 5:7-8 —

La respuesta del hombre es interesante. Una traducción literal del griego diría: «Señor, un hombre yo no tengo que cuando el agua es agitada pueda arrojarme al estanque». El griego koiné a menudo usaba el orden de las palabras por cuestión de énfasis. En este caso, Juan destaca la palabra «hombre». En tanto que el inválido claramente reconoció su propia impotencia, puso su fe en el objeto equivocado. Estaba en un templo pagano, apoyándose en algo de superstición, tal vez porque el templo de Herodes le había fallado. La teología generalmente aceptada sostenía que la enfermedad era castigo de Dios por el pecado (9:2); él no habría hallado mucha simpatía en el templo.

Todavía más, él miraba a la humanidad para que le ayudara a ganar su absurda carrera por hallar cura, y había perdido esperanzas de en algún momento ver la gracia de Dios. Para él, como para muchos en nuestros días, «Dios ayuda a los que se ayudan».

— 5:8-9 —

Jesús no predicó. No corrigió la defectuosa teología del hombre. No le sermoneó sobre la gracia. Aquellos que no tienen esperanza no necesitan más conocimiento; necesitan compasión. Jesús le dio al hombre lo que le faltaba y tan desesperadamente necesitaba. Le dio gracia en forma de un mandamiento: «Levántate, recoge tu camilla y anda».

«Al instante» el cuerpo del hombre respondió al poder sanador de Jesús. El hombre respondió a las palabras de su Señor. La descripción que Juan da de la escena es indudable y deliberadamente moderada. Estoy seguro de que por casi cuatro décadas de extremidades atrofiadas y esperanza acostada, el hombre saltó, corrió, brincó y dio volteretas alrededor del estanque... esa cruel mofa de la gracia. ¡Qué espectáculo!

Justo cuando el lector pudiera empezar a celebrar la curación del hombre, el comentario al paso de Juan cae como una frazada mojada. Dice, en efecto: «Ah, de paso, *era el sabbat*». Cualquiera que

De mi Diario

Enfermedad y desesperación

La escena del estanque de Betzatá debe haber sido una experiencia que partía el alma para cualquier visitante con capacidad de empatía. Gracias a la medicina moderna, esta horrorosa colección de personas desesperadamente enfermas ya no existe... casi.

Cuando servía en la isla de Okinawa, tocaba en la Banda de la Tercera División del Cuerpo de Marina. En una ocasión nos invitaron a un leprosorio en el extremo norte de Okinawa a tocar un concierto. El recuerdo de esos hombres y mujeres jamás me dejará. Cuerpos deformados tropezaban y se empujaban y arrastraban por el camino, cada uno llevando lo que en un tiempo había sido una cara humana. Se sentaron en filas en sillas provistas para ellos y escucharon absortos nuestra música. Yo casi ni podía tocar mi instrumento debido a la tristeza que me embargaba el corazón al ver cuerpos horrorosamente distorsionados por la enfermedad que ahora llamamos la enfermedad de Hansen. Nunca olvidaré el sonido de su aplauso que hicieron golpeando muñones de extremidades o golpeando sus muletas contra el piso o contra las sillas.

Hubiera dado cualquier cosa para tener el poder de sanar ese día. ¡Qué gozo debe haber sido para Jesús extenderse a ese mar de depravación humana y arrebatar un alma de las garras de la enfermedad! A veces me pregunto por qué no vació el *asklepieion* en Jerusalén en lugar de escoger solo a un hombre. Debido a que es bueno e infinitamente sabio, confío en su juicio. Después de todo, dejó el prístino campo del cielo para hacerse uno de nosotros, para participar de nuestro sufrimiento, para sufrir la muerte, y en última instancia, acabar con la tiranía del mal mediante su propio sacrificio.

Un día pronto Jesús vaciará los hospitales, las colonias de leprosos e incluso los cementerios del mundo. Entonces viviremos en un mundo sin tinieblas, ni pecado, ni sufrimiento, ni enfermedad, ni muerte. Tenemos su promesa. Y, de mi parte, ¡con pasión espero ese día glorioso!

sabía algo en cuanto a los fariseos, entendería la significación de esa simple afirmación. Su aguafiestas literario predice un giro extraño en el relato.

— 5:10 —

En tanto que Juan no interrumpe el flujo lógico del relato, hay un evidente cambio de escena. El hombre probablemente estaba llevando su camilla a su casa, o tal vez al templo, en donde se proponía participar de la fiesta por primera vez en muchos años. «Los judíos» (término que usa Juan para «las autoridades religiosas») lo reprendieron por ir cargando algo en el sabbat, lo que era estrictamente prohibido por la tradición, pero perfectamente aceptable según la ley mosaica dadas las circunstancias extraordinarias.

Este es un ejemplo perfecto de la obsesión legalista por la letra de la ley mientras que se ignora la inspiración (o el «espíritu») de la ley. Los fariseos aplicaban estrictamente las palabras de Jeremías: «Cuídense bien de no llevar ninguna carga en día sábado» (Jeremías 17:21), pero no reconocieron el contexto. Jeremías se quejó porque el séptimo día en Jerusalén se había convertido en negocios como de costumbre, como cualquier otro día. Más tarde, Nehemías tomó la misma posición ordenando que las puertas de Jerusalén se cerraran en el último día de la semana, «para que no dejaran entrar ninguna carga en sábado» (Nehemías 13:19).

El Señor instituyó el sabbat como una dádiva. Ordenó un día de descanso para rejuvenecer los cuerpos y mentes de su pueblo. Más importante, lo dio a fin de romper el ciclo rutinario de día tras día, a fin de que la gente no se olvidara de que *Dios* es la última fuente de su sustento; sus esfuerzos son nada más que un medio de la provisión divina. El sabbat le daba a la gente permiso para dejar de trabajar a fin de no descuidar una necesidad vital: la adoración. Nosotros somos creados para adorar. Por consiguiente, la adoración es buena para nosotros. Pero los fariseos convirtieron este maravilloso don de Dios en una carga, ocasión para crítica severa, y un pretexto para ejercer poder; y a la vez otra oportunidad para recordar a sí mismos y a todos los demás su supuesta superioridad moral.

— 5:11-13 —

El hombre sanado explicó la razón extraordinaria para su pequeña violación de sus reglas: «El que me sanó me dijo: "Recoge tu camilla y anda"». Pero nótese la perspectiva de vaso medio vacío de los fariseos, que sería cómica si no fuera tan espantosa: «¿Quién es ese hombre que te dijo: "Recógela y anda"?»

Pienso que cualquier persona normal se hubiera sentido por lo menos algo intrigada por la «curación» instantánea del hombre. Pero los fariseos soslayaron una oportunidad de celebrar la gracia de Dios a fin de atizar una amenaza potencial a su autoridad.

Imagínese que usted tuviera un vecino que había quedado paralizado del cuello para abajo por un accidente hace más de treinta años. Un domingo por la mañana, pocos minutos después de las seis de la mañana, el ruido de una podadora de césped lo despierta de su profundo y satisfactorio sueño. Fastidiado, usted sale a la puerta del frente para ver quién es tan insensible como para hacer estremecer toda ventana en la calle con ese ruido infernal tan temprano en el día de descanso. Al ver a su amigo anteriormente paralizado alegremente recortando su césped con perfecta salud, ¿qué piensa que usted diría? Si usted es un fariseo, le gritaría: «¡Pancho! ¡Es domingo por la mañana! ¡Apaga esa máquina!»

En lugar de buscar a un obrador de maravillas para elogiar, los fariseos fueron en búsqueda de un revoltoso para censurar. Pero no pudieron hallar a Jesús, debido a la multitud.

— 5:14 —

Juan escribe que Jesús «encontró» al hombre en el templo, lo que sugiere fuertemente que lo había estado buscando, y no simplemente que resultó que vio al hombre. De acuerdo con la ley del Antiguo Testamento, el leproso que era sanado debía ser examinado por un sacerdote y declarado «limpio» (Levítico 14:1-27; Mateo 8:4; Marcos 1:44). Es posible que los fariseos añadieran este requisito a otras enfermedades. O el hombre simplemente se sintió agradecido de adorar junto con sus hermanos judíos. Sea como sea, el hombre estaba en el lugar apropiado y Jesús le halló.

EL SABBAT HEBREO

De acuerdo con Éxodo 20:11, los hebreos debían cesar todo trabajo debido a que el Creador «reposó» después del sexto día de la creación. ¿Porque estaba cansado? ¡Por supuesto que no! La Omnipotencia nunca necesita descansar. El término hebreo que se traduce «reposo» es *shabat*, que quiere decir «cesar». El Señor dejó de trabajar porque había completado su obra creadora, a cuyo tiempo consideró su creación «buena». Al caer el sol el día sexto, él había provisto todo lo que sus criaturas necesitaban para prosperar y cumplir su propósito creador, incluyendo los seres humanos. Él creó a la humanidad para adorarle y disfrutar de él para siempre.

Dios separó el séptimo día, el sabbat, el «tiempo de cesar» por así decirlo, para que sea una dádiva perpetua que conmemora la creación divina del mundo y celebra su provisión. Él quería que fuera un tiempo de descanso, festejo, de disfrutar con la familia y, más que nada, celebrar su provisión y protección. Para el tiempo de Jesús, sin embargo, los fariseos habían convertido esta maravillosa dádiva de la gracia en una carga agobiante y tediosa.

Al simple mandamiento «descansen», los fariseos añadieron una larga lista de prohibiciones. Y por si acaso se les hubiera pasado algo, establecieron treinta y nueve categorías de actividades prohibidas: cargar, quemar, extinguir, terminar, escribir, borrar, cocinar, lavar, coser, rasgar, anudar, desanudar, moldear, arar, sembrar, cosechar, segar, trillar, aventar, seleccionar, cernir, moler, amasar, peinar, hilar, teñir, tejer en punto, envolver, tejer, desenvolver, construir, demoler, atrapar, cortar, matar, pelar, curtir, alisar y marcar.

¡Qué irónico que la gente tuviera que trabajar tan duro para guardar el sabbat!

Algunos han pensado que la advertencia de Jesús quiere decir que el pecado había causado la enfermedad del hombre, pero Jesús más adelante niega una relación moral de causa y efecto entre el pecado y las discapacidades físicas (9:3). Indudablemente las relaciones físicas de causa y efecto entre el pecado y las discapacidades existen. Por ejemplo, si una madre encinta abusa del licor o de las drogas durante su embarazo, lo más probable es que su nene sufra repercusiones físicas; no debido a que Dios castigue el pecado de ella, sino debido a que las malas decisiones tienen consecuencias negativas.

Habiendo librado al hombre de su aflicción física, Jesús procuró salvar al hombre del sufrimiento espiritual eterno. Su advertencia: «No vuelvas a pecar, no sea que te ocurra algo peor», no se debe tomar como significando que él consideraba la enfermedad del hombre como castigo por el pecado. De otra manera, esta advertencia sería contradicción a lo que más adelante les diría a sus discípulos antes de una curación similar: «Ni él pecó, ni sus padres, sino que esto sucedió para que la obra de Dios se hiciera evidente en su vida» (9:3).

Al parecer, Juan había oído a Jesús advertir a muchos convertidos que «no pequen más». El rechazo del pecado más adelante llegó a ser un tema predominante en la teología de Juan, particularmente en 1 Juan, en donde la obediencia es la piedra angular del discipulado genuino y la presencia del pecado arroja dudas sobre la salvación de uno (1 Juan 2:1-2; 3:4-10). Sin embargo, Juan distingue entre «el pecado que sí lleva a la muerte» (física o espiritual) y «pecado que no lleva a la muerte» (1 Juan 5:16-18). Lo «peor» que Jesús estimuló a evitar era el infierno. La teología judía de ese día correctamente enseñaba que el pecado merece castigo. Sin embargo, los rabinos incorrectamente atribuían la enfermedad física a la ira de Dios. El castigo verdadero y último por el pecado es el tormento eterno después de la muerte.

—5:15—

El hombre dio una desconcertante respuesta a la increíblemente generosa dádiva de la gracia de Jesús. En lugar de defender la obra de Jesús, parece que la usó para ventaja política. Dice, en efecto, a los fariseos: «Yo no quería violar sus reglas; ese hombre me dijo que lo hiciera. Y, ¿quién era yo para cuestionar a alguien que tiene el poder de sanar? Su pelea es con él, no conmigo».

La palabra griega que se traduce «se fue» se traduciría mejor como «siguió» y por lo general indica propósito. Es una expresión común en los Evangelios Sinópticos para el discipulado. Uno «sigue» a un mentor a fin de aprender de él. Este hombre buscó a los oficiales del templo con el propósito de informarle sobre Jesús. Su respuesta demostrará ser muy diferente de la de otro hombre sanado por Jesús (9:13-34).

—5:16—

Juan concluye el relato con dos comentarios que explican la fuente de la creciente tensión entre Jesús y las autoridades religiosas. Su disputa no era un mero desacuerdo entre teólogos. La cuestión en juego es la autoridad. Jesús limpió el templo con la autoridad divina. Como Hijo de Dios, él es dueño de la casa de Dios (2:16). Las autoridades religiosas habían usurpado la propiedad del Señor (su propia casa) y tenazmente resistían que él confrontara su pecado.

En esta ocasión y otras que siguieron, Jesús confronta a las autoridades religiosas en cuanto a su perversión de la ley de Dios. Su curación requiere una aclaración: «¿Quién es dueño del sabbat?» Las autoridades religiosas afirmaron ser dueños del sabbat al objetar a Jesús que «hacía tales cosas» (implicando más actos de gracia que esta curación en particular), actividades que la *tradición* farisaica prohibía en el séptimo día.

— 5:17-18 —

Jesús respondió a la falsa afirmación de los líderes religiosos de dos maneras: primero, refutando la definición de ellos de «trabajo» como se les antojaba, y luego afirmando ser propietarios del sabbat como Dios.

Empezó señalando que Dios nunca ha dejado de «trabajar». Esto va a la misma raíz de las presuposiciones teológicas de los líderes religiosos de que «trabajo» incluye cualquier tipo de actividad. Ellos señalaban a Éxodo 20:9-11 como precedente, lo que a su vez señala a Génesis 2:3.

De acuerdo a Éxodo 20:11, a los hebreos se les llamó a «cesar» todo trabajo porque el Creador «reposó» después del sexto día de la creación. Esto tenía el propósito de conmemorar la creación divina del mundo y celebrar la provisión de Dios. En seis días el Señor creó todo lo que los seres humanos necesitarían para prosperar y para cumplir su propósito asignado: adorarle y disfrutar con él para siempre. Él cesó su trabajo porque la creación estaba completa. «Sabbat» se basa en el verbo hebreo «cesar». Dios nunca, sin embargo, dejó de proveer y proteger.

El Señor reservó el séptimo día como tiempo de descanso, festejo, disfrute de la familia y, más que nada, celebración de la continua provisión y protección divina. En este sentido, Dios nunca dejó de «trabajar». Sin sus actos continuados de gracia, toda la creación perecería al instante.

Habiendo refutado la teología defectuosa de los dirigentes religiosos, Jesús equiparó su acto de gracia con el continuo «obrar» de Dios. Esto fue un reclamo abierto de propiedad del sabbat. Debido a que la ley venía de Dios, la ley nunca puede condenar a Dios. El Hijo de Dios estaba meramente continuando lo que él, como Creador, había estado haciendo desde el séptimo día de la creación.

Las autoridades religiosas no se perdieron su punto. Se enfadaron porque él estaba cuestionando la autoridad legítima de ellos y rechazaron su afirmación de ser igual a Dios. Esto dio inicio al complot para matarlo.

El Verbo no se hizo carne para establecer una nueva religión. Se hizo uno de nosotros para restaurar una relación personal rota. Vino para restaurar la verdadera adoración a Dios, que no presume ganarse su bendición por buenas obras sino que se regocija en la gracia inmerecida que se deleita en dar. Lamentablemente, las raíces del orgullo son profundas en nuestra carne. Por consiguiente, la capacidad de aceptar gracia no brota naturalmente, sino solo de manera sobrenatural.

Aplicación
Guerra al legalismo

El legalismo es un asesino silencioso. Como el monóxido de carbono, es inodoro, incoloro y sin sabor, y tiene el poder de arrullar la mente hasta un sueño profundo del cual nunca surgirá. Así que, nunca recomiendo que una persona se quede en un lugar en donde el veneno del legalismo ha desplazado el aire fresco de la gracia. Un individuo no puede rescatar a una organización permeada del legalismo; solo puede escapar de allí, dejando el veneno detrás y buscando un lugar de gracia. Luego, conforme los embotadores efectos de la religión se esfuman, puede llamar a otros para seguir. Pero nadie, ni siquiera el que se ha recuperado por completo, debe volver a entrar a tal lugar.

Tenemos la responsabilidad de responder al legalismo, sin embargo, cuando trata de invadir los lugares de la gracia. Los pastores, maestros y dirigentes en especial deben confrontar el legalismo agresivamente realizando acciones específicas. Hallo en Juan 5:1-18 tres respuestas a la religión, según las palabras y obras de Cristo.

1. Debemos *dejar al descubierto* el legalismo. La verdad del evangelio, las buenas noticias de la gracia de Dios que se reciben por fe, debe refutar las afirmaciones de la tradición, costumbres o cualquier otro estándar de justicia que las Escrituras no enseñan explícitamente. Hay que aplicar las Escrituras de manera de llamar a las personas a celebrar el Espíritu de Dios que vive en ellas mediante obediencia gozosa, antes que relegar a los que no llegan a la altura al montón de cenizas de los estándares humanos.

2. Debemos *combatir* el legalismo. El legalismo es un enemigo al que no se puede hacer frente con violencia; no obstante, como en toda guerra, hay que luchar contra él con valor y convicción, reconociendo que el combate requiere resistencia. Sin dejar a un lado la bondad, debemos estar dispuestos a confrontar al legalista y sus mentiras. Viviendo en el estado de Texas, aprecio de manera especial las palabras de Jess Moody, autor de *A Drink at Joel's Place*:

> La única manera de vivir con una persona como ésta, es ser intolerante con su intolerancia…
>
> Si uno le resiste de esta manera, se puede esperar que venga en contra nuestra como un elefante macho enfadado.
>
> Se referirá a nosotros con voz de trueno, pero hay que mantener la presión porque es la única manera de comprender en su marco mental psíquico fraguado.
>
> Su ataque de rinoceronte vendrá contra uno como fascismo incontenible. No hay cerca que limite las mentiras que dirá con el fin de derribarnos.
>
> Como Pablo dice, «espiará la libertad» y hará todo lo que pueda para encadenar y quebrantar nuestro espíritu. Uno no debe permitirle que lo abrume. Cada vez que él nos da una bofetada, hay que

golpearlo en pago con una dosis mayor de amor. Si uno sigue haciendo esto, él se arrepentirá o nos crucificará[3].

3. Debemos *vencer* al legalismo. Hacemos esto proclamando la gracia más fuerte, más a menudo, en más lugares y a más personas que los falsos profetas del legalismo. La gente escoge la esclavitud solo cuando temen que la libertad sea inalcanzable, imposible, demasiado cara o irreal. Una vez que las personas experimentan la gracia y aprenden que puede ser suya al recibirla, el legalismo carece de toda oportunidad.

Las afirmaciones de Cristo (Juan 5:19-30)

[19]Entonces Jesús afirmó:

—Ciertamente les aseguro que el hijo no puede hacer nada por su propia cuenta, sino solamente lo que ve que su padre hace, porque cualquier cosa que hace el padre, la hace también el hijo. [20]Pues el padre ama al hijo y le muestra todo lo que hace. Sí, y aun cosas más grandes que éstas le mostrará, que los dejará a ustedes asombrados. [21]Porque así como el Padre resucita a los muertos y les da vida, así también el Hijo da vida a quienes a él le place. [22]Además, el Padre no juzga a nadie, sino que todo juicio lo ha delegado en el Hijo, [23]para que todos honren al Hijo como lo honran a él. El que se niega a honrar al Hijo no honra al Padre que lo envió.

[24]»Ciertamente les aseguro que el que oye mi palabra y cree al que me envió, tiene vida eterna y no será juzgado, sino que ha pasado de la muerte a la vida. [25]Ciertamente les aseguro que ya viene la hora, y ha llegado ya, en que los muertos oirán la voz del Hijo de Dios, y los que la oigan vivirán. [26]Porque así como el Padre tiene vida en sí mismo, así también ha concedido al Hijo el tener vida en sí mismo, [27]y le ha dado autoridad para juzgar, puesto que es el Hijo del hombre.

[28]»No se asombren de esto, porque viene la hora en que todos los que están en los sepulcros oirán su voz, [29]y saldrán de allí. Los que han hecho el bien resucitarán para tener vida, pero los que han practicado el mal resucitarán para ser juzgados. [30]Yo no puedo hacer nada por mi propia cuenta; juzgo solo según lo que oigo, y mi juicio es justo, pues no busco hacer mi propia voluntad sino cumplir la voluntad del que me envió.

Un caballero de apariencia distinguida que estaba detrás de un micrófono arengando a su gente en nombre de Alá, elogió a Jesús como profeta genuino, maestro sabio y un ejemplo digno de bondad humana. Pero luego declaró con impresionante confianza que este mismo Jesús nunca afirmó ser otra cosa que un hombre, que nunca afirmó ser Dios. Es cierto que ningún pasaje bíblico afirma que Jesús pronunciara la frase exacta: «Yo soy Dios», pero el Señor, en efecto, afirmó con intrepidez su deidad en términos tan precisos, para nada ambiguos, que hasta hizo enojar a sus enemigos. Lo llamaron blasfemo, porque «él mismo se hacía igual a Dios» (5:18). La magnitud de muchas de las afirmaciones de Jesús tal vez se le escaparon a aquel dirigente musulmán, pero los enemigos de Jesús durante su vida entendieron por completo su significado.

Cuando Jesús entró al *asklepieion* de Jerusalén y escogió sanar a un inválido supersticioso, sabía que atraería la atención de las autoridades religiosas. Con certeza, después de reprochar al hombre por cargar su camilla, persiguieron a Jesús y le denunciaron por violar sus leyes. Su propósito real no era eliminar una amenaza a su autoridad; disfrazaron su verdadera intención, sin embargo, pretendiendo defender la preeminencia de Dios en el sabbat. Jesús no evadió el asunto en la superficie. Primero corrigió su teología defectuosa y luego consideró la pregunta real: *¿Quién es dueño del sabbat?* El Señor respondió a esa pregunta con seis afirmaciones específicas:

«Yo soy igual a Dios» (vv. 19-20).
«Yo soy el que da vida» (v. 21).
«Yo soy el juez final» (vv. 22-23).
«Yo determinaré el destino final de los seres humanos» (v. 24).
«Yo resucitaré a los muertos» (vv. 25-29).
«Yo siempre hago la voluntad de Dios» (v. 30).

5:19-20

«Yo soy igual a Dios». Cuando Jesús dijo: «Mi Padre aun hoy está trabajando, y yo también trabajo» (v.17), los dirigentes religiosos entendieron exactamente lo que quiso decir. «Llamaba a Dios su propio Padre, con lo que él mismo se hacía igual a Dios» (5:18). El discurso que sigue presenta la verdad de su deidad en términos que nadie en sus cabales podía perderse.

Jesús empezó con doble amén, queriendo decir «de cierto, de cierto». Luego afirmó ser igual a Dios, llamándose Hijo de Dios y refiriéndose a Dios como su Padre. En tanto que Padre e Hijo son personas distintas, Padre e Hijo son el mismo Dios. Como tal, el Padre y el Hijo son uno. Por consiguiente, estas dos personas de la Trinidad (Juan hablará del Espíritu Santo más adelante) no pueden actuar en oposición el uno del otro. Eso sería como que uno fuera al almacén y se quedara en casa al mismo tiempo. Uno no puede ser dos seres, sino uno, así que no se pueden hacer cosas opuestas al mismo tiempo.

Lo mismo con el Padre y el Hijo. El Hijo es la revelación perfecta del Padre aquí en la tierra y en forma humana. Todo lo que él hace refleja las intenciones y acciones del Padre. Todavía más, lo que el Padre sabe, el Hijo lo sabe, porque son un ser o «esencia»; por consiguiente, tienen el mismo sentir.

5:21

«Yo soy el que da vida». A fin de poder dar vida, la persona debe ser la fuente de la vida. Esto sería una afirmación absurda para cualquier ser meramente humano. Los médicos pueden recetar medicinas o

prescribir tratamiento a fin de retardar la muerte, pero no pueden dar vida a un cadáver. Dios había utilizado a los profetas en el Antiguo Testamento para levantar a muertos, pero ninguno osó arrogarse el crédito. Solo Dios puede crear algo de la nada y luego llenarlo con vida.

Nunca nos sentimos más impotentes que cuando muere un ser querido. Si nuestro ser querido está enfermo, podemos llevarle remedios. Si nuestro ser querido está agotado, podemos ofrecerle descanso. Si nuestro ser querido está desalentado, podemos proveerle una voz de ánimo y consuelo. Si nuestro ser querido está en pobreza, podemos proveerle respaldo financiero. Pero, ¿qué tal si se muere? Todo lo que podemos hacer es lamentar nuestra pérdida. Solo Dios tiene el poder de restaurar la vida.

— 5:22-23 —

«Yo soy el juez final». Pregúntele a una persona: «¿Quién es el juez final del ser humano»?» y rara vez alguien le va a dar otra respuesta que no sea «Dios». Solo Dios puede discernir las intenciones del corazón, porque es omnisciente. Solo él puede pesar el valor de una persona sin hipocresía, porque es perfectamente justo. Solo él puede decidir la suerte del ser humano, porque él nos hizo y él es soberano.

El Padre ha delegado todo juicio al Hijo, porque el Hijo es igual al Padre. En consecuencia, Jesús afirmó que merecía el mismo honor que se le debe al Padre.

— 5:24 —

«Yo determinaré el destino final de los seres humanos». Jesús de nuevo recalcó una declaración con un doble *amén*, «de cierto, de cierto». Por lo general Jesús pedía que crean en él (3:16). En este caso pide que crean en el Padre para reforzar el tema de completa unidad de Padre e Hijo. Creer en uno es creer en el otro, porque las dos personas son uno. Todavía más, esta creencia impacta el destino eterno de uno (3:18).

— 5:25-29 —

«Yo resucitaré a los muertos». De nuevo el doble *amén*, «de cierto, de cierto», hace énfasis en la declaración de Jesús de que levantará a los muertos en el juicio final.

Su fraseo en el v. 25 es interesante porque el verbo «oír» toma un doble significado. «Los muertos [es decir, todos los seres humanos que han muerto] oirán la voz del Hijo de Dios», pero solo «los que la oigan» recibirán vida. El primer «oír» es literal; es decir, la mera exposición al sonido de su voz. El segundo tiene que ver con captar el mensaje y creerlo. La ironía, por supuesto, es que los muertos no pueden oír nada. Su declaración tiene un aspecto presente tanto como otro futuro. Él llamará a los muertos al juicio en el día final. Sin embargo, los «muertos» pueden recibir vida ahora.

Jesús validó su cualificación para juzgar a todos los seres humanos porque es el Hijo de Dios, que puede dar vida, y el Hijo del Hombre, que experimentó la vida como humano, y sin embargo sin pecado.

Al describir en los versículos 28 y 29 el destino de los seres humanos Jesús explicó los dos posibles destinos: «vida», que es vida eterna, o «juicio». Tomada por sí misma, esta declaración parecería declarar que el destino eterno de uno lo determinan las obras. Es decir, las malas obras llevan al infierno en tanto que uno puede disfrutar del cielo como resultado de buenas obras. Este es, en verdad, el significado de «juzgar», y la base para el juicio será la conducta de uno, sea buena o mala.

El término griego que se traduce «juzgar» o «juicio» en los vv. 24 y 29 es *krisis*, sustantivo del verbo *krino*, «juzgar, dividir, evaluar, decidir». El significado literal es «cribar y separar», como uno hace a fin de analizar los componentes de una mezcla. El uso primario es metafórico en el sentido de «cribar los detalles para llegar a una conclusión». En términos de una persona, la idea es cribar los detalles de su vida a fin de examinarlos y tomar una decisión en cuanto a su carácter. *Krisis*, «juicio», es el resultado de ese cernido.

Teóricamente una persona puede presentarse a juicio ante el Juez, y si se le halla moralmente perfecta, entrará al cielo. En un sentido práctico, sin embargo, nadie es moralmente perfecto. Por consiguiente, enfrentar el juicio es enfrentar condenación. En consecuencia, Jesús usa las dos ideas intercambiablemente; el juicio es condenación. Su punto es que evitemos el juicio del todo… mediante la fe (v. 24).

Después de terminar la secundaria, y antes de servir en las fuerzas armadas, empecé a estudiar ingeniería mecánica. Una de las herramientas de ingeniería es un organigrama, que pudiera ser útil aquí. Mi tabla muestra cómo se relacionan Juan 5:24 y 5:28-29.

Al describir Jesús el destino de la humanidad, nótese que es difícil ubicar el tiempo de los eventos. Eso es intencional. En este punto él estaba presentando realidad, no estableciendo cronología. Tal vez una ilustración pudiera ayudar.

Un padre ha pasado la tarde revisando las finanzas de su familia y descubre que no tienen suficiente dinero para pagar las cuentas. Así que reúne a su esposa y cuatro hijos. «Escuchen», les dice «todos tenemos que contribuir para poder salir adelante. Necesitamos cortar césped, lavar ventanas, trabajar como salvavidas, barrer alguna fábrica, trabajar como secretaria… lo que sea, a fin de ganar algo de dinero».

Los hijos tienen siete, diez, catorce y diecisiete

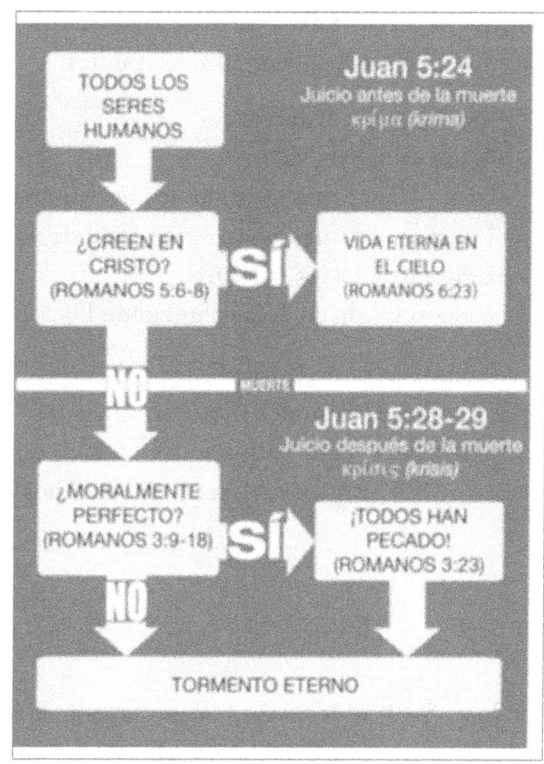

años respectivamente. Claramente el padre está declarando una realidad presente que impacta a cada hijo de manera diferente. El tipo de trabajo y la ocasión afectará a cada uno en el momento apropiado.

Esto no es sugerir que la conducta de uno sea irrelevante o que Dios no se preocupe por el bien o el mal. Se interesa. Los muertos espiritualmente, sin embargo, no pueden producir buenas obras. Solo personas que están vivas espiritualmente pueden hacer esto. La vida debe venir primero. El fruto de la vida son las buenas obras.

— 5:30 —

Yo siempre hago la voluntad de Dios. La afirmación final de Jesús enlaza sus acciones en la tierra con la voluntad de su Padre en el cielo. Todo lo que el Hijo hace refleja las intenciones del Padre, porque son uno.

Nótese el cambio súbito en perspectiva. En todo el discurso Jesús se ha referido a sí mismo en tercera persona, usando los títulos «Hijo de Dios» e «Hijo del Hombre». Al hacer transición de esta porción del discurso (vv. 19-30) a la siguiente (vv. 31-47), vuelve a repetir su afirmación original: «el hijo no puede hacer nada por su propia cuenta, sino solamente lo que ve que su padre hace» (v. 19), solo que ahora lo hace en primera persona («Yo»). Su punto es claro. No estaba refiriéndose a alguna otra persona; estaba haciendo estos reclamos en cuanto a sí mismo.

Deténgase unos pocos momentos y considere en serio estas seis afirmaciones. Piense en la mejor persona en toda la historia (aparte de Jesucristo), viva o muerta. Imagínese que está delante de usted para hacer un discurso que tiene estos seis puntos:

«Yo soy igual a Dios Padre».
«Yo soy el que da vida».
«Yo soy el juez final de todos los seres humanos».
«Tengo en mis manos el destino final de todo ser humano».
«Yo resucitaré a los muertos».
«Todo lo que hago es la voluntad de Dios».

¿Cómo respondería usted?

De todos los grandes filósofos, maestros, artistas y estadistas que jamás han vivido, nadie se atrevería a hacer tales afirmaciones a menos que esté completamente loco o sea desvergonzadamente perverso. No, a menos que en verdad sea Dios en carne humana.

Aplicación

Declaraciones que exigen respuesta

En Juan 5:19-30 Jesús declaró no menos de seis verdades en cuanto a sí mismo, todas las cuales señalan a una sola declaración global que exige una respuesta[4]. Jesús afirmó ser igual a Dios, lo que no le deja al ser humano espacio alguno para hacer acomodos, ni terreno neutral alguno en el cual pararse. Debemos escoger creer o rechazar su declaración.

Si usted escoge rechazar la afirmación de su deidad, debe escoger entre dos explicaciones alternas. Bien sea Jesús sabía que sus afirmaciones eran falsas, o no lo sabía. Si deliberadamente se representó a sí mismo de manera falsa, él era un mentiroso de la peor clase, perverso hasta el tuétano por exigir adoración de sus semejantes. Si, por otro lado, un mero hombre genuinamente se cree Dios, ese hombre ha perdido completamente el juicio; está absolutamente loco. Por consiguiente, si Jesús estaba errado en cuanto a su identidad, él no era ni un buen hombre ni un maestro al que valga la pena oír. Ninguna de sus palabras sería confiable.

Si usted escoge creer su afirmación de deidad, tiene otro par de respuestas alternativas: rebelión o confianza. Aceptar el hecho de la deidad de Jesús sin confiar en él en cuanto a la salvación no lo pone a usted en posición alguna mejor que la de los demonios. Ellos creen en la realidad de Dios, y tiemblan de odio y temor (Santiago 2:19). Los dirigentes religiosos de los días de Jesús no hicieron otra cosa. No recibieron al Hijo de Dios porque habían rechazado al Padre mucho antes. En los últimos días los ejércitos de los hombres se reunirán en el valle de Meguido para hacer la guerra contra un Dios que ellos creen que existe (Apocalipsis 16:16; 19:19).

Es posible creer en la existencia de Dios e incluso aceptar la verdad de que se hizo hombre en la persona de Jesucristo, y sin embargo rechazar su oferta de gracia y entonces recibir la pena justa del pecado.

¿Cómo es posible eso? Es posible cuando se confía en las falsas afirmaciones de la religión en lugar de recibir la dádiva de la gracia de Dios. La religión no es otra cosa que un esfuerzo de la humanidad para ganar entrada al cielo en sus propios términos, primordialmente logrando ser buenos lo suficiente mediante sus propios esfuerzos. Tristemente, el camino al infierno está repleto de hombres y mujeres que cargan la Biblia bajo el brazo, una cruz al cuello, cantan himnos, hacen el bien, asisten a la iglesia y esperan que se les recompense generosamente por sus esfuerzos. Su confianza está en su propia condición de buenos, que es orgullo, antes que humildemente admitir su pobreza moral y recibir el cielo como dádiva.

La respuesta que exige el Señor es que se acepte las afirmaciones de Jesús como verdad y se ponga la confianza completa en él, recibiendo su dádiva de la vida eterna. De todas las alternativas, es la única lógica.

Testigos para la defensa (Juan 5:31-47)

> ³¹»Si yo testifico en mi favor, ese testimonio no es válido. ³²Otro es el que testifica en mi favor, y me consta que es válido el testimonio que él da de mí.
> ³³»Ustedes enviaron a preguntarle a Juan, y él dio un testimonio válido. ³⁴Y no es que acepte yo el testimonio de un hombre; más bien lo menciono para que ustedes sean salvos. ³⁵Juan era una lámpara encendida y brillante, y ustedes decidieron disfrutar de su luz por algún tiempo.

De mi Diario

Legalistas... hay que amarlos

El incómodo lugar «entre la espada y la pared» es terreno tan familiar para el pastor, que yo conservo una almohada allí. Nunca estoy seguro de cuánto va a durar mi próxima estadía allí. La «pared» es la vida en el mundo real; la «espada», por lo general, son las expectativas ingenuas que legalistas bien intencionados le imponen al pastor.

Tómese, por ejemplo, el problema producido por un cenicero que yo solía tener en mi estudio en la iglesia. Mucho antes de que «No fumar» se pusiera de moda, y que es una de las tendencias que respaldo de todo corazón, no era raro que la gente encendiera un cigarrillo cuando las emociones hervían. Esto era especialmente cierto para los que no son creyentes o nuevos creyentes. Como usted puede imaginarse, había quienes con frecuencia terminaban en mi estudio cuando habían estirado al máximo su cuerda. Decidí hace mucho tiempo que cuando alguien está destrozado de dolor por la pérdida de un hijo o devastado por un enredo amoroso, no es el momento para concentrarse en los riesgos a la salud por el tabaco y la necesidad de ser buen mayordomo de la dádiva divina de la vida física.

Una miembro de la iglesia se sintió profundamente perturbada por la idea de que el pastor tuviera un cenicero en su mesa de trabajo. Casi sin poder contener una mezcla de enfado y ofensa, me confrontó. «¿Por qué? ¿Por qué tiene que tener un cenicero cuando prepara sermones y ministra al pueblo de Dios?»

Le respondí: «Porque no quiero que el pueblo de Dios apague sus cigarrillos sobre la alfombra».

Está bien, está bien; no le respondí de esa manera; ¡pero lo pensé en voz terriblemente alta! Aprendí hace muchos años que la mayoría de los legalistas tienen buenas intenciones. Algunos usan la religión como instrumento para aporrear a otros a fin de ganar poder o prestigio para sí mismos, pero la mayoría de los legalistas sinceramente piensan que el mundo debe operar de acuerdo con sus estándares de bien y mal en cuestiones en las que la Biblia guarda silencio. También aprendí que una vez que uno ha explicado su posición, no hay discusión que satisfaga.

El legalismo no es una dificultad que se pueda superar con más información. Solo la gracia puede hacer eso; montones de gracia y montones de aceptación, a pesar de su crítica. Jesús confrontó a los legalistas de su día porque es Dios; el crecimiento espiritual de ellos es responsabilidad suya. A la larga, conforme el Espíritu Santo da madurez, el legalismo se desvanece. Nuestra tarea mientras tanto es presentar la verdad en amor y luego colmar de gracia a las personas.

³⁶»El testimonio con que yo cuento tiene más peso que el de Juan. Porque esa misma tarea que el Padre me ha encomendado que lleve a cabo, y que estoy haciendo, es la que testifica que el Padre me ha enviado. ³⁷Y el Padre mismo que me envió ha testificado en mi favor. Ustedes nunca han oído su voz, ni visto su figura, ³⁸ni vive su palabra en ustedes, porque no creen en aquel a quien él envió. ³⁹Ustedes estudian con diligencia las Escrituras porque piensan que en ellas hallan la vida eterna. ¡Y son ellas las que dan testimonio en mi favor! ⁴⁰Sin embargo, ustedes no quieren venir a mí para tener esa vida.

⁴¹»La gloria humana no la acepto, ⁴²pero a ustedes los conozco, y sé que no aman realmente a Dios. ⁴³Yo he venido en nombre de mi Padre, y ustedes no me aceptan; pero si otro viniera por su propia cuenta, a ése sí lo aceptarían. ⁴⁴¿Cómo va a ser posible que ustedes crean, si unos a otros se rinden gloria pero no buscan la gloria que viene del Dios único?

⁴⁵»Pero no piensen que yo voy a acusarlos delante del Padre. Quien los va a acusar es Moisés, en quien tienen puesta su esperanza. ⁴⁶Si le creyeran a Moisés, me creerían a mí, porque de mí escribió él. ⁴⁷Pero si no creen lo que él escribió, ¿cómo van a creer mis palabras?

En toda la historia las culturas civilizadas han mantenido el orden produciendo leyes y luego imponiéndolas mediante un sistema judicial. En tanto que estos sistemas de justicia varían ampliamente y algunos sin duda fueron más efectivos que otros, su propósito era básicamente el mismo: descubrir la verdad en algún asunto dado. Por lo menos, ese era el fin que se pregonaba. Como todos lo hemos visto en un momento u otro, la verdad es irrelevante para el juez o juzgado que rehúsa aceptar los hechos.

En tanto que a Jesús todavía no se lo había arrastrado a un tribunal, con todo estaba siendo juzgado. Los oficiales del templo habían hallado a un hombre que quebrantaba su tradición, y que a su vez dirigió su dedo acusador a Jesús (5:11). Una confrontación inicial solo había añadido a la lista que ellos compilaron de supuestos crímenes. Jesús de inmediato aceptó la responsabilidad por romper la tradición y, además, afirmó ser igual a Dios (5:17-18).

Juan presenta el diálogo entre Jesús y los funcionarios en forma resumida antes que cronológica. La interacción del Señor con las autoridades religiosas tuvo lugar en un lapso de varios días o incluso semanas, que el versículo 18 resume. Después de la primera confrontación, vemos el paso del tiempo y una escalada continua de resentimiento de parte de los oficiales del templo. Juan describe este tiempo extendido con verbos en el tiempo «imperfecto», que el griego utiliza para describir una acción continua o repetitiva. Los oficiales continuamente «redoblaban sus esfuerzos para matarlo» porque él en forma continua repetidas veces «quebrantaba el sabbat», y «llamaba a Dios su propio Padre» y también «Él mismo se hacía igual a Dios». Con el tiempo, esta tensión creciente condujo a lo que bien podría llamarse un «juicio de consejo de guerra»[5]. En lugar de llevar a Jesús a la corte, los oficiales del templo llevaron a Jesús a un tribunal improvisado. Se arrogaron el papel de jueces y esperaban que la opinión pública se pusiera de su lado.

Jesús enfrentó el reto de ellos con una declaración de verdad en forma de seis afirmaciones intrépidas de deidad (5:19-30). Su repentino cambio en perspectiva de tercera persona («Hijo de Dios» e

«Hijo del hombre») a primera persona («Yo») en el versículo 30 marca una transición en su refutación. Habiendo establecido su premisa, el Señor empezó a llamar testigos que respaldan sus afirmaciones. Antes de concluir su caso en el versículo 47, Jesús habrá llamado a cinco testigos al banquillo:

Testigo 1: Dios Padre (vv. 32, 37-38).
Testigo 2: Juan el precursor (vv. 33-35).
Testigo 3: Las «señales» de Jesús (v. 36).
Testigo 4: Las Escrituras (vv. 39-44).
Testigo 5: Moisés (vv. 45-47).

—— 5:31 ——

Jesús empezó su caso citando un principio rector del procedimiento judicial judío, que brotaba de la ley mosaica (Deuteronomio 16:6; 19:15). El testimonio de un acusado no se consideraba válido a menos que esté respaldado por hechos indisputables o por testimonio confiable. Todavía más, el testimonio debía venir de más de un testigo. Las cortes judías aceptaban testimonio corroborado por múltiples testigos como prueba indisputable, verdad que no se podía negar.

—— 5:32, 37-38 ——

Juan, registrando las palabras de Jesús en arameo, pudo haber escogido cualquiera de dos palabras griegas para «otro», *alos* o *héteros*. Las dos palabras son básicamente sinónimas como un ligero matiz. En tanto que héteros significa «otro de clase diferente, *alos* quiere decir «otro de la misma clase». Jesús usó *alos* en el versículo 32. Este «otro» es, por supuesto, Dios Padre (vv. 36-37). Sin negar completa unidad con el Padre, Jesús trató el testimonio del Padre como independiente. Si sus acusadores objetaban, ellos tendrían que admitir que él y el Padre en verdad eran un ser o «esencia». Si no objetaban, sus acusadores tendrían que recibir el testimonio independiente del Todopoderoso como evidencia.

Jesús estaba refiriéndose a más de nueve siglos de profecía, que él había cumplido con precisión. Él incluso cumplió detalles de profecía sobre los cuales no tenía control (hablando humanamente), tal como la forma, tiempo y lugar de su nacimiento (Isaías 7:14; Daniel 9:25; Miqueas 5:2). Sus jueces y jurado incluían escribas, hombres que habían dedicado sus vidas a preservar las Escrituras y muy naturalmente habían llegado a ser expertos en su interpretación y aplicación. Los fariseos dedicaban sus vidas a la obediencia meticulosa de la ley, pensando que la purificación moral de Israel apresuraría la venida del Mesías. Lamentablemente, como la mayoría de religiosos, estos hombres preservaban y transmitían la verdad a diario y, sin embargo, no la guardaban.

—— 5:33-35 ——

Anteriormente las autoridades religiosas habían buscado a Juan el Bautista porque su ministerio que se esparcía hizo que los judíos empezaran a buscar al Mesías. Él había ejercido un impacto tan profundo que pocos dudaban de su estatus como profeta genuino de Dios (Mateo 14:5; 21:26; Marcos 11:32; Lucas 20:6). La agitación que causó, sin embargo, duró poco tiempo. Él era la lámpara, no la luz; él era el precursor, no el Cristo. Juan completó su misión al presentar al Mesías y luego se hizo a un lado. Pero Jesús no era el Mesías que Israel quería. Él vino para establecer un tipo diferente de reino, no uno que levantaría un ejército, derrocaría a Roma, conquistaría al mundo y llevaría a Israel a una nueva edad dorada de poder y prosperidad; por lo menos, no todavía. El verdadero Mesías —a diferencia del mesías de expectativas egoístas— vino para conquistar corazones. Vino para transformar corazones de piedra en corazones de carne (cf. Ez 36:26), que entonces latirían en perfecta consonancia con la ley (Jeremías 31:31-33).

— 5:36 —

En tanto que Juan había sido un testigo poderoso, voz auténtica de Dios, nunca realizó milagros (10:41). Jesús, sin embargo, hizo muchas «señales» además de las presentadas por el escritor del Evangelio (2:23; 3:2), incluyendo el milagro dramático que desató el juicio actual. Estos milagros no establecen su deidad por sí mismos; otros meros mortales habían sido los medios por los cuales Dios realizó «obras» sobrenaturales. Los milagros, no obstante, por mucho tiempo habían sido aceptados como el sello divino de aprobación sobre el mensaje del obrador de milagros. Las señales de Jesús acreditaban su mensaje: «Yo soy igual con el Padre». Todavía más, los milagros eran consistentes con el carácter y planes de Dios.

— 5:39-44 —

El verbo del versículo 39, que la NVI traduce «ustedes estudian con diligencia», se puede traducir como una orden o como un enunciado. Algunas versiones eligen traducir el verbo como un enunciado, pero pienso que Jesús lo usó como un reto: «¡Adelante, estudien las Escrituras!»

Su punto era doble. Primero, el reto de Jesús esperaba la conclusión que sus enemigos alcanzarían si se atrevían a tomar el mensaje de las Escrituras tal como es. Si se mantenían honestos, el Antiguo Testamento los llevaría a la conclusión de que Jesús es indudablemente el Hijo de Dios. En segundo lugar, estos practicantes de la religión investigaban la palabra de Dios en busca de criterios por los cuales pudieran merecerse su propia salvación y así no llegaron a encontrar al Verbo, que prometió darles justicia por gracia, al creer. Él les presentó a estos expertos religiosos el reto de continuar su vana búsqueda mientras que aludió a la grave consecuencia de su obstinación. En lugar de leer las Escrituras como un medio de conocer a Dios, hicieron de la ley su dios.

Jesús respalda su acusación primero contrastando su motivación con la de ellos: en tanto que él no busca la aprobación de otros seres humanos (implicando que busca la aprobación solo de Dios), las autoridades religiosas a diario sacrificaban su amor a Dios por la admiración del pueblo. Jesús entonces señala su aceptación absurda de maestros que hacen un nombre para sí mismos pero estaban rechazando a Aquel a quien el Padre glorificaba.

5:45-47

El quinto y final testigo de Jesús no es otro que Moisés, el hombre que todo judío reverenciaba como padre y fundador de su fe y el más grande de todos los profetas. Solo el «mayor profeta» que vendría, el Mesías (Dt 18:15-19), superaría al gran Moisés. Todavía más, eran los escritos de Moisés lo que los oficiales del tiempo habían tergiversado para convertirlo en religión de obras y habían pervertido para que llegara a ser su medio de rechazar al Cristo. Hay que recordar que fue la supuesta violación de Jesús de la ley mosaica lo que despertó la ira de ellos, para empezar.

La intención de Moisés nunca fue que la ley llegara a ser un fin en sí misma. La ley no puede llegar a ser el medio de la justicia hecha por uno mismo, porque nadie puede guardarla a la perfección. Por consiguiente, la ley solo puede acusar, nunca justificar. Por el contrario, Moisés predijo el fracaso de los israelitas y prometió un Salvador que los guiaría… si prestaban atención a sus palabras.

¿Por qué los líderes religiosos no creyeron a estos testigos a la verdad de Jesucristo? Jesús mencionó dos razones interrelacionadas:

1. No querían (vv. 40-43). Convencerse de que Jesús es Hijo de Dios no es un problema intelectual; es una crisis de la voluntad. Como muchos casos judiciales en la historia, el juez y el jurado recibieron solo los hechos que respaldaban su conclusión tomada de antemano, y desecharon todo el resto.
2. Se vanagloriaban (vv. 43-44). El orgullo es la virtud secreta de toda religión, y la gloria es su recompensa. Los que logran justicia hecha por el hombre van a rechazar la verdad de la gracia de Dios si eso quiere decir dejar a un lado su propia gloria.

Los líderes religiosos rechazaron a Jesús, no debido a que no fueran capaces, sino porque no estaban dispuestos. El no poder creer es resultado de una mente obstinada, que los discípulos lucharon por superar por gran parte del ministerio de Jesús en la tierra. El Señor es asombrosamente paciente con nuestras debilidades, como Juan lo ilustra en el próximo segmento de su narración. El no estar dispuesto a creer, por otro lado, es resultado del orgullo; y el orgullo invariablemente lleva a la destrucción.

Aplicación
Cinco razones, dos obstáculos y un camino

Jesús les dio a los fariseos no menos de cinco razones para creer que él era el Hijo de Dios, y todas ellas apelan a las autoridades que ellos aducían respetar:

Testigo 1: Dios Padre (vv. 32, 37-38).
Testigo 2: Juan el precursor (vv. 33-35).
Testigo 3: Las «señales» milagrosas de Jesús (v. 36).
Testigo 4: La profecía del Antiguo Testamento (vv. 39-44).
Testigo 5: Moisés (vv. 45-47).

A pesar de esta y otra evidencia irrefutable que demostraba la deidad de Jesús, los fariseos siguieron tercos. Jesús dio dos razones para esto. (1) Simplemente no querían creer en él. Ellos ya habían decidido cómo querían que el mundo fuera, así que recibían solo los hechos que respaldaban su cosmovisión. (2) Preferían su orgullo. Su importancia propia los cegaba a todo lo que no los ponía en control de sus propios destinos.

¡Tenga cuidado con tales personas al avanzar por la vida! Algunos tienen curiosidad genuina en cuanto a Jesucristo, y sus preguntas pueden llegar a ser una oportunidad para conducirlos a la fe en él (1 Pedro 3:15). Pero no se engañe. No todo debate sobre asuntos espirituales lo motiva la curiosidad; con mayor frecuencia de lo que se piensa el debate religioso es meramente recurso de los rebeldes. Tal como lo hicieron con Jesús, algunos lo buscan a uno por ningún otro propósito que cuestionar la verdad antes que entenderla y creer. Es parte de un juego astuto que juegan consigo mismos. Su propósito al entablar el debate con un creyente es fingir que tienen buena razón para persistir en su curso presente. Si el creyente no puede refutar sus objeciones u ofrecerles una razón contundente para creer en Cristo, piensan que no están obligados a someterle a nadie el control de sus vidas. En realidad, no pueden tolerar la creencia firme de que Dios, y no el ser humano, controla el destino del universo.

Al final del debate, el creyente se siente agotado y el rebelde vindicado… por un tiempo. Pronto, de manera compulsiva vuelve a la carga contra otro creyente desprevenido, impulsado por la misma necesidad como la del muchacho que silba al pasar por el cementerio. Estas son unas pocas de las maneras para saber cuando un rebelde quiere jugar al juego de «conviérteme si puedes».

- La persona le presenta a uno un reto diciendo una opinión negativa en cuanto a Dios, o alguna otra cuestión teológica, y luego espera que uno lo convenza de dejarla. (A Dios no le interesan los seres humanos, o de lo contrario pondría fin a todo sufrimiento).
- La persona presenta una cuestión filosófica que no tiene respuesta definitiva. (¿Qué, en cuanto a los pigmeos que nunca han oído de Dios?).
- La persona se cree con derecho a juzgar la bondad de Dios según los estándares humanos, especialmente los suyos propios. (No puedo creer en un Dios que mande a alguien al infierno).
- La persona trata de convencernos de que la fe nuestra es irracional o que Dios no existe.
- La persona cambia la conversación a otro asunto cada vez que uno logra avanzar algo.
- La persona se enoja, se pone beligerante o recurre a los insultos.
- La persona quiere comparar cualificaciones o arrojar dudas sobre las de uno.

Si usted sospecha que está en debate con un rebelde, cortésmente ponga fin a la conversación.

Incluso puede mencionar la razón para proceder así. La tentación de continuar puede ser seductora, pero confíe en mí en esto; ni una sola vez he visto que mediante el debate se pueda convencer a alguien de que entre al Reino. En el mejor de los casos, se puede discutir hasta un punto porque, con un rebelde, el reto no es el intelecto: es la voluntad. Si piensa que debe dejarlo con algo, que sea el testimonio de su propia experiencia. Pocos pueden refutar eso.

En contraste, las personas con curiosidad genuina escuchan en lugar de discutir. Hacen preguntas en lugar de cuestionar. Son receptivos y humildes, y no discutidores y ásperos. Aceptan que a algunas preguntas no se puede contestar adecuadamente y respetan el ocasional «no sé». Responden en forma positiva a la empatía, en tanto que a los rebeldes la compasión no los afecta. Y, lo mejor de todo, con los genuinamente curiosos la conversación fluye natural a una presentación del evangelio. No todos responden de inmediato a las buenas nuevas, pero los que quieren saber la verdad por lo menos prestarán atención.

Ninguna conversación debe producir agotamiento. Rehúse participar si así lo percibe.

La especialidad de Dios: Las imposibilidades (Juan 6:1-21)

¹Algún tiempo después, Jesús se fue a la otra orilla del mar de Galilea (o de Tiberíades). ²Y mucha gente lo seguía, porque veían las señales milagrosas que hacía en los enfermos. ³Entonces subió Jesús a una colina y se sentó con sus discípulos. ⁴Faltaba muy poco tiempo para la fiesta judía de la Pascua.

⁵Cuando Jesús alzó la vista y vio una gran multitud que venía hacia él, le dijo a Felipe:

—¿Dónde vamos a comprar pan para que coma esta gente?

⁶Esto lo dijo solo para ponerlo a prueba, porque él ya sabía lo que iba a hacer.

⁷—Ni con el salario de ocho meses podríamos comprar suficiente pan para darle un pedazo a cada uno —respondió Felipe.

⁸Otro de sus discípulos, Andrés, que era hermano de Simón Pedro, le dijo:

⁹—Aquí hay un muchacho que tiene cinco panes de cebada y dos pescados, pero ¿qué es esto para tanta gente?

¹⁰—Hagan que se sienten todos —ordenó Jesús.

En ese lugar había mucha hierba. Así que se sentaron, y los varones adultos eran como cinco mil. ¹¹Jesús tomó entonces los panes, dio gracias y distribuyó a los que estaban sentados todo lo que quisieron. Lo mismo hizo con los pescados.

¹²Una vez que quedaron satisfechos, dijo a sus discípulos:

—Recojan los pedazos que sobraron, para que no se desperdicie nada.

¹³Así lo hicieron, y con los pedazos de los cinco panes de cebada que les sobraron a los que habían comido, llenaron doce canastas.

¹⁴Al ver la señal que Jesús había realizado, la gente comenzó a decir: «En verdad éste es el profeta, el que ha de venir al mundo». ¹⁵Pero Jesús, dándose cuenta de que querían llevárselo a la fuerza y declararlo rey, se retiró de nuevo a la montaña él solo.

¹⁶Cuando ya anochecía, sus discípulos bajaron al lago ¹⁷y subieron a una barca, y comenzaron a cruzar el lago en dirección a Capernaúm. Para entonces ya había oscurecido,

y Jesús todavía no se les había unido. ¹⁸Por causa del fuerte viento que soplaba, el lago estaba picado. ¹⁹Habrían remado unos cinco o seis kilómetros cuando vieron que Jesús se acercaba a la barca, caminando sobre el agua, y se asustaron. ²⁰Pero él les dijo: «No tengan miedo, que soy yo». ²¹Así que se dispusieron a recibirlo a bordo, y en seguida la barca llegó a la orilla adonde se dirigían.

A veces la vida en el planeta Tierra puede convertirse en una lucha desmoralizadora. Algunos retos se presentan más grandes que nuestros escasos recursos; algunas demandas superan con mucho nuestra capacidad de hacerles frente; algunas respuestas flotan muy por encima de nuestro alcance intelectual y algunos problemas son demasiado complejos como para resolverlos. Digámoslo tal como es: el mundo es grande y nosotros somos pequeños. Y para empeorar las cosas, naturalmente estamos predispuestos a pensar solo en un plano horizontal. Nada es imposible para Dios, y sin embargo nosotros de manera habitual pensamos en términos de lo que *nosotros* tenemos para ofrecer y lo que podemos realizar por medios *naturales*.

Algunos tal vez tilden esto como falta de fe o fracaso por no creer, pero no el apóstol Juan. Él recordó una ocasión cuando un pequeño grupo de hombres escogió creer en el Hijo de Dios y lo dejó todo para seguirlo, y sin embargo con frecuencia lucharon por comprender las palabras de Jesús y repetidas veces no lograron comprender lo que le vieron hacer. El suyo fue un problema completamente diferente a la incredulidad que Jesús encontró entre los líderes religiosos de Jerusalén. Los discípulos no comprendieron lo que vieron y oyeron, y sin embargo escogieron creer en el Hijo de Dios. Los oficiales del templo entendieron mejor que nadie lo que Jesús decía ser, y sin embargo escogieron rechazarlo. La incredulidad y la ignorancia son problemas distintos, que Jesús atendió en concordancia. Condenó la incredulidad, en tanto que con paciencia transformó la mente de los creyentes.

— 6:1-3 —

Varios meses pasaron después de los sucesos relatados en el capítulo 5. Juan nos dice que la Pascua (marzo-abril) no estaba lejos en el futuro (6:4), así que si la «fiesta» mencionada en 5:1 era la fiesta de los Tabernáculos (septiembre-octubre), el intervalo de tiempo probablemente no era menos de seis meses. Los judíos observaban tanto Jánuca (noviembre-diciembre) y Purim (febrero-marzo) en el interinato, pero ni una ni otra exigían que la gente vaya a Jerusalén. Durante este tiempo el Señor continuó ministrando en Judea y Galilea.

Conforme Jesús sanaba a los enfermos y proclamaba las buenas nuevas, multitudes empezaron a seguirlo. Es más, no solo le seguían; implacablemente andaban tras él en todo movimiento. Los otros Evangelios nos dicen que los discípulos acababan de terminar una gira extensa de predicación propia, y necesitaban descanso y una voz de aliento (Marcos 6:30-31), así que Jesús los llevó a «un lugar tranquilo» en algún punto en el desierto al este de Betsaida (Lucas 9:10). Pero ni así pudieron escaparse de las multitudes. El Señor sabía que la vasta mayoría le buscaba por ganancia egoísta y nada más. Con todo, a diferencia de sus discípulos, sintió compasión por ellos aun cuando se habían convertido en un fastidio.

— 6:4 —

Juan ocasionalmente incluye en su narración una referencia al tiempo, pero rara vez por la misma razón que Lucas, quien escribió un relato más cronológico. Su referencia a la Pascua que se acercaba nos dice algo en cuanto al marco mental de la gente, muy parecido a nuestra forma de comenzar un relato con las palabras: «La Navidad estaba justo a la vuelta de la esquina y...».

Con la Pascua justo a la vuelta de la esquina, una congregación numerosa de hebreos se reunió en el desierto. En tal escenario, Moisés, los corderos pascuales, el pan sin levadura, la peregrinación por el desierto y el maná se hubieran mezclado fácilmente en la mente de todos los presentes. Jesús reconoció una oportunidad y decidió aprovecharla al máximo. En una sola «señal» milagrosa enseñaría a sus discípulos una lección valiosa, definiría con claridad su misión en la tierra, cribaría a la multitud en cuanto a creyentes auténticos y fijaría su curso al Calvario.

Calendario judío y ciclo de festivales

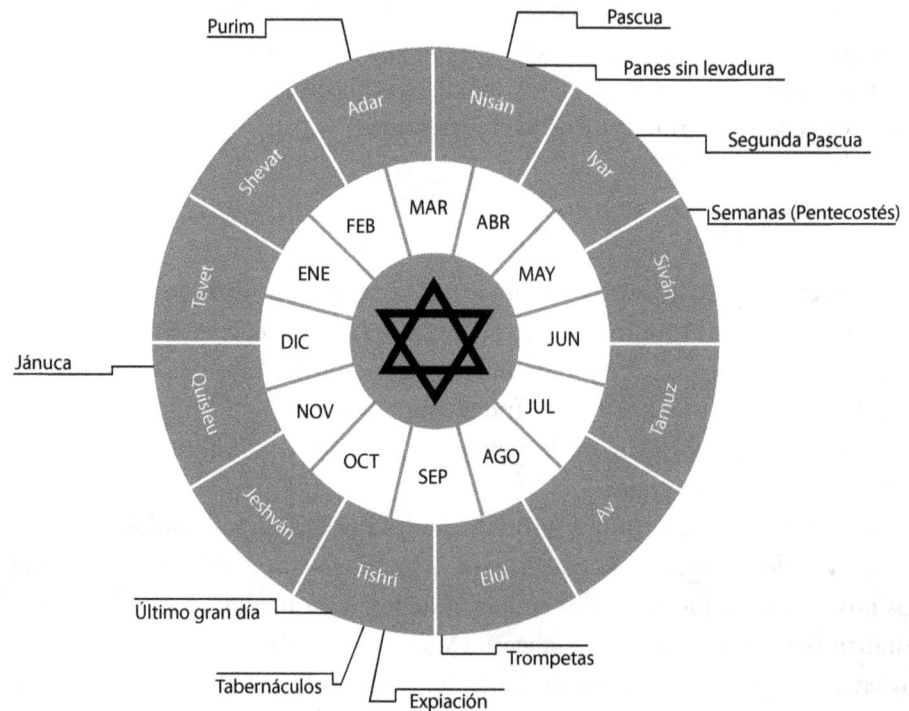

La especialidad de Dios: Las imposibilidades (Juan 6:1-21) 125

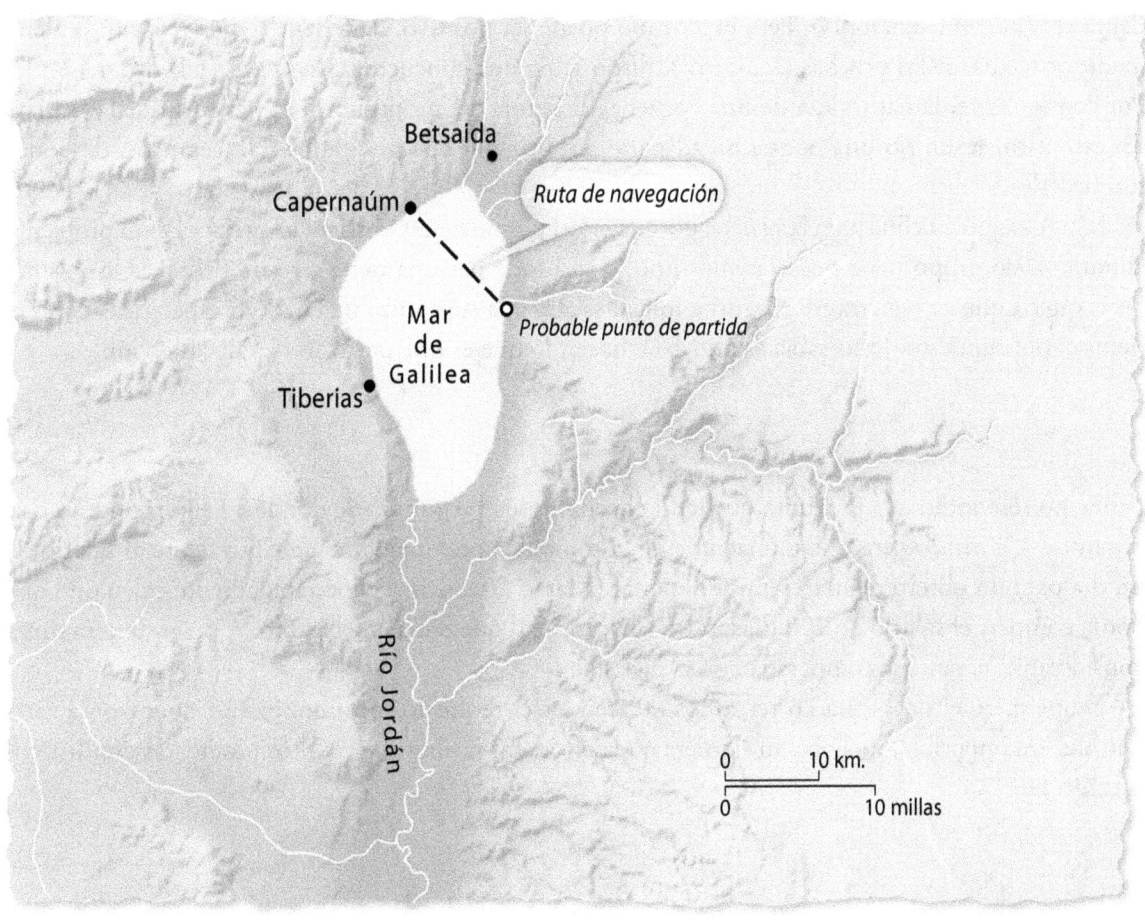

Jesús dio de comer a una multitud de seguidores en algún punto en la región montañosa al noreste del Mar de Galilea. Después, les ordenó a sus discípulos que zarparan hacia Capernaúm. Por desdicha, un viento fuerte del oeste (Mateo 14:24), les impedía su progreso de modo que los hombres «hacían grandes esfuerzos para remar» (Marcos 6:48). Jesús podía ver su lucha desde la altura en que estaba, como a trescientos metros sobre el nivel del mar.

— 6:5-6 —

Habiéndose retirado no menos de seis kilómetros al desierto, Jesús «alzó la vista» (cf. 4:35) para ver a la multitud que se acercaba. De acuerdo con Mateo, la multitud sumaba unos cinco mil hombres, más esposas e hijos (Mt 14:21); tal vez había como diez mil personas. Al ver la multitud, Jesús seleccionó a un discípulo específico: Felipe. Su propósito era «probar» a sus alumnos.

Peirazo (término griego para «probar» y el sustantivo correspondiente *peirasmos*) tiene una amplia variedad de significados, con connotaciones tanto positivas como negativas. Jesús fue tentado en todo su ministerio (Hebreos 2:18; 4:15), principalmente en forma directa por Satanás, a quien Mateo llama el *peirazon* («tentador»). Pero el término puede ser positivo. Para Santiago, la fe alcanza plena madurez mediante las pruebas (1:2-3, 12), disposición que concuerda con Pedro (1 Pedro 4:12-13). Por consiguiente, la naturaleza de una «prueba» depende del propósito de la persona que la realiza. En este caso, Jesús vio una oportunidad para permitir que sus discípulos fracasen a fin de poder fortalecerlos.

Jesús escogió a Felipe para la prueba porque era el pesimista estadístico del grupo. Es un problema común. Todo grupo tiene por lo menos uno, y casi toda persona tiene algo de Felipe en sí misma. Jesús quería que su penetrante pregunta inicial sacara a la superficie una actitud específica. Todo el tiempo, por supuesto, Jesús sabía lo que iba a hacer, lo que es una parte crucial de la lección.

— 6:7 —

Felipe no respondió a la pregunta que le fue hecha. Jesús preguntó «de dónde»; Felipe contestó con «cuánto». Un *denario* era una moneda de plata romana, aproximadamente equivalente al salario de un día para un obrero regular, semiprofesional (Mateo 20:2-13). Felipe rápidamente calculó lo que podía comprar el salario de 200 días, tal vez la cantidad que tenía en el tesoro. A pesar de esta suma considerable, era escasa comparada con la necesidad.

Felipe miró el problema en términos de atender el requisito mínimo. Si «un poco» para cada persona era imposible, no había ni siquiera que considerar la abundancia. Los pesimistas estadísticos piensan así.

— 6:8-9 —

Mientras Felipe calculaba, Andrés calladamente se movía entre la multitud. En tanto que Felipe no miró más allá de sus propios medios, Andrés consideró la posibilidad de que la gente tal vez podría proveer para sí mismos con algo de liderazgo. Pero la gente tenía poco o nada. Con timidez mencionó el canasto de un muchachito, que contenía «cinco panes de cebada y dos pescados».

Todo lo dicho por Andrés enfatiza lo inadecuado. El término griego para «muchacho» es un doble diminutivo; era «un muchacho chico». En términos de provisión, los niños chicos no servían para nada. Sus «panes de cebada» eran comunes en la dieta mediterránea, aunque se consideraban inferiores al pan de trigo. Se los habría dejado leudar un poco al principio, luego se los habría amasados en pequeños círculos de como 10 a 13 centímetros de diámetro y se los habría horneado. El término griego para «pescados» es el diminutivo de la palabra, y quiere decir «pescaditos». Eran pescados pequeños, sazonados, parecidos a sardinas, incluidos para dar sabor. Esto era, después de todo, el fiambre de un muchachito, así que no había mucho con qué trabajar. En tanto que las circunstancias llevan de regreso a una experiencia similar con Eliseo (2 Reyes 4:42-44), las proporciones en este caso eran extremas.

En tanto que Andrés informó fielmente la provisión que había hallado, su comentario final reveló su limitada perspectiva: «¿Qué es esto para tanta gente?»

— 6:10-11 —

Me imagino al Señor dejando relucir una sonrisa confiada mientras instruye a sus discípulos. En el vocabulario vernáculo del día, dijo: «Hagan que la gente se recline». En ese entonces se comía reclinados sobre un codo.

Imagínese la escena. Los discípulos organizan a la gente en grupos de a cincuenta (Marcos 6:39-40; Lucas 9:14) y les instruyen que se preparen para comer. Nadie ve ninguna comida, y los discípulos no tienen ni idea de cómo se va a dar de comer a la gente. Una vez que la organización está completa, el Señor pone el canasto con panes y peces frente a él y da gracias. Me imagino a los discípulos intercambiando miradas mientras Jesús oraba: «Gracias, Padre, por la comida que esta numerosa multitud va a disfrutar…».

Jesús entonces multiplicó la escasa ofrenda. De nuevo, imagínese la escena. Partió el fiambre en dos, y luego, de nuevo, y de nuevo, y de nuevo. Dividió miles de veces en un período de horas, lo que da por sentado que trabajó solo. Y cada persona recibió más que «un pedazo»; todos recibieron «todo lo que quisieron». Para la mayoría de ellos, esta fue su primera comida completa en mucho tiempo. Las sobras no eran un espectáculo común en los tiempos antiguos.

— 6:12-13 —

Juan nunca incluye detalles sin buena razón. La ofrenda había sido escasa, el milagro dramático y la provisión abundante, pero la lección todavía no estaba completa. El Señor instruyó a cada uno de los doce hombres que recogieran las sobras. Cada uno de los discípulos tomó una canasta de mimbre llamada *kofinos*, que solía usarse para llevar la provisión de una persona para un viaje de dos o tres días (Jueces 6:19; Salmo 81:6), y recogieron suficientes sobras para cada uno de los doce.

Al fin del día los discípulos deben haber aprendido una lección clara: Nunca medir el tamaño de un reto en términos de nuestra capacidad. Lo que tenemos para ofrecer nunca es suficiente. Dios no nos llama a proveer. Esa es responsabilidad suya. Más bien, él nos llama a que entreguemos lo que sea que tengamos, aunque no sea más que una bolsita con pan. Su llamado viene con la promesa: *Ustedes encárguense de la suma. Yo me encargo de la multiplicación, y la misión a la que los invito a unirse se logrará.*

— 6:14-15 —

Juan comenta brevemente sobre la respuesta de la gente, que será importante para el relato más adelante. El Señor realizó esta «señal» para instruir a la gente tanto como a sus discípulos. Allí en el desierto, habiendo consumido pan milagroso hasta llenar sus estómagos, reconocieron a Jesús como «el profeta» (Deuteronomio 18:15-18; Juan 1:21).

Jesús rechazó la senda al trono que tomaban la mayoría de los reyes terrenales. Rehusó remontar la oleada de respaldo popular hacia Jerusalén. Sabía que su senda iba a ser el camino del sufrimiento, como había sido profetizado por siglos y planeado desde el principio por el Padre (18:36). Es más, sabía que la gente se había sentido impulsada por sus estómagos y no por sus corazones. Jesús escogió no hablarle a la multitud de inmediato. Más bien, se retiró más a la región montañosa desértica.

— 6:16-18 —

Al caer la noche, la multitud se dispersó y los discípulos se embarcaron en su barco pesquero hacia Capernaúm según les instruyó el Señor (Mateo 14:22-23; Marcos 6:45-46). Jesús comprendió (sobrenaturalmente, sin duda) que ellos estaban luchando por mantenerse a flote y en ruta en las primeras horas de la madrugada (Mateo 14:25). Una feroz tempestad se había desatado en el mar, como sucede a menudo. El Mar de Galilea está a unos doscientos metros bajo el nivel del mar, en una profunda hondonada entre el desierto arábigo y el mar Mediterráneo. Los vientos con frecuencia soplan por la garganta y convierten el Mar de Galilea en una pesadilla encrespada, especialmente para los rudimentarios botes de vela del primer siglo. Como un comentarista anota, «incluso hoy la situación es similar. A los botes a motor periódicamente se les advierte que se queden amarrados cuando los vientos convierten el agua en crestas llenas de espuma»[6].

— 6:19-21 —

Jesús observó a los hombres aplicando toda su fuerza a los remos tratando de llegar a Capernaúm, pero el viento les fue contrario por horas. Este es otro ejemplo vívido de lo inadecuado del ser humano. A la larga, Jesús demostró dominio sobre los elementos caminando sobre el agua para rescatarlos.

Cuando Jesús llegó al barco, los calmó declarando *Ego eimí*, «yo soy». A esto añadió una breve orden, literalmente: «Dejen de tener miedo». Y después de que se detuvo en la embarcación, ellos «de inmediato» llegaron a su destino. Juan presenta esto sin ninguna explicación o comentario, presumiblemente porque el punto es claro. Jesús de nuevo aplicó su poder abundante para rescatar lo inadecuado del ser humano, convirtiendo una situación imposible en una oportunidad para fortalecer la confianza de sus creyentes.

Debemos elogiar a los discípulos por continuar confiando en el Señor a pesar de sus mentes embotadas. Lo trágico es que, aunque lo hicieron, no lograron captar nada de la «señal» que habían presenciado solo horas antes. Según Marcos, «estaban endurecidos sus corazones» (Marcos 6:52, RVR-1960). Este refrán no quiere decir que hayan sido díscolos o crueles (como parece en algunos idiomas modernos). Más bien, su razonamiento y emociones se oponían al desarrollo. Nosotros diríamos que eran «cabezas duras». Con todo, Jesús siguió siendo paciente con ellos. Incluso cuando los reprendía, lo hacía con bondad (Mateo 14:31).

La gente que comió en el desierto también eran «cabezas duras», pero por razones completamente diferentes. Después de que llegaron a Capernaúm, Jesús confrontaría de frente sus motivos egoístas.

Aplicación
Matemáticas de milagro

A nadie le gusta un examen de matemáticas; ni siquiera a los expertos en matemáticas. Pero un día a principios de primavera en Galilea Felipe se vio frente a un problema de matemáticas que no pudo resolver. Jesús miró en las faldas de la montaña una multitud de estómagos vacíos. De inmediato le presentó a Felipe el reto de la tarea de darles de comer. El pobre discípulo ni siquiera necesitó una regla de cálculo para determinar que no había ninguna solución natural al problema. De hecho, un cálculo rápido dio prueba suficiente de que el reto de Jesús no se podía atender con el dinero que tenían a mano.

Tarde o temprano, todo creyente enfrentará una prueba que las matemáticas han declarado imposible. ¿Cómo debemos responder? Al observar a Felipe, Andrés, los otros discípulos, al muchachito y a Jesús, hallo un modelo de obediencia fiel digno de emular. Considere los siguientes pasos la próxima vez que un problema de matemáticas sea un reto a la obra de Dios.

1. *Reconozca su propia ineptitud y la omnipotencia del Señor.* Tal vez Felipe podía haber respondido a la instrucción de Jesús diciendo: «Señor: No tenemos cómo lograr lo que has pedido, pero nada es demasiado difícil para ti». Esto no sería amilanarse ante un reto, ni rehuir la responsabilidad. No hay nada de malo en reconocer el tamaño del reto. Solo necesitamos recordar que el poder del Señor siempre es mayor, sin que importe la dificultad que enfrentemos.

2. *Asegúrese de que el reto que tiene delante glorifica al Señor, obedece a uno de los mandamientos del Señor en las Escrituras, o ayuda a cumplir un mandato bíblico (tal como la gran Comisión).* El Señor nunca les presenta un reto a sus discípulos para verlos fracasar. La tarea imposible que él le dio a Felipe en efecto tenía una solución, aunque fuera sobrenatural. Lo mismo es cierto para nosotros. Jesús dio una orden poco antes de ascender para tomar su lugar en la gloria: «hagan discípulos de todas las naciones» (Mateo 28:19-20). Humanamente hablando, esta es una tarea imposible. Bien podría pedirnos que vaciemos el Océano Pacífico con una cuchara. No se puede hacer... de manera natural. Con todo, si él ha ordenado algo, puede hacerse... sobrenaturalmente.

La dificultad que enfrentamos hoy es que no recibimos órdenes personales del Señor, tal como «construye un edificio de multipropósito en un barrio». ¡Cuánto más fácil sería el ministerio si nos mandara instrucciones vía servicio de entrega rápida! Pero no lo hace. Más bien, nos ha comunicado su visión y sus valores mediante la Biblia. Por consiguiente, debemos trabajar juntos y mantenernos sinceros uno al otro mientras ponemos a prueba nuestros planes. ¿Glorifica a Dios este reto? ¿Obedece el reto algún mandamiento de las Escrituras? ¿Cumple el reto un mandamiento bíblico? Si es así, avance al paso tres.

3. *Entréguele al Señor el reto como una oportunidad para que él lo realice por uno y reciba la gloria por la victoria.* El Señor se deleita en realizar lo imposible por nosotros y en participar del botín de la victoria, especialmente cuando el triunfo resulta de la obediencia. ¿Cuánto placer Jesús hubiera recibido si Felipe hubiera dicho: «Señor: Esto es mucho más de lo que nosotros podemos atender, pero nada es demasiado difícil para ti? ¿Cómo vas a dar de comer a esta multitud?»

4. *Haga lo que pueda, provea lo que tiene, aplique su esfuerzo, y luego permita que el Señor lo multiplique (o no) a discreción suya.* Nótese que el Señor no materializó comida del aire, aunque pudiera haberlo hecho. Más bien, usó una magra colación de un muchachito anónimo, apenas notorio, y lo multiplicó. Jesús no necesita ayuda. Él puede hacer cualquier cosa y todo por cuenta propia. Con todo, nos llama a que hagamos nuestra parte; no por causa suya, sino por causa nuestra. Nos invita a que lleguemos a ser parte de su plan como un medio de gracia, y así cuando viene la victoria podemos decir juntos: «¡Hemos triunfado!»

Al fin del día, conforme los discípulos reunían el exceso de comida, la solución al problema matemático era obvia. Jesús dijo, en efecto «Ustedes hagan la suma, yo me encargo de la multiplicación, y todo lo que les he ordenado se realizará… y sobrará en abundancia».

Pan del cielo (Juan 6:22-71)

²²Al día siguiente, la multitud que se había quedado en el otro lado del lago se dio cuenta de que los discípulos se habían embarcado solos. Allí había estado una sola barca, y Jesús no había entrado en ella con sus discípulos. ²³Sin embargo, algunas barcas de Tiberíades se aproximaron al lugar donde la gente había comido el pan después de haber dado gracias el Señor. ²⁴En cuanto la multitud se dio cuenta de que ni Jesús ni sus discípulos estaban allí, subieron a las barcas y se fueron a Capernaúm a buscar a Jesús.

²⁵Cuando lo encontraron al otro lado del lago, le preguntaron:

—Rabí, ¿cuándo llegaste acá?

²⁶—Ciertamente les aseguro que ustedes me buscan, no porque han visto señales sino porque comieron pan hasta llenarse. ²⁷Trabajen, pero no por la comida que es perecedera, sino por la que permanece para vida eterna, la cual les dará el Hijo del hombre. Sobre éste ha puesto Dios el Padre su sello de aprobación.

²⁸—¿Qué tenemos que hacer para realizar las obras que Dios exige? —le preguntaron.

²⁹—Ésta es la obra de Dios: que crean en aquel a quien él envió —les respondió Jesús.

³⁰—¿Y qué señal harás para que la veamos y te creamos? ¿Qué puedes hacer? —insistieron ellos—. ³¹Nuestros antepasados comieron el maná en el desierto, como está escrito: "Pan del cielo les dio a comer".

³²—Ciertamente les aseguro que no fue Moisés el que les dio a ustedes el pan del cielo —afirmó Jesús—. El que da el verdadero pan del cielo es mi Padre. ³³El pan de Dios es el que baja del cielo y da vida al mundo.

³⁴ —Señor —le pidieron—, danos siempre ese pan.

³⁵ —Yo soy el pan de vida —declaró Jesús—. El que a mí viene nunca pasará hambre, y el que en mí cree nunca más volverá a tener sed. ³⁶Pero como ya les dije, a pesar de que ustedes me han visto, no creen. ³⁷Todos los que el Padre me da vendrán a mí; y al que a mí viene, no lo rechazo. ³⁸Porque he bajado del cielo no para hacer mi voluntad sino la del que me envió. ³⁹Y ésta es la voluntad del que me envió: que yo no pierda nada de lo que él me ha dado, sino que lo resucite en el día final. ⁴⁰Porque la voluntad de mi Padre es que todo el que reconozca al Hijo y crea en él, tenga vida eterna, y yo lo resucitaré en el día final.

⁴¹Entonces los judíos comenzaron a murmurar contra él, porque dijo: «Yo soy el pan que bajó del cielo». ⁴²Y se decían: «¿Acaso no es éste Jesús, el hijo de José? ¿No conocemos a su padre y a su madre? ¿Cómo es que sale diciendo: "Yo bajé del cielo"?»

⁴³ —Dejen de murmurar —replicó Jesús—. ⁴⁴Nadie puede venir a mí si no lo atrae el Padre que me envió, y yo lo resucitaré en el día final. ⁴⁵En los profetas está escrito: "A todos los instruirá Dios". En efecto, todo el que escucha al Padre y aprende de él, viene a mí. ⁴⁶Al Padre nadie lo ha visto, excepto el que viene de Dios; solo él ha visto al Padre. ⁴⁷Ciertamente les aseguro que el que cree tiene vida eterna. ⁴⁸Yo soy el pan de vida. ⁴⁹Los antepasados de ustedes comieron el maná en el desierto, y sin embargo murieron. ⁵⁰Pero éste es el pan que baja del cielo; el que come de él, no muere. ⁵¹Yo soy el pan vivo que bajó del cielo. Si alguno come de este pan, vivirá para siempre. Este pan es mi carne, que daré para que el mundo viva.

⁵²Los judíos comenzaron a disputar acaloradamente entre sí: «¿Cómo puede éste darnos a comer su carne?»

⁵³ —Ciertamente les aseguro —afirmó Jesús— que si no comen la carne del Hijo del hombre ni beben su sangre, no tienen realmente vida. ⁵⁴El que come mi carne y bebe mi sangre tiene vida eterna, y yo lo resucitaré en el día final. ⁵⁵Porque mi carne es verdadera comida y mi sangre es verdadera bebida. ⁵⁶El que come mi carne y bebe mi sangre, permanece en mí y yo en él. ⁵⁷Así como me envió el Padre viviente, y yo vivo por el Padre, también el que come de mí, vivirá por mí. ⁵⁸Éste es el pan que bajó del cielo. Los antepasados de ustedes comieron maná y murieron, pero el que come de este pan vivirá para siempre.

⁵⁹Todo esto lo dijo Jesús mientras enseñaba en la sinagoga de Capernaúm.

⁶⁰Al escucharlo, muchos de sus discípulos exclamaron: «Esta enseñanza es muy difícil; ¿quién puede aceptarla?»

⁶¹Jesús, muy consciente de que sus discípulos murmuraban por lo que había dicho, les reprochó:

—¿Esto les causa tropiezo? ⁶²¿Qué tal si vieran al Hijo del hombre subir adonde antes estaba? ⁶³El Espíritu da vida; la carne no vale para nada. Las palabras que les he hablado son espíritu y son vida. ⁶⁴Sin embargo, hay algunos de ustedes que no creen.

Es que Jesús conocía desde el principio quiénes eran los que no creían y quién era el que iba a traicionarlo. Así que añadió:

⁶⁵ —Por esto les dije que nadie puede venir a mí, a menos que se lo haya concedido el Padre.

⁶⁶Desde entonces muchos de sus discípulos le volvieron la espalda y ya no andaban con él. Así que Jesús les preguntó a los doce:

⁶⁷ —¿También ustedes quieren marcharse?

ACREDITACIÓN DEL VERBO (JUAN 5:1—12:50)

La sinagoga judía servía para muchas de las mismas funciones comunitarias que la iglesia cristiana actual: adoración, instrucción y compañerismo. Jesús, cómo Rabí excepcionalmente popular, enseñó en la sinagoga de Capernaúm, cerca de su ciudad natal de Nazaret. Hoy, esta estructura de piedra caliza blanca del siglo IV se levanta sobre el cimiento de basalto negro de la sinagoga que Jesús conoció en su día.

⁶⁸—Señor —contestó Simón Pedro—, ¿a quién iremos? Tú tienes palabras de vida eterna. ⁶⁹Y nosotros hemos creído, y sabemos que tú eres el Santo de Dios.

⁷⁰—¿No los he escogido yo a ustedes doce? —repuso Jesús—. No obstante, uno de ustedes es un diablo.

⁷¹Se refería a Judas, hijo de Simón Iscariote, uno de los doce, que iba a traicionarlo.

Aproximadamente de veinte a veinticinco veces cada semana, la gente se ve obligada a participar de una actividad en particular y sacrificarán casi todo por la oportunidad. Para la mayoría, es una prioridad primaria. Lo más probable es que usted ya la ha hecho una vez hoy, y con toda probabilidad la volverá a hacer antes de poner su cabeza sobre la almohada esta noche. Lo hacemos a solas, pero preferimos hacerlo en compañía. Incluimos esta actividad en cada ocasión festiva que planeamos, y a veces, *constituye* la ocasión festiva.

Pan del cielo (Juan 6:22-71)

A estas alturas probablemente ya ha adivinado que me refiero a *comer*. No solo dependemos de la comida para nuestra supervivencia, sino que lo celebramos como un arte, lo saboreamos como un lujo, participamos en ella como comunión e incluso abusamos de ella como terapia. Nunca he visto un folleto de viaje que no destaque la importancia de lo que usted va a comer y con cuánta frecuencia. La comida es el tema primario de incontables revistas, libros, sitios web y programas de televisión. En los Estados Unidos de América hay canales, ¡y más de uno!, dedicados a la preparación y consumo de alimentos, veinticuatro horas al día, siete días a la semana, todo el año.

Los que nos beneficiamos de la abundancia del siglo veintiuno no podemos apreciar por completo la perspectiva de la gente que luchaba por sobrevivir en el primer siglo en Galilea, Samaria y Judea. Pasar algún tiempo en países en vías de desarrollo, en donde la próxima comida nunca está garantizada, nos ayudaría a apreciar la significación de la provisión milagrosa de Jesús de comida en el desierto. Juan recalca el hecho de que cada uno recibió todo lo que quería, y que la provisión de comida fue mayor de lo que ellos pudieron comer. Indudablemente para muchos, esa fue la primera vez en mucho tiempo en que se fueron a la cama con el estómago lleno.

Finalmente, después de tanto sufrimiento bajo la bota de hierro de Roma, después de tanta privación a manos de aristócratas injustos, después de tanta corrupción en el templo, Dios había enviado un Salvador: Jesús, el sanador, el proveedor, el reformador, ¡el Rey! Con certeza que su llegada era señal del principio de una revolución, que acabaría con la pobreza, restauraría la justicia y traería al reino de Dios a otra edad de oro. Esta era, después de todo, la promesa de Dios (Deuteronomio 30:9-10; Is 9:7; Jeremías 29:14, 30:3, 18, 32:44; Ezequiel 37:24-26). Finalmente, el Mesías había llegado ¡y había traído consigo *abundancia*! Tal vez algo así como diez mil hombres, mujeres y niños se preguntaban adónde los conduciría Cristo y cómo iba a tomar posesión de su trono.

No podemos ser demasiado severos con esa multitud en el desierto. Ellos se despertaron con hambre a la mañana siguiente, tal como lo haremos cada uno de nosotros mañana. Si bien la mayoría volvió a sus casas, muchos buscaron en la región montañosa en la orilla noroccidental del mar de Galilea a su recién hallado proveedor y líder. Pero para su desencanto, descubrieron que su boleto de comida se había ido.

6:22-25

Mateo y Marcos nos dicen que el Señor envió a sus discípulos por delante a Capernaúm mientras él despedía a la multitud, aunque un contingente se quedó buscando a Jesús. Ellos habían visto a los doce zarpar al mar sin el Señor, y debido a que no quedaba ningún otro barco, dieron por sentado que todavía estaba disfrutando de la soledad en la región montañosa cercana. A la larga, se dieron cuenta de que se había ido, así que se embarcaron en los barcos que estaban amarrados por allí.

Los barcos habían venido de Tiberias, ciudad en la orilla occidental del Mar de Galilea, fundada por Herodes Antipas y nombrada en honor del emperador Tiberio, heredero de los títulos y el poder de César Augusto. Debido a que había sido edificada en el sitio de cementerios judíos, los judíos

De mi diario

Señales de nuestros tiempos

Cuando vivía en California, un amigo ilustró lo absurdo de la naturaleza humana llevándome en un recorrido que me puso los pelos de punta.

Yo vivía en una ciudad rodeada y cruzada por todos lados por autopistas todavía en construcción. A veces, mientras apenas avanzaba en medio de un tráfico pesado en alguna carretera estrecha de asfalto, me sentía tentado a meterme en una de esas superautopistas no terminadas y llegar volando a casa antes de que nadie lo notara, pero me contenía.

Un día tomé asiento en el lugar del pasajero mientras un amigo conducía por esas estrechas cintas de asfalto. Se volvió hacia mí y me dijo: «Chuck, quiero mostrarte algo que no vas a creer». Dejó la carretera, cruzó una pequeña zanja, y se metió en la flamante autopista todavía sin abrirse.

A pesar de mis protestas, hundió el acelerador al piso y salimos disparados, como a cien kilómetros por hora por esta nueva autopista. Pronto apareció a la vista un enorme letrero: «Solo tráfico de construcción». Me puse tenso, pero él siguió. Luego, otro letrero: «Peligro». Mi corazón empezó a latir más rápido. Luego otro: «Puente en construcción», acentuado con enormes flechas con luces que parpadeaban. Para entonces noté mis nudillos blancos agarrando firmemente la manija de la puerta; mientras tanto, mi amigo pasaba de largo más letreros de peligro y nunca redujo la velocidad.

Finalmente, se detuvo en seco. Al apearnos del coche, en silencio di gracias y le seguí pasando algunas barricadas de madera. Pronto estuvimos en el extremo vacío de un paso a desnivel, ante un precipicio que nos hubiera lanzado al abismo y al equipo de construcción y escombros como a treinta metros más abajo.

Mi amigo señaló en una dirección y me dijo: «¿Ves esos escombros allá abajo?». Asentí. «Ese es un coche que fue a parar allí antenoche. Dos personas murieron allí». Señaló otro montón. «¿Ves ese otro montón?» Otras dos personas en motocicleta. Ambas murieron».

En pocos días más, otras dos personas se metieron en esa autopista, ignoraron todos los letreros, hicieron caso omiso de las barricadas, y cayeron y se mataron, llevándose consigo a otras personas. Es improbable que hayan tratado de suicidarse. Indudablemente hicieron con sus vehículos lo que muchos hacen en su vida. No hacen caso de las advertencias obvias y luego pagan un horrendo precio.

El sabio del Antiguo Testamento tiene razón: «Hay caminos que al hombre le parecen rectos, pero que acaban por ser caminos de muerte» (Pr 14:12).

religiosos se negaban a vivir allí, lo que la dejó abierta a los judíos helenizados y a los aliados políticos de Herodes.

La gente bien sea oyó las instrucciones del Señor a sus discípulos o dio por sentado que luego se iría a Capernaúm. La sinagoga allí era el centro de la enseñanza judía para la región. La gente se sorprendió al hallar a Jesús a tanta distancia de donde lo habían visto la última vez y en tan corto tiempo, pero su pregunta indica más bien un deseo de saber cuándo había llegado allá y cómo. Basados en la respuesta de Jesús, querían saber por qué estaba allí (tal vez pensaban que él no debería estar) y por qué deliberadamente los había eludido.

— 6:26-27 —

Jesús respondió al portavoz de la multitud con una acusación que resuena con las palabras de Moisés (Dt 8:2-3). El pueblo del pacto de Dios deambuló por el desierto debido a que no habían confiado en él. Retrocedieron de la tierra prometida debido a que los retos físicos les parecieron gigantes. Durante sus cuarenta años en el desierto, el Señor lo sustentó con maná, «pan del cielo» (Éxodo 16:4; Salmo 105:40), mientras les enseñaba que el verdadero sustento es la Palabra de Dios. En donde los israelitas fracasaron, Jesús triunfó (Mateo 4:4), y deseaba profundamente que ellos aprendieran de su victoria.

Jesús contrastó la comida física, que es el resultado del trabajo y perece rápidamente, con la comida espiritual, que viene por gracia y dura para siempre. Ambas son necesarias, porque satisfacen dos necesidades humanas legítimas; la vida no puede continuar sin las dos. Nuestra naturaleza caída, carnal, sin embargo, anhela la una a exclusión de la otra. La distinción entre «la comida que es perecedera» y «la que permanece para vida eterna» es, por supuesto, simbólica. La comida física representa cualquiera y todas las cosas que legítimamente satisfacen los deseos corporales: nutrición, vestido, techo, medicina, relaciones sexuales, ejercicio, descanso. La comida espiritual, sin embargo, representa la necesidad del alma humana de que sea sustentada por su Hacedor.

Jesús le presentó a la multitud el reto de no trabajar por la comida que perece y dedicarse con igual pasión a saciar el hambre de sus almas. Les dijo, en efecto: «Así como Dios sustentó físicamente a los hebreos en el desierto y los llamó a que se sacien de su palabra, así yo atendí su necesidad física ayer y ahora les llamo a que reciban alimento espiritual». Nótese la ironía de la invitación del Señor: «*Trabajen*,... por la que permanece para vida eterna, la cual les *dará* el Hijo del hombre». Esta paradoja hace eco de la invitación de Dios en Isaías 55:1: «Vengan, compren vino y leche sin pago alguno».

— 6:28-29 —

La primera respuesta de la gente a la oferta de Jesús de gracia es especialmente divertida en griego. Mi traducción y énfasis refleja la estructura de la oración en griego: «¿Qué *haremos* nosotros para *obrar* las *obras* de Dios?». Ellos erraron por completo el punto de él. No captaron el «les dará» y acentuaron el «obrar».

La gente estaba tan consumida por las preocupaciones físicas que no pudieron comprender el lenguaje figurado de Jesús. Juan usa esta ruptura en la comunicación para ilustrar la naturaleza de la ceguera espiritual, causada por la fijación obstinada de uno en las cuestiones físicas, terrenales. Cuando el mundo cayó en tinieblas, dejo de comprender a la luz (1:5). Los que escogen servir al sistema del mundo caído se vuelven cada vez más absorbidos consigo mismos, orgullosos, de vista corta, incapaces de mirar hacia arriba lo suficiente como para captar cosas tales como el hambre espiritual y la gracia de Dios. Conforme la conversación continúa, la tensión entre el lenguaje figurado de Jesús y la interpretación literal del portavoz llega al punto de ruptura. Los hombres demostraron ser absurdamente obtusos.

Jesús extendió su paradoja previa. La única «obra» requerida es creer en el Hijo, que no requiere ninguna obra.

— 6:30-33 —

Por encima, esta exigencia de una «señal» es un cambio extraño en actitud del día previo cuando estos mismos hombres gritaban: «En verdad éste es el profeta, el que ha de venir al mundo» (6:14). Pero en realidad es una extensión de su perspectiva anterior. Nótese el énfasis de los hombres en «harás» y «hacer». Nótese también su condición para creer: «para que la veamos y te creamos». Su «creencia» en el desierto no fue menos temporal y terrenal que su hambre. Tan pronto como la imagen de la «señal» de Jesús se borró de sus córneas, su necesidad para ver volvió. Irónicamente, los hombres citaron la provisión de maná por medio de Moisés como precedente para su petición.

Jesús respondió con un doble *amén* para recalcar la declaración que sigue. Luego corrigió su memoria defectuosa de la historia hebrea. Moisés no proveyó nada; Dios proveyó el maná. El pronombre plural, «ustedes» enlaza la identidad de los hombres con la de sus «padres», los antiguos hebreos que recibieron el maná y ni así confiaron en su Dios. Jesús de nuevo asoció la provisión de maná con la gracia de Dios, la mayor porción de la cual era la provisión de su Palabra (Deuteronomio 8:2-3). Esto también alude a la provisión del Padre de su Verbo en carne humana, el mismo Hijo de Dios.

— 6:34-35 —

La petición de los hombres es similar a la de la samaritana junto al pozo. Cuando se le ofreció agua viva que permanentemente sacia la sed, ella respondió: «Señor, dame de esa agua para que no vuelva a tener sed ni siga viniendo aquí a sacarla» (4:15). A pesar de su respuesta de señuelo, ella captó el lenguaje espiritual de Jesús. La inclusión de «siempre» en la respuesta de los hombres sugiere que no lo captaron. Por consiguiente, Jesús dijo las cosas inequívocamente claras. En una sola oración, enlazó los conceptos de creencia, pan, vida eterna y de sí mismo.

6:36-40

Los hombres dijeron antes que, para ellos, ver era creer (v. 30). Después de que se les había dado una señal, pidieron una señal. Habiendo visto a Jesús, rehusaron creer. Jesús reprocha a los hombres por su incredulidad y luego presenta una perspectiva diferente de la relación entre «señales» y creencia.

Los hombres adujeron que una señal milagrosa les daría la capacidad para creer. Según Jesús, la fe responde a Dios cuando él se revela a sí mismo. La presencia de Dios, entonces, se convierte en la prueba tornasol. Los que son suyos responden creyendo y son atraídos a él, en tanto que los que no, responden en incredulidad y lo rechazan. Jesús, Dios en carne humana, vino a la tierra para reunir a los suyos, que pueden ser identificados por su creencia en él.

6:41-42

La «murmuración» de los judíos que no creían se parece a la murmuración de sus antepasados en el desierto. Se quejaron de que no tenían comida, así que el Señor les proveyó pan del cielo. Luego se quejaron de que tenían solo maná, así que el Señor les proveyó codornices (Éxodo 16). El maná era tanto su provisión de gracia como una prueba (Éxodo 16:4; Deuteronomio 8:16). La forma en que recibieron el maná y seguían las instrucciones del Señor revelaba lo genuino de su fe.

En tanto que Jesús se refería a su concepción milagrosa y nacimiento natural —los medios por los cuales Dios se hizo carne— los hombres no aceptaron la verdad de que venía del cielo. Siendo la sinagoga más cercana a Nazaret, Capernaúm sin duda recibió muchas visitas de la familia de Jesús. Lo que es más, sus hermanos al parecer residían en esa ciudad (2:12). Los hombres habían visto a Jesús durante su niñez y pensaban que sabían todo en cuanto a sus raíces. Para ellos, «haber venido del cielo» se traducía a «haberse materializado misteriosamente en la tierra), lo que claramente no había sucedido.

6:43-51

Esta porción del discurso de Jesús no contiene ninguna otra verdad de lo que ya ha proclamado en los versículos 35-40. Más detalles, tal vez; pero no más verdad. Meramente cambió la manera en la cual había presentado la verdad. Es decididamente más simbólica.

«Comer» es la imagen que usó para ilustrar una verdad espiritual: las personas deben apropiarse de su sacrificio mediante la fe. Como «el Cordero de Dios que quita el pecado del mundo» (1:29), llegaría a ser el sacrificio expiatorio que pagaría la pena del pecado por todo el mundo. Solo los que creen en él, reciben esta dádiva y luego la aplican a sus pecados, no obstante, se benefician.

La primera Pascua ilustró esta verdad. Dios instruyó a los israelitas que sacrificaran un cordero que representaba a toda la familia, que aplicaran su sangre en los postes y en el dintel de la puerta, que prepararan la carne para el consumo y que se quedaran adentro mientras el ángel de la muerte descendía sobre Egipto. Los que no aplicaron la sangre lamentaron la muerte de su primogénito. Los que aplicaron a sus casas este símbolo de expiación fueron librados. Mientras comían la carne del cordero pascual, el ángel de la muerte pasó por encima de sus casas (Éxodo 12:3-49).

En algún punto en su ministerio, Jesús empezó a enseñar mediante parábolas, lenguaje simbólico que utiliza imágenes familiares terrenales para enseñar verdades espirituales. Explicó a sus discípulos la razón para su cambio: «Por eso les habló a ellos en parábolas:» Aunque miran, no ven; aunque oyen, no escuchan ni entienden» (Mateo 13:13). Las parábolas permitían al observador ver lo que su corazón escogía ver, guiado por su creencia en Jesús.

A veces los predicadores estiran demasiado sus ilustraciones. Si un predicador no tiene cuidado, puede permitir que una metáfora se apodere de la lección y sin intención enseñe error. Este no es el caso, sin embargo, con Jesús. Intencionalmente presionó su metáfora a extremos para lograr los objetivos. Primero, dejó a toda persona razonable sin excusa para adoptar una interpretación física de su enseñanza. ¡Qué absurdo pensar que tenía en mente el canibalismo! Segundo, separó el trigo de la paja, permitiendo que el propio prejuicio de los que no son creyentes se los lleve el viento.

— 6:52 —

Este es el sonido de la paja: «¿Cómo puede éste darnos a comer su carne?»

— 6:53-58 —

Jesús no trató de aclarar los conceptos errados de ellos. El problema de ellos no era intelectual. Más bien, él intensificó su confusión. No hay, sin embargo, peligro de perder a los creyentes genuinos. A pesar de su lenguaje enigmático y enseñanza difícil, él volvió a asegurar a los seguidores auténticos por tercera vez en su discurso: «y yo lo resucitaré en el día final» (6:39-40, 44, 54).

De nuevo, no presentó ninguna verdad nueva. Meramente repitió por tercera vez el mismo mensaje, solamente con mayor uso de ilustraciones.

— 6:59-65 —

A estas alturas en su ministerio los discípulos de Jesús sumaban decenas de miles, con diferentes grados de devoción. Por lo menos cientos eran serios lo suficiente como para considerarle Rabí y activamente hubieran respaldado un movimiento para hacerle rey. Pero Jesús sabía que la suya era ese tipo de devoción voluble que brota rápidamente y se seca rápidamente por el calor. Los discípulos volubles describieron la enseñanza de Jesús como *eskleros*, que literalmente significa «seca», «dura», o «áspera». Figuradamente, el término describe algo o alguien que «no es dócil» o «no se recibe sin incomodidad». Noticias angustiosas, o conceptos desafiantes se llamarían «duros». La enseñanza de Jesús no era difícil de entender, sino difícil de aceptar.

Jesús percibió la dificultad de los hombres y les preguntó si su enseñanza los había, literalmente «atrapado». El término griego es *eskandalizo*. El significado original y más literal es «saltar hacia atrás y hacia adelante» o «cerrar fuertemente», como en una trampa de resorte para animales. Por consiguiente, el verbo generalmente significa «encerrar algo en». El uso figurado de esta palabra es raro fuera de los escritos judíos y cristianos, pero no totalmente ausente. Un dramaturgo griego describe a un acusador injusto que arrastra a hombres inocentes a la corte y «pone trampas» con sus preguntas[7]. Pablo frecuentemente usaba el sustantivo correspondiente (*eskandalon*) para describir a Jesús como una trampa intelectual y moral para cualquiera que se opone a Dios y se considera justo (Romanos 9:33, 11:9; 1 Corintios 1:23; Gálatas 5:11).

Jesús les presentó un reto a los murmuradores con una pregunta. En efecto, les preguntó: «Ustedes no pueden aceptar mi afirmación de que descendí del cielo y que ustedes deben comer mi carne y beber mi sangre; así que, ¿qué van a pensar si les digo que voy a ascender al cielo? Si entonces creen, ¿cómo van a consumir literalmente mi cuerpo?». Para decirlo de otra manera: «Si esta enseñanza los ha llevado a su extremo, no tienen ni la menor posibilidad con la enseñanza futura».

Jesús entonces reiteró su afirmación anterior: «Nadie puede venir a mí si no lo atrae el Padre que me envió» (6:44).

--- 6:66-69 ---

Jesús enseñó en Capernaúm por un período en una variedad de escenarios. Juan presenta la enseñanza del Señor como un diálogo extendido que incluye múltiples discursos. Como resultado de su enseñanza muchos de sus «discípulos» que incluían a multitudes aparte de los doce, dejaron de seguirle. Jesús ya sabía la respuesta a su propia pregunta; les presentó a los doce el reto a fin de reforzar su enseñanza sobre la verdadera naturaleza de la salvación.

Cuando recibieron la pregunta de si ellos, también, dejarían de seguirlo, Pedro habló por el grupo. Respondió con una pregunta, lo que reveló su motivación para quedarse: «¿A quién iremos?» La respuesta implicada es: «A nadie, porque Jesús es nuestra única opción». Su cándida respuesta le distingue de los desertores no creyentes. En tanto que ellos pensaban que entendían a Jesús y por eso lo rechazaron, Pedro creía en Jesús aunque admitía que no comprendía por completo su enseñanza. Su comentario: «Tú tienes palabras de vida eterna», meramente repetía las del Señor (v. 63). La naturaleza de la salvación y la creencia no es intelectual; es volitiva. La multitud judía quería ver y entonces creer (6:30); los discípulos creyeron y con el tiempo empezaron a ver (14:16-19; 17:24; 20:29).

--- 6:70-71 ---

Jesús usó este episodio para destacar otra verdad. Desde la perspectiva de Pedro, los doce escogieron creer y seguir a Cristo. Jesús no rechazó la afirmación de Pedro; la colmó. «Yo los escogí a ustedes». No a todos, sin embargo, según parece. Un comentario parafrasea el comentario final de Jesús de esta manera: «Bien dicho, Simón Barjonás, pero ese "nosotros" abarca un círculo no tan amplio como la sencillez de tu corazón piensa; porque yo escogí a ustedes doce, y uno de estos es un "diablo"».[8].

Por lo menos en este caso, el «escoger» de Cristo no se refiere a la salvación sino a su invitación para ser discípulos: «síganme». No todos los que son llamados y que parecen creer son «escogidos» en el sentido de la salvación (Mateo 22:14). Judas demuestra demasiado bien esta triste verdad.

La mayoría de personas admiten que quieren un salvador, pero precisamente el tipo de salvador que desean depende de la clase de crisis que esperan escapar. Los que luchan con la soledad quieren compañía. Los que sufren una crisis de identidad quieren alguien que les dé significado. Los que tienen hambre quieren un proveedor, los oprimidos quieren un defensor, los descontentos un revolucionario, los que no tienen esperanza una inspiración. ¿Los orgullosos? Vamos, ¡ellos no necesitan un salvador para nada!

La multitud en el desierto pensaba que necesitaba un salvador para que los llevara a una tierra que fluye leche y miel, alguien que llene sus dientes y destruya a sus enemigos. Un día Jesús será ese tipo de Salvador. El Antiguo Testamento promete tanto abundancia como supremacía. Israel en verdad tendrá su edad de oro. Pero no mientras el Salvador no haya atendido la necesidad más crucial de todas: la crisis del pecado. Sin embargo, solo los que reconocen su necesidad buscan al Hijo de Dios.

Aplicación

Tres respuestas al llamado de la Verdad

La palabra evangelio quiere decir «buenas noticias». El evangelio es en verdad buenas noticias; esto bueno, sin embargo, tiene un filo cortante. Es difícil aceptar la estrechez del evangelio; su exclusividad es ofensiva. Jesús dijo: «Yo soy el camino… nadie llega al Padre sino por mí» (Juan 14:6). Y Jesús no hizo nada para suavizar su mensaje, especialmente entre los judíos. A un público que ejercía gran cuidado para sacar toda la sangre de toda carne que consumían, le dijo: «Ciertamente les aseguro que si no comen la carne del Hijo del hombre ni beben su sangre, no tienen realmente vida» (6:53). Parecería como si Jesús deliberadamente hiciera el evangelio difícil de aceptar en lugar de fácil… algo que el enfoque actual de «amistoso al buscador» hallaría extraño.

El propósito del mensaje del evangelio no es convencer a los detractores o convertir el corazón de los rebeldes. Eso es obra del Espíritu Santo. El mensaje del evangelio es el medio por el cual los corazones preparados responden a su Creador. Las buenas noticias son el llamado de Dios; la creencia es la respuesta de «los suyos» (5:25; 10:14). Esta verdad la ilustran bien los sucesos que siguieron a la alimentación de la multitud. Cuando Jesús proclamó el evangelio, presentándose a sí mismo como el único medio de salvación, vemos a su público responder de tres maneras distintas.

1. *Deserción abierta (6:66).* Hace muchos años cultivé buena amistad con un brillante médico. Él

había obtenido más de un doctorado en filosofía y otro en medicina, y luego pasó muchos años especializándose, incluyendo un internado en la Clínica Mayo. Decir que él era inteligente es quedarse corto.

Por mucho tiempo disfrutamos hablando de la vida, trabajo, familia; de cualquier cosa y de todo. En realidad me gustaba conversar con el hombre y quería hablarle de la decisión más importante de mi vida, pero esperaba una apertura natural. Un día se presentó. Me preguntó cuál era mi posición respecto a esto y aquello, lo que rápidamente nos condujo al evangelio. Tomé una servilleta y dibujé a un hombre en un lado de un gran abismo y escribí Dios en el otro. Rotulé la brecha «pecado» y expliqué cómo nuestro pecado nos separa de Dios. Luego tracé una cruz como puente sobre la vasta brecha y expliqué cómo el sacrificio del Hijo de Dios nos permite llegar al Padre. Cuando terminé lo que yo pensé que era la explicación más clara de las buenas noticias que jamás he dado, mi amigo recogió la servilleta, le dio la vuelta, y dijo: «Ni en un millón de años yo *podría* creer eso».

Muchos rechazarán el evangelio de manera abierta y permanente. Ninguna cantidad de explicación cambiará nada.

2. *Determinación firme (6:67-69)*. Aun cuando Pedro es el discípulo que a menudo más se critica, su respuesta a la «enseñanza dura» de Jesús ilustra creencia genuina. Él no pretendió entender todo lo que Jesús enseñó, y sin embargo con tenacidad se aferró a su Maestro. Él dijo, en efecto: «Señor, no nos quedan otras opciones; tú tienes las palabras de vida eterna, aunque no podamos entenderlas por completo». Él puso el orden como es debido: creencia primero, comprensión después.

Una creencia como esa es sobrenatural y perseverará hasta el fin de los días.

3. *Sutil engaño (6:70-71)*. La tercera respuesta me enerva. Judas ilustra este tipo de respuesta. Él se contaba entre los fieles, dijo e hizo todo lo necesario para parecer genuino, e incluso arriesgó su vida junto con los demás discípulos; y sin embargo, Judas nunca creyó en verdad. Engañó a otros y también incluso tal vez a sí mismo, pero su sutil engaño a la larga resultó en tragedia.

No todos los «pretendidos creyentes» son Judas. Muchos son bien intencionados que asisten a las iglesias y se comportan como sus semejantes creyentes, motivados por cualquier número de razones, ninguna de las cuales es la fe auténtica. Tristemente, un día estarán ante el Salvador para oír una represión en vez de una bienvenida (Mateo 7:21-23). Esperan recibir recompensa por su buen servicio, pero somos salvados por gracia, no por obras (Efesios 2:8-9).

El ver cómo Jesús presentaba el evangelio y cómo cada individuo respondió de acuerdo a la inclinación de su propio corazón, me da gran consuelo cuando presento el evangelio. Solía preocuparme de que si mi presentación no fuera clara o convincente, un alma tal vez se perdería… debido a mi fracaso. ¡Qué increíble presión para un mero ser humano! Felizmente, ese no es el caso. El alma de otra persona no es ni suya ni mía para ganar o perder. Se nos ha encargado la responsabilidad de proclamar «el buen relato» lo mejor que podamos. La respuesta del individuo es asunto privado con Dios. Solo ellos dos saben con certeza si es auténtico o mera pretensión.

Jesús en la cueva de los leones (Juan 7:1-52)

¹Algún tiempo después, Jesús andaba por Galilea. No tenía ningún interés en ir a Judea, porque allí los judíos buscaban la oportunidad para matarlo. ²Faltaba poco tiempo para la fiesta judía de los Tabernáculos, ³así que los hermanos de Jesús le dijeron:

—Deberías salir de aquí e ir a Judea, para que tus discípulos vean las obras que realizas, ⁴porque nadie que quiera darse a conocer actúa en secreto. Ya que haces estas cosas, deja que el mundo te conozca.

⁵Lo cierto es que ni siquiera sus hermanos creían en él. ⁶Por eso Jesús les dijo:

—Para ustedes cualquier tiempo es bueno, pero el tiempo mío aún no ha llegado. ⁷El mundo no tiene motivos para aborrecerlos; a mí, sin embargo, me aborrece porque yo testifico que sus obras son malas. ⁸Suban ustedes a la fiesta. Yo no voy todavía a esta fiesta porque mi tiempo aún no ha llegado.

⁹Dicho esto, se quedó en Galilea. ¹⁰Sin embargo, después de que sus hermanos se fueron a la fiesta, fue también él, no públicamente sino en secreto. ¹¹Por eso las autoridades judías lo buscaban durante la fiesta, y decían: «¿Dónde se habrá metido?»

¹²Entre la multitud corrían muchos rumores acerca de él. Unos decían: «Es una buena persona». Otros alegaban: «No, lo que pasa es que engaña a la gente». ¹³Sin embargo, por temor a los judíos nadie hablaba de él abiertamente.

¹⁴Jesús esperó hasta la mitad de la fiesta para subir al templo y comenzar a enseñar. ¹⁵Los judíos se admiraban y decían: «¿De dónde sacó éste tantos conocimientos sin haber estudiado?»

¹⁶—Mi enseñanza no es mía —replicó Jesús— sino del que me envió. ¹⁷El que esté dispuesto a hacer la voluntad de Dios reconocerá si mi enseñanza proviene de Dios o si yo hablo por mi propia cuenta. ¹⁸El que habla por cuenta propia busca su vanagloria; en cambio, el que busca glorificar al que lo envió es una persona íntegra y sin doblez. ¹⁹¿No les ha dado Moisés la ley a ustedes? Sin embargo, ninguno de ustedes la cumple. ¿Por qué tratan entonces de matarme?

²⁰—Estás endemoniado —contestó la multitud—. ¿Quién quiere matarte?

²¹—Hice un milagro y todos ustedes han quedado asombrados. ²²Por eso Moisés les dio la circuncisión, que en realidad no proviene de Moisés sino de los patriarcas, y aun en sábado la practican. ²³Ahora bien, si para cumplir la ley de Moisés circuncidan a un varón incluso en sábado, ¿por qué se enfurecen conmigo si en sábado lo sano por completo? ²⁴No juzguen por las apariencias; juzguen con justicia.

²⁵Algunos de los que vivían en Jerusalén comentaban: «¿No es éste al que quieren matar? ²⁶Ahí está, hablando abiertamente, y nadie le dice nada. ¿Será que las autoridades se han convencido de que es el Cristo? ²⁷Nosotros sabemos de dónde viene este hombre, pero cuando venga el Cristo nadie sabrá su procedencia».

²⁸Por eso Jesús, que seguía enseñando en el templo, exclamó:

—¡Con que ustedes me conocen y saben de dónde vengo! No he venido por mi propia cuenta, sino que me envió uno que es digno de confianza. Ustedes no lo conocen, ²⁹pero yo sí lo conozco porque vengo de parte suya, y él mismo me ha enviado.

³⁰Entonces quisieron arrestarlo, pero nadie le echó mano porque aún no había llegado

su hora. ³¹Con todo, muchos de entre la multitud creyeron en él y decían: «Cuando venga el Cristo, ¿acaso va a hacer más señales que este hombre?»

³²Los fariseos oyeron a la multitud que murmuraba estas cosas acerca de él, y junto con los jefes de los sacerdotes mandaron unos guardias del templo para arrestarlo.

³³—Voy a estar con ustedes un poco más de tiempo —afirmó Jesús—, y luego volveré al que me envió. ³⁴Me buscarán, pero no me encontrarán, porque adonde yo esté no podrán ustedes llegar.

³⁵«¿Y éste a dónde piensa irse que no podamos encontrarlo? —comentaban entre sí los judíos—. ¿Será que piensa ir a nuestra gente dispersa entre las naciones, para enseñar a los griegos? ³⁶¿Qué quiso decir con eso de que "me buscarán, pero no me encontrarán", y "adonde yo esté no podrán ustedes llegar"?»

³⁷En el último día, el más solemne de la fiesta, Jesús se puso de pie y exclamó:

—¡Si alguno tiene sed, que venga a mí y beba! ³⁸De aquel que cree en mí, como dice la Escritura, brotarán ríos de agua viva.

³⁹Con esto se refería al Espíritu que habrían de recibir más tarde los que creyeran en él. Hasta ese momento el Espíritu no había sido dado, porque Jesús no había sido glorificado todavía.

⁴⁰Al oír sus palabras, algunos de entre la multitud decían: «Verdaderamente éste es el profeta». ⁴¹Otros afirmaban: «¡Es el Cristo!» Pero otros objetaban: «¿Cómo puede el Cristo venir de Galilea? ⁴²¿Acaso no dice la Escritura que el Cristo vendrá de la descendencia de David, y de Belén, el pueblo de donde era David?» ⁴³Por causa de Jesús la gente estaba dividida. ⁴⁴Algunos querían arrestarlo, pero nadie le puso las manos encima.

⁴⁵Los guardias del templo volvieron a los jefes de los sacerdotes y a los fariseos, quienes los interrogaron:

—¿Se puede saber por qué no lo han traído?

⁴⁶—¡Nunca nadie ha hablado como ese hombre! —declararon los guardias.

⁴⁷—¿Así que también ustedes se han dejado engañar? —replicaron los fariseos—. ⁴⁸¿Acaso ha creído en él alguno de los gobernantes o de los fariseos? ⁴⁹¡No! Pero esta gente, que no sabe nada de la ley, está bajo maldición.

⁵⁰Nicodemo, que era uno de ellos y que antes había ido a ver a Jesús, les interpeló:

⁵¹—¿Acaso nuestra ley condena a un hombre sin antes escucharlo y averiguar lo que hace?

⁵²—¿No eres tú también de Galilea? —protestaron—. Investiga y verás que de Galilea no ha salido ningún profeta.

Cuando niño, uno de mis relatos bíblicos favoritos era «Daniel en el foso de los leones». Era un profeta de noventa años, íntegro y fiel, que gozaba de la amistad con el rey Darío. Pero otros hombres sintieron celos del estatus de confianza del anciano y tramaron su muerte. Mediante una compleja cadena de eventos, Darío se vio obligado a enviar a Daniel a lo que sería una muerte casi cierta: tenían que echar al profeta al foso de los leones, presumiblemente para que se lo coman. Después de que empujaron al anciano profeta por la entrada, «Trajeron entonces una piedra, y con ella taparon la boca del foso. El rey lo selló con su propio anillo y con el de sus nobles, para que la sentencia contra Daniel no pudiera ser cambiada» (Daniel 6:17).

Mi maestra de Escuela Dominical tenía buena memoria y vívida imaginación. Yo podía ver mentalmente a los leones hambrientos yendo de aquí para allá y oír el eco de su rugido en la cavernosa mazmorra de piedra. Antes de escuchar el fin del relato, me retorcía imaginándome al viejo asustado chillando mientras los leones le arrancaban brazo por brazo y pierna por pierna. Recuerdo cuando, para mi alivio y sorpresa, los leones ni siquiera lo tocaron. Ni un diente ni una garra le arañó la piel. El Señor en su gracia había librado a Daniel del instinto asesino de las bestias salvajes.

Tan pronto como amaneció, se levantó y fue al foso de los leones. Ya cerca, lleno de ansiedad gritó:
—Daniel, siervo del Dios viviente, ¿pudo tu Dios, a quien siempre sirves, salvarte de los leones?
—¡Que viva Su Majestad por siempre! —contestó Daniel desde el foso—. Mi Dios envió a su ángel y les cerró la boca a los leones. No me han hecho ningún daño, porque Dios bien sabe que soy inocente. ¡Tampoco he cometido nada malo contra Su Majestad! (Daniel 6:19-22).

Una vez que sacaron a Daniel ileso del foso de los leones, los hombres que habían orquestado el complot sufrieron la sentencia del profeta. Cayeron en las bocas abiertas de los leones y fueron destrozados antes de que llegaran al piso.

Años más tarde decidí que el relato debería titularse: «Los leones en la cueva de Daniel». La vida le pertenece al Señor para dar o quitar, y no hay león en toda la creación que no pueda domar. Los enemigos de Daniel pueden haber pensado que ellos estaban a cargo, pero estaban profundamente equivocados.

Los leones en los días de Jesús no andaban agazapados en cuatro patas. Se paraban erguidos y arrogantes, vestidos en los ropajes esplendorosos de la justicia hecha por el hombre, ensoberbecidos por la religión hipócrita. Las autoridades del templo de Jerusalén querían asesinar a Jesús porque continuamente dejaba al descubierto sus celos y codicia. Él sanaba, cumplía la profecía, perdonaba pecados y le daba la gloria al Padre sin arrogarse nada a sí mismo. Era diferente a todo rabino y a cualquier líder político que jamás alguien había visto. Era una amenaza al poder de ellos y querían matarlo. Con todo, Jesús tenía que entrar en el foso de los leones.

—7:1-2—

Los sucesos del capítulo 6 en Capernaúm tuvieron lugar poco antes de la Pascua (6:4) en marzo o abril; ahora se acercaba la Fiesta de los Tabernáculos (septiembre-octubre). Por seis meses o más, Jesús había estado ministrando en Galilea, en donde su enseñanza «difícil» en la sinagoga había sofocado toda palabra de hacerle rey. Con todo, incluso después de ese cribado, las multitudes continuaban siguiéndole en Galilea. Mientras tanto, un creciente movimiento subterráneo de esperanzados mesiánicos mantenía a Jerusalén en vilo.

7:3-5

Los judíos celebraban tres fiestas que requerían que todos los varones de Israel asistieran (Éxodo 23:17; 34:23): la Pascua, Pentecostés y la Fiesta de los Tabernáculos. Cada fiesta servía para recordarles a los judíos algo que sus antepasados habían aprendido en cuanto al Señor mediante una experiencia en particular. La Fiesta de los Tabernáculos, que se celebraba durante la cosecha, les recordaba a los hebreos el éxodo de sus antepasados de Egipto, su peregrinaje por el desierto y su «reunión» en la tierra prometida. Esta celebración cobró incluso más significado después del exilio y miraba hacia adelante al tiempo en que el Mesías reuniría a todos los descendientes de Abraham en una nación hebrea revivida.

Los hermanos de Jesús le acicatearon, sugiriéndole que debía ir a Jerusalén y realizar unos cuantos trucos mágicos a fin de concentrar al mundo detrás de él. Ellos habían visto sus «señales» milagrosas y probablemente estaban entre los que querían hacerle rey por razones egoístas. Sus mofas sugieren que si hubiera sido de verdad lo que decía ser, no le hubiera importado desenmascararlos.

En cumplimiento del mandamiento de Dios (Levítico 23:34-44), las familias judías continuaron celebrando un festival de cosecha en otoño que duraba una semana en casas temporales construidas para la ocasión. Estos «tabernáculos» o «carpas» le recordaban al pueblo de Dios su protección en el desierto mientras celebraban la continuada provisión de él mediante la «cosecha» de los productos agrícolas en la tierra prometida.

7:6-9

Varias veces en toda la narración de Juan, Jesús habla de su «hora» o su «tiempo», que se refiere al momento en que su gloria sería revelada al mundo. El medio de su gloria sería el sufrimiento, lo cual la mayoría de sus seguidores no entendían, incluso en la víspera de su arresto y crucifixión. En cada caso, excepto en este, el terminó que se usa fue *jora*, «hora». En este caso, el término griego que se traduce «tiempo» es *kairós*, «ocasión». La literatura griega secular y la traducción griega del Antiguo Testamento usan este término para indicar un momento decisivo en el cual una era da paso a otra. Por ejemplo, uno pudiera decir: «Cuando el Sur de los Estados Unidos declaró la guerra, el momento de Lincoln había llegado»; lo que quiere decir: «A partir de ese instante, el campesino de Springfield sería transformado en un tesoro nacional».

Como en 6:26-71 y en las parábolas, Jesús habló de una manera tal que se entendería en dos niveles. La interpretación de cada persona naturalmente seguiría la comprensión de la identidad de Jesús que esa persona hubiera escogido, y él estaba más que dispuesto a permitir que cada persona se dejara llevar por su propio concepto errado voluntario.

Por encima, Jesús parece responder a sus hermanos en forma directa. Ellos le acosan con la sugerencia de que debería hacer pública su identidad como el rey Mesías conquistador que Israel anhelaba ver. En respuesta, habló con verdad, diciendo en efecto: «El momento decisivo para que yo me anuncie todavía no ha llegado; pero el presente siempre es el momento para que ustedes lo hagan». Luego dijo la razón por la que un mundo dedicado al mal recibiría de buen grado el testimonio de sus hermanos: ¡ellos son parte del mismo!

La Fiesta de los Tabernáculos era una celebración de la cosecha, que se disfrutaba al final de la siega. Jesús tenía más trabajo que hacer en Galilea antes de subir (en altura) a Jerusalén (4:35-38).

Muchos manuscritos y traducciones incluyen la palabra «todavía» en la declaración de Jesús: «Yo no voy [todavía] a esta fiesta porque…», pero el original con mayor probabilidad omite este «todavía». Algunos han sugerido que Jesús les mintió a sus hermanos, pero con certeza no es eso. Lo que dice no descarta que suba más tarde, que es lo que se proponía. No quería acompañar a sus arrogantes hermanos, que habrían dado a su presencia una perspectiva tergiversada ante el pueblo. Más bien, Jesús planeaba viajar de manera más discreta con sus discípulos y luego hablar con los de Judea en el tiempo y la manera que escogiera.

7:10-11

En Judea Jesús corría peligro constante de que lo asesinaran. Sin embargo, podía ministrar en Jerusalén mientras permaneciera oculto donde sus enemigos no pudieran encontrarlo, o frente a la multitud en donde las autoridades religiosas no se atreverían a tocarlo. Así que entró en la ciudad sin atraer la atención, tal vez incluso mezclándose con las multitudes. Mientras tanto, una expectativa a hurtadillas desató un debate entre los judíos del pueblo de Jerusalén. Algunos favorecían a Jesús; otros lo condenaban. Ninguno afirmaba su verdadera identidad como el Cristo e Hijo de Dios.

Vale la pena notar el temor general de que los oyeran los oficiales del templo.

— 7:14-19 —

La Fiesta de los Tabernáculos es una celebración que dura una semana (Deuteronomio 16:13-15). Al tercer o cuarto día de la celebración, Jesús se puso de pie en el templo para enseñar; lo que no era nada extraño para un rabí. La credibilidad del maestro, sin embargo, dependía fuertemente de su pedigrí educativo. ¿Quién lo educó? ¿Con qué escuela se asociaba? ¿Gamaliel? ¿Shamai? ¿Juan el Bautista? Las autoridades religiosas (no los judíos del pueblo) se quedaron admirados, no porque él pudiera leer y escribir; la mayoría de los hombres judíos podían hacerlo. Tampoco objetaron que se arrogara la osadía de enseñar. Lo que no podía entender es cómo pudo amasar todo ese conocimiento sin educación de seminario, por así decirlo (Mateo 7:28-29; Marcos 1:22). (Hay que notar que ellos conocían la verdad de Dios cuando la oían).

Jesús respondió con una represión incisiva, basada en la lógica elemental. Los que tenían conocimiento íntimo de la última fuente de verdad (Dios) no tendrían problemas para distinguir a otros que decían la verdad. Todavía más, los que se preocupan por la verdad no se preocupan por las credenciales en tanto y en cuanto lo que se enseña es la verdad. Entonces luego ofreció otro estándar por el cual juzgar las cualificaciones de un maestro: su obediencia a la verdad revelada previamente, la ley.

Este es un giro irónico. Los oficiales religiosos estaban furiosos contra Jesús y le habían reprendido por quebrantar la tradición, reglas hechas por el hombre que habían sustituido la ley mosaica (Mateo 15:3, 7-9; Marcos 7:8). Con esta declaración, Jesús le dio la vuelta a la tortilla. Los acusó de tratar de matarlo a pesar de que ellos mismos violaban la ley.

— 7:20-24 —

En respuesta al regaño que Jesús les aplicó a los oficiales religiosos, la multitud —que por lo general había estado dividida a pesar de su ignorancia espiritual— reprendió al Señor como endemoniado. Decir que alguien «tiene un demonio» se pudiera tomar de manera literal o figurada. En este caso, era el equivalente antiguo de que alguien dijera: «¡Has perdido un tornillo por completo!» Claro que no sabían que los líderes religiosos querían matar a Jesús. Después de todo, las autoridades del templo eran los representantes oficiales de Dios, custodios de la casa del Todopoderoso.

Jesús ignoró el insulto y continuó con su acusación, refiriéndose a la curación del inválido junto al estanque de Betzatá (5:1-18). El antecedente del pronombre plural «ellos» (7:21) no es claro. El contenido de su represión parece dirigida contra los oficiales religiosos antes que contra «la multitud». En todo el resto de este discurso, sin embargo, de manera libre dirige sus represiones a uno, al otro, o a ambos, de esa manera colocando a la multitud y a los oficiales en la misma categoría.

Continuando su argumentación previa (vv. 16-19) Jesús apeló al precedente específico de Moisés (autor humano de la ley divina), a la circuncisión (el rito más atesorado por ellos), y al sabbat (la institución pervertida por la tradición hecha por el hombre). La circuncisión debía realizarse en el octavo día de la vida de todo varón nacido de padres hebreos, independientemente del día. Esto quería decir que había que quebrantar alguna parte de las tradiciones hechas por el hombre. Si el rito de la circuncisión podía sobreseer las reglas del sabbat, ¿por qué la curación milagrosa, orquestada por Dios, de un enfermo desesperado no podía hacer lo mismo? Ya para el año 100 d.C. el judaísmo rabínico llegó a esta conclusión:

> Los rabinos contaron 248 partes en el cuerpo del hombre. En el Talmud (*b. Yoma* 85b) R. Eleazar ben Azarías (ca. 100 d.C.) dice: «Si la circuncisión, que tiene que ver con solo uno de los 248 miembros del cuerpo humano, suspende el sabbat, ¿cuánto más debe suspender el sabbat el cuerpo entero?» Tan absolutamente obligatorio consideraba el judaísmo rabínico el mandamiento de Levítico 12:3 como para circuncidar al octavo día, que en la Mishná *m. Shabbat* 18.3; 19.1, 2; y *m. Nedarim* 3.11, todos sostienen que el mandamiento de circuncidar supera al mandamiento de observar el sabbat[9].

La «apariencia» a la que Jesús se refirió fue la demostración simbólica de justicia que fue indudablemente impresionante en el templo. Llamó a que los judíos ignoren los vestidos elegantes y sombreros enormes a fin de discernir quién está diciendo la verdad comparando sus obras con los mandamientos de las Escrituras. Las obras de Jesús reflejaban la gracia de Dios y no violaban el sabbat. Los oficiales religiosos condenaron este acto de misericordia hecho al paralítico debido a que violó sus reglas hechas por los hombres, que ellos mismos violaban cada vez que circuncidaban en el sabbat a un recién nacido.

7:25-31

Los líderes religiosos no pudieron hacer nada para restarle importancia a Jesús o eliminarlo. Arrestarlo públicamente hubiera dividido a la multitud o incluso tal vez los hubiera incitado a amotinarse. Y con toda certeza no podían derrotar su razonamiento. Esta parálisis dejó a los judíos del pueblo preguntándose si los líderes estaban indecisos en cuanto a Jesús, o si tal vez el silencio de ellos significaba aprobación tácita de Jesús como el Mesías.

Otra tradición de la teología judía (todavía común hoy) al parecer interpretaba el «de pronto» de Malaquías 3:1 como que quería decir que el Mesías aparecería misteriosamente y tal vez de manera mágica (cf. Juan 6:41-42). ¡Su queja es irónica en vista de 9:29! Con todo, muchos en la multitud empezaron a creer, aunque hallaron difícil dejar a un lado las evidencias tradicionales del Mesías que habían llegado a esperar.

7:32-36

Jesús habló de nuevo en capas múltiples. Predijo su ascensión a la derecha del Padre y declaró que los líderes religiosos ni siquiera verían el cielo. Su destino eterno era ampliamente diferente al de los discípulos (13:36; 14:4). Pero tal como Juan había ilustrado a la multitud de Galilea (6:26-54), la ceguera espiritual de los que no son creyentes los limitaba a una comprensión estrictamente literal. Se preguntaban si iba a dejar a Israel por completo a fin de ganar convertidos entre los judíos dispersos por todo el imperio romano.

7:37-39

Un ritual que se observaba cada día en la Fiesta de los Tabernáculos incluía una procesión solemne en la cual un sacerdote llevaba un recipiente de agua desde el estanque de Siloé (alimentado por el manantial de Gihón), por la puerta de las aguas, y al atrio interior del templo. Mientras la congregación entonaba un himno basado en Isaías 12:3, el sacerdote derramaba el agua sobre el altar, conmemorando la provisión de agua que el Señor les dio en el desierto (Números 20:8-11). La Fiesta de los Tabernáculos de este modo iba creciendo hacia una convocación cumbre (Levítico 23:36).

Durante ese clímax Jesús se puso de pie para hablarle a la multitud congregada en el templo. Tal vez justo antes o incluso durante la procesión del sacerdote desde el estanque de Siloé, Jesús llamó a todos a que recibieran de él «agua viva», no muy diferente a su oferta a la samaritana (4:13-14). El comentario editorial de Juan aclara para el lector que el «agua viva» es en verdad el Espíritu Santo, que no sería dado a los creyentes sino después de la resurrección y ascensión de Cristo.

7:40-44

La multitud siguió dividida. Nótese cómo hacen distinción entre «el profeta» y «el Cristo», de quienes algunos teólogos del primer siglo pensaban que eran dos individuos distintos. En verdad, «ellos» son una persona, y él les estaba hablando en el templo. Con todo, muchos se sintieron confundidos por los orígenes evidentes de Jesús en la región de Galilea, cuando la profecía claramente proclamaba que el Mesías vendría de Judá (Miqueas 5:2).

Como a menudo sucedía respecto de Jesús, el público se dividió en dos grupos, basados en su reacción a la verdad. Algunos creyeron en tanto que otros quisieron destruirle. Nadie, sin embargo, se atrevería a tocarle en público mientras sus opiniones permanecieran divididas.

7:45-52

Los «oficiales» mencionados son los mismos que fueron comisionados por los fariseos para tomar a Jesús por la fuerza y acusarlo de un crimen (7:32). Pero Jesús no era como otros hombres, los engañadores y falsos mesías que desafiaron la autoridad de los líderes religiosos. Nadie se animaba a refutar la verdad que él estaba predicando en el templo.

Los fariseos no juzgaban la verdad basándose en las Escrituras o en algún otro estándar santo. Para defender su aseveración de que Jesús era un hereje, presentaron como evidencia su opinión unánime contra él (v. 48) y su autoproclamada erudición en la ley (v. 49). Entendían el bien y el mal en términos de poder, no en base a la verdad divina, y cuando se les cuestionaba, señalaban sus diplomas en lugar de escudriñar las Escrituras.

Nicodemo, uno de ellos, sin embargo, no estaba muy seguro. No había creído abiertamente y, sin embargo, tampoco podía descartar a Jesús o ignorar su enseñanza. Por consiguiente, ofreció una defensa razonable para Jesús sin dejar al descubierto su verdadera inclinación. La represión de parte de sus colegas fariseos incluyó una declaración evidentemente falsa: «de Galilea no ha salido ningún profeta». Jonás, Elías y tal vez Nahúm vinieron de la región que en el primer siglo se conocía como Galilea (1 Reyes 17:1; 2 R 14:25).

Jerusalén fue un cubil de leones para Jesús. Entró en forma voluntaria, y luego con audacia se movió en la seguridad del anonimato y de la arena pública mientras que se apoyaba en su Padre para que cerrara las fauces coléricas de sus enemigos. Su «hora» estaba todavía a meses de distancia, y había trabajo que hacer mientras tanto—gran parte en Judea.

Aplicación

Cuando se anda con leones

Nadie entendía el peligro que representaban los enemigos del evangelio más que Jesús. Mucho antes de la Fiesta de los Tabernáculos las autoridades religiosas ya querían matarlo (5:18; 7:1, 19, 25). Aunque sabía que ellos querían matarlo, rehusó amilanarse de la tarea que el Padre le había asignado. Esto no es decir que el Señor cumplió su propósito con un necio abandono. Había venido a la tierra para morir por los pecados del mundo, pero no estaba embarcado en una misión suicida. No busco la primera oportunidad que hubiera para que lo arrestaran. Por el contrario, repetidas veces eludió que lo capturaran hasta que su «hora» hubiera llegado.

Reconocer el peligro como una consecuencia posible del servicio a Dios no implica que uno ande buscando la muerte. Más bien, es cuestión de establecer prioridades. ¿Qué es más importante: los propósitos de Dios, o la seguridad de uno? El riesgo es parte del llamamiento.

En su calidad de creyente, usted sin ninguna duda enfrentará circunstancias en las cuales hacer el bien necesariamente incluirá peligro. En esas ocasiones usted debe equilibrar tres cuestiones primarias: la confianza en Dios, el peligro de parte de los enemigos, y la dedicación a su misión. Cuando el Señor anduvo entre los leones de Jerusalén, equilibró a la perfección las tres cosas. Así.

1. *Evaluó el peligro* (7:1, 7). Jesús no se metió al descuido en la cueva de los leones. Sabía que el liderazgo religioso de Jerusalén lo quería muerto. Tenían hombres espiando su llegada con el fin

de poder atraparlo sin atraer la atención, y luego deshacerse de él sin que nadie supiera lo ocurrido. Siempre consciente del peligro, Jesús anduvo con sabiduría.

2. *Diseñó una estrategia para anular el peligro* (7:10, 14). Jesús reconoció que las autoridades religiosas no podían arrestarlo si no sabían dónde estaba, y que no se atreverían a arrestarlo frente a testigos. Atrapar a Jesús en público y luego matarlo hubiera hecho que el respaldo popular se volviera en contra de la élite religiosa, y nada significaba para ellos más que la aprobación de otros (Juan 12:43). Por consiguiente, Jesús aprovechó esto. Se confundió con la multitud al entrar o salir del templo y se dirigió a los líderes religiosos solo en presencia de la multitud.

3. *Arriesgó su seguridad solamente cuando su misión ponía peligros en su sendero* (7:8, 14). Los hermanos de Jesús le hicieron broma sugiriendo que fuera audazmente al templo, que se pusiera frente a las multitudes y proclamara ser el Cristo. Pero la misión del Señor era ser el Cristo, y no simplemente proclamarse como tal. Vino para incorporar la verdad divina y para proclamarla al pueblo del pacto de Dios. Para lograr esto, recorrió a lo largo y ancho Judea, Samaria y Galilea. Ahora, tenía que confrontar directamente a los líderes del templo.

4. *Escogió hacer solo lo que daba gloria a Dios y evitó la vanagloria* (7:18). El Hijo de Dios vino a la tierra para ser nuestro Salvador, no para convertirse en mártir. La muerte de un líder popular puede llegar a ser el catalizador de la revolución. Jesús no vino para eso. Habló, actuó a nombre del Padre, e hizo solo lo que fue necesario para completar su misión.

5. *Confió en que el Padre guardaría su seguridad hasta que su «hora» hubiera llegado* (7:30, 32-33). El Señor no adoptó una actitud fatalista: «Si muero, que muera», sino que confió su destino al calendario del Padre. Sabía que la muerte le esperaba y que las autoridades religiosas serían el medio de su muerte, pero también reconoció que nada ocurre a menos que Dios lo permita.

6. *Persistió en su tarea hasta que quedó completa y entonces se retiró del peligro* (7:37-39; 8:59). El Señor no se alejó del templo debido a que el peligro creció. Asistió a la Fiesta hasta la convocatoria final (ver comentarios sobre 8:12), a cuyo tiempo pronunció su discurso más provocativo. Después de interactuar con sus enemigos en debate y habiendo logrado el propósito del Padre, se retiró del cubil de leones hasta que su misión le exigiera que volviera (8:59; 9:35).

El sistema del mundo detestaba a Jesús, y continúa detestando a los que lo siguen (15:18-19; 17:13-14). Con mayor frecuencia de lo que se cree, podemos servir a Cristo y evadir el peligro; pero a veces la obediencia y el peligro vienen como paquete. Ninguna cantidad de planificación podrá separarlos. Al confrontar tales circunstancias, sin embargo, no tenemos que arrojar la prudencia al viento y adoptar una actitud de descuido hacia el riesgo. Más bien oremos fervientemente, evaluemos el peligro, clarifiquemos nuestro enfoque, mantengámonos concentrados en el objetivo, procuremos glorificar a Dios en todas nuestras acciones, confiemos en él para realizar su voluntad, completemos la tarea a mano sin renuencia, y luego retirémonos a la seguridad en el momento apropiado.

ACREDITACIÓN DEL VERBO (JUAN 5:1—12:50)

Escrito en la tierra (Juan 7:53—8:11)

⁵³Entonces todos se fueron a casa.

¹Pero Jesús se fue al monte de los Olivos. ²Al amanecer se presentó de nuevo en el templo. Toda la gente se le acercó, y él se sentó a enseñarles. ³Los maestros de la ley y los fariseos llevaron entonces a una mujer sorprendida en adulterio, y poniéndola en medio del grupo ⁴le dijeron a Jesús:

—Maestro, a esta mujer se le ha sorprendido en el acto mismo de adulterio. ⁵En la ley Moisés nos ordenó apedrear a tales mujeres. ¿Tú qué dices?

⁶Con esta pregunta le estaban tendiendo una trampa, para tener de qué acusarlo. Pero Jesús se inclinó y con el dedo comenzó a escribir en el suelo. ⁷Y como ellos lo acosaban a preguntas, Jesús se incorporó y les dijo:

—Aquel de ustedes que esté libre de pecado, que tire la primera piedra.

⁸E inclinándose de nuevo, siguió escribiendo en el suelo. ⁹Al oír esto, se fueron retirando uno tras otro, comenzando por los más viejos, hasta dejar a Jesús solo con la mujer, que aún seguía allí. ¹⁰Entonces él se incorporó y le preguntó:

—Mujer, ¿dónde están? ¿Ya nadie te condena?

¹¹—Nadie, Señor.

—Tampoco yo te condeno. Ahora vete, y no vuelvas a pecar.

Nunca me ha gustado la expresión *crítica textual*. Sugiere que expertos en el campo han dedicado sus vidas a criticar la Biblia hasta que el texto de las Escrituras quede sin sentido o poco fiable. Sin duda, hay quienes han intentado hacer precisamente eso. Pero muchos excelentes hombres y mujeres persiguen el verdadero propósito de la crítica textual: asegurarse de cuál de los miles de antiguos manuscritos contienen las palabras originales que los escritores del Nuevo Testamento fielmente escribieron bajo la inspiración del Espíritu Santo.

Conforme Pablo, Lucas, Santiago, Pedro, Juan, y otros hombres del cristianismo del primer siglo escribían, el Espíritu Santo los impulsaba a incluir toda la información que nosotros necesitaríamos para creer y obedecer a Dios, y él los guardó del error mientras escribían. Lo que emergió fue la verdad divina, preservada en tinta sobre papiro o pergamino. Y debido a que de inmediato se reconoció que estas palabras estaban libres de error, que eran verdad divina, los copistas hicieron duplicados a mano para la distribución a otras iglesias. Luego se hicieron copias de estas copias, y más adelante se produjeron otras copias de esas copias. Antes de que pasara mucho tiempo, cientos de copias circulaban entre las iglesias. Mientras tanto, el papiro de los textos originales se deterioraba.

Los rollos originales han desaparecido hace mucho y, lamentablemente, el proceso de copiado no era perfecto. Una palabra añadida aquí, o una palabra dejada fuera allá, algunas letras confundidas con otras —y luego errores pequeños en un manuscrito llegaban a ser parte de toda copia que se producía del mismo. A veces, algún escriba inadvertidamente producía algún error tratando de corregir una equivocación anterior —o lo que él pensaba que era una equivocación— y de esta manera introducía otra «variante». Muchos siglos más tarde, tenemos más de cinco mil manuscritos o fragmentos de manuscritos, todos ellos conteniendo alguna porción de las palabras originales del Nuevo Testamento.

Este fenómeno ocurre incluso hoy. Un buen ejemplo de cómo las variantes textuales empezaron y luego se propagaron se mostró en carteleras por todos los Estados Unidos de América. Hace años, alguien copió algo que yo había escrito en una obra que titulé «Actitudes». La persona la copió mecanografiándola en una hoja de papel a fin de producir un afiche rudimentario. A alguien le gustó y lo copio para un par de amigos que los pusieron en sus propias carteleras. Más tarde, alguien copió a mano el texto de esas copias y las envió por fax, y luego alguien más las copió de nuevo. Antes de que pasara mucho tiempo, mi escrito original había sido copiado o enviado por fax tantas veces, que ya casi ni se podía leer; las letras estaban desiguales, embadurnadas, o medio borradas. Y sin embargo pocos tenían dificultades para leer la cita, incluso cuando faltaban letras y palabras.

Los manuscritos originales del Nuevo Testamento atravesaron un proceso similar, solo que con mucho más cuidado. Los escribas eran famosos por su diligencia; con todo, después de cientos de copias, algunos errores se inmiscuyeron. No hay que preocuparse, sin embargo; no es tan malo como pudiera sonar. En tanto que este sistema de copiar a mano distaba mucho de ser perfecto, con todo preservó la verdad divina tal como fue escrita por las manos originales hace casi dos mil años. Casi todos los errores son pequeños, de modo que el significado del texto original no se afectó. En los casos en donde el significado ha recibido impacto, el mismo número de manuscritos hace relativamente fácil distinguir el error y corregirlo. Y debido a que la mayoría de variantes incluye *añadiduras* al texto original, por lo general es fácil determinar el fraseo original.

Por dicha, tenemos la dedicación y erudición de «críticos textuales» diestros para analizar y comparar miles de antiguas copias a fin de recuperar el texto original de las Escrituras. Las Biblias que tenemos hoy son copias extremadamente confiables de los textos originales —y casi tan exactas como las de cualquier iglesia de entonces— y todo gracias a los esfuerzos de eruditos consagrados.

Al llegar al capítulo 8 del relato de Juan del ministerio terrenal de Jesús, me veo frente a un dilema, dilema con el que los expertos han bregado por más de un siglo. No es ninguna ayuda el que tenga que ver con uno de los relatos más queridos en todo el Nuevo Testamento, y es la experiencia de la mujer sorprendida en adulterio. En las Biblias que se imprimen en la actualidad, el texto de este episodio empieza con 7:53 y va hasta 8:11. Pero este pasaje no aparece en ninguno de los manuscritos más antiguos, en tanto que copias posteriores de esos mismos manuscritos lo incluyen en diferentes lugares. Un grupo de manuscritos pone el relato después de Lucas 21:38. Para complicar las cosas todavía más, el vocabulario y estilo no es igual al del resto del Evangelio de Juan.

Así que, ¿qué vamos a hacer? El relato claramente no es original en la narración de Juan. Este incidente puede haber sucedido y haber sido preservado en alguna forma fuera de las Escrituras, y se incluyó en la Biblia mucho después. Sin embargo, la probabilidad de esto es cuestionable considerando el tiempo que transcurrió entre el primer siglo y el siglo sexto, cuando aparece en los manuscritos con una anotación especial indicando la duda de los escribas. Muchos eruditos creyentes de buena reputación consideran el relato auténtico porque el consenso de la historia del cristianismo lo ha juzgado digno y porque nada en el relato contradice otras enseñanzas. A decir verdad, el pasaje encaja muy bien teológicamente con la enseñanza de Jesús y refleja su actitud en otras ocasiones en su ministerio hacia los pecadores que no eran hipócritas; la mujer samaritana, en especial.

En tanto que no considero este segmento como texto original de Juan, y por tanto no pienso que sea inspirado o libre de error, con toda certeza no lo considero inútil. Por consiguiente he predicado sermones partiendo de este pasaje (verificando en forma cruzada con otros pasajes mi teología y otros principios de las Escrituras) y pienso que merece nuestra consideración aquí.

El episodio empieza temprano una mañana mientras Jesús enseñaba en los atrios externos del templo. Siguiendo el sistema rabínico, tomaba asiento al dar instrucción. Entonces un grupo de escribas y fariseos furiosos —rígidos técnicos de las Escrituras— interrumpió la lección del Señor. Arrojaron a una mujer delante de él y sus oyentes. La habían sorprendido en el mismo acto de adulterio, haciéndola la carnada perfecta para su trampa.

Habiendo afirmado su autoridad en cuestiones de la ley y habiendo declarado que todas sus acciones eran voluntad del Padre, Jesús se halló en el banquillo mientras los escribas y fariseos querían saber lo que iba a hacer con la mujer. Por supuesto, a ellos en realidad les importaba un comino su opinión. Como en tantas otras ocasiones, meramente esperaban hallar algún medio de atrapar a Jesús en sus propias palabras (Mateo 22:15; Marcos 12:13; Lucas 20:20).

Hay que admitir que los dirigentes judíos presentaron una cuestión espinosa. La ley mosaica condenaba a los adúlteros para que se les apedreara públicamente (Levítico 20:10; Deuteronomio 22:22-24), pero la ley romana reservaba la ejecución para los tribunales romanos. Los judíos no tenían la autoridad para apedrear a la mujer sin permiso de Roma. Parecía una trampa perfecta. A fin de honrar la ley de Dios, Jesús incurriría en la ira de Roma. Si se sometía a la ley de Roma, Jesús estaría ignorando la ley de Dios.

Antes de que los hombres terminaran su perorata, Jesús se agachó y empezó a escribir en la tierra con el dedo. Queda a nuestra especulación lo que escribió. Quienquiera que preservó el relato de seguro pensó que el contenido de lo que Jesús escribió era menos importante que la acción de escribir. Me imagino que escribió un nombre. Después de todo, ¿dónde estaba el hombre que adulteró con la mujer? Solamente la mitad de los «criminales» estaban presentes. O el escrito pudiera haber sido alguna contra acusación contra los escribas y fariseos, mencionando sus pecados secretos. La palabra griega que se usa en 8:6, *katagrafo*, literalmente quiere decir: «escribir en contra de».

Lo que sea que escribió ni siquiera afectó a sus ceñudos acusadores. Ellos tozudamente siguieron presionándolo tratando de intimidarlo. Le presionaron que les diera una respuesta, tal vez pensando que dar un veredicto resultaría demasiado incómodo frente a su grupo de discípulos. Por supuesto, ellos veían la situación a través de sus ojos hipócritas. Los fariseos se preocupaban por su imagen más que por cualquier otra cosa. A la larga, Jesús se puso de pie y les presentó un reto. Dijo, en efecto: «El único juez digno es el que no puede ser condenado por la ley que supuestamente defiende; por consiguiente, que el juez perfectamente calificado entre ustedes sea el primero en ejecutar justicia». Luego volvió a escribir… o «a escribir en contra de».

Uno por uno, desde el más viejo hasta el más joven, los jueces hipócritas se escurrieron y se alejaron, dejando solo a la mujer en el atrio. Los jueces indignos no podían condenar, y el Juez soberano se negó a condenar. Tenía esa prerrogativa. Fiel a su palabra, Jesús no vino a condenar a los perdidos, sino a salvarnos (3:16-17).

Motivos del rechazo (Juan 8:12-59)

¹²Una vez más Jesús se dirigió a la gente, y les dijo:

—Yo soy la luz del mundo. El que me sigue no andará en tinieblas, sino que tendrá la luz de la vida.

¹³—Tú te presentas como tu propio testigo —alegaron los fariseos—, así que tu testimonio no es válido.

¹⁴—Aunque yo sea mi propio testigo —repuso Jesús—, mi testimonio es válido, porque sé de dónde he venido y a dónde voy. Pero ustedes no saben de dónde vengo ni a dónde voy. ¹⁵Ustedes juzgan según criterios humanos; yo, en cambio, no juzgo a nadie. ¹⁶Y si lo hago, mis juicios son válidos porque no los emito por mi cuenta sino en unión con el Padre que me envió. ¹⁷En la ley de ustedes está escrito que el testimonio de dos personas es válido. ¹⁸Uno de mis testigos soy yo mismo, y el Padre que me envió también da testimonio de mí.

¹⁹—¿Dónde está tu padre?

—Si supieran quién soy yo, sabrían también quién es mi Padre.

²⁰Estas palabras las dijo Jesús en el lugar donde se depositaban las ofrendas, mientras enseñaba en el templo. Pero nadie le echó mano porque aún no había llegado su tiempo.

²¹De nuevo Jesús les dijo:

—Yo me voy, y ustedes me buscarán, pero en su pecado morirán. Adonde yo voy, ustedes no pueden ir.

²²Comentaban, por tanto, los judíos: «¿Acaso piensa suicidarse? ¿Será por eso que dice: "Adonde yo voy, ustedes no pueden ir"?»

²³—Ustedes son de aquí abajo —continuó Jesús—; yo soy de allá arriba. Ustedes son de este mundo; yo no soy de este mundo. ²⁴Por eso les he dicho que morirán en sus pecados, pues si no creen que yo soy el que afirmo ser, en sus pecados morirán.

²⁵—¿Quién eres tú? —le preguntaron.

—En primer lugar, ¿qué tengo que explicarles? —contestó Jesús—. ²⁶Son muchas las cosas que tengo que decir y juzgar de ustedes. Pero el que me envió es veraz, y lo que le he oído decir es lo mismo que le repito al mundo.

²⁷Ellos no entendieron que les hablaba de su Padre. ²⁸Por eso Jesús añadió:

—Cuando hayan levantado al Hijo del hombre, sabrán ustedes que yo soy, y que no hago nada por mi propia cuenta, sino que hablo conforme a lo que el Padre me ha enseñado. ²⁹El que me envió está conmigo; no me ha dejado solo, porque siempre hago lo que le agrada.

³⁰Mientras aún hablaba, muchos creyeron en él.

³¹Jesús se dirigió entonces a los judíos que habían creído en él, y les dijo:

—Si se mantienen fieles a mis enseñanzas, serán realmente mis discípulos; ³²y conocerán la verdad, y la verdad los hará libres.

³³—Nosotros somos descendientes de Abraham —le contestaron—, y nunca hemos sido esclavos de nadie. ¿Cómo puedes decir que seremos liberados?

³⁴—Ciertamente les aseguro que todo el que peca es esclavo del pecado —respondió Jesús—. ³⁵Ahora bien, el esclavo no se queda para siempre en la familia; pero el hijo sí se queda en ella para siempre. ³⁶Así que si el Hijo los libera, serán ustedes verdaderamente libres. ³⁷Yo sé que ustedes son descendientes de Abraham. Sin embargo, procuran matarme porque no está en sus planes aceptar mi palabra. ³⁸Yo hablo de lo que he visto en presencia del Padre; así también ustedes, hagan lo que del Padre han escuchado.

³⁹—Nuestro padre es Abraham —replicaron.

—Si fueran hijos de Abraham, harían lo mismo que él hizo. ⁴⁰Ustedes, en cambio, quieren matarme, ¡a mí, que les he expuesto la verdad que he recibido de parte de Dios! Abraham jamás haría tal cosa. ⁴¹Las obras de ustedes son como las de su padre.

—Nosotros no somos hijos nacidos de prostitución —le reclamaron—. Un solo Padre tenemos, y es Dios mismo.

⁴²—Si Dios fuera su Padre —les contestó Jesús—, ustedes me amarían, porque yo he venido de Dios y aquí me tienen. No he venido por mi propia cuenta, sino que él me envió. ⁴³¿Por qué no entienden mi modo de hablar? Porque no pueden aceptar mi palabra. ⁴⁴Ustedes son de su padre, el diablo, cuyos deseos quieren cumplir. Desde el principio éste ha sido un asesino, y no se mantiene en la verdad, porque no hay verdad en él. Cuando miente, expresa su propia naturaleza, porque es un mentiroso. ¡Es el padre de la mentira! ⁴⁵Y sin embargo a mí, que les digo la verdad, no me creen. ⁴⁶¿Quién de ustedes me puede probar que soy culpable de pecado? Si digo la verdad, ¿por qué no me creen? ⁴⁷El que es de Dios escucha lo que Dios dice. Pero ustedes no escuchan, porque no son de Dios.

⁴⁸—¿No tenemos razón al decir que eres un samaritano, y que estás endemoniado? —replicaron los judíos.

⁴⁹—No estoy poseído por ningún demonio —contestó Jesús—. Tan sólo honro a mi Padre; pero ustedes me deshonran a mí. ⁵⁰Yo no busco mi propia gloria; pero hay uno que la busca, y él es el juez. ⁵¹Ciertamente les aseguro que el que cumple mi palabra, nunca morirá.

⁵²—¡Ahora estamos convencidos de que estás endemoniado! —exclamaron los judíos—. Abraham murió, y también los profetas, pero tú sales diciendo que si alguno guarda tu palabra, nunca morirá. ⁵³¿Acaso eres tú mayor que nuestro padre Abraham? Él murió, y también murieron los profetas. ¿Quién te crees tú?

⁵⁴—Si yo me glorifico a mí mismo —les respondió Jesús—, mi gloria no significa nada. Pero quien me glorifica es mi Padre, el que ustedes dicen que es su Dios, ⁵⁵aunque no lo conocen. Yo, en cambio, sí lo conozco. Si dijera que no lo conozco, sería tan mentiroso como ustedes; pero lo conozco y cumplo su palabra. ⁵⁶Abraham, el padre de ustedes, se regocijó al pensar que vería mi día; y lo vio y se alegró.

⁵⁷—Ni a los cincuenta años llegas —le dijeron los judíos—, ¿y has visto a Abraham?

⁵⁸—Ciertamente les aseguro que, antes de que Abraham naciera, ¡yo soy!

⁵⁹Entonces los judíos tomaron piedras para arrojárselas, pero Jesús se escondió y salió inadvertido del templo.

Una vez oí a alguien describir al creyente ideal como «un individuo que es completamente intrépido, continuamente gozoso, y constantemente en problemas». Tal vez la teología se pudiera refinar, pero la descripción tiene buen sentido práctico. Incuestionablemente, los creyentes pudieran disfrutar al ser un poco menos temerosos y mucho más gozosos; pero ¿«en problemas»? Sí. En problemas constantes.

Esto no es sugerir que se supone que debemos salir a buscar problemas o invitarlos. Sin embargo, si fielmente defendemos y proclamamos la verdad, los problemas se convertirán en nuestros compañeros constantes. Sabemos esto a un nivel instintivo y con demasiada frecuencia escogemos mantener la verdad oculta. Digamos las cosas tal como son: preferimos que nos acepten antes que arriesgarnos al rechazo diciendo lo que sabemos que es verdad.

Jesús fue un individuo radical, una personalidad de lo más imponente; no intimidante, ni que asustaba, sino imponente. Formidable. Sin miedo. Entró al templo para hallar a las personas andando a tientas en oscuridad espiritual y con sed de la verdad divina, y con intrepidez afirmó: «¡Si alguno tiene sed, que venga a mí y beba! De aquel que cree en mí, como dice la Escritura, brotarán ríos de agua viva» (Juan 7:37-38). «Yo soy la luz del mundo. El que me sigue no andará en tinieblas, sino que tendrá la luz de la vida» (8:12). Sin ningún temor dijo la verdad, sin pedir disculpas, y anduvo gozosamente en la verdad con su Padre; y por consiguiente, se halló en constantes problemas por su amor sin inhibiciones a la verdad.

Jesús entendía mejor que nadie el precio de decir y poner en práctica la verdad, porque él es la verdad divina encarnada, la luz hecha carne. Mateo recordó una afirmación de Jesús particularmente sorprendente: «No crean que he venido a traer paz a la tierra. No vine a traer paz sino espada» (Mateo 10:34). El propósito de una espada es dividir. Físicamente, separa una parte del cuerpo del resto. Figuradamente, la espada de la verdad es tan afilada que puede cortar el vínculo imaginario del alma y el espíritu para dejar al desnudo las intenciones de los seres humanos (ver Hebreos 4:12). Y, socialmente, la espada separa a los grupos en dos categorías: atrae a los que se rinden e incita a la violencia a los que no. ¡No hay campo para los acomodos ante la reluciente espada de la verdad! Rendirse o luchar.

Jesús trajo una espada al templo durante la Fiesta de los Tabernáculos. Algunos se rindieron. Otros empezaron una lucha inútil, agotadora y autodestructiva. Su respuesta es un estudio en las etapas de rechazo.

8:12-18

Este discurso continúa en donde 7:52 quedó. El texto debería decir:

⁷:⁵²—¿No eres tú también de Galilea? —protestaron—. Investiga y verás que de Galilea no ha salido ningún profeta.

⁸:¹²Una vez más Jesús se dirigió a la gente, y les dijo:

—Yo soy la luz del mundo. El que me sigue no andará en tinieblas, sino que tendrá la luz de la vida.

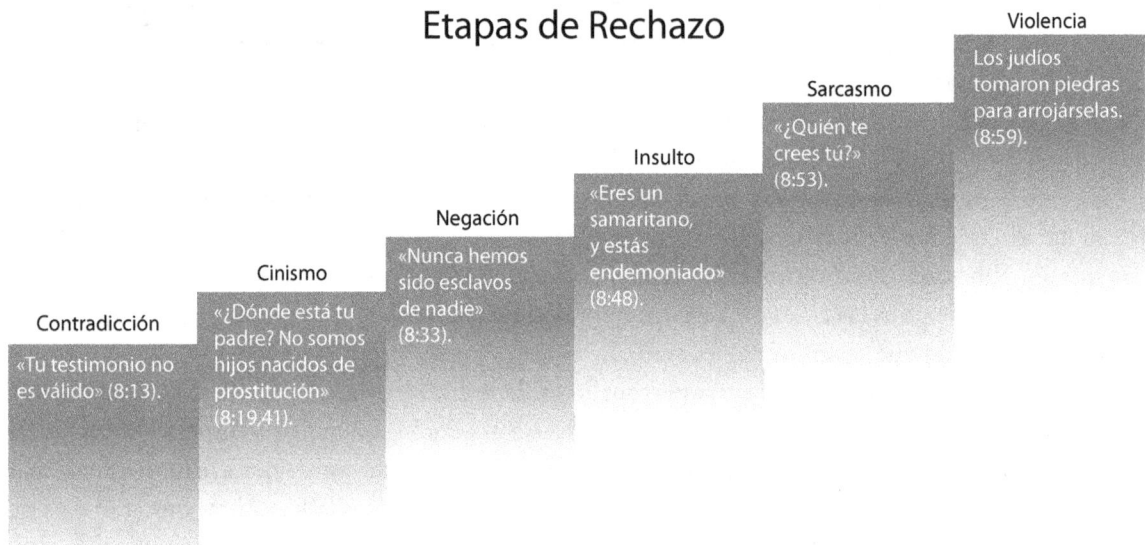

Juan indica un cambio de la escena con la expresión «una vez más», que es típica en él. Estos discursos en particular tuvieron lugar durante varios días y sin duda fueron repetidos varias veces conforme los que iban al templo llegaban y se iban. Al empezar Jesús este pasaje con estas palabras: «Yo soy la luz del mundo», estaba cerca del cofre de ofrendas del templo (8:20).

El cofre de ofrendas del templo estaba en el atrio de las mujeres. Según algunos historiadores, consistía de trece recipientes grandes de bronce, con una boca en forma de embudo. El extremo estrecho de cada embudo llevaba un letrero para indicar el propósito para el que se recogía el dinero. Naturalmente, la cantidad de la ofrenda de cada persona se podía oír mientras las monedas que echaba tintineaban contra el bronce. Cada noche durante el Festival de las Cabañas, justo después del sacrificio vespertino y antes de la puesta del sol, los sacerdotes entraban al atrio de las mujeres para encender dos (algunos historiadores dicen cuatro) candeleros gigantes.

Tal vez mientras los sacerdotes empezaban a encender cada lámpara colgante, Jesús declaró: «Yo soy la luz del mundo. El que me sigue no andará en tinieblas». Nótese cómo la declaración es excluyente. No dijo yo soy *una* luz; una entre muchas; sino *la* luz, la única y sola fuente de verdad. Más tarde invitaría a una multitud de oyentes a que llegaran a ser hijos de la luz al creer (12:36), y una vez predijo el futuro de sus discípulos diciendo: «Ustedes son la luz del mundo» (Mt 5:14).

Los fariseos de inmediato cuestionaron a Jesús, declarando que su propia declaración era inválida porque carecía de prueba que la acompañara (cf. 3:11-12). Basándonos en el contexto de la frase, el término griego que la NVI traduce «válido» en el versículo 13 también se podría traducir «real». Después de todo, cualquiera podía aducir cualquier cosa en cuanto a sí mismo; un mero enunciado no establece verdad. Jesús tomó el reto tal como era y presentó el testimonio de Dios Padre.

De acuerdo con la Mishná, registro escrito de la tradición oral judía, los sacerdotes construían cuatro candeleros gigantescos en el atrio de las mujeres durante la Fiesta de los Tabernáculos. Cada tarde, a la caída del sol, jóvenes subían por escaleras para encender estas enormes lámparas de aceite, que, de acuerdo al tratado de la Mishná Sukaj 5:3, se reflejaban en todos los patios en Jerusalén.

— 8:19-20 —

Los fariseos respondieron con cinismo: «¿Dónde está tu padre?» Sabían las circunstancias aparentes de su nacimiento (v. 41), y sabían que José ya había muerto. La pregunta fue una bofetada insultante, presentada a nivel de chiste interno. Tal vez el insulto vino con un guiño y una mirada sospechosa.

Jesús no le hizo caso al insulto y respondió con una reprensión en forma de una declaración de doble significado. Cualquiera que creía que José había engendrado a Jesús no conocía la identidad del Padre real de Jesús, ni conocía personalmente a Dios. En su segunda declaración: «Si supieran quién soy yo, sabrían también quién es mi Padre», Jesús declaró ser el medio para conocer personalmente a Dios, porque Jesús es la representación perfecta del Padre.

— 8:21-27 —

Jesús repitió la acusación contra los fariseos que había dicho en 7:33-36, diciendo que ellos nunca verían el cielo porque no conocían a Dios. De nuevo la élite religiosa le tomó literalmente. Así que Jesús explicó su significado en vocabulario sencillo, literal. «Aquí abajo» es el campo de la creación caída. «Allá arriba» es el campo celestial en el cual no puede haber pecado. Los que nacen abajo están condenados a morir en su pecado y luego sufrir castigo eterno por sus obras (3:3). Los que nacen de arriba son santos y, por consiguiente, no sufrirán castigo. Jesús es de arriba porque es Dios. Su declaración se traduce «yo soy» (v. 24); sin embargo, el griego es *ego eimí*, «YO SOY», la clásica designación propia de Dios. Toda persona puede nacer de arriba al creer (3:16-17).

Cuando le preguntaron «¿Quién eres tú?», Jesús respondió (traducido literalmente): «[Desde] el principio eso que les he estado diciendo». Pero de nuevo, debido a su ceguera a propósito, los fariseos no entendieron la referencia de Jesús al Padre (cf. 3:13).

Si usted dedica tiempo para revisar 3:3-21, hallará un impresionante parecido entre este discurso y la conversación del Señor con Nicodemo.

— 8:28-30 —

El «levantado», por supuesto, es una referencia a la crucifixión de Jesús, predicción que le hizo a Nicodemo tal vez como dos años antes (3:14-15). Luego repitió su enseñanza de su encuentro con los fariseos después de sanar al inválido (5:19-47).

Jesús no dijo la verdad en un susurro y luego dejó la escena. Enseñó la misma lección a muchos públicos varias veces cada día en el templo. Los discursos que preservó Juan representan numerosas instancias en las cuales Jesús fue blanco de la ira de los líderes religiosos después de proclamar la verdad. Juan, sin embargo, inserta una sutil nota editorial para tranquilizar de nuevo al lector. Mientras que la oposición a Jesús seguía firme en su rebelión, algunos creían.

— 8:31-36 —

El versículo 31 puede indicar otro cambio de escena, pero la conversación bien puede ser una continuación. Conforme hablaba, muchos creyeron. Jesús luego les habló directamente a los oídos de los fariseos y a otros no creyentes. Les aseguró que la creencia no era el fin de algo, como si hubieran llegado. Creer es un comienzo, un nacimiento después del cual debe seguir el crecimiento. Los creyentes deben continuar en obediencia. Conforme los creyentes ordenan sus vidas según la verdad de Cristo, ellos «conocerán» la verdad. La palabra griega es *ginosko*, uno de por lo menos cuatro términos que Juan pudiera haber escogido para decir «saber». A diferencia de los demás, *ginosko* recalca comprensión en lugar de mera observación sensorial. Se aproxima bastante cerca al verbo hebreo *yadá*, que fue probablemente el que Jesús usó, y describe el conocimiento de tipo más íntimo (Génesis 3:5; 4:1).

Todavía más, conforme uno «conoce» la verdad, la persona es «hecha libre». El término griego sugiere liberación de esclavitud. Cuando alguien en el mundo antiguo se endeudaba más allá de su capacidad para pagar, una solución era intercambiar un término de esclavitud por alivio de la deuda. A veces el período de servicio podía ser el resto de la vida natural de uno. La deuda de que Jesús habla aquí, por supuesto, es la pena del pecado; la libertad es la liberación espiritual del juicio y la dádiva de la vida eterna.

La declaración de Jesús de que «la verdad los hará libres» se ha vuelto una especie de aforismo, y con derecho. Aunque su punto primario era espiritual y eterno, es un hecho que la verdad conduce a la libertad en el campo físico, temporal. Cualquier alcohólico en recuperación afirmará esto por experiencia. Cualquier drogadicto que ha estado «limpio y sobrio» por unos cuantos años dirá lo mismo. Al arreglar cuentas con la verdad de sus deseos, la verdad de sus orígenes e influencias y la verdad de sus responsabilidades personales, hallaron libertad. De hecho, cuánto pecador arrepentido afirmará el poder de la verdad para libertar; ¡incluyendo quien escribe estas palabras!

Como de costumbre, Jesús habló en múltiples niveles. Como de costumbre, los fariseos se concentraron en la interpretación literal. Y, siendo los hombres egocéntricos que eran, aplicaron la declaración de Jesús a su condición de descendientes de Abraham, por la cual ellos aducían superioridad racial, cultural y moral. Es más, ¡adujeron que jamás habían sido esclavos de nadie!

Egipto. Asiria. Babilonia. Persia. Macedonia. Siria. Roma. ¿Qué querrían decir? Tal vez nunca se sintieron obligados a adorar a un hombre como si fuera dios, a pesar de sus muchos amos políticos. A pesar del dominio y ocupación de Roma, los judíos podían adorar a Dios virtualmente, sin interferencia de parte de sus captores. Allí en el ambiente del templo, los fariseos tal vez señalaron el santuario como para preguntar: «¿Qué libertad necesitamos que no tengamos ya?»

Jesús aclaró el propósito de su declaración. El amo es el pecado. Su declaración en 8:35 de que «el esclavo no se queda para siempre en la familia; pero el hijo sí se queda en ella para siempre» tiene el propósito de destacar el estatus inferior de un esclavo. El viejo amo Pecado usa a la gente para sus propósitos perversos, y cuando el cuerpo del esclavo ya no sirve, se le desecha. El Hijo ha venido para libertar a los esclavos del pecado de su antiguo amo, permitiéndoles llegar a ser hijos de Dios.

―― 8:37-42 ――

Jesús afirmó que sus oyentes eran descendientes de Abraham, por lo menos en sentido físico. Su linaje común, sin embargo, acababa allí. Abraham es el antepasado espiritual de todos los que ponen su confianza en Dios debido a que han oído y obedecido la Palabra de Dios. Debido a que Jesús es la Palabra de Dios en carne humana, rechazarlo es rechazar a Dios. Por consiguiente, los judíos que no creían eran descendientes de Abraham solo de nombre.

En algunas versiones se encuentran diferentes pronombres en el versículo 38, pronombres que no existen en los manuscritos griegos más antiguos. Los traductores los han insertado basados en su mejor interpretación y en el hecho de que Dios y Satanás son los «padres» que se contrasta en los versículos 41 y 44. Si se dejan fuera los pronombres, la afirmación de Jesús es un imperativo. Después de reprochar a los fariseos por no acatar la palabra de Dios, los invita a ser verdaderos hebreos, ordenándoles: «Yo hablo lo que he visto con el Padre; por consiguiente, ustedes también deben hacer las cosas que han oído del Padre» (8:38, traducción mía). Esto encaja bien con los que sigue en el versículo 39.

Pero los fariseos, al no hacer las obras de su padre Abraham, rechazaron a su Dios. Esto, Jesús implicó, los hacía hijos de Satanás, el padre de la mentira y el máximo rebelde contra Dios. En lugar de que esto estimule reflexión y arrepentimiento, su acusación desató odio, que los fariseos expresaron con sorna en un tenuemente velado epíteto. La frase «nacidos de prostitución» claramente se dirige a la presuposición de que María concibió a Jesús ilegítimamente.

El Señor pasó por alto el insulto, tal como lo había hecho con los anteriores (v. 19), para reforzar su enseñanza previa de que estaba en la tierra para hacer la voluntad del Padre.

8:43-47

Habiendo invitado a los fariseos a creer en el Dios tal como su antepasado Abraham lo había hecho, y habiendo sentido el aguijonazo del insulto de ellos, Jesús dejó al desnudo la fuente de esa incredulidad: querían cumplir los deseos de Satanás, a quien llamó «padres» de ellos.

Un rasgo particular de Juan es su noción del universo como agudamente dividido entre luz y oscuridad, verdad y mentira, vida y muerte, el reino de Dios y «el mundo». Para Juan, no hay terreno medio. Y es tal vez este discurso que pone su perspectiva como cemento. Satanás está en todo en lo que Dios no está, y practicar el pecado es ponerse del lado de Satanás contra Dios (1 Jn 1:5-7). La razón llana y sencilla de los fariseos para rechazar a Jesús, el Verbo de Dios, era su dedicación al padre de las mentiras.

8:48-57

Los fariseos respondieron a la acusación de Jesús con el veneno típico, empezando con un insulto racial y luego con una contradicción diciendo que era él quien estaba controlado por Satanás. Con incisivo sarcasmo respondieron al reclamo de Jesús, «el que cumple mi palabra, nunca morirá», en forma típica: incredulidad basada en una interpretación espiritualmente miope. Jesús respondió como siempre, permitiendo que los enemigos de la verdad se dejen llevar por su propia presuposición rebelde.

Ya al final del encuentro, Jesús había puesto el hacha a la raíz de la rebelión de ellos: el orgullo. Jesús, aunque igual al Padre, no buscaba su propia gloria, sino que hacía todo para glorificar al Padre. Los fariseos, sin embargo, se glorificaban a sí mismos y luego se atrevían a rotular a Dios como la fuente de su gloria.

8:58-59

Jesús acabó su confrontación con los fariseos con otra afirmación sin ambigüedad de deidad, prece-

De mi diario

Hostilidad religiosa

Continuamente me asombra la hostilidad que puede generar un público religioso. Prefiero hablar ante los que no creen en nada que ante los que se sienten apasionadamente orgullosos de su religión.

Poco después de graduarme del seminario, fui a ministrar en la región de Nueva Inglaterra, donde se me pidió que participara en un panel de debate en la Universidad Brandeis. Se me había invitado para que representara las Escrituras desde la perspectiva de un evangélico conservador, particularmente en lo que tenía que ver con la identidad del Mesías. Los universitarios del público eran predominantemente judíos y reaccionaron con creciente hostilidad a cada una de mis respuestas. El fastidio apenas velado llevó al sarcasmo sutil, lo que dio paso a la hostilidad desenfrenada, acusación e insultos abiertos.

Recordemos que a mí se me invitó basado en mi creencia en Jesús como el Mesías. Mi posición no debería haber sido sorpresa para nadie.

Pocos años después, un seminario de inclinación liberal en la teología, de Texas, me invitó a que participara en un panel con otros tres hombres. Dos de nosotros representábamos lo que las Escrituras tienen para decir en cuanto a la deidad de Jesucristo y su lugar entre los demás sistemas de creencia del mundo. Esta vez el público era predominantemente cristiano; por lo menos en el sentido nominal del término. Más bien se les describiría con mayor precisión como religiosos con influencias cristianas. De nuevo, la misma experiencia.

Esto me enseñó una lección valiosa respecto al evangelio. Independientemente de cuál sea la religión, la verdad de Jesucristo despierta hostilidad cuando demuestra que todo esfuerzo humano para agradar a Dios es necedad. ¡Y nadie quiere descubrir que ha sido un necio!

dida por un solemne doble *amén*: «Antes de que Abraham naciera, Yo soy». Esto impulsó a los fariseos a que empezaran a recoger piedras para una ejecución inmediata bajo acusación de blasfemia.

Hallo trágicamente irónico que estos maestros de los manuscritos, dedicados guardianes de las Escrituras, presenciaron la vida y obras de Jesús, y sin embargo no lograron reconocer al Verbo viviente teniéndolo ante sus ojos. El Señor les había confiado a los judíos el cuidado y la proclamación de su Palabra. Estaban expuestos a la verdad de Dios a diario mientras que con fidelidad preservaban el texto con cuidado meticuloso, asegurándose de que cada generación sucesiva recibiera una copia transcrita con pureza de la inerrable Palabra de Dios. Preocupados por «toda jota y toda tilde», no pudieron conectar los puntos obvios.

Cuando la Fiesta de los Tabernáculos y la gran celebración de la cosecha llegaba a su fin, Jesús había cumplido su misión. Había cosechado creyentes cuyos corazones el Padre había preparado. Pero en lugar de una hoz, el Hijo de Dios usó una espada.

Aplicación
Cinco razones por las que las personas rechazan al Mesías

¿Por qué las personas rechazan a Jesús como el Mesías? Su encuentro con los expertos religiosos de Jerusalén destaca por lo menos cinco razones.

1. *Falta de conocimiento* (8:14). Algunos no reconocen a Jesús como el Mesías porque no tienen información adecuada sobre él. No se les ha informado, o lo que se les ha dicho es erróneo.

Mi esposa, Cynthia, y yo disfrutábamos de una cena con algunos amigos que se habían criado en otro país. Nos contaron lo que fue crecer sin ningún conocimiento de la Biblia, porque las Escrituras eran posesión exclusiva del clero, quienes eran los únicos que leían, interpretaban y aplicaban la Palabra de Dios. Por consiguiente, vivieron en completa ignorancia de Jesús. Una vez que pasaron a una cultura que promueve la lectura de la Biblia por toda persona, se asombraron al notar lo que se habían perdido. Ambos llegaron a la fe en Cristo y no podían aprender lo suficiente de la Palabra de Dios.

Por eso llevamos el evangelio a todo el mundo, para alcanzar a los que no saben.

2. *Falta de percepción* (8:15, 23). Los expertos religiosos «juzgaban según la carne». Es decir, discernían solo en términos naturales, físicos y empíricos. Carecían de una dimensión espiritual en su pensamiento, lo que les impedía comprender las verdades espirituales.

Algunos rechazan a Jesús como el Mesías porque se niegan a aceptar como real cualquier cosa que no puedan ver, tocar, pesar, medir o probar en un laboratorio. Los filósofos los llaman «materialistas», no porque valoren el dinero o las posesiones, sino porque piensan que el universo consiste solo de materia y energía. Para el materialista, nada existe más allá de lo tangible y todo se puede reducir a una explicación razonable, racional, cuantificable y científica.

Esto no es mera falta de conocimiento. Es una decisión de rechazar la realidad de cualquier cosa sobrenatural, «más allá de lo natural». Por consiguiente, las verdades espirituales no tienen más significado que el color rojo para un hombre ciego de nacimiento.

3. *Falta de apropiación* (8:37). Los expertos religiosos habían estado expuestos a la Palabra de Dios porque era su trabajo copiar los manuscritos, aprender los principios que contenían, y aplicarlos a la vida cotidiana. La nación de Israel había sido fundada sobre los libros de Moisés, tal como los Estados Unidos de América se establecieron mediante una constitución. Los sacerdotes y escribas, sin embargo, nunca permitieron que las letras de la página recorran el camino hasta sus corazones. No aplicaron lo que supuestamente atesoraban.

Lo que sigue es una ilustración más reciente de cómo es posible estudiar la verdad de Jesucristo, y, sin embargo, nunca apropiarse de ella:

> En Kalinovka, Rusia, la asistencia a la escuela dominical subió después de que el ministro empezó a repartir caramelos a los niños campesinos. Uno de los más fieles era un muchachito de nariz chata, belicoso, que recitaba las Escrituras con la piedad apropiada, se embolsaba la recompensa, y luego volaba a los campos para comérsela.
>
> El clérigo empezó a encariñarse con el muchacho, y lo persuadió para que asistiera a la escuela de la iglesia. Ofreciendo otros alicientes el ministro se las arregló para enseñarle al muchacho los cuatro Evangelios. El muchacho se ganó un premio especial aprendiéndose de memoria todos los cuatro y recitándolos de corrido en la iglesia[10].

Sesenta años más tarde, el muchacho todavía podía recitar todos los cuatro Evangelios, palabra por palabra. Hoy, su alma está quién sabe dónde; su cuerpo yace frío en la tierra bajo una lápida que tiene la inscripción de su nombre: Nikita Khrushchev. Conocía los Evangelios mejor que la mayoría de creyentes rusos genuinos y, sin embargo, al parecer sin apropiarse las verdades que contienen.

Este es un peligro en particular para los creyentes de segunda o tercera generación, que se benefician del conocimiento bíblico de otros y disfrutan de los beneficios de una cultura cristiana, y sin embargo no logran hacer propias las verdades de las Escrituras. Incluso es posible que hijos de padres consagrados dejen el nido, vivan sus vidas, y luego se vayan a la tumba sin haberse apropiado de las verdades que oyeron.

4. *Falta de deseo* (8:44). Los expertos religiosos seguían los deseos de sus propias naturalezas caídas en lugar de dejar al lado los intereses propios y obedecer a Dios.

He encontrado más de un individuo que se niega a aceptar la verdad de Jesucristo porque no quiere dejar un cierto estilo de vida que ha escogido, sin que importe cuán personalmente destructivo se haya vuelto. Los drogadictos nunca escogen la sobriedad en tanto y en cuanto amen su droga favorita; solo cuando llegan a detestar su dependencia tratarán de ponerle fin. Lo mismo es cierto de esfuerzos menos destructivos, y sin embargo igualmente inútiles, tales como la riqueza, la diversión, o relaciones personales ilícitas.

5. *Falta de humildad* (8:52-53). Los expertos religiosos rechazaron a Jesús como el Mesías porque pensaban que ya habían dejado atrás la necesidad de un Salvador. Pensaban que su linaje les

garantizaba la aprobación de Dios. Todavía más, pensaban que su conocimiento religioso y actividad religiosa les daba acceso exclusivo a la verdad.

Cuando una persona que empieza a mencionar su pedigrí o traer a colación un resumé, puedo estar razonablemente seguro de que no va a reconocer la verdad de Jesucristo. Hijos de padres muy buenos y consagrados, miembros de buena reputación de esta organización cristiana o de aquella; oficiales religiosos, autoridades denominacionales; graduados de muy buenas instituciones de educación superior; ninguno de ellos entrará en el cielo sin primero dejar a un lado el orgullo lo suficiente para recibir la gracia de Dios. Pero para recibir gracia, debemos primero reconocer nuestra desesperanza sin ella. Se requiere humildad reconocer la pecaminosidad del propio pecado de uno.

Muchas veces en mis años de ministerio he luchado con el temor de que muchas personas en nuestras iglesias están regularmente expuestas a la predicación y enseñanza de la palabra de Dios y, sin embargo, todavía no han recibido a Jesús como su propio Mesías. Naturalmente, no podemos ir por todos lados probando para ver quién es y quién no es un creyente genuino; pero no deberíamos dar por sentado que toda persona que asiste a nuestras congregaciones y clases ha nacido de nuevo.

De ciegos y fanfarrones (Juan 9:1-41)

¹A su paso, Jesús vio a un hombre que era ciego de nacimiento. ²Y sus discípulos le preguntaron:

—Rabí, para que este hombre haya nacido ciego, ¿quién pecó, él o sus padres?

³—Ni él pecó, ni sus padres —respondió Jesús—, sino que esto sucedió para que la obra de Dios se hiciera evidente en su vida. ⁴Mientras sea de día, tenemos que llevar a cabo la obra del que me envió. Viene la noche cuando nadie puede trabajar. ⁵Mientras esté yo en el mundo, luz soy del mundo.

⁶Dicho esto, escupió en el suelo, hizo barro con la saliva y se lo untó en los ojos al ciego, diciéndole:

⁷—Ve y lávate en el estanque de Siloé (que significa: Enviado).

El ciego fue y se lavó, y al volver ya veía.

⁸Sus vecinos y los que lo habían visto pedir limosna decían: «¿No es éste el que se sienta a mendigar?» ⁹Unos aseguraban: «Sí, es él». Otros decían: «No es él, sino que se le parece». Pero él insistía: «Soy yo».

¹⁰—¿Cómo entonces se te han abierto los ojos? —le preguntaron.

¹¹—Ese hombre que se llama Jesús hizo un poco de barro, me lo untó en los ojos y me dijo: "Ve y lávate en Siloé." Así que fui, me lavé, y entonces pude ver.

¹²—¿Y dónde está ese hombre? —le preguntaron.

—No lo sé —respondió.

¹³Llevaron ante los fariseos al que había sido ciego. ¹⁴Era sábado cuando Jesús hizo el barro y le abrió los ojos al ciego. ¹⁵Por eso los fariseos, a su vez, le preguntaron cómo había recibido la vista.

—Me untó barro en los ojos, me lavé, y ahora veo —respondió.

¹⁶Algunos de los fariseos comentaban: «Ese hombre no viene de parte de Dios, porque no respeta el sábado». Otros objetaban: «¿Cómo puede un pecador hacer semejantes señales?» Y había desacuerdo entre ellos.

¹⁷Por eso interrogaron de nuevo al ciego:

—¿Y qué opinas tú de él? Fue a ti a quien te abrió los ojos.

—Yo digo que es profeta —contestó.

¹⁸Pero los judíos no creían que el hombre hubiera sido ciego y que ahora viera, y hasta llamaron a sus padres ¹⁹y les preguntaron:

—¿Es éste su hijo, el que dicen ustedes que nació ciego? ¿Cómo es que ahora puede ver?

²⁰—Sabemos que éste es nuestro hijo —contestaron los padres—, y sabemos también que nació ciego. ²¹Lo que no sabemos es cómo ahora puede ver, ni quién le abrió los ojos. Pregúntenselo a él, que ya es mayor de edad y puede responder por sí mismo.

²²Sus padres contestaron así por miedo a los judíos, pues ya éstos habían convenido que se expulsara de la sinagoga a todo el que reconociera que Jesús era el Cristo. ²³Por eso dijeron sus padres: «Pregúntenselo a él, que ya es mayor de edad».

²⁴Por segunda vez llamaron los judíos al que había sido ciego, y le dijeron:

—Júralo por Dios. A nosotros nos consta que ese hombre es pecador.

²⁵—Si es pecador, no lo sé —respondió el hombre—. Lo único que sé es que yo era ciego y ahora veo.

²⁶Pero ellos le insistieron:

—¿Qué te hizo? ¿Cómo te abrió los ojos?

²⁷—Ya les dije y no me hicieron caso. ¿Por qué quieren oírlo de nuevo? ¿Es que también ustedes quieren hacerse sus discípulos?

²⁸Entonces lo insultaron y le dijeron:

—¡Discípulo de ése lo serás tú! ¡Nosotros somos discípulos de Moisés! ²⁹Y sabemos que a Moisés le habló Dios; pero de éste no sabemos ni de dónde salió.

³⁰—¡Allí está lo sorprendente! —respondió el hombre—: que ustedes no sepan de dónde salió, y que a mí me haya abierto los ojos. ³¹Sabemos que Dios no escucha a los pecadores, pero sí a los piadosos y a quienes hacen su voluntad. ³²Jamás se ha sabido que alguien le haya abierto los ojos a uno que nació ciego. ³³Si este hombre no viniera de parte de Dios, no podría hacer nada.

³⁴Ellos replicaron:

—Tú, que naciste sumido en pecado, ¿vas a darnos lecciones?

Y lo expulsaron.

³⁵Jesús se enteró de que habían expulsado a aquel hombre, y al encontrarlo le preguntó:

—¿Crees en el Hijo del hombre?

³⁶—¿Quién es, Señor? Dímelo, para que crea en él.

³⁷—Pues ya lo has visto —le contestó Jesús—; es el que está hablando contigo.

³⁸—Creo, Señor —declaró el hombre.

Y, postrándose, lo adoró.

³⁹Entonces Jesús dijo:

—Yo he venido a este mundo para juzgarlo, para que los ciegos vean, y los que ven se queden ciegos.

⁴⁰Algunos fariseos que estaban con él, al oírlo hablar así, le preguntaron:
—¿Qué? ¿Acaso también nosotros somos ciegos?
⁴¹Jesús les contestó:
—Si fueran ciegos, no serían culpables de pecado, pero como afirman que ven, su pecado permanece.

Imagínese cómo sería la vida si usted hubiera nacido sin la capacidad de ver. Un ciego puede sentir el calor de la luz del sol en su cara, pero la belleza de una puesta del sol se puede experimentar solo con los propios ojos de uno. Esa persona puede inhalar los aromas de un jardín, pero las palabras *rojo, amarillo, púrpura* y *verde* no tienen sentido para ella. Puede oír el estruendo de las olas e incluso saborear el aire salino en algún lugar de veraneo junto al mar, pero los diferentes matices de color azul y verde de los océanos, la vista de una ola gigantesca, y el brillo de las arenas blancas son bellezas que él nunca percibirá. Las experiencias más ricas de la vida se pierden o disminuyen sin la capacidad de ver, y sin embargo aquellos que nacen sin la vista literalmente no saben lo que se están perdiendo. Su perspectiva está limitada a su propia experiencia. Si no fuera por el testimonio de amigos y seres queridos videntes, los que nacen ciegos jamás sospecharían que se están perdiendo algo.

¡Qué metáfora perfecta para ilustrar la suerte de los que viven en la oscuridad del pecado: usted, yo, toda persona nacida de un padre humano! Todos nacemos espiritualmente ciegos, legado que se nos han dado a través de las generaciones de la humanidad. Todavía más, nacemos en un mundo que ha sido torcido por el pecado y el mal, así que antes de que un nene pueda respirar por primera vez fuera del vientre, ya sufre las consecuencias del pecado humano; el pecado colectivo de la humanidad pasada y los pecados particulares de los individuos en el presente.

Dios creó el mundo «bueno» (Génesis 1:31) y le dio a los seres humanos la dignidad de ser mayordomos de la creación como sus vice regentes (Génesis 1:26-28) *¡y ellos lo echaron todo a perder!* La responsabilidad por el estado presente del mundo es nuestra como seres humanos, la culpa es nuestra como humanidad, y a diario añadimos el problema del mal como individuos haciendo lo que no deberíamos y al no hacer lo que sí deberíamos. Debido a este sistema de pecado del mundo, hemos nacido espiritualmente ciegos en un mundo poblado exclusivamente por personas espiritualmente ciegas de nacimiento; por consiguiente, no sabríamos lo que estamos perdiéndonos si no fuera por un suceso milagroso en el cual la Luz del mundo entró en el mundo en carne, hueso y sangre de humanidad con el propósito de darnos vista.

En algún momento después de la Fiesta de los Tabernáculos pero antes de la Fiesta de la Dedicación (10:22), en algún lugar de la vieja ciudad de Jerusalén, Jesús y sus discípulos encontraron a un hombre que había nacido ciego. Conforme se desarrolla el relato, aprendemos que este encuentro «casual» había sido programado desde el principio del tiempo, y que a la aflicción «sin sentido» del hombre le había sido dado un propósito divino desde el mismo principio de la creación.

9:1

Juan provee poco detalle en cuanto al tiempo y lugar de este encuentro porque es una continuación lógica del choque creciente de Jesús con la élite religiosa de Jerusalén. Sabemos que tuvo lugar después de la Fiesta de los Tabernáculos (septiembre-octubre) y antes de Jánuca (noviembre-diciembre), en algún lugar en Jerusalén, pero fuera del edificio del templo. Juan presenta el episodio como espontáneo en el sentido de que Jesús no tenía la reunión señalada en su calendario de compromisos. De hecho, el apóstol da la impresión de que el encuentro fue una mera coincidencia; pero no se equivoque, el aire de casualidad es intencional.

Juan de manera ingeniosa nos permite aceptar el incidente como casual solo para revelar la verdad. En tanto que el pecado ha convertido el mundo en una ruina caótica, el Creador introduce orden. En donde el sistema de pecado del mundo al azar y de manera caprichosa causa aflicción, el Señor da propósito a la desdicha; para su propia gloria y el bien de los que creen.

Algunas cosas nunca cambian.

9:2-4

En la antigua Judea los discapacitados acostumbraban colocarse en algún lugar en calles bien transitadas que conducían al templo; espectáculo común incluso hoy cerca de sitios religiosos. En tanto que el hombre que había nacido ciego sin duda se unió a muchos otros ese día, atrajo la atención de los discípulos más que los demás; probablemente porque su condición era congénita antes que resultado de la enfermedad o lesión. Su discapacidad despertó curiosidad. La pregunta de los discípulos reflejó un concepto común del pecado en el judaísmo del primer siglo, que tristemente es también común en el día de hoy. Los discípulos vieron la aflicción del hombre como castigo del pecado de alguien, bien sea de él mismo o el de sus padres. Es naturaleza humana buscar alguien a quien echarle la culpa.

Los fariseos y especialmente sus contrapartes religiosos, los saduceos, consideraban toda desdicha como resultado directo del pecado de alguien. El mundo religioso intenta reducir la vida a términos fácilmente cuantificables en el cual los buenos obtienen bendición en tanto que la aflicción es castigo por hacer el mal. Es la base del «derecho divino de los reyes» y excusa fácil para ignorar a los que necesitan misericordia.

No debemos ser demasiado duros con los discípulos; ellos meramente entendían el mundo según les había sido enseñado. Su teología era el resultado de generaciones de ciegos guiando a ciegos. La manera en que trataron al ciego de nacimiento me entristece más que su ignorancia. Los discípulos miraron al hombre nada más que como un interesante caso de estudio teológico, y no como un semejante que necesitaba compasión. Su falta de emoción me perturba.

Jesús respondió a la pregunta de manera directa y luego les dio a los discípulos un principio teológico que se puede aplicar para cualquier caso de aflicción o adversidad. Dios no causó la aflicción del hombre; el mundo hizo eso. Con todo, el Señor dio a la aflicción del hombre

> **DIOS NO DISFRAZA SU IRA**
>
> He oído a más de un padre o madre de un niño discapacitado preguntar: *¿Causó acaso el pecado de alguien la discapacidad o anormalidad de mi hijo? ¿Es mi culpa?*
>
> La respuesta es complicada porque involucra dos cuestiones distintas que nosotros con frecuencia combinamos: las cuestiones de las consecuencias y el castigo divino. Permítame decir esto con toda claridad: no son lo mismo. Dios interviene, pero no de la manera en que nosotros pensamos de manera natural.
>
> Por un lado, Dios por lo general permite que nuestras acciones produzcan las consecuencias naturales. Antes de que actuemos, él instruye, advierte, y a menudo interviene. Siempre nos pone en la mejor posición para que escojamos bien, y nunca nos permite que seamos tentados más allá de lo que podemos aguantar. Una vez que tomamos nuestra decisión, sin embargo, él nos permite que cosechemos lo que hemos sembrado.
>
> El uso de drogas ilícitas, el uso del licor, y el fumar cigarrillos pueden dañar a un feto en desarrollo, por lo general resultando en algún tipo de complicación. Los pecados y las decisiones malas producen consecuencias no deseadas que pueden parecer como castigo. Estos efectos negativos no son castigo divino, sin embargo, sino gracia divina. El cosechar el fruto desdichado de lo que hemos sembrado nos enseña a ser mayordomos responsables de nuestra propia libertad. Dios, en su gracia, usa las consecuencias de nuestro pecado e incluso de los pecados del mundo para disciplinarnos e instruirnos.
>
> El castigo divino, por otro lado, es un producto muy real del pecado. No viene de la misma manera como las consecuencias naturales, sino por ira sobrenatural. Dios no disfraza su ira contra el pecado; él no reparte aflicciones como un adolescente enfurruñado, pasivo y agresivo con poder ilimitado.

un propósito divino determinado desde antes de que algo haya sido creado. El ciego se hallaba en la intersección de la aflicción del mundo y la decisión preordenada de Dios de convertir su ceguera en una ocasión de regocijo; él estaba a la espera del momento preordenado cuando Cristo «por casualidad» pasaría por allí y cumpliría la misión de su Padre.

Hay que tomar nota del uso del Señor de los pronombres en esta traducción literal del versículo 4: «*Nos* es necesario obrar las obras del que *me* envió». La «obra de Dios» es traer salvación a la humanidad a fin de redimir a los que creen. Jesús vino para completar la obra de Dios mediante obras específicas en completa obediencia, y nos llama a que hagamos lo mismo. El Señor entonces usó la ilustración del día y la noche para advertir que su tiempo en la tierra pronto llegaría a su fin; lo que ilustra otra verdad teológica: el tiempo de la gracia es limitado antes de que el mundo sufra el castigo último de Dios.

— 9:5-7 —

Tan pronto como Jesús terminó de corregir la teología defectuosa de sus discípulos, declaró: «Yo soy la luz del mundo», y luego le dio la vista al hombre. Escupió en la tierra, mezcló la saliva con la sustancia de la que fue creado el hombre (Génesis 2:7), y luego untó el lodo sobre los ojos del ciego. En esta acción Jesús afirmó su autoridad sobre las discapacidades, el pecado, la mala teología, la religión, el templo, el sabbat, e incluso las autoridades religiosas que se oponían a él. Tuvo esta oportunidad debido a que un infante llegó a este mundo décadas antes sin la capacidad de ver.

Podemos solo especular por qué el Señor usó una mezcla de saliva y tierra para sanar al hombre. El método es similar a una fórmula mágica para sanar en el *asklepieion* (ver comentarios sobre 5:1-2) y similar a su método para sanar a otros (Marcos 7:33; 8:23). No se nos dice por qué envió al hombre a que se lavara en el estanque llamado *Siloé* por los hebreos. Juan añade una nota editorial de que el nombre hebreo se basa en el verbo «enviar», pero no sabemos a ciencia cierta por qué consideró esto importante.

Sería especulación ociosa tratar de adivinar lo que no sabemos. Lo que sí sabemos es esto: El Padre envió a Jesús, Jesús envió al ciego al estanque con instrucciones específicas, el hombre siguió las instrucciones de Jesús al pie de la letra, y recibió la vista, tal como le fue prometido.

— 9:8-12 —

Trate de imaginarse la escena. La comunidad del hombre le había conocido bien, sin duda porque sus años de pedir limosna le habían hecho una parte del templo. Los fariseos sentían lástima de él por el mal causado por el pecado, los saduceos expresaban entre dientes aprobación condescendiente por la justicia de Dios, unos pocos mostraban compasión, en tanto que otros silenciaran el tintineo de las monedas mientras pasaban de puntillas. De repente, un día, este mismo hombre entra saltando en el templo sin su bastón y canasta de mendigo, mara-

> Cuando castiga el pecado, asume responsabilidad personal, no deja campo para el cuestionamiento, su castigo por el pecado es severo, y es para siempre. El castigo por el pecado no viene indirectamente mediante el mundo, sino directamente de Dios mismo.
>
> Felizmente, el castigo por el pecado ha sido postergado hasta el fin de la vida física de los individuos, o el «fin de los días» del mundo. Hasta entonces, a nosotros se nos ha dado una oportunidad de gracia, un período de gracia durante el cual cada uno de nosotros se nos ha dado una elección.
>
> Cuando Cristo murió en la cruz, él tomó nuestros pecados sobre sí mismo y soportó la ira de Dios por nosotros. Si usted ha recibido su dádiva de gracia creyendo en él, nunca experimentará la ira —el castigo divino— que se merece. En su gracia, Jesús lo llevó todo y no dejó nada para usted. Nada.
>
> Sin embargo, si usted escoge confiar en su propia bondad o espera que sus buenas obras de alguna manera le purificarán o contrarrestarán su mala conducta, si usted rechaza la dádiva de Dios, la ira de Dios le espera. Cuando usted muera, o si el Señor vuelve antes, con toda certeza que usted sufrirá el castigo divino por sus pecados; pero no antes. Aunque continúe viviendo en rebelión, el Señor usa las consecuencias de sus pecados y malas decisiones para enseñarle; mientras que a la vez le extiende la oferta de comunión con él.
>
> Dios no causa el pecado ni atiza la tentación, ni tampoco participa en el mal. Pero él usa para sus propios propósitos los tristes resultados del pecado y malas decisiones. Cuando Jesús y sus discípulos encontraron a un hombre ciego de nacimiento, defecto congénito, él aprovechó la oportunidad para aclarar este mismo asunto[11].

villándose por el esplendor de la casa de Dios. Asombrosamente, los que estaban allí notan una cara familiar; y sin embargo, no logran ver la verdad de lo que había sucedido.

Vemos abundancia de debate y oímos muchas preguntas, pero ¿dónde estaba la emoción? ¿Dónde estaba la alegría por este hombre que había sido milagrosamente sanado? En lugar de llevarle a una celebración, lo arrastran a una inquisición. Lo hacen comparecer ante los fariseos para responder por su curación, como si hubiera hecho algo malo.

Desde el punto de vista de los fariseos, algo andaba en verdad muy mal. Recuerde la pregunta original de los discípulos, que empezó con la ampliamente sostenida presuposición de que la aflicción física era prueba positiva de que alguien había pecado y estaba sufriendo el castigo de Dios. La curación repentina y a todas luces milagrosa del hombre puso en tela de duda todo lo que los fariseos sabían en cuanto a Dios, el pecado, y la justicia. *¿Acaso el Señor había cambiado de opinión? ¿Acaso dejó a un lado la justicia? ¿Ya no era el hombre culpable de pecado?* Las preguntas teológicas eclipsaron la celebración gozosa. ¡Asombroso!

— 9:13-17 —

La narración de Juan típicamente comprime el tiempo. El versículo 14 sugiere que la inquisición del hombre tuvo lugar algún tiempo después del sabbat, tal vez unos pocos días más tarde. Cuando le preguntaron cómo había recibido la vista, él meramente relató los sucesos, que establecen el patrón para el resto de su interacción. Los fariseos querían que el hombre responda teológicamente; sin embargo, el hombre se aferró firmemente a los hechos. En tanto que los fariseos trataron de torcer los hechos para que encajen en sus nociones preconcebidas, el hombre ni se movió de su perspectiva de fondo, excepto para decir que Jesús era «profeta»; es decir, uno que Dios había enviado para que proclame su palabra.

— 9:18-23 —

Los fariseos tenían un problema entre manos. Desesperadamente necesitaban desacreditar a Jesús a fin de mantener su superioridad moral ante la gente. Sin embargo, incluso de acuerdo a su propia tradición, solamente un hombre auténtico de Dios podía obrar «señales» milagrosas (3:2; 9:16). Por consiguiente, había que desacreditar el milagro. Pero debido a que el hombre no quería cooperar, los dirigentes religiosos llamaron a los padres, esperando descubrir algún dato adicional que respaldaría su causa predeterminada.

Esta no era una búsqueda de la verdad. Era un cernido deliberado de los hechos, en el cual la evidencia inconveniente se hace a un lado a favor de lo que apoye un caso condenatorio contra el enemigo de los fariseos.

La campaña de temor e intimidación de los fariseos ya era bien conocida para ese tiempo, así que los padres no ofrecieron nada más que los puros hechos mientras que volvían a dirigirlos al hijo. Ellos dijeron, en efecto: «Él no es nuestra responsabilidad; si alguien debe recibir castigo por su testimonio, castíguenlo a él».

— 9:24-29 —

Los fariseos lucharon por apuntalar un caso contra Jesús, y eso los llevó a la desesperación. La frase con que empiezan la segunda inquisición del hombre revela su conclusión predeterminada, a pesar de la abrumadora evidencia al contrario.

Tome nota de la conversación. Los fariseos tratan de persuadir al hombre que concuerde con su conclusión de que Jesús era un «pecador», pero el hombre sigue volviendo a los hechos. Así que los fariseos intentaron cernir de nuevo los hechos, tal vez para hallar alguna inconsistencia en el testimonio del hombre. La respuesta del hombre (v. 27) destaca lo absurdo del cuestionamiento, lo que enfureció a los fariseos, quienes entonces recurrieron a la intimidación.

— 9:30-34 —

Al principio de la inquisición, el hombre mantuvo una posición neutral respecto a Jesús. La pregunta de la identidad de Jesús y si era pecador no le preocupaba. Solo sabía lo que su experiencia le decía: antes era ciego, ahora podía ver. Hacia el fin, sin embargo, el absurdo esfuerzo de los fariseos por condenar a Jesús meramente empujó al hombre más cerca de la creencia genuina. Su respuesta final a los fariseos no podía haber sido más diferente de la del inválido junto al estanque de Betzatá (5:11-15).

El contraste entre el hombre y los fariseos no podía haber sido más conspicuo, tampoco, un hecho que él destaca en sus palabras finales. Los dirigentes religiosos sabían las Escrituras mejor que nadie, y habían recibido educación en historia hebrea y teología. Y sin embargo, el hombre nacido ciego (presumiblemente debido a que Dios castigó el pecado) no tuvo dificultad para reunir los hechos y llegar a una conclusión obvia. Su respuesta descansaba en las mismas tradiciones teológicas que los fariseos consideraban más preciadas.

Al final de la inquisición, los fariseos no tuvieron otra opción que hacer a un lado los hechos y sacar a relucir su naipe preferido: su posición superior de poder. En mi experiencia, es una clara admisión de derrota cuando alguien empieza a echar mano a su hoja de vida en medio de un debate. Es incluso más claro cuando la persona recurre al uso del poder para silenciar a su opositor. Los fariseos esencialmente admitieron: «No tenemos una respuesta, así que lo excomulgamos».

— 9:35-38 —

La negativa del hombre para hacer a un lado la verdad en cuanto a Jesús es paralela al milagro de la vista. Quería ver a Jesús tal como es, en tanto que los fariseos querían una excusa para rechazar a Jesús. Y sin embargo, en tanto que el hombre demostró valor nada común a pesar de las graves consecuencias de la excomunión, él no conocía a Cristo como Salvador. Por consiguiente, Jesús le «halló» (cf. 1:41-45; 5:14). Para ese entonces, su corazón ya había sido preparado para la invitación del Señor, así que la respuesta inmediata fue adoración.

— 9:39-41 —

A primera vista, la afirmación de Jesús parece contradecir 3:17, pero la ligera diferencia entre la palabra griega *krisis* (3:17) y *krima* (9:39) es significativa. *Krisis* es la acción de juzgar; *krima* es el resultado. En 3:17 Jesús declaró que su propósito para venir a la tierra no fue considerar a las personas responsables por el pecado o sentarse para juzgar; él lo hará cuando regrese (Daniel 7:13-14; Apocalipsis 20:11-15). Cada encuentro con Jesús llegó a ser un momento de verdad, sin embargo, en el cual la respuesta del individuo a la luz reveló el destino eterno de aquel individuo (3:19-21); la verdadera naturaleza del bien y mal queda expuesta cuando está sujeta a la luz de Cristo.

Los fariseos no se perdieron el punto, y cuestionaron a Jesús con la pregunta: «¿Acaso también nosotros somos ciegos?» La estructura de la pregunta en el lenguaje original indica que quien la hace espera una respuesta negativa. En otras palabras, los fariseos esperaban que Jesús dijera: «¡Vamos, no, por supuesto que ustedes no están ciegos!» Pero Jesús no cooperó; él sabía que ellos eran ciegos espiritualmente.

La respuesta de Jesús forma una paradoja. Los que son ciegos espirituales no piensan que se están perdiendo nada y por consiguiente niegan su necesidad. Los que «ven» son los que admiten su necesidad de vista espiritual. Los ciegos espirituales esconden su pecado a fin de fanfarronear ante sí mismos y ante los demás para pensar que no necesitan salvación. Los que tienen vista espiritual de buen grado reconocen su propio pecado y su desesperada necesidad de un Salvador.

El relato del ciego de nacimiento, que recibió la vista, y los fariseos, que fanfarroneando se abrieron paso por su ceguera, me recuerda de un viejo dicho que aprendí cuando muchacho: «No hay más ciego que el que no quiere ver». Juan advirtió de esto en su prólogo:

> Esa luz verdadera, la que alumbra a todo ser humano, venía a este mundo. El que era la luz ya estaba en el mundo, y el mundo fue creado por medio de él, pero el mundo no lo reconoció. Vino a lo que era suyo, pero los suyos no lo recibieron. Mas a cuantos lo recibieron, a los que creen en su nombre, les dio el derecho de ser hijos de Dios. Éstos no nacen de la sangre, ni por deseos naturales, ni por voluntad humana, sino que nacen de Dios (Juan 1:9-13).

Aplicación

Como responder a la intimidación

Por muchas razones, algunos se aíslan de la verdad; y en su mayor parte, cosechan las consecuencias sin afectar a nadie que los rodea. Cuando esas personas ocupan cargos de autoridad, sin embargo, los que dicen la verdad se enfrentan a un dilema incómodo: suprimir la verdad, o ponerse en contra del liderazgo. El hombre que nació ciego encontró precisamente este dilema después de que el Señor le dio la vista. Los expertos religiosos que gobernaban el templo no podían negar el milagro, así que aplicaron presión a fin de silenciar el testimonio del hombre y de esa manera desacreditar a Jesús. Pero el hombre se negó a seguirles el juego.

En la respuesta del hombre veo un modelo digno de seguir cuando alguien que está en autoridad trata de silenciar la verdad mediante la intimidación.

1. *El hombre apeló a hechos innegables* (9:15, 25, 32). Las autoridades que silencian la verdad mediante la intimidación esperan hacer un enemigo de la persona que la proclama y luego buscar vindicación destruyendo o silenciando a su blanco. Apelar a los hechos cambia el enfoque del debate de vuelta a donde pertenece: objetividad impersonal antes que opinión personal. Dice, en efecto: «La verdad es tu amenaza real, no yo».

2. *El hombre respondió de manera directa, pero con brevedad* (9:17). Los esfuerzos por hacer a un lado, minimizar, o suavizar la verdad nunca logra nada. Tampoco los esfuerzos de convertir a los enemigos de la verdad. De hecho, más palabras proveen mayor oportunidad para convertir el debate en un conflicto personal, que es lo que se proponen las autoridades que usan intimidación. Responder de manera directa y breve deja a los enemigos de la verdad con menos munición con la cual destruir a su blanco.

3. *El hombre rehusó discutir* (9:26-27). Las autoridades que silencian la verdad mediante la intimidación esperan hallar alguna inconsistencia o alguna manera de producir duda al pedir que su blanco repita hechos como opiniones. Negarse a discutir les niega a los enemigos de la verdad toda oportunidad de convertir el debate en cuestión personal.

4. *El hombre se mantuvo sin miedo y resuelto* (9:30-33). Como los antiguos teólogos nos han enseñado: «Toda verdad es verdad de Dios». Apartarse de la verdad es ponerse en contraposición con Dios. Y sin embargo, las autoridades que silencian la verdad mediante la intimidación tratan de convencer a sus víctimas que deben temer su poder antes que el de Dios. El resolver aferrarse fuertemente a la verdad les priva a los enemigos de la verdad el poder de intimidar.

Para el fin de este encuentro, la élite religiosa se había puesto en ridículo cuando sus tácticas no lograron nada. Cuando la verdad los derrotó, volvieron a apoyarse en sus endebles credenciales y entonces abusaron de su poder (9:34). En tanto que el hombre sufrió algunas consecuencias negativas, ganó más de lo que perdió. Su separación de la institución religiosa corrupta le permitió recibir nueva vida en Jesucristo.

La puerta viva (Juan 10:1-42)

¹»Ciertamente les aseguro que el que no entra por la puerta al redil de las ovejas, sino que trepa y se mete por otro lado, es un ladrón y un bandido. ²El que entra por la puerta es el pastor de las ovejas. ³El portero le abre la puerta, y las ovejas oyen su voz. Llama por nombre a las ovejas y las saca del redil. ⁴Cuando ya ha sacado a todas las que son suyas, va delante de ellas, y las ovejas lo siguen porque reconocen su voz. ⁵Pero a un desconocido jamás lo siguen; más bien, huyen de él porque no reconocen voces extrañas.

⁶Jesús les puso este ejemplo, pero ellos no captaron el sentido de sus palabras. ⁷Por eso volvió a decirles: «Ciertamente les aseguro que yo soy la puerta de las ovejas. ⁸Todos los que vinieron antes de mí eran unos ladrones y unos bandidos, pero las ovejas no les hicieron caso. ⁹Yo soy la puerta; el que entre por esta puerta, que soy yo, será salvo. Se moverá con entera libertad, y hallará pastos. ¹⁰El ladrón no viene más que a robar, matar y destruir; yo he venido para que tengan vida, y la tengan en abundancia.

¹¹»Yo soy el buen pastor. El buen pastor da su vida por las ovejas. ¹²El asalariado no es el pastor, y a él no le pertenecen las ovejas. Cuando ve que el lobo se acerca, abandona las ovejas y huye; entonces el lobo ataca al rebaño y lo dispersa. ¹³Y ese hombre huye porque, siendo asalariado, no le importan las ovejas.

¹⁴»Yo soy el buen pastor; conozco a mis ovejas, y ellas me conocen a mí, ¹⁵así como el Padre me conoce a mí y yo lo conozco a él, y doy mi vida por las ovejas. ¹⁶Tengo otras ovejas que no son de este redil, y también a ellas debo traerlas. Así ellas escucharán mi voz, y habrá un solo rebaño y un solo pastor. ¹⁷Por eso me ama el Padre: porque entrego mi vida para volver a recibirla. ¹⁸Nadie me la arrebata, sino que yo la entrego por mi propia voluntad. Tengo autoridad para entregarla, y tengo también autoridad para volver a recibirla. Éste es el mandamiento que recibí de mi Padre».

¹⁹De nuevo las palabras de Jesús fueron motivo de disensión entre los judíos. ²⁰Muchos de ellos decían: «Está endemoniado y loco de remate. ¿Para qué hacerle caso?» ²¹Pero otros opinaban: «Estas palabras no son de un endemoniado. ¿Puede acaso un demonio abrirles los ojos a los ciegos?»

²²Por esos días se celebraba en Jerusalén la fiesta de la Dedicación. Era invierno, ²³y Jesús andaba en el templo, por el pórtico de Salomón. ²⁴Entonces lo rodearon los judíos y le preguntaron:

—¿Hasta cuándo vas a tenernos en suspenso? Si tú eres el Cristo, dínoslo con franqueza.

²⁵—Ya se lo he dicho a ustedes, y no lo creen. Las obras que hago en nombre de mi Padre son las que me acreditan, ²⁶pero ustedes no creen porque no son de mi rebaño. ²⁷Mis ovejas oyen mi voz; yo las conozco y ellas me siguen. ²⁸Yo les doy vida eterna, y nunca perecerán, ni nadie podrá arrebatármelas de la mano. ²⁹Mi Padre, que me las ha dado, es más grande que todos; y de la mano del Padre nadie las puede arrebatar. ³⁰El Padre y yo somos uno.

³¹Una vez más los judíos tomaron piedras para arrojárselas, ³²pero Jesús les dijo:

—Yo les he mostrado muchas obras irreprochables que proceden del Padre. ¿Por cuál de ellas me quieren apedrear?

³³—No te apedreamos por ninguna de ellas sino por blasfemia; porque tú, siendo hombre, te haces pasar por Dios.

³⁴—¿Y acaso —respondió Jesús— no está escrito en su ley: "Yo he dicho que ustedes son dioses"? ³⁵Si Dios llamó "dioses" a aquellos para quienes vino la palabra (y la Escritura no puede ser quebrantada), ³⁶¿por qué acusan de blasfemia a quien el Padre apartó para sí y envió al mundo? ¿Tan solo porque dijo: "Yo soy el Hijo de Dios"? ³⁷Si no hago las obras de mi Padre, no me crean. ³⁸Pero si las hago, aunque no me crean a mí, crean a mis obras, para que sepan y entiendan que el Padre está en mí, y que yo estoy en el Padre.

³⁹Nuevamente intentaron arrestarlo, pero él se les escapó de las manos.

⁴⁰Volvió Jesús al otro lado del Jordán, al lugar donde Juan había estado bautizando antes; y allí se quedó. ⁴¹Mucha gente acudía a él, y decía: «Aunque Juan nunca hizo ninguna señal milagrosa, todo lo que dijo acerca de este hombre era verdad». ⁴²Y muchos en aquel lugar creyeron en Jesús.

Si un cuadro vale mil palabras, un símbolo vale mil conferencias. Jesús entendió el poder de una imagen familiar para desentrañar los misterios del cielo. Ninguna vista era más común en Judea del primer siglo que el de un pastor conduciendo a sus ovejas. No menos común que ver gente conduciendo automóviles hoy. Lamentablemente, estamos a miles de kilómetros y a varios cientos de años de distancia del ambiente original. Además, pocos de nosotros hemos tenido experiencia de primera mano con animales de algún tipo, especialmente ovejas. Por consiguiente, la analogía de Jesús no resuena tan profunda para nosotros como lo fue para los hombres y mujeres de su tiempo. Con algo de trasfondo histórico y cultural, no obstante, podemos aprender mucho de los símbolos que Jesús utilizó para describirse a sí mismo. Para las ovejas pérdidas de Israel, él era la puerta viva y el buen pastor.

A diferencia de muchos ganaderos en Europa, que crían ovejas para comida, los pastores de Judea del primer siglo criaban ovejas por su lana. Los animales pastaban y desarrollaban espesas capas de lana, la cual trasquilaban y vendían por una suma significativa de dinero. Naturalmente, mientras más numeroso el rebaño de un pastor, mayores eran sus ingresos, así que la pérdida de un solo animal le costaba no solo unas cuantas libras de lana por temporada, sino también la posibilidad de tener más ovejas. Por consiguiente, cuidaba y protegía con esmero a cada animal, a menudo por décadas. Sacrificaba su propia comodidad a fin de proveer pastos seguros durante el día y arriesgaba su propia seguridad para guardar el rebaño contra ladrones y depredadores durante la noche. En consecuencia, no era raro que un pastor conociera muy bien a cada uno de sus animales y a cada uno le llamara por su nombre.

Un buen pastor nunca permitía que su rebaño permaneciera a campo abierto cuando caía la noche; los ladrones y animales salvajes podían aprovecharse de la oscuridad para robar y matar. Si el potrero estaba cerca de la población, llevaban a las ovejas del campo a un redil comunitario, guardado por un guardián designado. En la mañana, los pastores conducían a sus ovejas de nuevo a pastar. Durante los meses templados, los pastores con frecuencia llevaban a sus rebaños a lugares desiertos para buscar pastos adecuados. Siempre permanecían con ellos, acampando bajo las estrellas a veces por semanas. Cuando caía la oscuridad cada noche, acorralaban a su rebaño en una cueva o en algún otro lugar natural cerrado y dormían a la entrada, convirtiéndose de esta manera, por así decirlo, en una puerta viva.

Los pastores con frecuencia trabajaban juntos, e incluso usaban el mismo lugar cerrado durante la noche. A la mañana siguiente, podían separar los rebaños llamándolos en direcciones opuestas. H. V. Morton presenció esto en persona durante sus viajes en Israel en 1934:

> Temprano una mañana presencié una vista extraordinaria no lejos de Belén. Dos pastores evidentemente habían pasado la noche con sus rebaños en una cueva. Las ovejas estaban todas mezcladas, y había llegado la hora para que los pastores marcharan en direcciones diferentes. Uno de ellos se paró a cierta distancia de las ovejas y empezó a llamarlas. Primero una, luego otra, después cuatro o cinco animales corrieron hacia él, y así hasta que hubo contado todo su rebaño[12].

El relato de Juan es único entre los Evangelios porque no menciona ninguna de las parábolas del Señor; lo que sí hace, sin embargo, es registrar su uso de lenguaje figurado y metáforas extendidas. Este autorretrato como «el buen pastor» deriva de una imagen familiar pintada en la profecía del Antiguo Testamento (Jeremías 23; Ezequiel 34; Zacarías 11), en el cual el Señor advierte a los líderes espirituales infieles de Israel que vendrá para hacer el trabajo de pastor por sí mismo. Jesús afirmó ser el cumplimiento de esa promesa largamente esperada. Las autoridades religiosas fueron lentas para comprender las implicaciones, pero a su tiempo las entendieron.

— 10:1-6 —

Juan presenta este próximo discurso como una continuación lógica del último, sin proveer ninguna información en cuanto a tiempo y lugar del suceso. Esto no es raro en él. A menos que los detalles en cuanto al escenario puedan proveer alguna noción adicional, Juan los deja fuera. Es probable que este discurso tuvo lugar varias semanas después como parte de una conversación extendida con múltiples públicos de fariseos (cf. v. 22).

El punto primario de su metáfora tiene que ver con el papel de la verdad en el mundo. Jesús rara vez presentó la verdad a fin de convertir en creyentes a los que no lo son. Con más frecuencia, la verdad llegó a ser su medio de sacar del mundo a los creyentes. Empezando con la alimentación de la multitud en el desierto (capítulo 6) y los discursos que siguieron, Jesús meramente enseñó la verdad sin barniz en cuanto a su identidad, y su rebaño empezó a dividirse. Los creyentes genuinos seguían la voz de su amo. No así los que no eran de «los suyos» (6:44, 65; 8:43, 47; 10:14). Las observaciones de H. V. Morton de lo que vio cerca de Jericó son especialmente útiles:

> [El pastor del Cercano Oriente] nunca arrea [a su rebaño] como nuestros pastores arrean a sus ovejas. Siempre camina delante, conduciéndolas por caminos y colinas a un nuevo pasto; y, conforme va, a veces les habla en una voz fuerte como cantando, usando un lenguaje extraño no parecido a nada que

jamás he oído en mi vida. La primera vez que oí este lenguaje de ovejas y cabras estaba en las colinas detrás de Jericó. Un pastor de cabras había descendido al valle y estaba subiendo por la falda de una colina opuesta cuando, dándose la vuelta, vio que sus cabras se habían quedado detrás para devorar un rico potrero de pasto. Alzando la voz, llamó a las cabras en un lenguaje que Pan debe haber hablado en las montañas de Grecia… Tan pronto hubo hablado, un balido en respuesta estremeció al rebaño, y uno o dos de los animales voltearon sus cabezas en dirección al pastor. Pero no le obedecieron. El pastor de cabras entonces pronunció una palabra y lanzó una especie de risa como quejido. De inmediato una cabra con un cencerro en el cuello dejó de comer y, dejando el rebaño, trotó bajando la colina, cruzando el valle y subiendo por la falda opuesta […] Muy pronto el pánico cundió en el rebaño. Se olvidaron de comer. Buscaron al pastor. No lo veían […] De la distancia vino el extraño llamado como risa del pastor, y al sonido del mismo todo el rebaño salió en estampida por la hondonada y brincando subió la colina opuesta tras de él[13].

El comentario editorial de Juan al final de la ilustración de Jesús es irónico. El que ellos no «oyeron» meramente validó el punto del Señor.

Para proteger a su rebaño de ladrones y depredadores, los pastores llevaban a sus animales a algún lugar cerrado natural, tal como esta cueva, y luego se acostaban a la entrada para dormir por la noche. Jesús derivó de esta imagen familiar cuando dijo: «Yo soy la puerta de las ovejas» (Juan 10:7-9).

— 10:7-10 —

Jesús siguió su primer *amén amén* (v. 1) con otro (v. 7), que interpreta al primero. Los predecesores de Jesús eran los sacerdotes, escribas y fariseos, que al presente gobernaban a los judíos. Al identificarlos como «ladrones y bandidos», Jesús los coloca en el papel profetizado por Jeremías (Jeremías 23), Ezequiel (Ezequiel 34), y Zacarías (Zacarías 11). En tanto que el bazar de Anás dejaba al pueblo de Israel empobrecido física y espiritualmente, Jesús había venido para dar genuina abundancia.

Muchos en el Occidente (especialmente los falsos profetas del movimiento de «palabra de fe») interpretan la expresión «en abundancia» del versículo 10 como significando prosperidad, montones de dinero y posesiones, comodidades materiales, una billetera bien gorda, un trabajo prestigioso, la casa más linda de la ciudad, y el coche más elegante en la entrada. Sin embargo, yo no veo ninguna indicación de que Jesús haya ofrecido a sus seguidores algo en forma de riqueza material. Ni montones de siclos, ni pensión, ni cobertura de seguros, ni siquiera una garantía de seguridad. En verdad, les prometió más bien lo opuesto (Lucas 9:22-25).

Jesús no estaba predicando en contra de la riqueza de por sí. En lo que a Jesús atañe, el dinero y las posesiones son moralmente neutros y no tienen ninguna relación en lo absoluto con el nuevo reino, excepto en que pueden distraernos de lo que él considera importante. Así que, si la abundancia no es dinero en efectivo, posesiones, o comodidades, ¿qué es? Dado a que el círculo íntimo de seguidores de Jesús sufrió persecución y murieron como mártires, ¿qué clase de abundancia recibieron? La abundancia que Jesús ofrece es abundancia espiritual que trasciende las circunstancias como ingresos, salud, condiciones de vida, o incluso la muerte.

La vida en abundancia es vida que nunca termina. Y sin embargo, no tenemos que esperar hasta el fin de nuestra vida física para recibir esta abundancia y disfrutarla. La vida en abundancia incluye paz, propósito, destino, un propósito genuino para vivir, el gozo de enfrentar cualquier adversidad —incluyendo la tumba— sin temor, y la capacidad de soportar la adversidad con confianza segura.

— 10:11-18 —

La afirmación de Jesús es un fuerte «YO SOY» (*ego eimí*) acompañada de la expresión «buen pastor» que es particularmente enfática en el griego. Lo que sigue es una clara predicción de la persecución que sufrirá y una fuerte afirmación de su muerte sustitutiva por sus creyentes. De igual importancia es su reconocimiento de que la verdad siempre ha sido un pararrayos para el mal. No obstante, no se amilanará cuando el mal lo golpee con todo el poder del infierno. Como Creador, no puede ser vencido por nada. Sin embargo, voluntariamente sufrirá y morirá para cumplir el plan redentor del Padre.

Esto separa a Jesús de los dirigentes religiosos del pueblo, que supuestamente pastoreaban al pueblo de Dios. En tanto que él es desprendido, ellos eran egoístas. En tanto que él iba a poner su vida por sus ovejas, ellos las abandonarán para salvar la vida. En tanto que Jesús vivió en completa obediencia al Padre, éstos obedecían a sus propios deseos pecaminosos.

En medio de este diálogo Jesús mencionó a «otras ovejas». Esto casi con certeza quiere decir no judíos, tales como los samaritanos (por ej., la gente de Sicar, 4:7-45) y los gentiles que todavía están por oír las buenas noticias.

― 10:19–21 ―

Jesús había declarado anteriormente que su espada de la verdad divide a las personas; su voz de verdad llama a los suyos. Tal como era de esperarse, la división de «los judíos» (los oficiales religiosos) que ocurrió en 7:43 y 9:16 continuó como resultado de este discurso.

― 10:22–24 ―

La Fiesta de la Dedicación también se conocía como Jánuca y se celebraba aproximadamente dos meses después de la Fiesta de los Tabernáculos (7:1—8:30), por lo general en diciembre. Este festival celebra la rededicación del templo en el año 165 a.C., tres años después de que Antíoco IV Epífanes profanó el altar. Fue el momento cumbre de la revuelta macabea, que esencialmente le dio a Israel independencia por un breve tiempo. Durante este festival, el resentimiento judío contra la ocupación de Roma subía de manera especial y su anhelo por el Mesías era más agudo que de costumbre.

El hecho de que Juan mencione el invierno sería redundante después de mencionar la Jánuca, si no fuera porque el uso de la estación pone el tono literario. Se acercaba el invierno en la vida de Jesús. Mientras caminaba por el pórtico oriental del templo, presumiblemente después de entrar por la puerta oriental, los oficiales del templo rodearon a Jesús. Parecían dispuestos a considerar la posibilidad de que Jesús les había estado diciendo la verdad todo el tiempo, de que en verdad él era el Mesías (cf. Juan 1:19-34), tal vez impulsados por la expectativa de la fiesta. Pero no hay que equivocarse; querían un Mesías hecho a la medida de sus propios deseos.

― 10:25–31 ―

Algunos eruditos han objetado que Jesús «no les dijo», en efecto, que él era el Cristo. Pero puedo pensar en dos razones para evitar la frase exacta: «Yo soy el Cristo» (además de la razón que da aquí). Primero, para el primer siglo de nuestra era los teólogos judíos le habían añadido tanta información errada al título que la gente esperaría de Jesús lo que Dios jamás había propuesto. Esperaban un tipo de rey guerrero «súper-David» que los dirigiría a recuperar su independencia y restaurar su economía (6:15). En su segunda venida Jesús en verdad será el Rey guerrero de Israel, pero primero vino para salvar a los suyos de sus pecados. Segundo, los teólogos habían añadido mitos estrafalarios a la llegada del Mesías; tomar el título de «Cristo» hubiera sido adoptar una identidad mítica.

Más bien, Jesús produjo todas las «señales» que predecía el Antiguo Testamento y que claramente lo identificaban como el Mesías. Todavía más, citó libremente, parafraseó y aludió a pasajes mesiánicos de las Escrituras, identificándose en el vocabulario de los profetas. Cualquiera que estuviera dispuesto a dejar a un lado sus expectativas míticas lo suficiente como para comparar sus palabras y obras a la imagen que presentan las Escrituras, no tendría problema para reconocerle.

Jesús dijo con claridad de nuevo su acusación previa. Los dirigentes religiosos rehusaban oír la palabra de Dios encarnada porque habían rechazado mucho tiempo atrás la palabra escrita de Dios. Su rechazo del verdadero Cristo no era más que una continuación de su rechazo a Dios todo el tiempo (5:17-18, 37-38; 6:45; 7:27-28; 8:42-45; 9:29-34). Los creyentes genuinos, sin embargo, oyen la voz de la verdad y están eternamente seguros al cuidado del buen Pastor, que puso su vida para salvarlos y usa su poder divino para mantenerlos seguros. La creencia es la respuesta que acredita al creyente para con su Salvador, y es el Salvador quien salva, y no el salvado. Por consiguiente, es la fidelidad de Cristo que sella la salvación del creyente, y no la fidelidad del creyente. Claro y sencillo: los que creen en Cristo nunca se perderán.

Jesús concluyó esta porción de su discurso con una declaración incluso más audaz y más provocativa que «Yo soy el Cristo». Dijo: «El Padre y yo somos uno», alusión a la principal declaración doctrinal de la fe hebrea: «El SEÑOR nuestro Dios es el único SEÑOR» (Dt 6:4). Juan anotó la declaración de Jesús usando una forma de la palabra griega para «uno» que es ligeramente diferente de la que se usó en la Septuaginta[14]. La forma «neutra» (a diferencia del «masculino» de la LXX) indica unicidad en esencia. Por consiguiente, una traducción más literal sería: «Nosotros (Yo y el Padre) somos una "esencia"». Esto había quedado establecido numerosas veces mediante sus muchas «señales», incluyendo curaciones dramáticas y auténticas.

En tanto que las lenguas modernas no pueden captar el sutil y sin embargo profundo matiz de la declaración de Jesús, fue claramente obvio para el público de Jesús. Claramente, ellos conectaron los puntos. Como resultado, se prepararon para apedrearlo por identificarse con Dios.

---10:32-39---

En respuesta a la intención de los judíos de apedrearlo, Jesús empleó un complejo ápice de ironía común a la argumentación rabínica. Le dio la vuelta a la acusación con una cita del Salmo 82:1-8:

> [1]Dios preside el consejo celestial;
> entre los dioses dicta sentencia:
> [2]«¿Hasta cuándo defenderán la injusticia
> y favorecerán a los impíos?
> [3]Defiendan la causa del huérfano y del desvalido;
> al pobre y al oprimido háganles justicia.
> [4]Salven al menesteroso y al necesitado;
> líbrenlos de la mano de los impíos.
> [5]»Ellos no saben nada, no entienden nada.

Deambulan en la oscuridad;
se estremecen todos los cimientos de la tierra.
⁶»Yo les he dicho: "Ustedes son dioses;
todos ustedes son hijos del Altísimo."
⁷Pero morirán como cualquier mortal;
caerán como cualquier otro gobernante».
⁸Levántate, oh Dios, y juzga a la tierra,
pues tuyas son todas las naciones.

El salmista recuerda a los jueces nombrados de Israel que eran como «pequeños dioses» porque el Juez Supremo los había nombrado para que gobernaran por él. Por consiguiente, le rendían cuenta a él. Jesús identificó a los jueces indignos en los salmos como los líderes religiosos que tenía delante, y declaró ser él mismo el cumplimiento de la estrofa de apertura del poema: «Dios preside el consejo celestial; entre los dioses dicta sentencia (Salmo 82:1). El que estos gobernantes apóstatas de Israel juzgaran al Juez Supremo no era otra cosa que blasfemia. Era a ellos a quienes se debía apedrear.

Jesús entonces señaló la imposibilidad de vencer la duda voluntaria de ellos. Cuando se comportó como Dios para limpiar el templo, dar de comer a los que tenían hambre, sanar a los enfermos y cumplir las promesas de las Escrituras, lo rechazaron como oponiéndose a Dios (7:20; 8:48-52; 10:20). Sin embargo, ellos clamaban una «señal» (2:18; 4:48; 6:30). Entonces los invitó a evaluar sus obras, la prueba de quintaesencia de bondad, de acuerdo a la sabiduría hebrea.

Los dirigentes religiosos reaccionaron a la manera religiosa típica en contra de los que no podían controlar: procuraron arrestarlo a fin de ejecutarlo. Pero se escapó.

---10:40-42---

Jesús dejó Jerusalén para ministrar en el desierto al este del río Jordán, en donde Juan el Bautista había proclamado la venida del Mesías. A estas alturas, Herodes Antipas ya había matado al precursor (Mateo 14:3-12), dejando a sus discípulos sin dirigente. A diferencia de los «pequeños dioses» del templo, éstos compararon las predicciones de Juan con las obras de Jesús y respondieron en fe.

Conforme el ministerio de Jesús continuaba, la distancia espiritual entre sus ovejas, «los suyos», y el mundo no creyente se agrandaba. La verdad que proclamaba en cuanto a sí mismo y su misión era la voz del Pastor llamando a sus ovejas a que lo sigan. Esta verdad no solo identificó a sus enemigos, no obstante, sino también los incitó a la violencia. Más adelante les diría a sus discípulos que el propósito de confrontar a las autoridades religiosas apóstatas con la verdad era darles una ocasión de consumar su pecado (15:22-25).

Cuando la Fiesta de la Dedicación llegaba a su fin Jesús se retiró de Jerusalén. Tenía trabajo importante que hacer en otras partes. No obstante, esta no sería la última confrontación con los dirigentes religiosos. La división entre creyentes y no creyentes se hacía cada vez más amplia, aunque todavía no al punto de ruptura. Eso sucedería pronto.

Aplicación

Cuatro cualidades del rebaño del Buen Pastor

¿Es usted parte del rebaño del buen Pastor? En algún punto en su pasado, usted debe recordar un momento cuando se arrepintió de su pecado, reconoció su absoluta impotencia para salvarse a sí mismo, y entonces recibió de Dios la dádiva de la vida eterna mediante el sacrificio expiatorio de Jesucristo por usted. La Biblia enseña que esta decisión es el principio de un proceso vitalicio de transformación. Con el paso de los años, las ovejas siguen fielmente a su Pastor y llegan a ser más y más como él.

En su discurso a los expertos religiosos, Jesús describió cuatro cualidades de las ovejas de Dios. Su propósito fue mostrar que ninguno de esos «expertos» daba ninguna evidencia de estas cualidades y que por consiguiente serían considerados como extraños.

1. *Las ovejas de Dios son sensibles a su dirección* (10:27a). Si usted viaja por el mundo y entabla conversación informal con creyentes de varios países y diferentes culturas, a la larga les oirá describir una experiencia común: el acicate interno del Espíritu Santo guiándolos a hacer ciertas cosas o ir a ciertos lugares. Me asombran las similitudes en las descripciones de personas que viven en lados opuestos del globo.

2. *Las ovejas de Dios anhelan obedecer sus mandamientos* (10:27b). Las ovejas siguen a su pastor porque las ovejas sin pastor se mueren; caen víctima de animales salvajes, se meten en peligro, no pueden hallar comida y agua, y sucumben a los elementos. Las ovejas obedientes viven.

Un creyente genuino quiere obedecer; lo motiva el amor, no el temor. Todavía más, los creyentes genuinos pronto aprenden que la obediencia les permite disfrutar de la vida a plenitud.

3. *Las ovejas de Dios tienen confianza* (10:28). Las ovejas domésticas y las ovejas salvajes se comportan de manera diferente al pastar. Las ovejas salvajes se mantienen siempre vigilantes contra los depredadores; rumian con la cabeza alzada, constantemente examinando sus contornos por peligro. Las ovejas domésticas pastan con la cabeza agachada, levantándola solo cuando algún ruido les llama la atención. Cuando las ovejas tienen un buen pastor, se sienten seguras; no viven en temor constante.

Los creyentes descansan en la confianza de que Cristo ha hecho todo para certificar su seguridad eterna. Debido a que es completamente fiel, podemos descansar en la certeza de que seremos preservados del mal hasta que el mal ya no exista.

4. *Las ovejas de Dios están seguras* (10:29). Esto es un hecho, no un sentimiento. Sin que importe cuán insensibles, cuán desobedientes, o cuán temerosas las ovejas escojan ser, su lugar en el redil es seguro. Esto no es sugerir que la conducta del creyente es irrelevante o sin importancia. Los que voluntariamente resisten el crecimiento espiritual y no dan evidencia de cambio en sus valores o conducta necesitan cuestionar seriamente su condición espiritual. La seguridad eterna, sin embargo —como la misma salvación—, no se basa en lo bueno que sea el creyente. Somos iguales de incapaces para retener la salvación como lo fuimos para ganarla al principio.

Aun sosteniendo firmemente esta cuarta cualidad, permítame animarle a cultivar las primeras tres al continuar sirviendo al Señor. Manténgase sensible a su dirección, obedézcale con toda diligencia y sin vacilación, y descanse en la confianza de su poder para protegerla de todo mal. Después de todo, es el buen Pastor, así que sígale por su propio bien.

De regreso del más allá (Juan 11:1-46)

¹Había un hombre enfermo llamado Lázaro, que era de Betania, el pueblo de María y Marta, sus hermanas. ²María era la misma que ungió con perfume al Señor, y le secó los pies con sus cabellos. ³Las dos hermanas mandaron a decirle a Jesús: «Señor, tu amigo querido está enfermo».

⁴Cuando Jesús oyó esto, dijo: «Esta enfermedad no terminará en muerte, sino que es para la gloria de Dios, para que por ella el Hijo de Dios sea glorificado».

⁵Jesús amaba a Marta, a su hermana y a Lázaro. ⁶A pesar de eso, cuando oyó que Lázaro estaba enfermo, se quedó dos días más donde se encontraba. ⁷Después dijo a sus discípulos:

—Volvamos a Judea.

⁸—Rabí —objetaron ellos—, hace muy poco los judíos intentaron apedrearte, ¿y todavía quieres volver allá?

⁹—¿Acaso el día no tiene doce horas? —respondió Jesús—. El que anda de día no tropieza, porque tiene la luz de este mundo. ¹⁰Pero el que anda de noche sí tropieza, porque no tiene luz.

¹¹Dicho esto, añadió:

—Nuestro amigo Lázaro duerme, pero voy a despertarlo.

¹²—Señor —respondieron sus discípulos—, si duerme, es que va a recuperarse.

¹³Jesús les hablaba de la muerte de Lázaro, pero sus discípulos pensaron que se refería al sueño natural. ¹⁴Por eso les dijo claramente:

—Lázaro ha muerto, ¹⁵y por causa de ustedes me alegro de no haber estado allí, para que crean. Pero vamos a verlo.

¹⁶Entonces Tomás, apodado el Gemelo, dijo a los otros discípulos:

—Vayamos también nosotros, para morir con él. ¹⁷A su llegada, Jesús se encontró con que Lázaro llevaba ya cuatro días en el sepulcro. ¹⁸Betania estaba cerca de Jerusalén, como a tres kilómetros de distancia, ¹⁹y muchos judíos habían ido a casa de Marta y de María, a darles el pésame por la muerte de su hermano. ²⁰Cuando Marta supo que Jesús llegaba, fue a su encuentro; pero María se quedó en la casa.

²¹—Señor —le dijo Marta a Jesús—, si hubieras estado aquí, mi hermano no habría muerto. ²²Pero yo sé que aun ahora Dios te dará todo lo que le pidas.

²³—Tu hermano resucitará —le dijo Jesús.

²⁴—Yo sé que resucitará en la resurrección, en el día final —respondió Marta.

²⁵Entonces Jesús le dijo:

—Yo soy la resurrección y la vida. El que cree en mí vivirá, aunque muera; ²⁶y todo el que vive y cree en mí no morirá jamás. ¿Crees esto?

²⁷—Sí, Señor; yo creo que tú eres el Cristo, el Hijo de Dios, el que había de venir al

mundo.

²⁸Dicho esto, Marta regresó a la casa y, llamando a su hermana María, le dijo en privado:

—El Maestro está aquí y te llama.

²⁹Cuando María oyó esto, se levantó rápidamente y fue a su encuentro. ³⁰Jesús aún no había entrado en el pueblo, sino que todavía estaba en el lugar donde Marta se había encontrado con él. ³¹Los judíos que habían estado con María en la casa, dándole el pésame, al ver que se había levantado y había salido de prisa, la siguieron, pensando que iba al sepulcro a llorar.

³²Cuando María llegó adonde estaba Jesús y lo vio, se arrojó a sus pies y le dijo:

—Señor, si hubieras estado aquí, mi hermano no habría muerto.

³³Al ver llorar a María y a los judíos que la habían acompañado, Jesús se turbó y se conmovió profundamente.

³⁴—¿Dónde lo han puesto? —preguntó.

—Ven a verlo, Señor —le respondieron.

³⁵Jesús lloró.

³⁶—¡Miren cuánto lo quería! —dijeron los judíos.

³⁷Pero algunos de ellos comentaban:

—Éste, que le abrió los ojos al ciego, ¿no podría haber impedido que Lázaro muriera?

³⁸Conmovido una vez más, Jesús se acercó al sepulcro. Era una cueva cuya entrada estaba tapada con una piedra.

³⁹—Quiten la piedra —ordenó Jesús.

Marta, la hermana del difunto, objetó:

—Señor, ya debe oler mal, pues lleva cuatro días allí.

⁴⁰—¿No te dije que si crees verás la gloria de Dios? —le contestó Jesús.

⁴¹Entonces quitaron la piedra. Jesús, alzando la vista, dijo:

—Padre, te doy gracias porque me has escuchado. ⁴²Ya sabía yo que siempre me escuchas, pero lo dije por la gente que está aquí presente, para que crean que tú me enviaste.

⁴³Dicho esto, gritó con todas sus fuerzas:

—¡Lázaro, sal fuera!

⁴⁴El muerto salió, con vendas en las manos y en los pies, y el rostro cubierto con un sudario.

—Quítenle las vendas y dejen que se vaya —les dijo Jesús.

⁴⁵Muchos de los judíos que habían ido a ver a María y que habían presenciado lo hecho por Jesús, creyeron en él. ⁴⁶Pero algunos de ellos fueron a ver a los fariseos y les contaron lo que Jesús había hecho.

La muerte es una realidad ineludible de la vida.

La muerte es cruel; frecuentemente viene sin advertencia y siempre ataca sin misericordia. La muerte es implacable; no se le puede engañar, ni sobornar, ni ganar en ingenio, ni vencer, ni eludir. La muerte no discrimina; se lleva a jóvenes y viejos, pobres y ricos, enfermos y sanos, perversos y benevolentes. Y la muerte es universal; todos en última instancia sucumben a su oscuridad.

La muerte es una dura realidad de la vida, pero no siempre fue así, ni tampoco tiene que serlo.

11:1-2

Después de su último encuentro con la élite religiosa de Jerusalén, Jesús se refugió en el desierto que protegió a Juan el Bautista de las intenciones asesinas de la misma élite religiosa. El Señor ministró a los discípulos de Juan allí por un período de duración desconocida (aunque tal vez no más de tres meses), y había viajado a Perea o tal vez a Galilea (11:7). Todo lo que sabemos con certeza es que Jesús estaba a más de un día de camino de Betania, donde vivían sus amigos Lázaro, Marta y María, apenas como a tres kilómetros de Jerusalén.

La nota editorial de Juan en cuanto a que María ungió a Jesús demuestra que él da por sentado que su público está familiarizado con los Evangelios Sinópticos (Mateo, Marcos y Lucas). Juan no menciona esta experiencia sino hasta 12:1-8.

11:3-6

Lázaro no era uno de los doce discípulos, pero el Señor no por eso lo amaba menos. Sus hermanas enviaron a un mensajero para que le informara a Jesús que su amigo estaba a punto de morir de una enfermedad seria. En respuesta, Jesús a propósito postergó su partida, declarando con toda confianza: «Esta enfermedad no terminará en muerte». Dependiendo de cuán lejos estaba Jesús de Betania, con toda probabilidad sabía lo que nadie más conocía al momento: Lázaro ya estaba muerto. Considere un posible orden de los acontecimientos:

Primer día. El mensajero llega con las noticias de que Lázaro está enfermo. Jesús decide quedarse dos días más donde estaba [11:1-5].

Segundo día. Jesús deliberadamente se queda donde estaba [11:6].

Tercer día. Jesús empieza a caminar hacia Judea. (Las culturas orientales incluyen el día presente cuando cuentan los días que han pasado, en tanto que las culturas occidentales no empiezan a contar sino hasta el amanecer del día siguiente) [11:7-16].

Cuarto día. Jesús continúa su viaje, tomando su acostumbrada ruta directa por Samaria, y llega a Betania tarde en el día[15]. Le dicen que Lázaro ya ha estado muerto cuatro días [11:17].

Si mi hipotético calendario se aproxima en algo a ser el correcto, Lázaro estaba muerto cuando el mensajero llegó a Jesús. Independientemente de eso, Jesús no tenía que ir corriendo a Betania; la muerte no achica la extensión de su poder. El comentario de Juan: «Jesús amaba a Marta, a su hermana y a Lázaro», nos asegura que el Señor no permitió obstinadamente que Marta y María sufrieran la pérdida de su hermano para solo demostrar un punto. Su justicia y soberanía siempre están subrayadas por su amor.

Note un detalle importante. Jesús no prometió que Lázaro no moriría. Prometió que su enfermedad no *terminaría* en muerte. ¿Su punto? La muerte podía tomar la vida de Lázaro, pero la muerte no tendría la palabra final en el asunto.

― 11:7-16 ―

A estas alturas, Jerusalén se había vuelto un lugar peligroso para Jesús. La verdad sin barniz que proclamaba actuó como un pararrayos. Sin embargo, Jesús no dejó la región para evitar el peligro. Se retiró porque el momento de su muerte expiatoria todavía no había llegado. Cuando los discípulos le señalaron a Jesús el peligro, él les recordó su misión y la necesidad de urgencia (cf. 9:4). Claro, ellos se afanaban por la seguridad del Señor porque no querían ver sus esperanzas mesiánicas asesinadas antes de que tuviera oportunidad de tomar su trono e inaugurar el nuevo reino. Por supuesto, la perspectiva de los discípulos era limitada. La muerte podía tomar la vida de Jesús, pero la muerte no tendría la palabra final en el asunto, así como tampoco la tendría en el caso de Lázaro. Jesús utilizaría esta oportunidad para ampliarles la visión.

Algunos han criticado injustamente la perspectiva lóbrega de Tomás. Éste meramente reconoció las verdaderas circunstancias de Jesús. Los dirigentes religiosos no querían otra cosa que ver a Jesús muerto, y estaban dispuestos a hacer casi cualquier cosa con tal de matarlo. Incluso así, Tomás lúgubremente se puso al lado de su Maestro ante lo que parecía ser una muerte cierta.

― 11:17-19 ―

Al demostrar Juan el poder del Señor sobre la muerte en esta porción de la narración, les recuerda a sus lectores el peligro que acechaba apenas a tres kilómetros al otro lado del valle del Cedrón. La tensión que el lector siente depende por entero de su confianza en el poder de Jesús. Los discípulos sin ninguna duda veían homicidio en los ojos de todo fariseo que encontraban y se preguntaban cómo o cuando estallaría el complot.

Mientras tanto, los llorones habían estado reuniéndose cerca de la casa de las hermanas del muerto. De acuerdo a la costumbre antigua del Cercano Oriente, habían envuelto a Lázaro en lienzos empapados en especias y lo habían colocado dentro de una cueva de sepulcro el mismo día que murió. El clima no tolera ninguna demora. Jesús llegó al cuarto día, que puede haber sido significativo en vista de la enseñanza rabínica. La literatura judía del tercer ciclo d.C. enseña que el alma del muerto permanece cerca del cadáver por tres días, esperando volver a entrar; luego, al ver que la putrefacción se extiende, abandona toda esperanza y se va[16]. Si esta literatura refleja enseñanza establecida, la resurrección después del tercer día era inconcebible. Evidentemente la muerte y la putrefacción estaban más privadas de esperanza que la muerte sola.

― 11:20-27 ―

María y Marta respondieron a la muerte de su hermano con el mismo tipo de desilusión y enojo como lo haría cualquiera de nosotros. Sin embargo, Jesús las trata con ternura, sin dar ningún regaño ni expresar desencanto. Escuchó. Mostró empatía. Les dio aseguramiento tranquilo. La atención que les brindó es un patrón maravilloso para los pastores al atender a los que sufren una pérdida.

Yo no veo ningún reproche en los comentarios de Marta. Veo lamentación, una aceptación triste de los sucesos que ella esperaba que fueran diferentes. También veo una fe fluctuante sumergida en aflicción. En ese momento del tiempo, ella no lograba comprender la plena amplitud del poder del Señor. Jesús no tiene que estar presente para sanar a alguien (4:46-54). Su afirmación: «Pero yo sé que aun ahora Dios te dará todo lo que le pidas» no puede significar que ella esperaba que Jesús trajera a su hermano de regreso a la vida (cf. 11:24, 39). Más bien, es una confesión de su fe en Cristo a pesar de su desilusión. La demora y evidente decisión del Señor de no actuar no disminuyó la confianza de ella en él.

Jesús le aseguró a Marta con una declaración que tiene un significado doble: «Tu hermano resucitará». Marta había aceptado la enseñanza de Jesús de que resucitaría en el último día a los que creen en él (6:39-40, 44, 54). Esta es la vida abundante que Jesús les había prometido a sus seguidores (10:10); es vida eterna e incorruptible. No tenemos que esperar, sin embargo, hasta el «último día» para empezar a recibir esta vida en abundancia. Podemos recibirla y disfrutarla ahora mismo. Esto se debe a que «la vida en abundancia», eterna, incorruptible, transformadora, no es un tipo especial de energía o un bien que de alguna manera Dios transfiere al individuo. Esta vida de resurrección es una persona: Jesucristo.

Marta pasó a expresar su fe en Jesús, declarándole que era el Cristo y el Hijo de Dios. Ella demostró una comprensión teológica asombrosamente madura, ¡incluso más que los Doce! Sin embargo, ella no comprendía el pleno significado del Señor. Lo haría antes de que se pusiera el sol.

11:28-34

María no pudo hablar con el Señor en privado. A veces los afligidos necesitan soledad pero no logran hallarla porque los seres queridos bien intencionados tienen miedo de dejarlos solos. Así que María encontró a Jesús con todo un séquito siguiéndola. Sus comentarios reflejan los de Marta, tal vez porque conversaron en alguna medida su desilusión. Cuando el grupo llegó, Jesús presenció su tristeza y «se turbó y se conmovió profundamente».

Los términos griegos aquí son *embrimaomai*, que describe severidad o enojo (Mateo 9:30; Marcos 1:43; 14:5), y *tarasso*, que literalmente quiere decir «agitar, revolver» (Juan 5:7). Algunos han sugerido que el estado general de incredulidad de la gente enojó a Jesús, pero esto parece fuera de lugar dada su atención compasiva a Marta, que luchaba no tanto con una fe incompleta sino más bien con un conocimiento incompleto. A diferencia de los dioses egoístas de la mitología, el dios trino de la Biblia muestra empatía a su creación. Todavía más, está justificadamente enojado con la crueldad del mal, que oprime a su amada creación. La muerte es la máxima afronta a su acción creativa; trata de destruir lo que él quiere que dure para siempre.

11:35-37

Al llegar a la cueva donde habían puesto a Lázaro, Jesús lloró (literalmente: «derramó lágrimas»). Sus observadores lo dijeron bien: Jesús en verdad amaba a Lázaro. En tanto que el Hijo de Dios es plenamente divino, también es plenamente humano. Todavía más, es la perfecta representación del Padre, quien es Espíritu y, sin embargo, emocionalmente se conecta con las criaturas que llevan su semejanza. Cuando nosotros lloramos, nuestro Creador llora con nosotros; no con el tipo de desesperanza que nosotros atravesamos debido a nuestra ignorancia, sino con compasión. Nadie detesta las consecuencias devastadoras del pecado más que él.

Algunos, sin embargo, reflejaron el mismo pensamiento limitado que azotaba a Marta y María; la misma ignorancia que nosotros exhibimos cuando subestimamos el poder de Dios.

11:38-42

Al acercarse Jesús a la cueva, de nuevo fue movido al enojo (*embrimaomai*). Ordenó a los hombres de la multitud que quitaran la piedra de la entrada de la tumba, acción prohibida por la tradición rabínica. Los que obedecieran la orden del Señor se arriesgaban a contaminación ritual; con todo, obedecieron.

Cuando Marta protestó que la pestilencia del cuerpo en descomposición de su hermano por cierto ya superaba a las especies sepulcrales, Jesús le recordó su conversación anterior y le prometió que su creencia le permitiría ver «la gloria de Dios» (11:4). Una vez que quitaron la piedra, Jesús oró en voz alta para que los que presenciaban el milagro entendieran que él y el Padre estaban unidos en el milagro. La muerte no es la voluntad del Padre; él *aborrece* la muerte. Por consiguiente, Jesús no estaba sobreseyendo la decisión de su Padre de «llevarse» a Lázaro; estaba reclamando a Lázaro del enemigo de la vida.

11:43-44

En cumplimiento de su predicción previa (5:28), el muerto respondió a la voz de Jesús. Una vez oí a un predicador decir que si Jesús no hubiera llamado a Lázaro por nombre, toda tumba al alcance de su voz se hubiera abierto con estruendo y los que estaban allí muertos ya hace tiempo hubieran respondido a su llamado. Un día «todos los que estén en las tumbas oirán su voz», pero en ese día solo Lázaro había sido llamado.

Lázaro salió de la tumba todavía envuelto en los lienzos empapados en especies, tal vez incluso batallando para caminar. Los cadáveres típicamente eran envueltos en unos 35 a 45 kilogramos de resinas perfumadas (19:39-40). Los que presenciaban el milagro tuvieron que ayudar a Lázaro a quitarse los lienzos sepulcrales. Juan incluye estos detalles para aclarar una diferencia crucial entre la experiencia de Lázaro y la de Jesús (20:5-7). En lugar de ser resucitado, Lázaro fue *revivificado*. Su viejo cuerpo había sido reanimado, pero era el mismo cuerpo que se había enfermado y había dejado de funcionar. Algún tiempo después de que Lázaro fue llamado a volver desde el más allá, fue allá de nuevo. Se enfermó o sufrió alguna lesión fatal o simplemente se debilitó por la vejez, y se murió. Fue enterrado y su cuerpo se descompuso. Espera su resurrección (1 Tesalonicenses 4:13-17).

Un día todavía futuro, Lázaro, junto con todo el que haya muerto «en Cristo», será llamado del más allá, no para volver a retomar la vida en cuerpos que volverán a morir, sino para disfrutar de vida eterna en cuerpos que no pueden sufrir, que no se pueden enfermar, que no pueden morir, y que no pueden podrirse. Esta no será una mera revivificación. Repito, ¡será el glorioso día de *resurrección*!

— 11:45-46 —

Muchos de los dirigentes religiosos que visitaron a Marta y María durante su duelo presenciaron el poder de Jesús sobre la muerte y escogieron creer. Sin embargo, algunos no creyeron. ¡Ni siquiera la revivificación del muerto los convenció! Juan concluye el relato como empezó, con un recordatorio del peligro que Jesús enfrentaba estando tan cerca de Jerusalén (11:8, 16, 18).

Siempre que oficio el funeral de un creyente en Jesucristo, las promesas del Día de Resurrección me vienen a la mente. La muerte no es el fin para ese individuo. Lloramos porque echamos de menos ver la cara de nuestro ser querido, oír esa voz familiar, sentir ese toque afectuoso. Pero lloramos con la confianza tranquila de que las almas de los muertos en Cristo están viviendo gozosamente en la presencia de su Hacedor, esperando la resurrección de sus cuerpos (2 Corintios 5:1-10). Lloramos, pero esperamos verlos de nuevo.

No así con los que no son creyentes. Esos funerales se hallan entre las experiencias más aterradoras de mi vida. Ellos persistieron voluntariamente sordos a la voz de Cristo durante su vida, y cuando su voz estremezca la tierra cuando vuelva, ellos se quedarán inmóviles como piedras. Nadie en la tierra jamás los volverá a ver, y estarán para siempre solos, para siempre sujetos a la consecuencia del pecado.

¡No permita que ese sea usted! Deténgase en este mismo momento y ponga su confianza completa en el Hijo de Dios. Quiero tener el placer de conocerle; si no en esta vida, en el más allá.

Aplicación

Un mejor tiempo, un mejor plan, un mejor futuro

Lo confieso; a veces me siento frustrado con el Señor. En gran medida elevo mis peticiones de oración con un motivo puro, rara vez egoísta; y sin embargo, él con frecuencia escoge permitir que los eventos se desenvuelvan de maneras que no comprendo. Su calendario es rara vez lo que yo esperaría de un Dios que ama a los suyos. El dinero que se necesita para un ministerio esencial es demasiado escaso o llega demasiado tarde. Gente perversa florece financieramente en tanto que gente buena sufre de cáncer. Los caminos y el calendario de Dios son un reto para mi confianza mucho más a menudo de lo que quisiera, así que me hallo yo mismo repitiendo mentalmente las palabras como si fuera un conjuro: «El Señor tiene razón en todo lo que hace».

Cuando leo el relato de la pérdida de Marta y María, me consuela el saber que no estoy solo en mi experiencia. Aquí tenemos a dos mujeres que conocieron al Hijo de Dios tan personalmente como yo conozco a mis amigos más íntimos y, sin embargo, lucharon por entender la forma en que atendió la enfermedad de Lázaro. ¿Por qué no fue corriendo a Betania tan pronto como oyó las noticias? ¿No le importó? ¿Por qué permitió que Lázaro sufriera su enfermedad un momento más de lo necesario? Sin embargo, ambas mujeres, para crédito de cada una, expresaron continua devoción al Señor; ninguna se desató en amargura ni cuestionó su bondad. Meramente expresaron su desilusión, entrelazada incluso muy sutilmente con su perplejidad.

El Señor expresó su empatía con la tristeza de sus amigos y compartió su enojo por la opresión cruel de la muerte. La muerte, después de todo, no es invención de Dios; es consecuencia del pecado. La forma en que respondió a esta más reciente expresión del mal ilustra dos verdades que entretejemos como urdimbre y trama para producir un hermoso tapete de gracia.

1. *Cuando los sucesos no salen cómo pensamos que deberían, Dios tiene un mejor tiempo y una mejor manera.* He aprendido con los años a nunca ponerme frenético por perder un vuelo. Un amigo mío iba a volar de Florida a Dallas con una conexión en Nueva Orleans. Hizo la conexión con tiempo de sobra y se sintió dichoso de lograr un asiento en un avión que había vendido demasiados boletos. Lamentablemente, había habido un error. Otro caballero había reservado ese asiento con un mes de antelación, así que mi amigo se vio obligado a tomar otro vuelo, mucho más tarde.

Esto sucedió mucho antes de teléfonos celulares y la Internet, pases de abordaje generados por computadores e incluso máquinas contestadoras; la comunicación era costosa y no siempre instantánea. Para cuando llamó a casa, su esposa estaba frenética. El avión en que él había perdido su asiento había sufrido una colisión en pleno vuelo. Como comprenderá, ¡mi amigo se sintió agradecido por lo que en un momento pensó que era una terrible inconveniencia! El Señor tenía un mejor tiempo y una mejor manera de llevarlo a casa.

Cuando sucede algo difícil, rara vez sabemos de qué circunstancia alterna nos salvó el Señor. Pero una cosa es cierta: siempre estaríamos agradecidos si lo viéramos todo desde su punto de vista. Dios sabe lo que se propone.

2. *La perspectiva de Dios es eterna, no temporal.* Si el Señor contestara toda oración por salud, nadie jamás se moriría; pero estaríamos atascados en cuerpos que sienten dolor, que se enferman, que sufren heridas, que se cansan, que se desgastan… para siempre. Nos veríamos obligados a remontar un perpetuo sube y baja de enfermedades y salud, lesiones y reparaciones, ¡hasta que finalmente cansados de vivir desearíamos morir! Gracias a Dios, él tiene una mejor manera. Él trajo a Lázaro de entre los muertos para el mayor bien de todos, pero a la larga, el hombre alegremente canjeó su carne debilitada por un cuerpo que no puede ser tocado por el mal.

Nosotros tendemos a ver nuestra existencia como limitadas a los setenta u ochenta años que tenemos antes de que nuestros cuerpos no puedan aguantar más y dejen de funcionar. La Biblia nos asegura que esta parte de nuestra existencia no es nada comparada con lo que recibiremos después de la muerte.

Admito, las palabras que a veces me digo a mí mismo en angustia «El Señor tiene razón en todo lo que hace», me parecen vacías y meras palabras. Pero me mantienen en calma hasta que, a la larga, el Señor irrumpe y vindica la confianza que he puesto en él, aunque rara vez me da las explicaciones que deseo. Más bien, su espíritu le habla a mi espíritu en un lugar mucho más hondo que el que pueden penetrar las palabras, y entonces hallo reposo en la bondad de su carácter inmaculado y plan perfecto.

Punto de ruptura (Juan 11:47-57)

47Entonces los jefes de los sacerdotes y los fariseos convocaron a una reunión del Consejo.
—¿Qué vamos a hacer? —dijeron—. Este hombre está haciendo muchas señales milagrosas. 48Si lo dejamos seguir así, todos van a creer en él, y vendrán los romanos y acabarán con nuestro lugar sagrado, e incluso con nuestra nación.
49Uno de ellos, llamado Caifás, que ese año era el sumo sacerdote, les dijo:
—¡Ustedes no saben nada en absoluto! 50No entienden que les conviene más que muera un solo hombre por el pueblo, y no que perezca toda la nación.
51Pero esto no lo dijo por su propia cuenta sino que, como era sumo sacerdote ese año, profetizó que Jesús moriría por la nación judía, 52y no solo por esa nación sino también por los hijos de Dios que estaban dispersos, para congregarlos y unificarlos. 53Así que desde ese día convinieron en quitarle la vida.
54Por eso Jesús ya no andaba en público entre los judíos. Se retiró más bien a una región cercana al desierto, a un pueblo llamado Efraín, donde se quedó con sus discípulos.
55Faltaba poco para la Pascua judía, así que muchos subieron del campo a Jerusalén para su purificación ceremonial antes de la Pascua. 56Andaban buscando a Jesús, y mientras estaban en el templo comentaban entre sí: «¿Qué les parece? ¿Acaso no vendrá a la fiesta?» 57Por su parte, los jefes de los sacerdotes y los fariseos habían dado la orden de que si alguien llegaba a saber dónde estaba Jesús, debía denunciarlo para que lo arrestaran.

Si usted ha vivido suficientes años, ha experimentado por lo menos un «momento de verdad», ese instante dulce y terrible cuando la verdad en cuanto a algún asunto en particular ya no se puede negar, ni minimizar, ni racionalizar, ni disfrazar. Allí está, en toda su gloria reluciente, que no perdona, exigiendo una decisión. Usted puede enterrar la verdad y luego vivir en una negación loca, tensa, por el resto de sus días, o puede someterse a la verdad y descansar en su libertad.

Si usted ha enfrentado tal momento sabe que, por mucho que trate de buscarlo, ningún acomodo, ni punto medio, le permitiría evadir las consecuencias angustiosas de la decisión que tome. La negación es una pendiente resbaladiza que conduce a un pantano de pretensión y engaño. La aceptación requiere decisiones que alteran la vida y que producirán intenso dolor para todos los involucrados. Por lo menos con la verdad, el dolor es del tipo que sana; pero eso no hace más fácil la decisión.

El rey David experimentó su momento de verdad cuando el profeta Natán le extendió su huesudo dedo a la nariz y le dijo: «¡Tú eres ese hombre!» (2 Samuel 12:7). Con esta acción, el profeta dejó al descubierto el pecado secreto del rey y le exigió cuentas.

> «Así dice el Señor, Dios de Israel: "Yo te ungí como rey sobre Israel, y te libré del poder de Saúl. Te di el palacio de tu amo, y puse sus mujeres en tus brazos. También te permití gobernar a Israel y a Judá. Y por si esto hubiera sido poco, te habría dado mucho más. ¿Por qué, entonces, despreciaste la palabra del Señor haciendo lo que me desagrada? ¡Asesinaste a Urías el hitita para apoderarte de su esposa! ¡Lo mataste con la espada de los amonitas!"» (2 Samuel 12:7-9).

El momento de la verdad de David le ofreció dos alternativas y solo dos: silenciar al profeta permanentemente, o arrepentirse. Fue una decisión entre el poder y la verdad. Podía llegar a ser como su predecesor, Saúl, que por celos se aferró al poder y lo esgrimió para perseguir al rey que el Señor había ungido recientemente (ver 1 Samuel 16:13), esperando matarlo. Más bien, David demostró ser diferente de Saúl. David era un hombre «más de su agrado» (1 Samuel 13:14), a pesar de sus horribles pecados. Escogió someterse a la verdad y luego reposar en su recompensa inevitable: liberación del conflicto, libertad del temor y, a la larga, paz con Dios (Salmo 32; 51).

El ministerio público de Jesús fue un momento de verdad para los dirigentes religiosos de Israel del primer siglo. El Verbo de Dios, que había sido prometido por siglos, ahora estaba ante sus ojos en carne y hueso, la verdad encarnada. Negaron la verdad, disputaron la verdad, marginaron la verdad, e incluso trataron de silenciar la verdad; pero a Jesús no se le puede marginar o silenciar. Él no deja lugar medio para el acomodo. Cada individuo debe decidir qué va a hacer con él. ¿Negarlo o someterse? ¿Rechazarle o creer? ¿Abrazarle y disfrutar de libertad o matarlo y preservar la ilusión de poder?

Después de que Jesús ejerció poder sobre la muerte, muchos dirigentes religiosos empezaron a romper filas y a creer en el Hijo de Dios (Juan 11:45-46). Por consiguiente, los custodios del poder religioso en Jerusalén (Salmo 82) no pudieron dejar a un lado el asunto de Jesús.

— 11:47-48 —

Para el tiempo de Jesús, los judíos habían instituido lo que se pudiera considerar un gobierno provisional en espera del Mesías, que gobernaría como rey. Hasta entonces, invistieron al sumo sacerdote con todos los derechos y privilegios de un monarca (1 Mac 14:35-49), con el entendimiento de que se haría a un lado cuando Cristo llegara para tomar su lugar legítimo en el trono de Israel. Excepto durante el reinado de Herodes el Grande, que hizo que Roma lo nombrara «rey de los judíos», el sumo sacerdote tradicionalmente dirigía a la nación como su dirigente provisional. En toda su historia Israel también miraba a un grupo de ancianos para el liderazgo día tras día, un concilio conocido como el «sanedrín», que servía como parlamento y Corte Suprema. Este concilio gobernante de setenta eruditos fijaba las políticas judías (dentro de los límites establecidos por Roma) y dictaminaba los casos judiciales civiles o criminales.

El sanedrín ponía gran prioridad a mantener el intranquilo equilibrio entre el deseo de Roma de dominar a sus súbditos y el anhelo de independencia de los judíos. Normalmente el sumo sacerdote (que era nombrado por Roma) y el sanedrín (que abogaba por los judíos de mentalidad independentista) chocaban en cierta rivalidad pública, cada uno pretendiendo estar en contra del otro y, sin embargo, ni uno ni otro en realidad queriendo que algo cambie. El cambio de cualquier clase necesariamente despojaría del poder a todos.

El concilio se reunió para decidir qué hacer con Jesús. Él presentaba todas las credenciales de las Escrituras y producía todas las «señales» correctas del Mesías y, sin embargo, no tenía ejército. Ponerse del lado de Jesús (según ellos entendía el papel de Cristo) era oponerse a Roma. Pero oponerse a Roma sin un ejército era buscar una muerte de la peor clase. Los generales romanos eran conocidos por engalanar las carreteras de la ciudad de rebeldes con hileras de los cuerpos crucificados de sus hombres y mujeres y por vender a sus hijos como esclavos.

— 11:48–52 —

Durante la mayor parte de esta época, el sumo sacerdote presidía sobre el sanedrín, actuando como su moderador y voz oficial. Pero esa práctica acabó alrededor del año 200 a.C. cuando el concilio sintió la necesidad de un balance de poderes. En ese tiempo formaron la oficina del *Nasi* para presidir el concilio y el cargo de *Av Bet Din*, «cabeza de la casa de ley», para presidir las cuestiones que tenían que ver con la ley. En el tiempo de Jesús, el *Nasi* era descendiente del legendario maestro judío Hillel[17].

Que el sumo sacerdote asistiera a una reunión especial del sanedrín tenía precedentes, pero también sugiere que algo extraordinario estaba sucediendo, de manera muy similar a cuando el presidente de los Estados Unidos asiste a una reunión especial del Congreso. El sumo sacerdote «ese año» era Caifás, el corrupto yerno y figura decorativa del verdadero poder del templo: Anás.

Cuando Caifás oyó el debate, mencionó sin quererlo una profecía. Aunque no era un genuino hombre de Dios, dijo una profunda verdad mediante una ironía. Meramente sugirió que hicieran a Jesús la víctima si Roma buscaba alguien a quien echar la culpa por la agitación de las multitudes. Juan toma la declaración de Caifás y señala la verdad teológica de la muerte sustitutiva por los pecados de los creyentes de Israel y de las naciones gentiles en el extranjero.

Nótese el énfasis de Juan en la respuesta. Los que oyen y responden con fe son congregados en uno y son llamados «hijos de Dios».

Para el fin de la reunión, los dirigentes religiosos tomaron su decisión oficial respecto a Jesús. Someterse a la verdad requeriría que ellos cedieran su poder al Mesías, lo que se negaron a hacer. Por consiguiente, debido a que no querían reconocer la verdad, oficialmente decidieron matarlo.

―― 11:54-57 ――

La ubicación exacta de la ciudad llamada «Efraín» se ha perdido en la historia. Sin embargo, el nombre puede referirse a Efrón, un antiguo sitio cerca de la ciudad presente de Et-Taiyibé, como a un día de camino al noreste de Jerusalén. Jesús evitó el contacto con los oficiales religiosos por el momento, aunque no por temor. Simplemente no tenía necesidad de más discusión. Los dados habían sido echados. Se había llegado al límite, al punto sin regreso. Cada hombre asociado con los poderes oficiales de la nación ya había tomado su decisión, de una manera u otra. La próxima vez que Jesús encontrara a las autoridades religiosas del templo, sería en una presentación oficial. Pronto entraría a Jerusalén como el Rey Jesús, el Mesías, llegando para tomar el trono de Israel y asumir el mando de su templo.

Aplicación

Sé veraz a ti mismo

En mi juventud oía con gran confusión los sermones y lecciones de la vida de Jesús y la conspiración para matarlo. No podía entender por qué alguien hubiera querido matar al Hijo de Dios, a menos que alguna ignorancia genuina o locura desenfrenada hubiera nublado su visión. Incluso me preguntaba: *Si el Señor les hubiera hablado una vez más, tal vez hubieran visto su error.* Tal vez un milagro más les hubiera ayudado a ver la verdad; un gran «ajá» colectivo hubiera precedido sus profundas disculpas y completa aceptación de él como el largamente esperado Mesías.

Cuando superé la inocencia inmadura de la juventud, acepté una realidad triste y sin embargo demasiado común: algunos no quieren ver la verdad. Las mentiras que se dicen a sí mismos les permiten controlar su mundo. Por lo menos, eso es lo que se han esforzado tanto por creer. Y destruirán a cualquiera que amenace destrozar sus mundos de fantasía, porque se aterran de enfrentar la verdad de que somos, en verdad, impotentes.

¿Puede haber una mentira más sin sentido que la que nos decimos nosotros mismos?

Al describir los últimos días del ministerio público de Jesús en Jerusalén, el tono sin rodeos de Juan subraya una aterradora realidad. Los dirigentes religiosos habían rechazado expresamente la verdad de Jesucristo, así que Dios los entregó a su propio engaño. Los teólogos llaman a esto «abandono judicial»[18]. Esta decisión de amor severo de parte de Dios no es un aflojar pasivo sino una «entrega» activa con el propósito de redención. Cuando el Señor entrega a alguien a su propio pecado, usted puede estar seguro de esto: las consecuencias son graves. Es un momento definidor en el cual la persona bien sea se quebranta en arrepentimiento, o permanece obstinadamente rebelde, incluso frente a la ruina.

A modo de aplicación, solo diré una cosa: *Busque las verdades que más teme hallar; ellas contienen la más grande promesa de libertad y la amenaza más grave de destrucción.*

Esto despierta varias preguntas inquisitivas. Medite en cada una con toda seriedad.

- ¿Qué verdades ha estado usted resistiendo?
- ¿Qué voz ha estado usted silenciando o manteniendo a distancia para no oír lo que instintivamente sabe que es verdad?
- ¿Cómo le ha confrontado el Señor últimamente?
- ¿De qué manera ha ahogado usted su propia conciencia con actividad, o trabajo, o relaciones personales, o algún otro tipo de escape?
- ¿Ignora usted la voz interna de la razón, que le advierte que deje alguna conducta que usted sabe que es errada?

Le instó a que responda a cada pregunta… con franqueza. Acate la verdad; escoja la libertad que trae… o una destrucción inimaginable llegará.

Buscar antes que esconder (Juan 12:1–50)

¹Seis días antes de la Pascua llegó Jesús a Betania, donde vivía Lázaro, a quien Jesús había resucitado. ²Allí se dio una cena en honor de Jesús. Marta servía, y Lázaro era uno de los que estaban a la mesa con él. ³María tomó entonces como medio litro de nardo puro, que era un perfume muy caro, y lo derramó sobre los pies de Jesús, secándoselos luego con sus cabellos. Y la casa se llenó de la fragancia del perfume.

⁴Judas Iscariote, que era uno de sus discípulos y que más tarde lo traicionaría, objetó:

⁵—¿Por qué no se vendió este perfume, que vale muchísimo dinero, para dárselo a los pobres?

⁶Dijo esto, no porque se interesara por los pobres sino porque era un ladrón y, como tenía a su cargo la bolsa del dinero, acostumbraba robarse lo que echaban en ella.

⁷—Déjala en paz —respondió Jesús—. Ella ha estado guardando este perfume para el día de mi sepultura. ⁸A los pobres siempre los tendrán con ustedes, pero a mí no siempre me tendrán.

⁹Mientras tanto, muchos de los judíos se enteraron de que Jesús estaba allí, y fueron a ver no sólo a Jesús sino también a Lázaro, a quien Jesús había resucitado. ¹⁰Entonces los jefes de los sacerdotes resolvieron matar también a Lázaro, ¹¹pues por su causa muchos se apartaban de los judíos y creían en Jesús.

¹²Al día siguiente muchos de los que habían ido a la fiesta se enteraron de que Jesús se dirigía a Jerusalén; ¹³tomaron ramas de palma y salieron a recibirlo, gritando a voz en cuello:

—¡Hosanna!

—¡Bendito el que viene en el nombre del Señor!

—¡Bendito el Rey de Israel!

¹⁴Jesús encontró un burrito y se montó en él, como dice la Escritura:

¹⁵«No temas, oh hija de Sión;
mira, que aquí viene tu rey,
montado sobre un burrito».

¹⁶Al principio, sus discípulos no entendieron lo que sucedía. Sólo después de que Jesús fue glorificado se dieron cuenta de que se había cumplido en él lo que de él ya estaba escrito.

¹⁷La gente que había estado con Jesús cuando él llamó a Lázaro del sepulcro y lo resucitó de entre los muertos, seguía difundiendo la noticia. ¹⁸Muchos que se habían enterado de la señal realizada por Jesús salían a su encuentro. ¹⁹Por eso los fariseos comentaban entre sí: «Como pueden ver, así no vamos a lograr nada. ¡Miren cómo lo sigue todo el mundo!»

²⁰Entre los que habían subido a adorar en la fiesta había algunos griegos. ²¹Éstos se acercaron a Felipe, que era de Betsaida de Galilea, y le pidieron:

—Señor, queremos ver a Jesús.

²²Felipe fue a decírselo a Andrés, y ambos fueron a decírselo a Jesús.

²³—Ha llegado la hora de que el Hijo del hombre sea glorificado —les contestó Jesús—. ²⁴Ciertamente les aseguro que si el grano de trigo no cae en tierra y muere, se queda solo. Pero si muere, produce mucho fruto. ²⁵El que se apega a su vida la pierde; en cambio, el que aborrece su vida en este mundo, la conserva para la vida eterna. ²⁶Quien quiera servirme, debe seguirme; y donde yo esté, allí también estará mi siervo. A quien me sirva, mi Padre lo honrará.

²⁷»Ahora todo mi ser está angustiado, ¿y acaso voy a decir: "Padre, sálvame de esta hora difícil"? ¡Si precisamente para afrontarla he venido! ²⁸¡Padre, glorifica tu nombre!

Se oyó entonces, desde el cielo, una voz que decía: «Ya lo he glorificado, y volveré a glorificarlo». ²⁹La multitud que estaba allí, y que oyó la voz, decía que había sido un trueno; otros decían que un ángel le había hablado.

³⁰—Esa voz no vino por mí sino por ustedes —dijo Jesús—. ³¹El juicio de este mundo ha llegado ya, y el príncipe de este mundo va a ser expulsado. ³²Pero yo, cuando sea levantado de la tierra, atraeré a todos a mí mismo.

³³Con esto daba Jesús a entender de qué manera iba a morir.

³⁴—De la ley hemos sabido —le respondió la gente— que el Cristo permanecerá para siempre; ¿cómo, pues, dices que el Hijo del hombre tiene que ser levantado? ¿Quién es ese Hijo del hombre?

³⁵—Ustedes van a tener la luz sólo un poco más de tiempo —les dijo Jesús—. Caminen mientras tienen la luz, antes de que los envuelvan las tinieblas. El que camina en las tinieblas no sabe a dónde va. ³⁶Mientras tienen la luz, crean en ella, para que sean hijos de la luz.

Cuando terminó de hablar, Jesús se fue y se escondió de ellos.

³⁷A pesar de haber hecho Jesús todas estas señales en presencia de ellos, todavía no creían en él. ³⁸Así se cumplió lo dicho por el profeta Isaías: «Señor, ¿quién ha creído a nuestro mensaje, y a quién se le ha revelado el poder del Señor?» ³⁹Por eso no podían creer, pues también había dicho Isaías: ⁴⁰«Les ha cegado los ojos y endurecido el corazón, para que no vean con los ojos, ni entiendan con el corazón ni se conviertan; y yo los sane». ⁴¹Esto lo dijo Isaías porque vio la gloria de Jesús y habló de él. ⁴²Sin embargo, muchos de ellos, incluso de entre los jefes, creyeron en él, pero no lo confesaban porque temían que los fariseos los expulsaran de la sinagoga. ⁴³Preferían recibir honores de los hombres más que de parte de Dios.

⁴⁴«El que cree en mí —clamó Jesús con voz fuerte—, cree no sólo en mí sino en el que me envió. ⁴⁵Y el que me ve a mí, ve al que me envió. ⁴⁶Yo soy la luz que ha venido al mundo, para que todo el que crea en mí no viva en tinieblas. ⁴⁷»Si alguno escucha mis palabras, pero no las obedece, no seré yo quien lo juzgue; pues no vine a juzgar al mundo sino a salvarlo.

⁴⁸El que me rechaza y no acepta mis palabras tiene quien lo juzgue. La palabra que yo he proclamado lo condenará en el día final. ⁴⁹Yo no he hablado por mi propia cuenta; el Padre que me envió me ordenó qué decir y cómo decirlo. ⁵⁰Y sé muy bien que su mandato es vida eterna. Así que todo lo que digo es lo que el Padre me ha ordenado decir».

Juan 12 marca una transición significativa en la vida de Jesús. Aunque han pasado no menos de tres años en los primeros once capítulos, Juan ahora reduce el paso de su narración para cubrir menos de una semana en este capítulo, y después tres días en los capítulos 13 al 20. Este segmento también marca un cambio súbito del ministerio público a la enseñanza privada.

Los capítulos 1 al 11 vieron a Jesús viajando de arriba abajo la estrecha franja de territorio de Israel, realizando un ministerio ampliamente público, sanando y enseñando a múltiples miles de seguidores. Su inmensa popularidad le ganó la atención de los principales sacerdotes y fariseos, y al mismo tiempo le protegió del asesinato, más notablemente durante su entrada triunfal. Esto le dio amplia oportunidad para proclamar la Palabra de Dios en el templo, confrontar a los líderes religiosos en cuanto a su abuso del poder, corregir su teología respecto al pecado y la salvación, y enderezar sus expectativas mesiánicas torcidas. Su ministerio de presentar la verdad de Dios (de la cual él era la incorporación literal) atrajo creyentes, cuyos corazones habían sido preparados para que le respondieran. Esta misma verdad, sin embargo, también repelía a los que no eran creyentes, y los empujaba al punto de ruptura.

Conforme la «hora» señalada de la gloria de Jesús se acercaba —el tiempo de su sufrimiento, muerte, sepultura, resurrección y ascensión— el trabajo de preparación había quedado completo. Su semana final en la tierra la pasaría en compañía de sus amigos más íntimos y preparando a sus discípulos para lo que les esperaba por delante, mientras recorría la senda a la cruz que su Padre le había preparado de antemano.

— 12:1-2 —

Seis días antes de la crucifixión Jesús volvió a Betania, como a tres kilómetros del avispero de los enemigos conspiradores de Jerusalén. Juan 11:45 nos dice que cuando Jesús hizo que Lázaro volviera del más allá, algunos de los «judíos»: sacerdotes, escribas y fariseos, creyeron en el Hijo de Dios. Los relatos paralelos de esto en los Evangelios Sinópticos nos dicen que un fariseo llamado Simón ofreció una cena en honor a Jesús (Mateo 26:6-13; Marcos 14:3-9; Lucas 7:36-50).

Algunos comentaristas objetan la idea de que el relato de Lucas 7 es el mismo de Juan 12, primordialmente por dos razones. Primero, dan por sentado que Jesús estaba en Galilea en ese tiempo. Una lectura más cuidadosa, sin embargo, revela que estaba en Capernaúm (Lucas 7:1), y luego viajó como cincuenta kilómetros al sur a Naín (Lucas 7:11), en donde resucitó a otro hombre, y «esta noticia acerca de Jesús se divulgó por toda Judea y por todas las regiones vecinas» (Lucas 7:17). Pronto Jesús fue invitado a cenar con un fariseo. Nada en el texto excluye la posibilidad de que el banquete tenga lugar en Judea.

ACREDITACIÓN DEL VERBO (JUAN 5:1—12:50)

La semana final

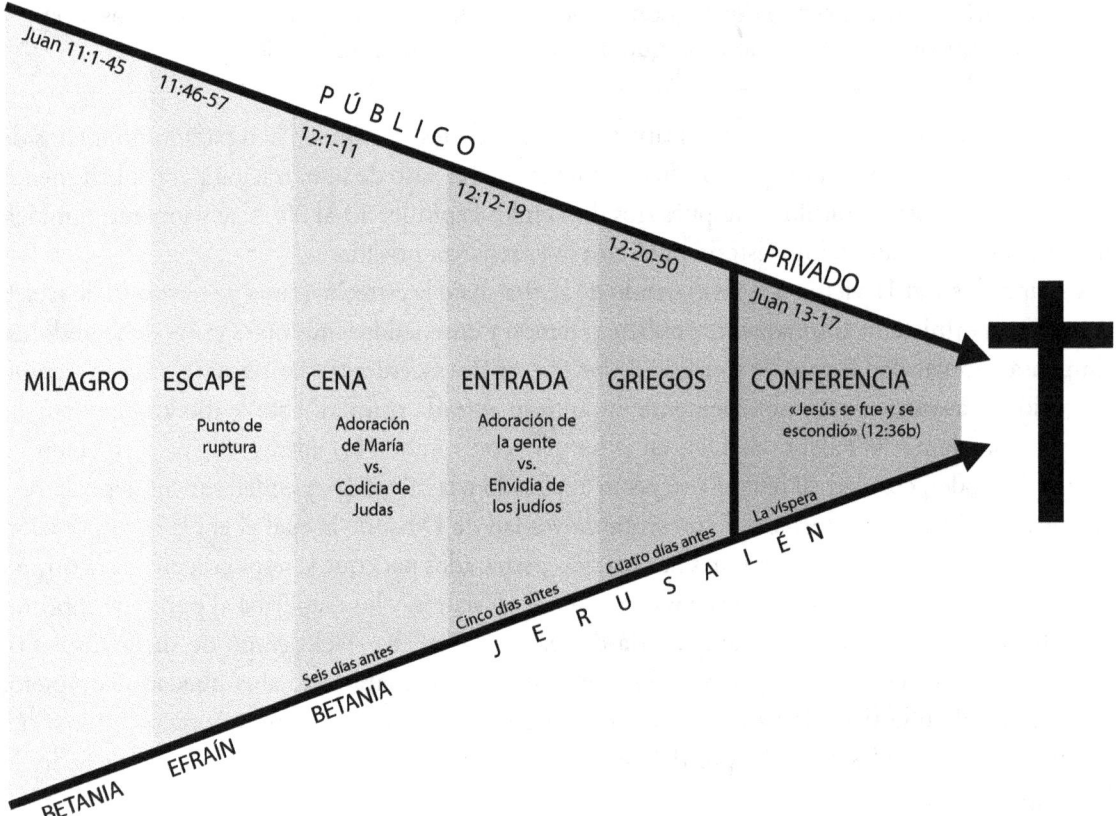

Una segunda objeción apunta a la caracterización de la mujer como inmoral o «una pecadora» (Lucas 7:37, 39), en tanto que a María de Betania se la describe como una seguidora de Cristo devota y consagrada. Si María había sido en un tiempo una mujer particularmente notoria de moral cuestionable antes de encontrar a Jesús, hay incluso mayor razón para creer que ella llegó a ser una notable mujer de Dios después de creer en él. Lucas estaría nada más que recalcando la pecaminosidad de su vida anterior mientras relata la experiencia de su desenfadada adoración a Jesús en presencia de un legalista.

Si los cuatro relatos describen el mismo suceso, el banquete tuvo lugar en casa de un fariseo llamado Simón, que no podía haber sido bien recibido en el templo debido a su lepra; o, más probablemente porque gracias a Jesús su lepra había sanado[19]. Jesús y Lázaro se reclinaron a la mesa con otros invitados, mientras María ayudaba a servir. Jesús habría estado reclinado sobre su lado con sus pies alejados de la mesa que tenía delante.

— 12:3-6 —

Es posible que María no había sido invitada al banquete por el fariseo leproso, que tal vez no había dejado atrás del todo sus modales hipócritas. O, tal vez María decidió abandonar sus deberes del servicio para expresar su devoción a Jesús (cf. Lucas 10:38-42). Sea como sea, en algún punto durante la comida, ella tomó un frasco de alabastro de costoso perfume y ungió la cabeza de Jesús (Mateo 26: 7; Marcos 14:3). Luego, movida por su enorme gratitud por la gracia, y abrumada por la aflicción del sufrimiento que estaba a punto de atravesar, María se arrodilló ante sus pies y vació el perfume de frasco de alabastro en un generoso gesto de adoración. Ella bañó sus pies con lágrimas y los secó con su cabello. La fragancia de su devoción espontánea llenó el salón.

Al hacer esto María violó varias normas culturales. Primero, su sociedad esperaba que ella estuviera sirviendo. En segundo lugar, tocar los pies de otra persona se consideraba degradante. María limpió los pies de Jesús con su cabello, es decir, la corona y gloria de una mujer, lo que la dejó absolutamente sin ninguna dignidad pública. Tercero, una mujer nunca debía soltarse el pelo en público; nunca. Cuarto, el perfume que había recogido era un tesoro que la mujer tenía como su dote, que ella lo vació en Jesús. Su extravagante acto de adoración la dejó sin dote, de este modo reduciendo su perspectiva de un matrimonio favorable.

Simón protestó en silencio: «Si este hombre fuera profeta, sabría quién es la que lo está tocando, y qué clase de mujer es: una pecadora». (Lucas.7:39). Judas objetó por otra razón. Presenció horrorizado como casi un año de salario de un obrero común se escurría por entre las grietas del piso. Juan, escribiendo más de sesenta años más tarde, sabía la razón verdadera para la estridente objeción de Judas. El tesorero de confianza había estado robándose los fondos del grupo por algún tiempo. El hombre era codicioso hasta el tuétano, a pesar de su sugerencia santurrona.

Judas había estado cultivando una doble vida por meses o posiblemente años. La verdad, como una hoja afilada, divide lo que sea que tiene delante, separando incluso el alma y el espíritu para revelar el corazón de un hombre (Hebreos 4:12). En el caso de Judas, produjo una brecha creciente entre su persona pública y su yo privado. Su seductora fachada religiosa tapaba muy bien un resentimiento oculto de aquellos a quien esperaba impresionar.

— 12:7-8 —

No podemos saber a ciencia cierta lo que tenía en mente María al adorar al Señor con su tesoro aromático, pero el Señor le dio un profundo propósito teológico. El primer paso para preparar un cuerpo para la sepultura era lavarlo con agua y ungirlo con aceite perfumado. Jesús usó la expresión de devoción de la mujer para señalar que se aproximaba su propia muerte.

Esta pública represión de Judas finalmente llevó al discípulo de dos caras a su límite. De acuerdo con Mateo y Lucas, después de este suceso decidió traicionar al Señor.

— 12:9-11 —

A pesar de que las multitudes se iban reduciendo, Jesús seguía siendo inmensamente popular. Por cierto, se podía hallar creyentes genuinos entre las multitudes, pero en este caso la motivación parece ser mera curiosidad. Su presencia revelaba donde estaba Jesús, lo cual previamente había mantenido en forma discreta. Una vez que los dirigentes religiosos se enteraron de la presencia de Jesús y obtuvieron la ayuda de un espía dentro del círculo íntimo de Jesús, el complot para matarlo empezó a formarse y a acelerarse.

— 12:12-19 —

La narración de Juan de repente cambia del fragante salón de banquete en Betania a una bulliciosa calle que lleva a Jerusalén, en donde multitudes de adoradores que habían venido se preparaban para la Pascua. Como en otros festivales, los concurrentes se preguntaban si Jesús se presentaría y con ansia vigilaban su llegada (7:11; 11:56). A su llegada adornaron su senda a la ciudad con palmas y ropas, gritando «¡Hosanna!» que quiere decir, «sálvanos». Sus gritos incluyeron palabras de un salmo mesiánico (Salmo 118:26).

Jesús había entrado en la ciudad de Jerusalén muchas veces durante su ministerio, pero esta «entrada triunfal» a la capital de la nación hebrea difirió en un respeto primario. Ya no visitó como adorador; este día la reclamó como su Rey. A diferencia del rey guerrero conquistador, sin embargo, Jesús entró en la ciudad en un símbolo de paz. Montaba un humilde burro antes que la silla en un brioso caballo blanco o en un elegante carro detrás de un grupo de caballos. Juan cita Zacarías 9:9 para recalcar que Jesús cumplía una bien conocida profecía mesiánica. «Hija de Sión» es una expresión tierna para los ciudadanos de Jerusalén.

Los sucesos de este día no tendrían ningún sentido para los discípulos sino hasta después de que Jesús ascendió al cielo y ellos recibieron el Espíritu Santo. Los fariseos, sin embargo, entendieron el significado del suceso demasiado bien. Su reacción revela su verdadero motivo. Ellos anhelaban la aprobación de los hombres por sobre todo: por sobre la verdad, por sobre la ley, incluso por sobre el bienestar de Israel. Debido a que la llegada del Mesías podía cambiar la lealtad de la gente y quitárselas, dejándolos sin poder, ellos no tuvieron otra opción que eliminar a Jesús.

— 12:20-22 —

Estos «griegos» pueden haber sido «temerosos de Dios», gentiles interesados en convertirse pero que no podían hacerlo por la razón que fuera. Los eunucos, por ejemplo, no eran elegibles. Con mayor probabilidad, sin embargo, estos eran prosélitos. La plena participación en la Pascua estaba abierta para cualquier gentil que se unía al pacto de Dios con Abraham mediante la circuncisión y, para el primer siglo, el bautismo en agua. El por qué se acercaron a Felipe y no a alguno de los otros discípulos está abierto a la conjetura. Tal vez se sintieron atraídos por su nombre griego, que quiere decir «aficionado a los caballos». Felipe entonces los llevó a Andrés (otro nombre griego, que quiere decir «hombría»), y los dos llevaron a los prosélitos para que vean a Jesús.

12:23-26

De alguna manera la curiosidad de los gentiles significó para Jesús que su «hora» había llegado. En todo su ministerio Jesús había estado esperando el tiempo cuando sería «glorificado» (2:4; 7:6, 8, 30; 8:20), como definía su sufrimiento, muerte, resurrección y ascensión al cielo (7:39; 12:16, 23; 13:32). La respuesta del Señor parece dirigida a un público más amplio, mientras que ignora por completo a los prosélitos. Es probable que Jesús se reunió con los «griegos» y habló con ellos de manera extensa en privado, y que Juan escogió destacar la significación de su llegada antes que los detalles de su conversación.

Jesús había venido a los judíos con el evangelio y éste había logrado su propósito; atrajo «a los suyos» en tanto que repelió a los que no son creyentes. Si la senda de Jesús a la cruz consistía de una serie de puertas, solo quedaba una. Cuando los gentiles vinieron para verle, y tal vez incluso creyeron, una profecía se cumplió, una predicción citada por Jesús durante la segunda limpieza del templo (Mt 21:13; Mr 11:17; Lc 19:46):

> Y a los extranjeros que se han unido al Señor
> para servirle, para amar el nombre del Señor, y adorarlo,
> a todos los que observan el sábado sin profanarlo
> y se mantienen firmes en mi pacto,
> los llevaré a mi monte santo;
> ¡los llenaré de alegría en mi casa de oración!
> Aceptaré los holocaustos y sacrificios que ofrezcan sobre mi altar,
> porque mi casa será llamada casa de oración para todos los pueblos».
> Así dice el Señor omnipotente,
> el que reúne a los desterrados de Israel:
> «Reuniré a mi pueblo con otros pueblos,
> además de los que ya he reunido» (Isaías 56:6-8).

Jesús sabía que una vez que este elemento final del plan del Padre hubiera entrado en escena, nada quedaba entre él y la cruz. Su aterradora hora había llegado. En celebración de ese momento, Jesús bosquejó el resto de la historia cristiana. En apenas tres frases explicó la base teológica de su muerte sustitutiva por los pecadores (v. 24), articuló un principio primario del reino que aplicaría personalmente (v. 25), y llamó a los creyentes a seguir su ejemplo mediante el discipulado (v. 26).

— 12:27-30 —

Este percatarse de que nada quedaba entre Jesús y la cruz condujo a una penetrante visión de su humanidad. En un momento transparente en particular vemos al Señor abrumado por el terror. Sabía que enfrentaría una agonía en escala cósmica, mucho mayor que el dolor físico de la crucifixión. Sin embargo, vino a la tierra para esta agonía, hecho que el Padre verificó con una voz que se oyó desde el cielo. Es muy interesante que algunos entendieran las palabras, en tanto que otros solo oyeron un trueno.

— 12:31-33 —

Jesús reafirmó su enseñanza anterior de que la proclamación de la verdad es la forma de juicio por la cual los individuos deciden su propio destino, bien sea al creer o al no creer (3:18-19; 5:24; 9:39; 12:48). Su uso de la frase «levantado de la tierra» es otra con un sentido doble. En un sentido literal, era una referencia clara a la crucifixión, la muerte que sufriría por todos. Él llama «a todos los hombres» a morir con él como su representante (Romanos 6:3-8); tal que cualquiera puede apropiarse de su muerte expiatoria (que paga por completo la pena del pecado) para sí mismo al creer. Los que escogen no creer no se beneficiarán de esta dádiva de la gracia, de esta manera juzgándose y condenándose a sí mismos. Y sin embargo, en un sentido figurado, la frase «levantado de la tierra» también describe su resurrección, ascensión al cielo y luego su llamado «a todos los hombres» a unirse con él.

Jesús declaró que su muerte sustitutiva —de la que uno se apropia al creer— es el golpe fatal al mal. El mal, por supuesto, permanece por un tiempo, pero su extinción es inevitable. La muerte del mal, sin embargo, puede ser una presente realidad para el creyente, que halla que ya no es esclavo del pecado debido a su fe en Cristo (Romanos 6:8-9).

— 12:34-36 —

La multitud de inmediato entendió la porción literal de la aseveración de Jesús de que él, el Cristo, sería «levantado de la tierra». Su cuestionamiento refleja un problema teológico respecto al Mesías, que persiste entre los judíos incluso hoy. El Mesías descrito en el Antiguo Testamento es un rey guerrero, que expulsaría a los enemigos de Israel, los conduciría a la prosperidad, y gobernaría desde el trono de David y para siempre. Sin embargo, también es el Siervo sufriente que moriría por su pueblo. ¿Cómo puede un muerto expulsar a algún enemigo y gobernar de algún trono?

Para resolver el dilema, muchos judíos teorizaban, como muchos todavía lo hacen, que el Mesías serían dos individuos actuando en concierto. Los judíos del día de Jesús no habían considerado la posibilidad de que un solo individuo pudiera morir por su pueblo y luego resucitar de la tumba para llegar a ser su rey eterno. Claramente, la gente en el público de Jesús no captó el aspecto figurado de su declaración.

Después de completar su revelación, Jesús se retiró a la seguridad de un lugar tranquilo, no para evadir la muerte —vino a la tierra para morir— sino para pasar sus horas finales preparando a sus discípulos.

— 12:37-43 —

Los versículos restantes del capítulo 12 son un epílogo en dos partes. La primera parte (vv. 36-43) contiene los comentarios editoriales de Juan respecto al estado de creencia entre el pueblo de Israel. La segunda parte (vv. 44-50) es un sumario de la enseñanza de Jesús en su ministerio público.

Juan citó dos pasajes de Isaías para explicar la respuesta de incredulidad de parte de los dirigentes religiosos de Israel. Ambos respaldan su explicación de que a los que no son creyentes Dios había «cegado» y «endurecido» y por consiguiente no podían creer. Aunque esto suena evidentemente injusto —¿cómo puede alguien ser impedido de creer y después justamente castigado por no creer?— uno debe entender la naturaleza del «endurecimiento» divino. En el caso de Jesús, la verdad vino a ser el medio por el cual los corazones se ablandaban al punto de rendirse o se endurecían en su estado escogido de rebelión.

Juan confirma su acusación contra los dirigentes judíos, y hace notar que algunos creyeron en secreto y permanecieron en silencio por temor de perder la reputación entre sus iguales.

HISTORIA DE DOS CORAZONES

Cuando la Biblia dice que el Señor «endurece» el corazón de alguien, ¿qué quiere decir exactamente? A primera vista, parecería injusto. ¿Cómo puede el Señor justificar el castigar a alguien por rechazarle cuando el corazón de la persona Dios mismo «endureció»? Tal vez el mejor ejemplo de un endurecimiento divino se puede ver en el contraste entre Moisés y el faraón.

Estos dos hombres empezaron sus vidas bajo circunstancias similares. Ambos crecieron en la casa pagana del soberano egipcio. Ambos recibieron educación en las escuelas paganas de sacerdotes idólatras. Ambos disfrutaron de un estándar de vida muy por encima de la existencia en el barro de los esclavos. Ambos llegaron a ser herederos de todos los privilegios de la realeza. Sus sendas se apartaron, sin embargo, cuando Dios intervino en la vida de uno. Aunque Moisés fue culpable de homicidio, el Señor lo ocultó en el otro lado de un lugar desconocido y dedicó los siguientes cuarenta años a transformar su carácter.

El faraón, sin embargo, continuó su existencia privilegiada en el palacio de Egipto y con el tiempo llegó a ser su soberano. No sufrió la humillación de convertirse en fugitivo; no tuvo que aguantar la existencia a duras penas de un pastor de ovejas itinerante en el desierto. Pasó cuarenta años viviendo como había vivido antes, como un pagano mimado.

Cuando llegó el tiempo apropiado para la próxima etapa en el plan redentor de Dios, el Señor puso a estos hombres frente a frente. Moisés exigió la liberación de los israelitas, pero el faraón se negó, aduciendo su derecho de soberanía sobre ellos. En ese momento el Señor podía haber movido una pestaña y reducido a Egipto a una pelusa en las páginas de la historia. Más bien, respondió con una serie de aflicciones que gradualmente crecieron en severidad. Su propósito indicado era «para mostrarte mi poder, y para que mi nombre sea procla-

cont.

mado por toda la tierra» (Éxodo 9:16).

El faraón obstinadamente se dedicó *por sí mismo al mal*, en directa oposición al plan redentor de Dios. Esto fue decisión personal del faraón. Escogió el mal; Dios no lo escogió por él. Sin embargo, el Señor en efecto «lo endureció». Es decir, *Dios solidificó su resolución de perseguir el mal profundamente embebido en su corazón*. Y el Señor fue completamente justo al hacerlo. Él no le *debe* a nadie su gracia. Por consiguiente, no fue menos justo al permitir que el faraón siguiera el mal que había escogido y que sufriera las consecuencias del mismo. Todavía más, el Señor convirtió el mal del faraón en una oportunidad para afirmar su propio derecho soberano sobre los israelitas y para demostrar su poder para triunfar sobre el mal.

En Romanos, Pablo vuelve a contar las sendas divergentes tomadas por Moisés y el faraón para vindicar el carácter justo de Dios (Romanos 9:14-18). Su relato hace esto de dos maneras. Primero, demuestra la gracia de Dios al intervenir en la vida de ambos hombres, dándoles a ambos amplias oportunidades de humillarse y aceptar el derecho de soberanía de Dios. Segundo, demuestra la justicia de Dios. Él respondió a cada hombre de acuerdo a las decisiones de cada uno de ellos.

Al final de su ministerio, Jesús con éxito hizo división entre creyentes y no creyentes, corazones dispuestos y corazones rebeldes, y confirmó a cada individuo de acuerdo a su elección. Recibió con gracia a los corazones dispuestos en tanto que «endureció» a otros (12:37-43). Y al endurecer, las Escrituras declaran que solidificó la resolución de cada rebelde de perseguir el mal que estaba profundamente embebido en su corazón[20].

— 12:44-50 —

Esta serie de siete declaraciones de Jesús no es otra cosa que un sumario de su enseñanza durante todo su ministerio público. Hallo no menos de cinco verdades eternas en su sumario:

1. Jesús es uno con el Padre; creer en uno es creer en el otro (vv. 44-45).

2. Jesús es la representación personal, la incorporación literal, de toda la verdad. Por consiguiente, creer en la verdad divina no es aceptar un cierto conjunto de hechos sino creer en una persona llamada Jesús (v. 46).

3. Jesús no vino para condenar a nadie sino para presentarse como la verdad que hay que creer. Los que no creen en él se condenan a sí mismos (vv. 47-48).

4. Todo lo que Jesús hace es necesariamente la voluntad del Padre porque son la misma esencia (v. 49).

5. El Padre envió al Hijo a la tierra para proporcionar a los seres humanos la capacidad de recibir vida eterna solo por gracia, y solo por fe (v. 50).

Una vez que Jesús hubo proclamado las buenas noticias al mundo y hubo cumplido todas las profecías del Antiguo Testamento concernientes al Mesías, concluyó su ministerio público. En la siguiente sección Jesús preparará a sus discípulos en privado para su partida y su obra futura de evangelización y de hacer discípulos.

NOTAS: Sección 2: ACREDITACIÓN DEL VERBO (Juan 5:1 – 12:50)

1. El sumo sacerdote y oficiales reales eran en su mayor parte saduceos, que tenían cargos oficiales de autoridad en el templo. Los rabinos objetaban este arreglo, aduciendo autoridad moral sobre los adoradores.

2. A. B. du Toit, *The New Testament Milieu* (Orion, Johannesburg, 1998), 659.
3. Jess Moody, *A Drink at Joel's Place* (Word, Waco, TX, 1967), 80-81.
4. Muchas gracias a Josh McDowell por su excelente libro, *Evidencia que demanda un Veredicto* y a C. S. Lewis por escribir *Mero Cristianismo*.
5. A veces en el campo de batalla un tambor se convierte en un improvisado escritorio en un tribunal organizado al pasar, para juzgar y condenar a alguien por crímenes cometidos en batalla. El veredicto de culpable era casi siempre la conclusión esperada, aplicándose el castigo de inmediato.
6. Borchert, *John 1–11*, 258.
7. Aristófanes, *Acharnenses*, 687.
8. Robert Jamieson, A. R. Fausset, y David Brown, *A Commentary, Critical and Explanatory, on the Old and New Testaments* (Eerdmans, Grand Rapids, 1945), 392.
9. *The NET Bible Notes* (Biblical Studies Press, Peabody, MA, 2003), notas sobre Juan 7:23.
10. *Parade Magazine* (11 febrero, 1962).
11. Adaptado de Charles R. Swindoll, *Parenting: From Surviving to Thriving* (Nashville: Nelson, 2006), 236-38. [Hay traducción al español].
12. H. V. Morton, *In the Steps of the Master* (Dodd, Mead & Company, New York, 1937), 180.
13. Ibid., 179.
14. Alrededor del año 250 a.C., las Escrituras hebreas fueron traducidas al griego por unos setenta eruditos judíos. La mayoría de judíos que vivían en los tiempos de Jesús con probabilidad conocían el Antiguo Testamento en su lengua materna en lugar de hebreo o arameo. A veces el término «Septuaginta» se abrevia «LXX», o sea, 70 en números romanos.
15. El recorrido de una ciudad del sur de Galilea, tal como Jezreel, a Betania, es como unos ochenta kilómetros. Un hombre podía recorrer como cuarenta kilómetros en un día de doce horas (11:9).
16. *Genesis Rabbah* 100.7; *Leviticus Rabbah* 18.1.
17. Ver Herch Goldwurm y Yekutiel Friedner, *History of the Jewish People* (Mesorah, New York, 1982), 1:58.
18. Ver comentarios sobre Romanos 1:24-25 en *Comentario Swindoll: Romanos*.
19. .«Lepra» se refiere a toda enfermedad crónica y aguda de la piel, y no solo a la forma incurable que conocemos como enfermedad de Hansen.
20. Adaptado de Swindoll, *Comentario Swindoll: Romanos*, ver explicación sobre 9:14-18.

CONFIRMACIÓN DEL VERBO
(JUAN 13:1—17:26)

Yo tenía diez años cuando mi padre me dijo lo que ambos pensamos que serían sus últimas palabras antes de morir.

Él estaba demasiado viejo para servir en las fuerzas armadas cuando los Estados Unidos entraron en la Segunda Guerra Mundial. Pero quería hacer su parte, así que nos mudamos a Houston, Texas, en donde aceptó un trabajo en una planta de defensa. Trabajó largo y tendido para ayudar a fabricar partes para los tanques y aviones usados para subyugar la tiranía de la Alemania nazi y Japón imperialista. Pero trabajó demasiado y demasiado duro. Los Swindoll no son conocidos por hacer algo a medias. Como resultado, sufrió quebrantamiento físico. Los médicos estaban perplejos en cuanto a cómo curar a mi padre conforme se iba debilitando. Muy pronto estuvo cerca de las puertas de la muerte y todos orábamos por un milagro. Nunca olvidaré el silencio de tipo especial que se cierne sobre una casa durante una vigilia antes de una muerte.

Una noche, mi padre me llamó a su habitación. Casi ni podía hablar algo más fuerte que un susurro, así que me agaché para oírle mientras me aconsejaba sobre la vida: cómo debo vivir como hombre y cómo debo conducirme como su hijo. Después de pocos minutos, concluyó. No tenía fuerzas para hablar por mucho tiempo. Salí de su habitación y crucé el corredor al pequeño dormitorio en donde dormíamos mi hermano y yo. Allí, solo, cerré la puerta, me derrumbé sobre la cama y lloré convencido de que jamás volvería a verlo con vida de nuevo. Ni siquiera podía imaginarme la vida sin él.

La experiencia me acosó por largo tiempo. Felizmente, mi padre se recuperó por completo y luego vivió por muchos años. A decir verdad, después de que mi madre falleció, vino a vivir con nosotros en Fullerton, California. A veces, poco antes de retirarme a la cama, iba a verlo, solo para hallarlo dormido. El verlo dormido en la quietud de su habitación a menudo me recordaba de aquella horrible noche en Houston y a los momentos que yo pensaba que serían sus últimos.

Las últimas palabras suelen ser poderosas. Conforme la «hora» de la pasión de Jesús se acercaba, aprovechó la oportunidad para pasar una última velada con sus discípulos. Sabía que no estaban preparados para el tiempo difícil y confuso que deberían enfrentar. Como la mayoría de personas de Israel del primer siglo, los discípulos esperaban que el Mesías tomara el trono, expulsara a sus enemigos, dirigiera a Israel al poder y prosperidad sin precedentes y pusiera el mundo entero bajo su dominio. Había anunciado de antemano su propia muerte y resurrección. Con todo, su arresto, juicios, tortura, crucifixión, sepultura, resurrección y partida de la tierra vendrían como un choque terrible, como un sueño perfecto que se convierte en pesadilla.

Conforme la velada avanzaba, Jesús habló de la vida y el ministerio en la tierra sin su presencia física. Los discípulos rápidamente empezaron a comprender la gravedad de estos momentos. Sus corazones «turbados» pronto fueron presa del mismo terror de abandono que los huérfanos sienten una vez que se dan cuenta de que están solos en el mundo.

Ni siquiera podían imaginarse la vida sin él.

Humildad personificada (Juan 13:1–17)

¹Se acercaba la fiesta de la Pascua. Jesús sabía que le había llegado la hora de abandonar este mundo para volver al Padre. Y habiendo amado a los suyos que estaban en el mundo, los amó hasta el fin.

²Llegó la hora de la cena. El diablo ya había incitado a Judas Iscariote, hijo de Simón, para que traicionara a Jesús. ³Sabía Jesús que el Padre había puesto todas las cosas bajo su dominio, y que había salido de Dios y a él volvía; ⁴así que se levantó de la mesa, se quitó el manto y se ató una toalla a la cintura. ⁵Luego echó agua en un recipiente y comenzó a lavarles los pies a sus discípulos y a secárselos con la toalla que llevaba a la cintura.

⁶Cuando llegó a Simón Pedro, éste le dijo:

—¿Y tú, Señor, me vas a lavar los pies a mí?

⁷—Ahora no entiendes lo que estoy haciendo —le respondió Jesús—, pero lo entenderás más tarde.

⁸—¡No! —protestó Pedro—. ¡Jamás me lavarás los pies!

—Si no te los lavo, no tendrás parte conmigo.

⁹—Entonces, Señor, ¡no sólo los pies sino también las manos y la cabeza!

¹⁰—El que ya se ha bañado no necesita lavarse más que los pies —le contestó Jesús—; pues ya todo su cuerpo está limpio. Y ustedes ya están limpios, aunque no todos.

¹¹Jesús sabía quién lo iba a traicionar, y por eso dijo que no todos estaban limpios.

¹²Cuando terminó de lavarles los pies, se puso el manto y volvió a su lugar. Entonces les dijo:

—¿Entienden lo que he hecho con ustedes? ¹³Ustedes me llaman Maestro y Señor, y dicen bien, porque lo soy. ¹⁴Pues si yo, el Señor y el Maestro, les he lavado los pies, también ustedes deben lavarse los pies los unos a los otros. ¹⁵Les he puesto el ejemplo, para que hagan lo mismo que yo he hecho con ustedes. ¹⁶Ciertamente les aseguro que ningún siervo es más que su amo, y ningún mensajero es más que el que lo envió. ¹⁷¿Entienden esto? Dichosos serán si lo ponen en práctica.

Jesús a menudo indicó su identidad e incluso usó metáforas vividas para describir su relación con los seres humanos (6:35; 8:12; 9:5; 10:9, 11; 11:25), pero rara vez habló de sí mismo directamente. Solo una vez en todas las Escrituras describió su yo interior, y eso sucedió cuando una congregación de judíos se reunió para oírle predicar. Invitó a todos los cansados de tratar de satisfacer las demandas imposibles de la religión que hallaran reposo en él, «pues yo soy apacible y humilde de corazón», dijo (Mateo 11:29). El adjetivo griego que se traduce «humilde» se deriva de un verbo que significa «rebajar» o «hacer pequeño o insignificante». La humildad se expresaba físicamente al inclinar la cabeza, arrodillarse o incluso postrarse. ¿No es significativo que usara *este* término para describirse?

TÉRMINOS CLAVE

γινώσκω [*ginosko*] (*1097*) «conocer, comprender, entender»

Este término, junto con su primo οἶδα [*oida*] (1492), se refiere a la comprensión inteligente con un énfasis en el proceso o acción de conocer. En toda la literatura de Juan «conocer» y «obedecer» son inseparables (como también en la literatura del Antiguo Testamento). En el aposento alto Jesús puso gran énfasis en que sus seguidores conocieran la mente de Dios a fin de que pudieran llegar a ser parte integral de su plan redentor. Los discípulos lucharon con su falta de comprensión hasta que recibieron al Espíritu Santo..

μένω [*meno*] (*3306*) «permanecer, quedarse, estar, vivir»

El uso normal, casual, de este verbo considera a su sujeto quedándose en un lugar por un período de tiempo, tal como en una residencia, ocupación, o estado de ser. Uno «permanece» en su casa, «se mantiene» en su ocupación por un número de años, o «se queda» casado. Juan, derivando su influencia de Jesús, da al significado del término un sentido profundamente teológico. Al «permanecer», el creyente tiene acceso a todas las promesas del cielo, siendo su única limitación los efectos de la caída. Uno «permanece» al «conocer» a Dios, lo que necesariamente incluye la obediencia.

μισέω [*miseo*] (*3404*) «aborrecer, detestar, tratar con desdén, descuidar»

A diferencia de las culturas occidentales modernas, las culturas semíticas tienen dos clases de «odio» o «aborrecimiento»: *aborrecimiento comparativo* y *aborrecimiento ontológico*. Las culturas semíticas a menudo usan «aborrecer» en el contexto de comparación (por ej., Mateo 6:24; Lucas 14:26), e incluye poca o ninguna emoción. Se dice de un objeto preferido que se lo «ama» en tanto que a otro se lo «aborrece». El aborrecimiento comparativo expresa preferencia o prioridad. El aborrecimiento ontológico es el tipo más familiar a las culturas occidentales, que expresa sentimientos o acciones maliciosas hacia su objeto (por ej., Mateo 24:10; Lucas 6:22).

παράκλητος [*parakletos*] (*3875*) «ayudante, abogado, consolador, alentador»

Este término, como *agape*, no se usaba ampliamente fuera del Nuevo Testamento. Por consiguiente, puede convertirse en una palabra prestada ideal para Juan para describir el ministerio del Espíritu Santo. (Solo podemos especular en cuanto al término arameo que Jesús usó en el aposento alto). Los griegos seculares usaban el término para describir las acciones de un abogado «que aboga» por su cliente, proveyendo dirección, consejo, e incluso hablando a su favor ante el juez. Los filósofos judíos, fuertemente influidos por los griegos, ampliaron la idea de abogado para personificar a la sabiduría. La idea cristiana de *paracletos* viene en gran parte de los escritos de Juan.

La humildad es la postura de quintaesencia del creyente. No inclinado en derrota o vergüenza. Nuestro modelo es Jesús. El humilde Hijo de Dios no puede ser derrotado y no tiene razón para avergonzarse. Aunque «manso y humilde», la omnipotencia que él dejó a un lado para hacerse uno de nosotros puede recuperarla de nuevo en un instante. La humildad no es para los pusilánimes. Por el contrario, ¡la humildad auténtica es posible solo para hombres y mujeres victoriosos!

Conforme la noche avanzaba en ese aposento alto, Jesús tenía muchas lecciones que enseñar, pero antes que cualquier otra cosa, les enseñaría el arte importante y noble de rebajarse.

— 13:1 —

Juan empieza esta sección de su narración con una declaración sumaria del ministerio de Jesús entre sus discípulos. Cuando su «hora» se acercaba, amó «a los suyos» *eis telos*, es decir, literalmente, «hasta el final». Los amó hasta la conclusión, a plenitud, hasta el mismo fin. Había completado su entrenamiento. Durante esta noche final con los doce, necesitaba solo repasar las lecciones más importantes y revelarle su futuro inmediato.

Juan se interesa con prolijidad en notar la ocasión de la última comida de Jesús con sus discípulos y su odisea subsiguiente. Antes de terminar esta sección, establecerá una conexión clara entre el cordero pascual y Jesús, «el Cordero de Dios que quita el pecado del mundo» (1:29).

— 13:2-5 —

Los versículos 2-4 forman en el griego una sola oración gramatical larga y compuesta, como bien lo pone la RVR-1960. La forma sencilla se puede ver seleccionando la primera frase de cada versículo: «Llegó la hora de la cena [...] Jesús [...] se levantó de la mesa». Las cláusulas de respaldo establecen la ocasión y describen los pensamientos internos de Jesús a fin de que entendamos la plena significación de su próxima acción.

El versículo 2 revela que Judas ya había decidido traicionar al Señor mientras estaba reclinado a la mesa con los demás discípulos. De acuerdo con Lucas, ya había recibido el dinero (Lucas 22:3-6) y estaba buscando una buena oportunidad para entregar a Jesús a las autoridades del templo. El versículo 3 revela que Jesús sabía que estaba a punto de experimentar gran sufrimiento, morir, resucitar de la tumba, y luego recibir gloria como gobernador de toda la creación (Daniel 7:13-14). El versículo 4 nos dice que, a pesar de saber todo eso, Jesús se levantó de la mesa y en silencio cambió sus vestidos por el uniforme de un esclavo. Pero no cualquier esclavo, sino el más vil; un esclavo que lava la suciedad del camino de los pies de los invitados.

Cuando alguna familia invitaba a alguien a cenar en su casa en esos días, era costumbre poner a un criado cerca de la puerta con una palangana, una jarra de agua y una toalla. Conforme llegaba cada invitado, el criado le quitaba las sandalias (1:27), enjuagaba cada pie y luego lo secaba con una toalla limpia.

Si alguien en esa habitación merecía que lo trataran como a un rey, era Jesús. Si había alguien digno de este tipo de devoción, era el Señor. Sin embargo, decidió hacerse siervo de todos. Jesús les lavó los pies a los discípulos... a todos ellos... a los doce... ¡incluyendo a Judas!

Con toda probabilidad Juan daba por sentado que sus lectores estaban familiarizados con los otros tres relatos de esa noche final. Sabemos por Lucas 22:24 que los discípulos habían estado discutiendo de nuevo entre sí quién de ellos era el mejor para los cargos más prominentes en el nuevo gobierno del Señor. (Incluso hasta la misma víspera de la crucifixión del Señor ellos todavía esperaban que Jesús derribara a los romanos y estableciera una nueva monarquía, lo que resultaría en la promoción de ellos).

― 13:6-11 ―

Jesús ya les había lavado los pies a varios discípulos antes de llegar a Pedro. El impulsivo discípulo protestó, diciendo: «Señor, ¿tú? ¡¿Mis pies vas a lavar?!» (traducción literal mía). El Señor le reaseguró a su discípulo que la importancia del lavamiento, y de toda la velada a propósito, se aclararía con el tiempo. Pero Pedro protestó de nuevo: «¡Absolutamente de ninguna manera me lavarás los pies de aquí a la eternidad!» (de nuevo, traducción literal mía).

A primera vista Pedro parece humilde, como si dijera: «Ay, Señor, ¡yo debería más bien lavarte los pies a ti!» Pero no fue eso lo que quiso decir. Esto no fue otra cosa que orgullo de afirmación propia que se niega a aceptar la gracia que otro le brinda, el tipo que no se deja ver vulnerable frente a otros. Si Pedro tenía los pies sucios, ¡él mismo se encargaría de lavárselos! «No se necesita benevolencia aquí, ¡muchas gracias».

Jesús le recordó a Pedro que no podría disfrutar de la eternidad aparte de la gracia. Pedro, jamás un hombre moderado, se fue al otro extremo y pidió que lo bañara por completo. Pero Jesús rechazó su interpretación del lavamiento de pies. Debido a que Pedro creía en el Hijo de Dios y había recibido salvación del pecado por gracia, ya estaba limpio. (Tal vez pudiéramos decir: «Una vez bañado, ¡siempre bañado!») La gracia de Dios, sin embargo, continúa toda la vida del creyente, cuyos pies recogen polvo del mundo.

Los temas predominantes de Jesús para esa velada serían la necesidad de comunión continua con Dios, la ayuda del Espíritu Santo, amor y unidad en el cuerpo de creyentes, y el peligro que presenta el mundo. Su ilustración de apertura reúne estos puntos. En tanto que el creyente ha sido limpiado del pecado en el sentido legal —sus pecados pasados, presentes y futuros no les serán tomados en cuenta en la eternidad— el creyente continúa luchando por mantenerse limpio en su experiencia antes de entrar a la eternidad.

El comentario editorial de Juan nos recuerda que Jesús ya sabía que Judas estaba buscando una oportunidad para entregar a su Maestro, incluso mientras recibía esta significativa acción de la gracia.

― 13:12-17 ―

Una vez que Jesús terminó su acto inicial de humildad, empezó a enseñar, primero explicando su propósito. En clásica forma didáctica, planteó una pregunta cuidadosamente preparada a sus estudiantes. Les pidió que interpretaran el significado de que les hubiera lavado los pies. Sospecho que esperaba algunas respuestas creativas, algunas de las cuales sin lugar a dudas fueron hasta divertidas. Luego estableció dos principios de humildad que han llegado a ser fundamentales en su reino.

1. *La humildad no discrimina; la humildad se expresa por igual para todos.* Jesús no les pidió a sus estudiantes que le lavaran sus pies como pago, sino que se lavaran los pies unos a otros. Digamos las cosas tal como son; la mayoría de nosotros hubiéramos hecho fila para lavar los pies del Salvador porque *¡Él es digno!* Pero, ¿cuántos están listos para lavar los pies de otra persona en la iglesia, particularmente alguien que no les gusta gran cosa? Esta lección impactaría a los discípulos incluso más duro más adelante cuando recordaran que Jesús se postró ante Judas para lavarle los pies, justo con todos los demás.

2. *La humildad pone patas arriba la estructura de autoridad.* Temprano en su ministerio Jesús dijo claramente: «Si alguno quiere ser el primero, que sea el último de todos y el servidor de todos» (Marcos 9:35; cf. Mateo 18:4; 19:30; 20:16; Marcos 10:31; Lucas 9:48; 13:30). Jesús, como Rey del nuevo reino, se rebajó hasta ser el más vil de los seres humanos, tomando sobre sí los pecados del mundo: «haciéndose pecado» por así decirlo (2 Corintios 5:21), y luego sufriendo la muerte más humillante que jamás el ser humano ha diseñado. En tanto que ningún otro ser humano podría posiblemente igualar su humildad, se nos llama a imitar a nuestro Maestro.

Llegamos a ser «grandes» en el nuevo reino, no sufriendo la crucifixión. Cristo satisfizo por completo la necesidad de la muerte sacrificial. Llegamos a ser «grandes» en el nuevo reino postrándonos para servirnos unos a otros.

Permítame ser completamente transparente. La sola idea de lavar pies, tanto literal como figuradamente, es mucho más fácil enseñar que practicar. Pero Jesús no prometió bendición para los que *enseñan* el lavamiento de pies, sino para los que lo *practican*. La humildad no se aprende en un salón de clases y ni siquiera en un estudio bíblico. La humildad es una conducta que uno escoge como hábito, incluso al punto en que uno se olvida de la «grandeza» o de llegar a ser humilde. Las personas que recuerdo como humildes de verdad rara vez piensan en sí mismas. No tienen que hacerlo. La bendición que reciben en el proceso de servir a otros provee todo el contentamiento que cualquier hombre o mujer pudiera desear.

Jesús enseñó la humildad mediante su ejemplo; personificó la humildad. Resolvamos practicar la humildad como él la modeló.

Aplicación

Hay que cultivar el noble arte de ser humilde

Cuando Jesús se quitó su ropa externa, se comportó como un esclavo y se postró hasta lo más bajo para lavarles los pies a sus discípulos, enseñó a sus hombres varias lecciones importantes en cuanto a la humildad, de las cuales no es la menor que la humildad es acción, y no simplemente una actitud. Uno no se siente humilde o tiene pensamientos humildes. De hecho, una persona de humildad genuina ni siquiera piensa en sí misma. La humildad es un comportamiento, y en su forma más pura, incluye poca emoción, excepto tal vez algo de afecto.

Con eso en mente, permítame derivar unos pocos principios de la lección que Jesús nos dio sobre la humildad.

1. *La humildad no se proclama.* Jesús no se levantó de la mesa y con intrepidez anunció: «Voy a demostrarles la humildad». Empezó a lavar pies. Una vez que alguien llama la atención a su obra de servicio, ya quedó contaminado con el orgullo (Mateo 23:1-12). Uno no anuncia una obra de humildad, ni antes ni después. (Jesús rompió esta regla después de lavarles los pies a los discípulos por razón de instrucción, pero fue la única vez que lo hizo).

2. *Humildad es estar dispuesto a recibir servicio sin avergonzarse.* Por lo general uno se siente abochornado por obras de servicio porque percibe que las «reglas» normales de nivel social o categoría se han roto. En la mente de Pedro, solo el menor debe servir al mayor. Jesús invirtió esta norma del mundo. El «más grande» en el reino de Dios sirve y recibe servicio sin pensar en nivel social, valía o categoría.

3. *La humildad no es señal de debilidad.* Jesús no sirvió a sus discípulos debido a que era débil, necesitaba la buena voluntad de ellos, deseaba su aprobación, o quería su lealtad. Jesús, siendo el Dios Todopoderoso, se postró para servir a los que amaba. Lavó esos veinticuatro pies porque estaban sucios y necesitaban que se los lave.

4. *La humildad no discrimina.* Jesús lavó los pies de todos los que estaban en el salón, incluyendo los de Judas, el hombre que ya sabía que tenía planes para entregarlo. Jesús no alineó a los discípulos en orden de intimidad, o lealtad, o algún otro estándar. No esperó a que el traidor de entre ellos se fuera en su misión perversa antes de lavarles los pies. Lavó los pies que necesitaban lavado, sin favoritismo ni prejuicio.

A modo de aplicación, tenga en mente dos principios adicionales.

1. *La humildad incluye servirnos los unos a los otros, y no solo al Señor.* Servir al Señor es el mayor deleite del mundo; servirnos unos a otros no siempre recompensa. El Señor es digno de servicio y fácil de amar. Nuestros hermanos y hermanas manchados y pecadores, sin embargo, no siempre son encantadores y con frecuencia ni siquiera expresan gratitud. Con todo, la humildad genuina no busca recompensa aparte del servicio mismo.

2. *El gozo de la humildad se puede experimentar solo mediante la humildad en acción.* La humildad viene al *hacer*, no solo al leer al respecto, ni al oír a otros que hablan al respecto, o ver que otros se comportan con humildad. Jesús demostró humildad y luego instó a sus discípulos a seguir su ejemplo.

Después de oír uno de mis sermones sobre este tema, alguien comentó: «¿Sabe una cosa? Tengo que aprender a amar mejor a Fulano de Tal, ¡porque voy a pasar la eternidad con él!» Tiene razón. Pero me gustaría invertir este pensamiento. Si la humildad, es decir, servir y ser servido sin consideración de nivel social o categoría, define nuestra experiencia mutua en el cielo, ¿por qué esperar? Dios nos ha animado a que produzcamos un pedacito de cielo en la tierra y nos ha dado la capacidad… Así que, ¿qué esperamos?

¿Cuál es su cociente de aceptación? (Juan 13:18-30)

¹⁸»No me refiero a todos ustedes; yo sé a quiénes he escogido. Pero esto es para que se cumpla la Escritura: "El que comparte el pan conmigo me ha puesto la zancadilla."

¹⁹»Les digo esto ahora, antes de que suceda, para que cuando suceda crean que yo soy. ²⁰Ciertamente les aseguro que el que recibe al que yo envío me recibe a mí, y el que me recibe a mí recibe al que me envió.

²¹Dicho esto, Jesús se angustió profundamente y declaró:

—Ciertamente les aseguro que uno de ustedes me va a traicionar.

²²Los discípulos se miraban unos a otros sin saber a cuál de ellos se refería. ²³Uno de ellos, el discípulo a quien Jesús amaba, estaba a su lado. ²⁴Simón Pedro le hizo señas a ese discípulo y le dijo:

—Pregúntale a quién se refiere.

²⁵—Señor, ¿quién es? —preguntó él, reclinándose sobre Jesús.

²⁶—Aquel a quien yo le dé este pedazo de pan que voy a mojar en el plato —le contestó Jesús.

Acto seguido, mojó el pedazo de pan y se lo dio a Judas Iscariote, hijo de Simón. ²⁷Tan pronto como Judas tomó el pan, Satanás entró en él.

—Lo que vas a hacer, hazlo pronto —le dijo Jesús.

²⁸Ninguno de los que estaban a la mesa entendió por qué le dijo eso Jesús. ²⁹Como Judas era el encargado del dinero, algunos pensaron que Jesús le estaba diciendo que comprara lo necesario para la fiesta, o que diera algo a los pobres. ³⁰En cuanto Judas tomó el pan, salió de allí. Ya era de noche.

Por muchos años los sistemas educativos del mundo entero sujetaron a sus estudiantes a un conjunto de pruebas para determinar el C.I. de cada individuo («cociente intelectual»). Este medía la capacidad de cada persona para recordar cifras, pensar imaginativamente, combinar la información en forma lógica y en última instancia resolver problemas. El C.I. llegó a ser un medio de identificar a estudiantes intelectualmente talentosos a fin de presentarles el reto de utilizar al máximo sus capacidades. Lamentablemente, también se convirtió en pretexto para empujar a muchos otros al margen de la educación.

En 1983 el profesor Howard Gardner de la Universidad de Harvard propuso que la inteligencia tiene muchas formas. Alguien puede ser un genio matemático y, sin embargo, tener dificultades para conectar el sistema audiovisual en su casa. Otro puede tener el C.I. más alto jamás registrado y, sin embargo, no poder interactuar con otros en el nivel más básico de competencia. El Dr. Gardner reconoció la existencia de «inteligencias múltiples» y reaccionó fuertemente en contra de asignar valía a la gente basado en una sola inteligencia, escogida más bien arbitrariamente. Hay más en una persona que su capacidad de resolver acertijos mentales.

Jesús nunca asignó valor supremo al C.I. Se preocupó mucho más por cultivar el C.A. de sus discípulos. En tanto que el C.I. cuantifica la capacidad mental de un individuo, el C.A. mide la capacidad de uno para las relaciones personales.

¿Cuál es su Cociente de Aceptación?

Defino «aceptación» como la capacidad de uno de recibir a otras personas y reconocer su valía sin medirlas con un estándar predeterminado o exigirles algún desempeño específico.

Aceptación. Quiere decir que usted es valioso tal como es. Le permite ser el usted real. No se le fuerza a que sea lo que otro piensa que usted es. Quiere decir que sus ideas se toman en serio puesto que reflejan quién es usted. Puede hablar de cómo se siente por dentro y por qué se siente así. Y alguien se interesa en eso.

Aceptación quiere decir que usted prueba sus ideas sin que se las desinflen. Usted incluso puede expresar pensamientos heréticos y hablar al respecto con preguntas inteligentes. Se siente seguro. Nadie le dicta sentencia, y ni siquiera tiene que concordar con usted. Eso no quiere decir que jamás lo van a corregir o demostrarle que se equivoca. Simplemente quiere decir que es seguro para usted ser *usted* y nadie va a destruirlo por prejuicio[1].

Esta cualidad que Jesús ejemplificó y alentó requiere algo de aclaración, a fin de que no haya malos entendidos. Primero, aceptación no niega el discernimiento. La madurez cristiana exige discernimiento. Aceptar a alguien no quiere decir hacer ojos ciegos a las debilidades de esa persona, sino más bien hacerse de la vista gorda a esas debilidades al escoger mostrar honor. Es demostrar amor sin considerar los defectos del otro.

Segundo, la aceptación no niega la depravación. Por el contrario, la aceptación toma plenamente en cuenta la depravación al recibir a otro en la comunión. Si usted está buscando personas perfectas con quienes tener compañerismo, está destinado a la soledad.

Tercero, la aceptación en efecto provee libertad ilimitada a todo individuo para que sea abiertamente auténtico sin temor al rechazo. Cada persona puede sentirse completamente tranquila, sabiendo que el hecho de ser él mismo o ella misma no hará que lo condenen o lo rechacen.

Después de que Jesús terminó de lavarles los pies a los discípulos, volvió a ponerse su ropa y les enseñó en cuanto a la humildad. Les advirtió, sin embargo, que no todos alrededor de la mesa entenderían la lección, y mucho menos la aplicarían. El hecho de que Jesús acababa de lavarle los pies al traidor sería la ocasión para la próxima lección. La humildad no siempre se doblega para servir a otros. La humildad también ofrece compañerismo a personas ruines.

—13:18-20—

Jesús anunció que alguien que estaba reclinado a la mesa esa noche no recibiría ninguna bendición. Uno entre ellos comió el pan sin levadura provisto por el Hijo de Dios como un medio para traicionarlo, que el Señor notó citando Salmo 41:9. Dijo, en efecto: «El traidor puede pensar que astutamente ha permanecido incógnito, pero su traición fue revelada mucho antes de que él naciera». No hay que equivocarse; esa fue una advertencia final.

Imagínese mentalmente que usted está reclinado a la mesa junto a Jesús. ¿Cómo respondería si Jesús dijera su pecado secreto y luego predijera su ruina? No sé lo que usted haría, pero yo me arrepentiría. «¡No, Señor! ¡Sálvame de mi pecado!» Pero no Judas. Desde el comienzo de la cena (13:2) e incluso antes (Lucas 22:3-6), Judas había decidido entregar a Jesús a las autoridades religiosas. Solo necesitaba hallar el momento más oportuno.

Jesús sabía que la traición de Judas pronto estremecería la fe de los demás discípulos, hasta sus mismos cimientos. Así que les reaseguró de antemano. «Recibir» a quien Cristo envía, es recibir a Cristo, y recibir a Cristo es recibir al Padre. Reaseguró a sus discípulos que la aceptación a ellos tenía respaldo divino.

— 13:21-22 —

Juan describió el estado interno de Jesús como «angustiado». Es la misma palabra griega que se usa en 11:33; 12:27; 14:1, 27. Significa «agitado», presumiblemente por la profunda angustia o a veces enojo. Pienso que el Señor genuinamente se afligió por la pérdida de Judas. Pienso que el amor que tenía por su traidor casi le partió el corazón.

Jesús aturdió a la mesa con una revelación de verdad divina: uno de los discípulos lo traicionaría. Mientras los discípulos intercambiaban miradas inquisitivas y expresaban su alarma, no tengo duda de que Judas fingió incredulidad tan creíblemente como los demás.

— 13:23-26 —

Al parecer Pedro estaba en el otro extremo opuesto de la mesa de donde estaba Jesús, demasiado distante como para tener una conversación en privado. Así que le hizo señas a Juan a que le preguntara a Jesús la identidad del traidor. La postura acostumbrada para cenar era recostarse sobre el lado izquierdo de uno, sosteniéndose sobre un codo, con los pies hacia fuera de la mesa. Juan estaba reclinado a la derecha de Jesús. En lugar de voltear su cabeza, se inclinó contra el pecho de Jesús y alzó la vista. Alguien haría esto solo con un amigo íntimo o pariente, pero no sería una vista extraña en la mesa de una cena en el Oriente Cercano antiguo.

Jesús le reveló a Juan la identidad del traidor con un gesto familiar de amistad. Jesús mojó un pedazo de pan sin levadura en uno de los tazones que contenían una pasta hecha de hierbas amargas, o tal vez salsa de cordero, y se lo dio a Judas. Evidentemente, Judas estaba reclinado al alcance fácil, sugiriendo que tal vez estaba acostado a la izquierda de Jesús, posición de honor en un banquete.

Este fue el acto final de gracia de Jesús a Judas. Jesús le lavó los pies al hombre y le dio el lugar de honor a su lado. Luego, a pesar del pecado en el corazón del traidor, el Señor le ofreció su amistad.

Los doble amén en Juan

1:51	Ciertamente les aseguro que ustedes verán abrirse el cielo, y a los ángeles de Dios subir y bajar sobre el Hijo del hombre.
3:3	De veras te aseguro que quien no nazca de nuevo no puede ver el reino de Dios —dijo Jesús.
3:5	Yo te aseguro que quien no nazca de agua y del Espíritu, no puede entrar en el reino de Dios.
3:11	Te digo con seguridad y verdad que hablamos de lo que sabemos y damos testimonio de lo que hemos visto personalmente, pero ustedes no aceptan nuestro testimonio.
5:19	Ciertamente les aseguro que el hijo no puede hacer nada por su propia cuenta, sino solamente lo que ve que su padre hace, porque cualquier cosa que hace el padre, la hace también el hijo.
5:24	Ciertamente les aseguro que el que oye mi palabra y cree al que me envió, tiene vida eterna y no será juzgado, sino que ha pasado de la muerte a la vida.
5:25	Ciertamente les aseguro que ya viene la hora, y ha llegado ya, en que los muertos oirán la voz del Hijo de Dios, y los que la oigan vivirán.
6:26	Ciertamente les aseguro que ustedes me buscan, no porque han visto señales sino porque comieron pan hasta llenarse.
6:32	Ciertamente les aseguro que no fue Moisés el que les dio a ustedes el pan del cielo… El que da el verdadero pan del cielo es mi Padre.
6:47	Ciertamente les aseguro que el que cree tiene vida eterna.
6:53	Ciertamente les aseguro… que si no comen la carne del Hijo del hombre ni beben su sangre, no tienen realmente vida.
8:34	Ciertamente les aseguro que todo el que peca es esclavo del pecado.
8:51	Ciertamente les aseguro que el que cumple mi palabra, nunca morirá.
8:58	Ciertamente les aseguro que, antes de que Abraham naciera, ¡yo soy!
10:1	Ciertamente les aseguro que el que no entra por la puerta al redil de las ovejas, sino que trepa y se mete por otro lado, es un ladrón y un bandido.
10:7	Ciertamente les aseguro que yo soy la puerta de las ovejas.
12:24	Ciertamente les aseguro que si el grano de trigo no cae en tierra y muere, se queda solo. Pero si muere, produce mucho fruto.
13:16	Ciertamente les aseguro que ningún siervo es más que su amo, y ningún mensajero es más que el que lo envió.
13:20	Ciertamente les aseguro que el que recibe al que yo envío me recibe a mí, y el que me recibe a mí recibe al que me envió.
13:21	Ciertamente les aseguro que uno de ustedes me va a traicionar.
13:38	¿Tú darás la vida por mí? ¡De veras te aseguro que antes de que cante el gallo, me negarás tres veces!
14:12	Ciertamente les aseguro que el que cree en mí las obras que yo hago también él las hará, y aun las hará mayores, porque yo vuelvo al Padre.
16:20	Ciertamente les aseguro que ustedes llorarán de dolor, mientras que el mundo se alegrará. Se pondrán tristes, pero su tristeza se convertirá en alegría.
16:23	En aquel día ya no me preguntarán nada. Ciertamente les aseguro que mi Padre les dará todo lo que le pidan en mi nombre.
21:18	De veras te aseguro que cuando eras más joven te vestías tú mismo e ibas adonde querías; pero cuando seas viejo, extenderás las manos y otro te vestirá y te llevará adonde no quieras ir.

— 13:27-30 —

El versículo 27 es uno de los versículos más escalofriantes en todas las Escrituras. Así como los corazones dispuestos reciben a Cristo, así también corazones dispuestos reciben a Satanás.

El pecado secreto inevitablemente envuelve la mente y tergiversa los valores de uno. Defraudadores como Judas rara vez roban mucho al principio; pero conforme el despilfarro se vuelve habitual y después un ritual, el ladrón debe aprender a racionalizar su pecado o enfrentar la horrible perspectiva de arrepentimiento. Impulsado por la vergüenza, debe mantener su pecado como secreto. Mientras tanto, el ciclo de compulsión y vergüenza meten una cuña entre sus pensamientos privados y su persona pública fastidiosamente mantenida, y a menudo santurrona. A la larga, el pecador acepta su fachada pública como su yo verdadero en un esfuerzo desesperado por escapar del acoso implacable de la vergüenza. Cuando se ve atrapado en el pecado, el defraudador casi siempre parece sorprenderse. De alguna manera se sorprende por las acusaciones porque se ha convencido que nadie puede ver la verdadera persona que mucho tiempo atrás ha escondido.

Judas había estado cultivando una vida doble por mucho del tiempo que pasó con Jesús (6:70-71). Su encantadora máscara religiosa guardaba un resentimiento hirviente escondido con seguridad de los demás. Nadie sospechaba su pecado secreto, mucho menos se preguntaba de su lealtad. Incluso al recibir el bocado de Jesús y salir a la noche sin explicación, nadie sospechó nada.

Juan escribió estos sucesos unos sesenta años después de que ocurrieron, lo que le dio amplio tiempo para reflexionar. Todavía más, el Espíritu Santo dirigió el reflector de su mente a ciertos detalles a fin de comunicar profundas verdades espirituales. Las lecciones vivas de Jesús sobre la humildad y aceptación tuvieron lugar en la presencia de Judas. El Señor le lavó los pies, le dio el asiento de honor a la mesa, e incluso le ofreció su compañerismo. Pero debido a que Jesús era enteramente humano, experimentando todas las emociones, debilidades y tentaciones que nosotros aguantamos, podemos estar seguros de que los gestos de aceptación no vinieron con facilidad. A menudo la gracia es una dádiva costosa.

Aplicación

Cómo distinguir un C.A. deficiente

Si la gracia es nuestra doctrina definidora como creyentes genuinos, entonces nuestra capacidad de aceptar a otros por cierto es una prueba visible de lo que creemos. Soy sin reservas conservador en mi teología y hallo mejor afinidad con mis colegas teólogos conservadores, así que aprecio su deseo de doctrina pura sin acomodos y su rápida identificación y su ocasional represión de falsos maestros. Y me uno a su valiente posición contra el mal del mundo que cierra cada vez más su círculo. Pero, ¿debemos rebajar nuestro C.A. para mantener un C.I. teológico alto?

Considere tres señales de un Cociente de Aceptación deficiente, tres indicaciones de que la gracia no ha salvado la brecha entre la cabeza y el corazón de uno.

1. *Los que tienen un C.A. deficiente no están dispuestos a aceptar a las personas sin mantener parcialidad.* La ironía de este enunciado es deliberada. ¿Aceptar a otras personas y mantenerse parcial? Sucede todo el tiempo. El apóstol Santiago se refiere a esto al amonestar a los dirigentes de la iglesia:

> Hermanos míos, la fe que tienen en nuestro glorioso Señor Jesucristo no debe dar lugar a favoritismos. Supongamos que en el lugar donde se reúnen entra un hombre con anillo de oro y ropa elegante, y entra también un pobre desarrapado. Si atienden bien al que lleva ropa elegante y le dicen: «Siéntese usted aquí, en este lugar cómodo», pero al pobre le dicen: «Quédate ahí de pie» o «Siéntate en el suelo, a mis pies», ¿acaso no hacen discriminación entre ustedes, juzgando con malas intenciones? (Santiago 2:1-4).

Aunque nadie rechaza abiertamente al hombre de ropas sucias, esperan que sepa su lugar. Los bolsillos abultados reciben buenos asientos y cargos de liderazgo; personas con trasfondo suspicaz son bien recibidas, siempre y cuando obligadamente lleven encima la apropiada letra escarlata: «A» para adulterio, «E» para trauma emocional, «S» para soltero, o «D» para (¡Dios no lo quiera!) divorciado. Por supuesto, las diferencias raciales no necesitan marcas especiales. Todos son bienvenidos… siempre que se sienten en el vestíbulo. Una vez que demuestren su valía o pacientemente desvanezcan nuestras sospechas, podemos concederles mayor acceso al círculo privilegiado de los plenamente aceptados. ¡Qué mal!

2. *Los que tienen un C.A. deficiente no están dispuestos a aceptar sin criticar el estilo personal de vida de otros.* No me refiero a cuestiones de moralidad o doctrina, sino a decisión de expresión personal de uno. En algunas iglesias el pastor se pone una toga; en otras un traje chillón. En otras más, un traje de negocios. También hay otras en que llevan pantalones del diario y camiseta. Si se predica a Cristo y hay almas que están siendo añadidas al Reino, ¿a quién le importa la ropa?

Las iglesias se dividen por diferentes gustos de música. Algunos creyentes se niegan a asistir a algún culto en donde el estilo de música difiere de su favorito. Rezongan y se quejan porque hay otros que se atreven a disfrutar de un culto de adoración que personalmente no les atrae. Ah, están dispuestos a aceptar a otros que prefieren un estilo diferente, en tanto y en cuanto ellos vayan al *otro*.

3. *Los que tienen un C.A. deficiente no están dispuestos a sufrir ofensas sin guardar rencor.* Los que guardan rencores rechazan a otros que no alcanzan la altura de sus expectativas; aceptan solo a los que las alcanzan. Esa actitud es más característica de los que no son creyentes que de los miembros genuinos del cuerpo de Cristo. He oído de más de un no creyente rechazar la noción de asistir alguna iglesia porque «está llena de hipócritas». A lo cual, yo digo: «Venga de toda maneras; ¡siempre hay espacio para uno más!»

Digamos las cosas como son; las relaciones personales serían mucho mejores en las iglesias si estuvieran llenas de personas perfectas. Lamentablemente, la clave para la aceptación no será la perfección sino cuando estemos en la gloria. Mientras tanto, tenemos que aprender a dejar a un lado las ofensas y aceptarnos unos a otros, no a pesar de nuestros defectos —eso es amor condicional— sino *con* nuestros defectos.

Aceptación no quiere decir que tenemos que rebajar el estándar bíblico de justicia, o que nos hacemos como los otros, o incluso que adoptemos como nuestro su estilo personal. Aceptación quiere decir honrar el valor de la otra persona como la obra maestra única de un Dios deliciosamente creativo. Aceptación es tener la gracia de dejar que otros sean lo que son.

Es probable que intelectualmente usted sea brillante, o tal vez por encima del promedio. Pero, ¿a qué altura llega su C.A.? En el reino de Dios, eso es lo que realmente importa.

Agape... Amor auténtico (Juan 13:31-38)

³¹Cuando Judas hubo salido, Jesús dijo:
—Ahora es glorificado el Hijo del hombre, y Dios es glorificado en él. ³²Si Dios es glorificado en él, Dios glorificará al Hijo en sí mismo, y lo hará muy pronto.
³³»Mis queridos hijos, poco tiempo me queda para estar con ustedes. Me buscarán, y lo que antes les dije a los judíos, ahora se lo digo a ustedes: Adonde yo voy, ustedes no pueden ir.
³⁴»Este mandamiento nuevo les doy: que se amen los unos a los otros. Así como yo los he amado, también ustedes deben amarse los unos a los otros. ³⁵De este modo todos sabrán que son mis discípulos, si se aman los unos a los otros.
³⁶—¿Y a dónde vas, Señor? —preguntó Simón Pedro.
—Adonde yo voy, no puedes seguirme ahora, pero me seguirás más tarde.
³⁷—Señor —insistió Pedro—, ¿por qué no puedo seguirte ahora? Por ti daré hasta la vida.
³⁸—¿Tú darás la vida por mí? ¡De veras te aseguro que antes de que cante el gallo, me negarás tres veces!

En 1970 Francis Schaeffer escribió *The Mark of the Christian* (La marca del creyente), diminuto volumen como un mensaje de peso. Si usted tiene la valentía de leerlo, no hallará nada impreso en cuanto a letreros para parachoques, emblemas del pez, cruces o brazaletes de mercadeo ingenioso. No leerá ni una sola palabra acerca de doctrina bíblica o membresía en la iglesia. El libro trata de la verdadera marca de un creyente: amor.

Juan 13 es un capítulo penetrante, retador de leer. Jesús enseñó a sus discípulos en cuanto a la humildad y la aceptación; lecciones que no los impactarían por completo sino cuando la verdad de la traición de Judas fuera cuestión de historia. Una vez que Judas hubo desaparecido en la noche, Jesús continuó su revisión de la enseñanza cristiana fundamental, toda la cual empieza con el amor.

—13:31-32—

En toda la narración de Juan, Jesús habló de una «hora» que vendría en la cual el Hijo de Dios sería «glorificado». Jesús anunció la llegada de su hora usando una forma del término griego *doxa* no menos de cinco veces en dos versículos. *Doxa* se deriva del verbo *dokeo*, que quiere decir «creer, pensar». Ser glorificado es ser revelado de tal manera como para que se lo considere bueno. Ser glorificado es ser vindicado a ojos de todos los testigos. Los judíos del primer siglo escogieron *doxa* para traducir la palabra hebrea *kabod*, término del Antiguo Testamento para el esplendor radiante del carácter de Dios, que a menudo se manifestaba como luz (la *shequiná*). Esto condujo a los escritores del Nuevo Testamento a asociar *doxa* íntimamente con la expresión visible de la presencia de Dios. Por consiguiente, el concepto de la gloria en el vocabulario de Jesús quería decir que la verdad que había estado enseñando y la verdad de su identidad serían vindicadas a ojos de todos los seres humanos. Su identidad como el Verbo en carne humana sería confirmada después de resucitar y ascender al cielo.

Con la salida de Judas para traicionarlo, el proceso de glorificación había empezado.

— 13:33-35 —

Jesús comprendió que la traición de un discípulo a la larga terminaría en que él conquistara la muerte por toda la humanidad. Los once restantes no sabían nada. En tanto que Jesús había anunciado muchas veces su propia muerte y muchas veces había prometido resucitar (Mateo 12:40; 16:21; 17:23; 20:19; Marcos 9:9; 10:34; 14:28; Lucas 9:22; 24:7; Juan 2:19-22), sus seguidores más íntimos no conectaron los puntos. En lo que a ellos concernía, la traición de Judas y la muerte de Jesús representaban el fin de todas sus esperanzas mesiánicas. Por consiguiente, les volvió a asegurar en términos más sencillos, más directos. Quería que supieran que el plan de Dios no había sido trastornado; su odisea inminente era una parte necesaria del mismo.

Para reasegurar a sus discípulos, Jesús reveló tres hechos: su partida era inminente. La gente lo buscaría. Nadie podría hallarlo. Y el anuncio los dejó estupefactos. Jesús había sido el centro de su mundo por no menos de tres años y medio. Nunca esperaron que eso cambiara.

Mientras los hombres se quedaban sentados en silencio aturdido, Jesús les dio un mandamiento completamente nuevo. Aunque ya no estaría con ellos físicamente, parte de su respaldo vendría del uno para el otro. Tal como los había amado, debían amarse unos a otros. Los hombres finalmente habían aprendido a amar a su Maestro y se habían acostumbrado a su amor fiel por ellos. Ahora esperaba que cada uno de los once restantes cultive la misma relación personal con los otros diez.

Mientras Jesús andaba con ellos en la tierra, nadie dudaba de quién eran discípulos. Una vez que volvió al cielo, sin embargo, su amor mutuo debía ser fuerte lo suficiente como para mantener su identidad ante un mundo que vigila. Con Jesús físicamente ido, su amor debía sostenerlos. En un sentido real, el amor entre Maestro y discípulo se multiplicaría por diez cuando él dejara la tierra.

La clase de amor que Jesús pidió que sus hombres expresaran se llama *agape*, la clase de amor que busca el mayor y más alto bien del otro. Si los hombres tenían algún problema en entender el significado de este término y cómo expresarlo, todo lo que tenían que hacer era recordar su tiempo con Jesús. Él había sido la ilustración viva por más de tres años.

13:36-38

Cuando Jesús completó su exhortación a los discípulos de amarse unos con otros en su ausencia, Pedro reaccionó a la partida anunciada del Señor. Tan solo podemos imaginar lo que estaba pensando, aunque por cierto no incluía amor por sus compañeros discípulos. No se puede negar su pasión; sin embargo, su motivación es sospechosa. Jesús les ordenó a sus seguidores que se amaran unos a otros y, sin embargo, Pedro declaró amor supremo por Jesús, incluso al punto de morir a su lado en la batalla. Claramente, el impulsivo discípulo se creía listo para defender a su Señor, pero ¿dónde estaba su obediencia?

Jesús dejó la lección de amor y obediencia para otro tiempo (21:15-22). Por ahora, indicó la verdad sencilla de que el amor de Pedro era tan voluble como su celo. La clase de batalla que Jesús concebía para los discípulos no se podía librar con espada. Por lo menos no con la que tiene hoja de acero. Quería soldados que esgriman la espada de la verdad, obedientes hasta el fin y unidos en *agape*.

Hace un tiempo falleció el esposo de una señora y esta me pidió que oficiara su funeral. Él era

NUEVA CLASE DE AMOR

La palabra griega *agape* rara vez se halla fuera de la Biblia. El griego celebraba *eros*, el amor intoxicante, impulsivo entre un hombre y una mujer y hacía honor a *filia*, el afecto cálido, noble, de profunda amistad. Pero *agape* permaneció como un término lastimosamente subdesarrollado. Los autores humanos del Nuevo Testamento necesitaban una palabra griega para expresar la clase de amor que Cristo enseñó y ordenó en el aposento alto, pero la mayoría de términos comunes griegos no servían. Felizmente, *agape* era relativamente desconocido y en gran parte indefinido, así que les sirvió perfectamente para sus propósitos. Como un odre vacío, esperó ser llenado de significado distintivamente cristiano.

En tanto que los creyentes empezaron a adoptar esta nueva clase de amor, sus contemporáneos seculares lamentaban la pérdida continua de virtud en la sociedad romana. Más y más sus semejantes intercambiaban el *filia* venerable por el *eros* transitorio. Conforme las dos culturas se movían en ediciones opuestas, el contraste no podía haber sido más absoluto.

eros	agape
un amor general del mundo que busca satisfacción dondequiera que pueda	un amor que hace distinciones, escogiendo y manteniendo a su objeto
determinado más o menos por un impulso indefinido hacia su objeto [él o ella]	una acción libre y decisiva determinada por su sujeto [nosotros]
en su sentido más alto se usa para el impulso hacia arriba del ser humano, de su amor por lo divino	tiene que ver mayormente con el amor de Dios, el amor del más alto elevando al inferior por encima de otros
busca en otros la satisfacción del hambre de su propia vida	a menudo debe traducirse «mostrar amor»; es un amor que da, activo por causa de otros[2]

Basado en la manera como Juan transcribe la enseñanza de Cristo, el Señor predijo: «De este modo todos sabrán que son mis discípulos, si se aman los unos a los otros» (13:35). Dado el contraste con eros, ¡no sorprende!

un hombre excepcionalmente bueno, muy bien emparejado con ella. Eran aquel raro tipo de pareja que constantemente pensaban modos de conducir a familiares, amigos y vecinos a la fe en Jesucristo. Al expresar sus deseos para el servicio funeral, ella dijo: «Sé que si mi esposo estuviera sentado aquí mismo, él estaría de acuerdo. Quiero que este servicio funeral honre a Jesucristo. Tengo en mente a una vecina en especial. Hemos tratado diferentes maneras de llegar a ella. La hemos invitado a cenar, le hemos dado cintas grabadas, folletos y otros regalos, pero nunca hemos podido penetrar en su corazón».

Así que le dije: «Está bien. Oremos aquí mismo para que mediante todo este proceso podamos alcanzarla». Así lo hicimos.

La mañana del funeral me detuve para ver cómo le iba a esta nueva viuda. Me sorprendió ver a su vecina sentada con ella y un desfile continuo de miembros de la iglesia entrando y saliendo. Algunos traían comida. Otros ayudaban a limpiar la casa y hacían los quehaceres que solía hacer el esposo. Una pareja ofreció llevarla a donde sea que ella necesitara ir e incluso ofrecieron prestarle un auto. La mayoría se detenía para acompañarla en su aflicción y llorar con ella.

Pocos días más tarde mi teléfono timbró. Era la viuda. La tristeza y la alegría se mezclaban en su voz mientras hablaba. —¿Recuerda la vecina de la cual le hablé?

—Seguro, —dije.

—Ella se quedó hasta que todos los demás se habían ido, y después me dijo: «Vaya, ¡qué amor! ¿Son todas esas personas miembros de tu familia?»

Su comentario se convirtió en una oportunidad perfecta para que la viuda le dijera: «Sí. De una manera diferente a la que piensas; pero todos somos de la misma familia».

Si usted ha puesto una etiqueta de un pez en su coche, está bien. La gente lo asociará con un movimiento. ¿Le ha puesto una cruz? No hay nada de malo en eso. La gente lo asociará con una religión. Si lleva una Biblia por dondequiera que vaya, la gente dará por sentado que usted asiste a una iglesia en particular. Sin embargo, si usted exhibe amor que es auténtico hasta la médula —amor observable— entonces las personas sabrán que usted es un seguidor de Jesucristo.

Aplicación

No es amor mientras no se da

El mundo lucha por entender el amor. La mayoría de personas piensa principalmente en el amor romántico, esa enfermedad misteriosa que se apodera de uno como un delicioso caso de gripe: uno no puede comer, no puede dormir, no puede concentrarse en nada excepto en la persona querida; enfermedad para la cual solo el tiempo es el único remedio. Esa clase de amor viene y va al antojo y desafía toda lógica, y nadie sabe la causa.

Muchos aceptan la existencia del amor de familia, pero que por lo general es conflictivo. El amor en familia muchas veces es algo que hay que aguantar en los días festivos especiales y no más del tiempo absolutamente necesario. Lealtad es la palabra primaria para este tipo de amor; la amabilidad es enteramente opcional.

El amor auténtico, *ágape*, incorpora las mejores cualidades del amor romántico y del amor de familia, pero es permanente y siempre se caracteriza por la bondad. Todavía más, *ágape* lleva tres cualidades distintivas que lo separan como distintivamente hecho en el cielo.

1. *El amor auténtico es incondicional en su expresión.* En todos los Evangelios Jesús expresó amor para toda clase de personas «indeseables», incluyendo los que colaboraban con Roma, prostitutas, ladrones, fanáticos religiosos, gobernantes ricos, obreros, abogados no redimidos, y los desesperadamente desdichados. No rechazó a nadie que deseaba su amor e incluso lloró por aquellos que no. El amor auténtico da sin condiciones.

2. *El amor auténtico no es egoísta en su motivo.* El *agape* no espera nada en pago por la bondad y da sin consideración al interés propio. Es fácil amar a los que expresan gratitud y que responden con amor en pago. Pero el amor auténtico da bondad a otros independientemente de su capacidad de devolverlo, incluyendo a aquellos que simplemente no están dispuestos. Amar a los díscolos por su causa es la esencia de *ágape*.

3. *El amor auténtico es ilimitado en sus beneficios.* Debido a que *ágape* es su propia recompensa, siempre beneficia al que da. La satisfacción del amor auténtico nunca se esfuma, pero solo si es incondicional y nada egoísta. Es más, muchos actos del auténtico amor a menudo dejan al que da sintiendo como si él hubiera recibido el mayor gozo de sus obras.

A diferencia del destello del amor romántico y la lealtad del amor de familia, que viven como emociones escondidas en el corazón, *ágape* no puede existir aparte de la acción. Por lo menos un poeta entendió el verdadero significado del amor auténtico:

> Una campana no es campana mientras no la repiquen,
> Un canto no es canto mientras no se cante,
> El amor no está puesto en tu corazón para que allí se quede,
> El amor no es amor mientras no se da[3].

Palabras sosegadas para corazones angustiados (Juan 14:1-24)

¹»No se angustien. Confíen en Dios, y confíen también en mí. ²En el hogar de mi Padre hay muchas viviendas; si no fuera así, ya se lo habría dicho a ustedes. Voy a prepararles un lugar. ³Y si me voy y se lo preparo, vendré para llevármelos conmigo. Así ustedes estarán donde yo esté. ⁴Ustedes ya conocen el camino para ir adonde yo voy.

⁵Dijo entonces Tomás:

—Señor, no sabemos a dónde vas, así que ¿cómo podemos conocer el camino?

⁶—Yo soy el camino, la verdad y la vida —le contestó Jesús—. Nadie llega al Padre sino por mí. ⁷Si ustedes realmente me conocieran, conocerían también a mi Padre. Y ya desde

este momento lo conocen y lo han visto.

⁸—Señor —dijo Felipe—, muéstranos al Padre y con eso nos basta.

⁹—¡Pero, Felipe! ¿Tanto tiempo llevo ya entre ustedes, y todavía no me conoces? El que me ha visto a mí, ha visto al Padre. ¿Cómo puedes decirme: "Muéstranos al Padre"? ¹⁰¿Acaso no crees que yo estoy en el Padre, y que el Padre está en mí? Las palabras que yo les comunico, no las hablo como cosa mía, sino que es el Padre, que está en mí, el que realiza sus obras. ¹¹Créanme cuando les digo que yo estoy en el Padre y que el Padre está en mí; o al menos créanme por las obras mismas. ¹²Ciertamente les aseguro que el que cree en mí las obras que yo hago también él las hará, y aun las hará mayores, porque yo vuelvo al Padre. ¹³Cualquier cosa que ustedes pidan en mi nombre, yo la haré; así será glorificado el Padre en el Hijo. ¹⁴Lo que pidan en mi nombre, yo lo haré.

¹⁵»Si ustedes me aman, obedecerán mis mandamientos. ¹⁶Y yo le pediré al Padre, y él les dará otro Consolador para que los acompañe siempre: ¹⁷el Espíritu de verdad, a quien el mundo no puede aceptar porque no lo ve ni lo conoce. Pero ustedes sí lo conocen, porque vive con ustedes y estará en ustedes. ¹⁸No los voy a dejar huérfanos; volveré a ustedes. ¹⁹Dentro de poco el mundo ya no me verá más, pero ustedes sí me verán. Y porque yo vivo, también ustedes vivirán. ²⁰En aquel día ustedes se darán cuenta de que yo estoy en mi Padre, y ustedes en mí, y yo en ustedes. ²¹¿Quién es el que me ama? El que hace suyos mis mandamientos y los obedece. Y al que me ama, mi Padre lo amará, y yo también lo amaré y me manifestaré a él.

²²Judas (no el Iscariote) le dijo:

—¿Por qué, Señor, estás dispuesto a manifestarte a nosotros, y no al mundo?

²³Le contestó Jesús:

—El que me ama, obedecerá mi palabra, y mi Padre lo amará, y haremos nuestra vivienda en él. ²⁴El que no me ama, no obedece mis palabras. Pero estas palabras que ustedes oyen no son mías sino del Padre, que me envió.

Esta sección de las Escrituras es buena para los que luchan con problemas del corazón. No quiero decir la clase de problemas que se pueden tratar con una píldora de glicerina o cirugía de desviación coronaria. En cierto modo, ese tipo de problemas del corazón es fácil curar. Me refiero a la clase de problemas del corazón que le quita a uno el sueño y mantiene la mente en torbellino todo el día. Ese tipo de problemas causa estrés y sofoca el gozo. Algunos lo llaman «afán», pero nosotros los creyentes tenemos términos más aceptables, tales como «preocupación», «interés», «falta de paz», o mi favorita, «peso». *Sentí «peso» por una situación que no podemos controlar* suena mucho más espiritual que simplemente admitir: «Estoy preocupado hasta la médula».

Los discípulos se quedaron aturdidos al oír el anuncio de Jesús: «Mis queridos hijos, poco tiempo me queda para estar con ustedes. Me buscarán, y lo que antes les dije a los judíos, ahora se lo digo a ustedes: Adonde yo voy, ustedes no pueden ir» (13:33). Apenas pocos momentos antes, el obviamente «angustiado» Maestro había exclamado: «Les aseguro que uno de ustedes me va a traicionar» (13:21). Solo Juan sabía que Judas era el culpable. Los otros indudablemente se preguntaban: *¿He causado yo tal ofensa que el Señor debe separarse de nosotros?* Pedro protestó la necesidad del Señor de alejarse de todos ellos, declarando lealtad hasta la muerte, lo que motivó una predicción de que él en verdad negaría tres veces a su Maestro antes de que amaneciera.

Claro, Jesús no quería decir que iba a dejarlos porque algunos o todos serían desleales. Con todo, la desconexión entre su perspectiva y la de sus discípulos es dramática. A pesar de las muchas predicciones de Jesús respecto a su muerte, sepultura y resurrección, que él denominaba «gloria», los hombres sintieron que los abandonaba, tal vez incluso resignados al hecho de que no merecían su preocupación continua por ellos. Esto fue lo que motivó el aseguramiento que Jesús les da en 14:1-24. Su separación no tiene nada que ver con la conducta de los discípulos. La partida del Señor es parte del plan de Dios para redimir al mundo, establecido desde antes de que el tiempo empezara. Todavía más, Cristo sería fiel a sus seguidores independientemente de su éxito o fracaso como discípulos.

El aseguramiento del Señor a los once restantes discípulos nos presenta no menos de seis verdades que ofrecen paz cuando nuestros corazones están atribulados:

- La fe personal en un Señor personal da alivio personal (14:1).
- Nuestro futuro a largo plazo está seguro (14:2-3).
- La mano soberana de Dios obra en la vida de cada creyente (14:8-11).
- Mayores resultados tienen lugar cuando oramos en el nombre de Jesús y para la gloria del Padre (14:12-14).
- No estamos solos; se nos ha dado un Ayudador que mora en nosotros (14:15-17).
- Estamos ligados inseparablemente a Cristo (14:18-21).

— 14:1 —

La fe personal en un Señor personal da alivio personal. La exhortación del Señor: «No se angustien» (el mismo término griego que se usa en 13:21) pudiera parecer hipócrita si no consideramos el contexto. Jesús no condenó la preocupación de por sí; tampoco la Biblia, a propósito[4]. Los sentimientos de angustia son comunes a todos los seres humanos, y el Señor participó de esa parte de la naturaleza humana. Claramente quiso decir: «No permitan que su corazón se angustie *por mi partida*».

Jesús siguió a esto con una segunda exhortación a creer en Dios y en su Hijo. El tiempo presente del verbo implica acción continua: «Sigan creyendo…». Creer en alguien es descansar en él o confiar en él. En el caso de Dios, se nos anima a confiar en su capacidad y disposición de cuidar a los suyos.

Digamos las cosas como son. Cuando algo terrible ocurre en la vida, los seres humanos de inmediato miran hacia el cielo y hacen dos preguntas: «¿Por qué permitió Dios que esto suceda?» o «¿Dónde estaba Dios?» Ambas sugieren que el Señor era, bien sea incapaz, o no quería prevenir la tragedia. Cuando nos vemos presionados por la aflicción del mundo, naturalmente empezamos a preguntarnos si Dios nos ha abandonado; dudamos de su bondad o poder.

Jesús pidió la confianza de sus seguidores en medio de su confusión.

— 14:2-3 —

Nuestro futuro a largo plazo está seguro. Jesús les aseguró a sus discípulos que su partida no tenía nada que ver con alguno de los fracasos personales de ellos, pasados o futuros. Su propósito al irse era asegurar el futuro eterno de ellos. Su metáfora de construcción de viviendas se refiere a su marcha hacia la cruz por toda la humanidad a fin de conseguir la vida eterna para los que creen. Él declaró que su partida era necesaria y que su retorno era seguro.

La frase «muchas viviendas» se ha traducido «muchas mansiones» en algunas traducciones más antiguas, lo que ha inspirado a algunos a soñar en ser dueños de alguna propiedad tipo castillo en el cielo. Han transferido su materialismo frustrado al ámbito espiritual. ¡Nosotros, los terrícolas somos buenos para eso! El término griego, sin embargo, es *monai*, sustantivo plural basado en el verbo *meno*, que quiere decir «morar, o «permanecer». Este verbo será central a la exhortación de Jesús más adelante (15:1-11).

Jesús usó la metáfora de una «morada» para ilustrar nuestra relación futura con el Padre antes que revelar nuestras perspectivas en bienes y raíces. En las culturas del Oriente Cercano antiguo, una vez que el novio se comprometía, tenía un período fijo de tiempo para añadir una nueva ala a la casa de la familia. Luego, después del período de desposorio, volvía para recibir a su novia. Después de las bodas, la nueva pareja se mudaba a su recientemente añadida «vivienda» y llegaba a ser una parte integral de la propiedad de la familia.

La promesa de Jesús de «venir otra vez» se refiere tanto a su resurrección como al rapto de la iglesia en los tiempos del fin.

— 14:4-7 —

Jesús les recordó a sus discípulos que sabían el camino al cielo, aunque ellos indudablemente no comprendieron a qué cielo se refería. (Mucho de lo que él dijo en el aposento alto tenía el propósito de que sea claro una vez que los hombres hubieran recibido el Espíritu Santo.) La senda en que Jesús se iría, sin embargo, no sería la senda que tomarían los discípulos. Jesús iría al cielo por el camino del sufrimiento: Getsemaní, los juicios, la flagelación, la cruz, muerte, sepultura, resurrección y después ascensión.

En respuesta a la pregunta de Tomás, al parecer basada en una interpretación literal de las palabras de Jesús, el Señor declaró que él mismo es el camino al cielo. Al llamarse «el camino, la verdad y la vida», Jesús unió tres temas predominantes que Juan se ha cuidado con prolijidad de entretejer en toda su narración. Las imágenes de la luz (verdad) y agua (vida) se pueden ver virtualmente en todo relato que conduce a la última cena. Todo esto se unió en una de las primeras imágenes que Jesús usó en su ministerio: la del Hijo del Hombre llegando a ser el medio por el cual los seres humanos entran al cielo (1:51).

En tanto que el versículo 6 declara una verdad cardinal del evangelio, el versículo 7 es una repren-

Jesús predice su muerte y resurrección

Mateo 12:40	Porque así como tres días y tres noches estuvo Jonás en el vientre de un gran pez, también tres días y tres noches estará el Hijo del hombre en las entrañas de la tierra.
Mateo 16:21	Desde entonces comenzó Jesús a advertir a sus discípulos que tenía que ir a Jerusalén y sufrir muchas cosas a manos de los ancianos, de los jefes de los sacerdotes y de los maestros de la ley, y que era necesario que lo mataran y que al tercer día resucitara.
Mateo 17:22–23	Estando reunidos en Galilea, Jesús les dijo: «El Hijo del hombre va a ser entregado en manos de los hombres. Lo matarán, pero al tercer día resucitará». Y los discípulos se entristecieron mucho.
Mateo 20:18–19	Ahora vamos rumbo a Jerusalén, y el Hijo del hombre será entregado a los jefes de los sacerdotes y a los maestros de la ley. Ellos lo condenarán a muerte y lo entregarán a los gentiles para que se burlen de él, lo azoten y lo crucifiquen. Pero al tercer día resucitará.
Marcos 8:31–32	«El Hijo del hombre tiene que sufrir muchas cosas y ser rechazado por los ancianos, por los jefes de los sacerdotes y por los maestros de la ley. Es necesario que lo maten y que a los tres días resucite.» Habló de esto con toda claridad. Pedro lo llevó aparte y comenzó a reprenderlo.
Marcos 9:31	Les decía: «El Hijo del hombre va a ser entregado en manos de los hombres. Lo matarán, y a los tres días de muerto resucitará».
Marcos 10:33–34	Ahora vamos rumbo a Jerusalén, y el Hijo del hombre será entregado a los jefes de los sacerdotes y a los maestros de la ley. Ellos lo condenarán a muerte y lo entregarán a los gentiles. Se burlarán de él, le escupirán, lo azotarán y lo matarán. Pero a los tres días resucitará.
Lucas 9:22	El Hijo del hombre tiene que sufrir muchas cosas y ser rechazado por los ancianos, los jefes de los sacerdotes y los maestros de la ley. Es necesario que lo maten y que resucite al tercer día.
Lucas 18:31–33	Entonces Jesús tomó aparte a los doce y les dijo: «Ahora vamos rumbo a Jerusalén, donde se cumplirá todo lo que escribieron los profetas acerca del Hijo del hombre. En efecto, será entregado a los gentiles. Se burlarán de él, lo insultarán, le escupirán; y después de azotarlo, lo matarán. Pero al tercer día resucitará».
Juan 2:19–21	«Destruyan este templo», respondió Jesús, «y lo levantaré de nuevo en tres días». Los judíos entonces dijeron: «Tardaron cuarenta y seis años en construir este templo, ¿y tú vas a levantarlo en tres días?» Pero el templo al que se refería era su propio cuerpo.

sión. Esta no es nueva enseñanza. Los discípulos habían estado observando y escuchando a Jesús por más de tres años y, sin embargo, algunos de los seguidores fuera de los doce entendieron su enseñanza mejor que ellos (cf. 11:24).

— 14:8-11 —

La mano soberana de Dios obra en la vida de cada creyente. La respuesta de Jesús a Tomás llevó a un reto de parte de Felipe, que de común lo expresa toda persona en un momento u otro. Vivimos bajo la ilusión de que la voluntad de Dios sería más fácil de aceptar si pudiéramos recibir una visita personal suya. El sufrimiento sería más soportable si Dios apareciera con algún aseguramiento personal. Las instrucciones serían más fáciles de seguir si él nos la comunicara audiblemente. Todavía más, nuestras naturalezas desean la presencia de Dios más que cualquier cosa. No tememos o fracasamos debido a la duda, no obstante; tememos o fracasamos debido a que nuestra naturaleza de pecado es esclava del pecado.

Jesús le recordó a Felipe y a los demás que él es la representación perfecta del Padre. El Padre no puede tomar una forma visible, audible, más apropiada que el Hijo. Debido a que son de la misma esencia, todo lo que el Hijo dice o hace refleja las palabras y obras del Padre. Por consiguiente, todo lo que Jesús dijo e hizo en el aposento alto fue obediencia al plan soberano de Dios.

— 14:12-14 —

Mayores resultados tienen lugar cuando oramos en el nombre de Jesús y para la gloria del Padre. Muchos han tomado la promesa de Jesús como queriendo decir: «Nómbralo, y es tuyo». Pero esto reduce al Señor a algo poco más que un genio en una botella. Él nunca propuso que esta promesa signifique que la oración es el medio de descorchar deseos al antojo. (El movimiento de palabra de fe por lo general sustituye el término «bendición» por «deseo».)

El versículo 12 establece el contexto. Cuando Cristo va al Padre, sus discípulos deben entrar en el vacío de ministerio que deja. Los que creen tomarán donde Jesús dejó y extenderán su ministerio incluso más. El versículo 13 brota justo del versículo 12. Jesús declaró que las oraciones que se elevan en continuación del ministerio del Hijo serán respondidas como si él hubiera elevado la oración. El versículo 14 aclara la condición subyacente de la promesa. Hablar o actuar en el nombre de alguien es actuar a nombre de esa persona o en busca de sus intereses. En otras palabras, el Señor no concederá peticiones que contradicen su propia naturaleza o se oponen a su plan.

Con más frecuencia de lo que pensamos, no oramos en interés de los planes de Jesús o para la gloria de Dios. En nuestra inmadurez buscamos nuestros propios intereses y lo que mejore nuestra propia situación. Entonces, conforme crecemos en sabiduría, en gracia y somos más fuertes en la fe, aprendemos a pedir lo que pensamos que es bueno. Con todo luchamos por saber qué es eso. Puedo recordar muchas peticiones que elevé con fervor: peticiones nobles, nada egoístas, ¡solo para agradecer a Dios más tarde por negarme mis peticiones! Oraba con conocimiento limitado y a veces con una dosis de presunción.

Jesús prometió que conforme descubrimos la voluntad de Dios y alineamos nuestras oraciones para cumplir sus propósitos, nuestras oraciones serán tan poderosas como las suyas.

— 14:15–17 —

No estamos solos. Se nos ha dado un Ayudador que mora en nosotros. Jesús estableció una conexión irrompible entre el amor de Dios y la obediencia a sus mandamientos. En tanto que Pedro quería expresar su amor en un fogonazo de gloria con espada en la mano en la última pelea de Jesús, su Maestro pidió algo mucho más difícil: obediencia diaria, consistente. Sin embargo, el Señor conoce el corazón humano. Somos lastimeramente incapaces de obediencia por cuenta propia. En cumplimiento parcial de la promesa del nuevo pacto (Jeremías 31:31-33; 2 Corintios 1:22; Efesios 1:13-14), Jesús prometió que el Espíritu Santo vendría para morar en el corazón de los que creen en él.

Si estas noticias no dejaron perplejos a aquellos once hombres, debería haberlo hecho. En todo el Antiguo Testamento el Espíritu Santo era un don raro y casi siempre temporal. Vino sobre ciertos individuos por un tiempo breve y por un propósito específico y luego se fue. A unos pocos individuos excepcionales se les concedió que la presencia del Espíritu Santo more en ellos de por vida; entre ellos Juan el Bautista (Lucas 1:15). Así que el anuncio de que en cada uno de los once discípulos moraría la presencia de Dios debería haber sido noticias insólitas.

Con la promesa de la morada del Espíritu Santo vino un cambio dramático en cómo Jesús ve la relación entre los creyentes y «el mundo». En toda la narración de Juan, Jesús usó el término «mundo» para incluir a todos los seres humanos, seminalmente encadenados por su sistema caído y por consiguiente hostiles a él (1:10). Conforme se desenvuelve la narración, vemos una diferenciación gradual entre «el mundo» y «los suyos», que están entrelazados en el mundo (13:1) pero no son del mismo. Es más, después de la promesa del Espíritu Santo, Jesús describe a los creyentes y «el mundo» como enemigos mortales. Desde este punto en adelante, a los creyentes se los asocia con Dios y el mundo se opone a los creyentes tal como se opone a él.

— 14:18–21 —

Estamos ligados inseparablemente a Cristo. La promesa de Jesús de volver incluye una predicción doble. Él en verdad volvería mediante su resurrección y los discípulos le verían. Su resurrección también hace posible la resurrección de todos los creyentes. También le veremos en vida eterna después de la muerte. Mientras tanto, no estamos huérfanos, porque él todavía está presente por el Espíritu Santo. Tal como el Hijo y el Padre son dos personas y una esencia, también el Hijo y el Espíritu.

Cuando Jesús ya no pueda ser visto físicamente por el mundo, los creyentes continuarán viéndolo porque se les ha dado vista (9:39). La presencia del Espíritu Santo es el medio por el cual se

De mi diario

Un testimonio barato y fácil

Hace muchos años pegué un emblema de pescado —un *iktus* de plata— en la parte trasera de mi auto. Me costó 39 centavos y aproximadamente cuarenta y cinco segundos publicitarme como creyente en las autopistas del sur de California. *Comportarme* como creyente en esas autopistas ¡me exigió mucho más!

No tengo nada en contra de camisetas con lemas bíblicos, o letreros en los guardachoques con un mensaje de aliento, o placas que muestran versículos bíblicos, o cualquiera de los cachivaches que la gente quiere comprar. Están bien. Pero me pregunto cuántos creyentes inconscientemente esperan impactar al mundo con mercadería religiosa en vez de permitir que su conducta determine la diferencia.

Admito que pegar un pez en mi coche me hizo sentirbien al momento, pero esa no es mi preferencia hoy. Desde entonces he descubierto que los que no son creyentes no prestan mucha atención a lo que vestimos o lo que exhibimos en nuestros autos. Observan cómo nos comportamos.

¿Está usted a la altura de un reto? No será fácil, pero relativamente no es nada complicado. ¿Por qué no poner un emblema de un pez de plata dentro del auto? Justo frente a la rueda del volante. Vea entonces si puede comportarse en la carretera de modo de hacer que otros conductores piensen: *¡Ah, esa persona debe ser cristiano!*

Ni tan barato ni tan fácil, pero definitivamente más de lo que Cristo tenía en mente.

cumple esta promesa, en tanto que la obediencia es el método. Conforme crecemos en obediencia y nuestra relación con él se fortalece como resultado, le «vemos»; no físicamente hasta su retorno, sino espiritualmente.

---14:22-24---

Judas (no el traidor, sino otro discípulo) hizo una pregunta que le dio al Señor otra oportunidad de recalcar la distinción entre «los suyos» y «el mundo». Sencillamente refraseó su enunciado anterior de que el medio de «verle» es la morada del Espíritu Santo y el método por el cual le vemos es la obediencia. Los que no creen son como los que no tienen ojos; no pueden ver a Cristo si no tienen con qué verlo. Todavía más, aunque tuvieran ojos, rehúsan abrirlos en obediencia. Jesús usó este lenguaje figurado para unir varios conceptos. La obediencia, el amor, las palabras de Cristo, ver a Cristo y morar en él son todos lo mismo, y todos son posibles por el Espíritu Santo.

Nosotros tenemos la ventaja de la historia al leer este relato de la última cena. Debido a que sabemos el futuro de los discípulos, vemos su experiencia desde una perspectiva divina. Por consiguiente, nos mantenemos en calma en tanto que ellos se desesperaron. Ahora las mesas se han volteado. Si en verdad la gente del cielo presencia los sucesos en la tierra, ellos permanecen en calma mientras nosotros nos desesperamos. Ellos ven nuestra experiencia desde una perspectiva divina porque conocen nuestro futuro.

¡Si nosotros pudiéramos ver desde esa perspectiva! Según Jesús, podemos.

Aplicación

Medicina para el corazón

Basado en mi estudio de Juan 13:33-38, hallo tres fuentes de problemas del corazón que afectaron a los discípulos y continúan siendo plaga para los creyentes hoy. Jesús atendió estos problemas en Juan 14.

Problema del corazón 1: *La muerte está cerca* (13:33a). El Hijo de Dios enfrentaba la muerte inminente. Los discípulos naturalmente se preocuparon porque si Jesús no podía escapar de su propia muerte, ¿qué esperanza tendría alguien? La muerte es el temor último, pero también tenemos miedo mortal a la enfermedad, aflicción, accidentes, crímenes, guerra, pobreza, y toda una hueste de otras aflicciones mortales. Tenemos miedo de morir y tenemos miedo de que a algún ser querido se lo lleve la muerte.

Problema del corazón 2: *Problemas diarios* (13:13b). Los discípulos se preguntaron: *¿Cómo vamos a manejar la vida diaria sin Jesús?* Cada día cuando saltamos de la cama y entramos a la vida diaria, arriesgamos dañar algo valioso, sufrir algo doloroso, lastimar o perder a alguien importante, o fallar en algo crítico. Las personas sienten presión, pierden trabajos, sufren dolor, aguantan adversidad, sienten rechazo, enfrentan bancarrota y se enferman. Y a veces esos problemas de la vida diaria parecen abrumadores.

Problema de corazón 3: *Desobediencia*. Debido a que somos fundamentalmente pecadores de nacimiento, y nunca nos acercaremos ni un ápice a ser impecables en esta vida, continuamente batallamos con las consecuencias de nuestra desobediencia. La culpabilidad, vergüenza, remordimiento, condenación propia, temor de que nos descubran, terror del arrepentimiento, evadir la responsabilidad… ¡qué agotador es andar con el pecado sin resolverse colgando en nuestros corazones, como una piedra enorme!

La muerte produce temor. Los problemas diarios causan ansiedad. La desobediencia genera vergüenza. Cada día de nuestra existencia recorremos todo un embudo de temor, ansiedad y vergüenza, toda la gama de peligros para la humanidad.

Jesús, aunque sin pecado, fue verdaderamente humano. Por consiguiente, personalmente experimentó toda la variedad de debilidades y aflicciones humanas, así que tenemos un sumo sacerdote que ministra con completa comprensión. Poco antes de dejar la tierra para ir al cielo, les dio a sus discípulos, y a nosotros, seis verdades para ayudarles a soportar las luchas de la vida con esperanza (ver la explicación de introducción sobre 14:1-24).

Quiero ofrecerle tres técnicas prácticas para contrarrestar los efectos mortales de los problemas del corazón.

Técnica 1: *Para disolver el temor, medite en la verdad.* Para el creyente, el temor es resultado de la ignorancia. Los que tienen miedo de Dios no conocen a Cristo. Los que tienen miedo del futuro no conocen la profecía. Los que temen el castigo por el pecado no saben las buenas nuevas. Y los que están aterrados por la muerte no conocen las promesas del Señor. Los creyentes, en contraste, no tienen razón para temerle a nada, incluyendo a la muerte. Concedo que nadie espera morirse y toda persona quiere prolongar la vida, pero la muerte en sí misma pierde su poder para aterrar debido a que Cristo la ha vencido.

La verdad divina disuelve el temor.

Técnica 2: *Para reducir la ansiedad, permita que la verdad divina guíe toda decisión.* Jesús no trajo la verdad a la tierra meramente por razón de educación. Él espera que absorbamos la verdad y apliquemos la verdad de modo que nuestras vidas se conformen a su camino. Cuando sabemos que estamos viviendo en armonía con la voluntad de Dios, la ansiedad se desvanece. Medite en las verdades que Jesús articuló en el aposento alto y descubra nuevas maneras de aplicarlas a cada situación de la vida.

Técnica 3: *Para librarse de la vergüenza, escoja amar a Cristo y servir al cuerpo de Cristo.* La vergüenza es condenación propia, un patrón egocéntrico de pensamiento que es inapropiado una vez que el arrepentimiento por el pecado ha tenido lugar y Cristo ha quitado toda culpabilidad. Algunos continúan luchando con la culpabilidad, sin embargo, porque continúan en desobediencia. Muchos otros luchan con la vergüenza debido a que permanecen enfocados en sí mismos. La solución es dirigir la atención de uno hacia arriba, escogiendo amar y servir a Cristo al amarnos y servirnos unos a otros.

Cómo vencer el temor (Juan 14:25-31)

²⁵»Todo esto lo digo ahora que estoy con ustedes. ²⁶Pero el Consolador, el Espíritu Santo, a quien el Padre enviará en mi nombre, les enseñará todas las cosas y les hará recordar todo lo que les he dicho. ²⁷La paz les dejo; mi paz les doy. Yo no se la doy a ustedes como la da el mundo. No se angustien ni se acobarden.

²⁸»Ya me han oído decirles: "Me voy, pero vuelvo a ustedes." Si me amaran, se alegrarían de que voy al Padre, porque el Padre es más grande que yo. ²⁹Y les he dicho esto ahora, antes de que suceda, para que cuando suceda, crean. ³⁰Ya no hablaré más con ustedes, porque viene el príncipe de este mundo. Él no tiene ningún dominio sobre mí, ³¹pero el mundo tiene que saber que amo al Padre, y que hago exactamente lo que él me ha ordenado que haga.

»¡Levántense, vámonos de aquí!

Aunque el miedo es una respuesta primaria, es completamente innatural en los seres humanos según Dios nos creó al principio. La primera emoción que se anota en la Biblia es «sentir vergüenza» (Gn 2:25). Adán y Eva disfrutaban de perfecta intimidad con Dios y el uno con el otro, sin inhibición por el pecado o la vergüenza que éste acarrea. La segunda emoción específicamente mencionada en las Escrituras es «miedo». Después de tratar de esconder su vergüenza, Adán confesó que el miedo lo impulsó a esconderse cuando su Creador vino para confrontarlo (3:10). El miedo es producto de la caída, y hemos estado tratando de hacerle frente desde entonces. Miedo a las profundidades, miedo a las alturas, miedo a las multitudes, miedo a los espacios abiertos, miedo a los gérmenes, miedo a la muerte. ¡He estado leyendo artículos de revistas de psicología en cuanto al miedo al miedo!

El temor puede ser debilitador. El temor le priva al atleta de su fortaleza, drena la creatividad del artista, enturbia la claridad del líder, y empuja al soldado más hondo en su trinchera. He visto a personas literalmente paralizadas por el miedo, incapaces de mover un solo músculo. Más comúnmente, el temor impide que las personas lleguen a ser todo lo que Dios las creó para que sean y les impide amarse unas a otras completamente.

El anuncio de Jesús de su partida lanzó a los discípulos a un torbellino emocional. No podían ni imaginarse su futuro sin Jesús, y la perspectiva de quedarse solos los aterró… ¡y con razón! No puedo ni imaginarme tener que enfrentar la vida sin Cristo. Aquellos once hombres temblorosos necesitaban valentía, tal como nosotros la necesitamos hoy. Así que, Jesús confrontó sus temores con cuatro verdades que, cuando se las aplica, les proveen a los creyentes el poder para vencer el temor de cualquier clase[5].

- Nosotros podemos ser inadecuados, pero el Espíritu Santo nos hace competentes y valientes (14:25-26).
- Nosotros podemos tener temor, pero la paz de Jesucristo es nuestra si la recibimos (14:27).
- Las circunstancias pueden ser difíciles, pero la victoria es segura (14:28-29).
- Las circunstancias pueden ser difíciles, pero el valor se halla en la obediencia (14:30-31).

— 14:25-26 —

Nosotros podemos ser inadecuados, pero el Espíritu Santo nos hace competentes y valientes. «Todo esto» (v. 25) se refiere a la enseñanza del Señor sobre la obediencia, amor, y «permanecer». Él prometió que todo lo que les enseñó a los discípulos continuaría siendo enseñado por el Espíritu Santo que vivía en ellos. La palabra que se traduce «Consolador» es *parakletos*, que hemos transliterado como «Paracleto».

El término griego también se puede traducir «abogado», «animador», o incluso «entrenador». Lleva la idea de un entrenador que corre junto a alguien en una carrera para proveer consejo, corrección, esperanza, consuelo y perspectiva positiva. Un *parakletos* ayuda a otro hacia la excelencia. Como el entrenador que anima y desafía al atleta a alcanzar una meta en particular, él entrena a los creyentes para que se dediquen, que descarten obstáculos, y se hagan obedientes como Cristo. El Consolador hace esto de manera sobrenatural, en parte trayendo a la mente las palabras de Cristo y aplicándolas.

Los discípulos aprendieron volúmenes de verdad a los pies de Jesús, mucho más de lo que cualquier hombre pudiera recordar sin ayuda sobrenatural. Después de que Jesús ascendió al cielo, los hombres nunca más volvieron a verle en forma física, ni lo veremos nosotros hasta que venga por nosotros. En ese período interino mientras él está allá, antes de que regrese, su Espíritu está en sus hijos para instruirles y recordarles la verdad revelada previamente.

— 14:27 —

Nosotros podemos tener temor, pero la paz de Jesucristo es nuestra si la recibimos. Jesús dejó a sus seguidores con un legado: «La paz les dejo», y un tesoro, «mi paz les doy». Los discípulos iban a enfrentar días inciertos en el futuro, especialmente entre el tiempo de la muerte de Jesús y la concesión del Espíritu Santo como dos meses más tarde. Él quería que concentraran su atención en la victoria final.

Imagínese viendo un partido de campeonato de fútbol con un grupo de amigos. Si el juego ha sido grabado y usted ya sabe el puntaje final, experimentará el juego de manera muy diferente a la de los amigos. Ellos tal vez se queden boquiabiertos cuando su equipo recibe un castigo o se estremecerán cuando pierden la pelota. Pero usted permanecerá relativamente tranquilo porque usted ve todo por el lente de un resultado seguro. Si alguno de sus amigos quisiera paz en medio de su duda, todo lo que tendría que hacer es mirarlo a usted. Su paz se convertiría en la de él.

Un poco más tarde Jesús les aseguró a los discípulos: «Yo les he dicho estas cosas para que en mí hallen paz. En este mundo afrontarán aflicciones, pero ¡anímense! Yo he vencido al mundo» (16:33).

— 14:28-29 —

Las circunstancias pueden ser difíciles, pero la victoria es segura. Jesús notó que su muerte inminente se podía ver bien sea como una calamidad o como una victoria, dependiendo de la perspectiva de uno. Él había anunciado su muerte y resurrección muchas veces, pero los discípulos no entendieron que estaban tomando parte en algo mucho más grande que cualquier cosa que se imaginaran. Si hubieran aceptado el hecho de que la muerte de su Maestro era parte del plan del Padre, hubieran tenido esperanza en lugar de temor.

Nótese el uso del Señor de «cuando» en lugar de «si» en el versículo 29. El plan del Padre no es un plan «si», sino un plan «cuando». No hay contingencias para las cuales planear. Nada jamás lo detendrá. En tanto que el Señor no ha rescindido su don de autodeterminación para cada individuo, ya ha escrito el futuro, y no es más cambiable que el pasado. En tanto que el futuro traerá tribulación y nuestras experiencias no siempre serán agradables, podemos soportar con esperanza, confianza segura, porque los planes de Dios tiene la victoria segura. Nadie entendió esto mejor que el Hijo de Dios, que enfrentaba una oscuridad más profunda que cualquier otro hombre o mujer jamás aguantará.

— 14:30–31 —

Las circunstancias pueden ser difíciles, pero el valor se halla en la obediencia. El «príncipe de este mundo» no es otro que Satanás. Cuando el primer hombre escogió desobedecer a Dios, toda la creación cayó bajo el dominio del autor del pecado, el mal, la muerte y la corrupción. La encarnación de Dios en la persona de Jesucristo no fue otra cosa que una invasión, una fuerza de liberación de Uno. Y él sufrió el ataque del enemigo a fin de libertar a la humanidad del dominio del pecado.

Jesús advirtió que el enemigo planea atacar pronto. En ese mismo momento, Judas estaba haciendo planes con los funcionarios religiosos para organizar una patrulla de guardias del templo y soldados romanos. El Señor les aseguró a sus seguidores que el medio para vencer el temor al enemigo es la obediencia. Él declaró: «Yo hago exactamente lo que el Padre me ordenó». Aunque la perspectiva de sufrir la pena por el pecado de todo el mundo le angustiaba profundamente, la obediencia le dio valor.

Jesús llevó a sus discípulos aparte antes de su arresto para equiparlos para el ministerio sin su presencia física. Los llamó a que dejaran resplandecer la luz de la verdad en un mundo todavía gobernado por el mal, y fielmente los equipó con toda la información que necesitarían. El temor, no obstante, amenazaba con dejarlos impotentes. ¿Por qué? Por la misma razón que el temor acosa a los creyentes hoy: falta de *confianza* en la verdad de sus palabras. Los discípulos creían en Cristo, pero les faltaba confianza.

Hay una profunda diferencia entre «confiar» y «confianza». Confiar es la decisión de aceptar como verdad las palabras de Jesús y hacerlas la base de todas las decisiones futuras. La confianza es el sentimiento creciente de paz conforme aplicamos las palabras de Cristo y las vemos confirmadas vez tras vez. Confiar es una decisión; confianza es un sentimiento.

En respuesta al temor de los discípulos, Jesús confirmó de nuevo la verdad que él había estado enseñando desde el principio. Los creyentes no tienen razón para temer. A diferencia de Adán después de su desobediencia, tenemos paz con Dios debido al sacrificio expiatorio de Jesús (Romanos 5:1). Por consiguiente, la omnipotencia de Dios es nuestra aliada contra cualquier enemigo concebible. Pero la confianza en esta verdad no tiene lugar el instante en que creemos en él. Nuestra decisión de confiar empieza un proceso de crecimiento en el cual experimentamos la verdad de las palabras de Cristo personalmente mediante la obediencia. Esto, a su vez, deja menos y menos lugar para el temor.

Jesús llamó a este proceso de confianza creciente por la obediencia, «permanecer».

Aplicación

Enfoque

Cada momento de vigilia escogemos enfocar una de las cinco facetas de la vida. Todas ellas son presentes y reales, y no podemos ignorarlas. Solo una, sin embargo, debe ser nuestro enfoque.

El yo. Cuando el *yo* llega a ser el enfoque de la vida, uno se vuelve arrogante e, inevitablemente, se desalienta. Cuando el mundo gira alrededor de uno mismo, interpretamos toda la vida en términos de cómo nos vemos nosotros mismos. Cuando suceden cosas buenas o malas, damos por sentado que de alguna manera eso se relaciona a nuestra bondad o maldad innata. Una autoestima saludable se tergiversa en vanidad, en tanto que una autoestima calamitosa cae en la depresión.

Circunstancias. La manera más rápida para dejarse abrumar por el temor o la desesperanza es concentrarse en las circunstancias. De muchas maneras, es lo opuesto de enfocarse en uno mismo. La gente que se concentra en las circunstancias da por sentado que sus propias decisiones no afectan en nada el mundo que los rodea. Se sienten impotentes y víctimas de un mundo que no pueden cambiar.

Posesiones. Las personas con frecuencia sustituyen la adquisición y mantenimiento de las cosas en lugar de lo que satisface en realidad. En donde las relaciones con personas: vínculos estrechos, íntimos, en los cuales lo conocen a uno y uno conoce a otros, son aterradoras para algunos, ellos hallan que las relaciones con las cosas son mucho más fáciles de manejar. Esto es especialmente verdad en cuanto a las relaciones personales de uno con Dios; por consiguiente, se dedican grandes esfuerzos tratando de llenar con posesiones un vacío que tiene la forma de Cristo.

Personas. Necesitamos de otras personas. Dios nos hizo para relaciones personales con otros tanto como con él mismo. Las relaciones personales, sin embargo, son candidatas primarias para la idolatría. Con demasiada facilidad permitimos que las voces de los que nos rodean hagan sombra a la verdad bíblica y reemplacen el acicate interno del Espíritu Santo. Algunos se permiten ser llevados de aquí para allá por las olas de las opiniones de otros.

El Señor. Jesús nos llamó a que nos enfoquemos en el Dios triuno, que es soberano sobre el yo, las circunstancias, las posesiones y otras personas. Cuando estas otras cuatro influencias quedan subordinadas a él, todo halla su balance apropiado. Nos vemos a nosotros mismos como deberíamos, las circunstancias se convierten en herramientas de la Providencia, las posesiones se vuelven bendiciones, y las personas se vuelven nuestros iguales ante Cristo; igualmente indignos de la gracia e igualmente dignos del amor.

Si usted es como yo, usted es implacablemente pragmático. Quiere saber cómo convertir estas verdades en acciones que determinen una diferencia. ¿Cómo podemos hacer obsoleto el temor? ¿Cómo podemos descartar el temor de nuestra experiencia diaria? Estas son algunas sugerencias sencillas, directas, que me sirven bien a mí.

Reconozca su Fuente de poder. Si usted ha confiado en Cristo, tiene en usted la presencia y poder del Dios todopoderoso. El Espíritu Santo vive en usted. Cuando se ve confrontado por algo que teme, escoja dirigir su atención al poder de Dios que reside en usted y conscientemente pídale que tome el control de su persona.

Empiece cada día con oración. Esto puede rápidamente disolverse en una rutina sin sentido y rezos memorizados. Habrá ocasiones cuando usted no sabe qué decir. Así que, diga esto: «Señor: No tengo ni idea de lo que debo decir en este momento». Si ninguna preocupación o temor específico le viene a la mente, haga de su oración acciones de gracias. Esto puede llevar dos minutos o dos horas. De cualquier manera, empezar el día con oración es un medio de poner conscientemente al Señor a cargo de cada nuevo día. Para mí, esta es una fuente crucial de poder y paz.

Corrija su hábito de pesimismo. Nuestra tendencia a temer lo peor conforme los eventos desagradables se desenvuelven es una de las razones primarias por las que Dios nos dio la profecía. Es virtualmente imposible seguir siendo pesimista cuando uno sabe el futuro del plan de Dios. Por desalentador que pudiera parecer el presente, por victorioso que pudiera parecer el mal, se nos ha asegurado que el plan redentor de Dios *no puede* ser derrotado.

Dedíquese a la obediencia. Cuando obedecemos, le damos al Acusador menos oportunidad para asustarnos. Cuando las malas circunstancias nos rodean, a Satanás le encanta decirnos que nosotros somos los culpables por desagradar al Señor y que la obediencia ulterior es inútil. Nada pudiera estar más lejos de la verdad y, sin embargo, la desobediencia promueve el temor. Obedezca al Señor por amor, y sorprendentemente, el temor se desvanecerá.

Permanencer (Juan 15:1-11)

¹»Yo soy la vid verdadera, y mi Padre es el labrador. ²Toda rama que en mí no da fruto, la corta; pero toda rama que da fruto la poda para que dé más fruto todavía. ³Ustedes ya están limpios por la palabra que les he comunicado. ⁴Permanezcan en mí, y yo permaneceré en ustedes. Así como ninguna rama puede dar fruto por sí misma, sino que tiene que permanecer en la vid, así tampoco ustedes pueden dar fruto si no permanecen en mí.

⁵»Yo soy la vid y ustedes son las ramas. El que permanece en mí, como yo en él, dará mucho fruto; separados de mí no pueden ustedes hacer nada. ⁶El que no permanece en mí es desechado y se seca, como las ramas que se recogen, se arrojan al fuego y se queman. ⁷Si permanecen en mí y mis palabras permanecen en ustedes, pidan lo que quieran, y se les concederá. ⁸Mi Padre es glorificado cuando ustedes dan mucho fruto y muestran así que son mis discípulos.

⁹»Así como el Padre me ha amado a mí, también yo los he amado a ustedes. Permanezcan en mi amor. ¹⁰Si obedecen mis mandamientos, permanecerán en mi amor, así como yo he obedecido los mandamientos de mi Padre y permanezco en su amor. ¹¹Les he dicho esto

para que tengan mi alegría y así su alegría sea completa.

Después de oír de la partida inminente de Jesús del mundo en víspera de su crucifixión, el temor se apoderó de los discípulos como una tenaza de acero. ¿Cómo podrían posiblemente seguir sin Jesús? ¿Qué tal de su reino? ¿Estaba el Señor presentándoles el reto de edificar un reino sin un rey? No exactamente.

Primero, prometió que su partida jugaba un papel crucial en el plan de Dios para redimir al mundo y que él volvería (14:1-15). Segundo, prometió que no los dejaría librados a sus propios recursos; estaría presente en ellos en la persona del Espíritu Santo, cuyo papel es enseñar y proveer valor (14:16-24). Tercero, prometió que la confianza en la verdad de sus palabras y confort en su presencia continua crecería conforme le obedecemos (14:25-31).

Los discípulos habían puesto su confianza en Jesucristo, pero les faltaba madurez. El Señor les había enseñado la verdad divina por no menos de tres años y medio, pero ella todavía no había sido puesta a prueba. El tiempo había llegado para que estos creyentes infantes empezaran a caminar con sus propios pies. Su única esperanza de vencer el temor era permitir que la confianza en la verdad de Jesucristo crezca y gradualmente lo desplace.

En el capítulo 15 Jesús describió tres relaciones personales clave que todo creyente debe atender a fin de cultivar confianza y remontarse por encima de las circunstancias de la caída, incluyendo el temor:

Al examinar 15:1-11, cuatro observaciones nos ayudarán en nuestra interpretación.

Primero, este pasaje tiene significado solo para creyentes. Cualquiera que no sea creyente y trate de

Sección	Relación	Términos clave	Énfasis
Juan 15:1–11	El creyente con Cristo	«Permanezcan» (10 veces en 11 versículos)	Unión
Jusn 15:12–17	Creyente con creyente	«Amor» (4 veces en 6 versículos)	Comunión
Juan 15:18–27	El creyente con el mundo	«Aborrecer» (7 veces en 10 versículos)	Persecución

aplicar estas verdades quedará confundido irremediablemente. Jesús no está describiendo cómo llega uno a ser creyente, sino cómo uno vive como creyente después de poner la fe en Cristo.

Segundo, Jesús echa mano fuertemente de la metáfora de una vid, símbolo poderoso con raíces profundas en el terreno de la historia de Israel (Salmo 80:8-9; Isaías 5:1-7; Ezequiel 15:1-5; Oseas 10:1). Ninguna ilustración tocaba el alma hebrea como la imagen del viñador y su vid.

Tercero, el tema primario de la enseñanza de Cristo es permanecer, no llevar fruto. En ningún momento del discurso al creyente se le ordena producir fruto. Más bien, se nos promete que si permanecemos, el fruto resultará.

Cuarto, la ilustración que Jesús escogió había sido familiar para todo discípulo y virtualmente para todos los lectores de Juan, pero no es familiar para la mayoría de nosotros hoy. Por consiguiente, debemos tener cuidado de no exprimir todo detalle en busca de significado simbólico. Las ilustraciones nos permiten ver el cuadro en grande; ese debe ser nuestro enfoque aquí.

— 15:1-2 —

La imagen de una vid y el viñador penetrantemente ilustraba el cuidado especial de Dios por la nación de Israel, lo que les dio a los profetas Isaías y Ezequiel una imagen perfecta para sus agudas represiones (Isaías 5:1-7; Ezequiel 15:1-5). Dios había plantado originalmente a Israel en la tierra prometida para que sea un medio de revelar su palabra al mundo y para enseñar a todas las naciones en cuanto a su gracia. Israel debía florecer como un ejemplo vivo de cómo la obediencia da fruto de justicia. Todavía más, el Señor prometió bendecir a Israel conforme la relación de confianza de la nación se fortalecía. Pero Israel fracasó.

Al declarar que era «la vid verdadera», Jesús tomó el lugar de Israel, afirmando ser la vid auténtica, saludable, que la nación no llegó a ser (Isaías 5:1-7). Tal como el Padre había cuidado a la vid improductiva de Israel, cuidaría a la vid floreciente del Hijo. Jesús entonces resumió el cuidado que el viñador da a su vid.

El verbo griego *airo*, traducido «quitar», tiene la definición primaria de «alzar del suelo», aunque el término a menudo puede significar «levantar con vista a llevar, transportar o quitar»[6]. Juan usa *airo* en ambos sentidos: «quitar» (11:39; 11:48; 16:22; 17:15) y «levantar» (5:8-12; 8:59). Por consiguiente se puede presentar un caso fuerte para cualquiera de las definiciones.

Favorezco la definición de «levantar» por dos razones. Primero, estos dos versículos introducen la ilustración en forma sumaria, describiendo el cuidado general con que el viñador cuida su vid. Los viñadores rara vez se les ve cortando ramas durante la temporada de crecimiento. Más bien, llevan un atado de cuerdas y podadoras al trabajar por una hilera. Con cuidado levantan las ramas vencidas y las atan a un enrejado, procedimiento que llama «emparrar». También estratégicamente cortan los retoños pequeños de las ramas a fin de promover el máximo rendimiento de fruta, a lo que llaman «podar».

Segundo, una combinación de «quitar» y «podar» pone demasiado énfasis en cortar la vid cuando Jesús parece estar destacando el cuidado del Padre durante la temporada de crecimiento. La imagen de llevarse ramas muertas es un detalle que parecerá más adelante cuando él refine la ilustración.

— 15:3-4 —

El Señor les aseguró a sus discípulos que ellos ya habían sido podados. El adjetivo que se traduce «lim-

Los viñadores promueven el crecimiento saludable mediante un proceso que se llama «emparrar», en el cual a las nuevas ramas se las levanta y cuidadosamente se las ata al alambre horizontal de un enrejado.

pios» se basa en el mismo verbo para «podar» del versículo 2. Siguió a este aseguramiento un mandamiento a «permanecer». El verbo significa «quedarse» o «quedarse en su lugar», a menudo en referencia a la casa de uno. Después de reunirse con Jesús, Andrés y Juan le preguntaron: «Rabí, ¿dónde te hospedas [o permaneces]?» (1:38). «Permanecer» en términos de esta metáfora se refiere a que las ramas permanezcan conectadas a la vid. Las ramas que no reciben la sabia nutritiva de la vid no pueden producir fruto… ni vivir.

Una clave para entender lo que Jesús quiere decir por «permanecer» es la expresión «en mí», que refleja un concepto teológico llamado «verdad posicional» o «identificación». El apóstol Pablo a menudo describió a los creyentes como estando «en Cristo». «Identificación» describe una relación del creyente con Cristo tal que Dios lo trata como trataría a Jesús.

Imagínese conduciendo a la puerta de entrada del palacio de Buckingham en Londres. No llegaría muy lejos antes de que tenga que dar la vuelta. Sin las credenciales apropiadas, los guardias no le permitirían entrar. Si la reina envía su auto oficial para que lo recoja y lo conduzca a la puerta, sin embargo, recibiría el mismo tratamiento que ella recibe. Debido a que usted está en el auto oficial de la reina, la guardia le dará a usted el mismo tratamiento real que a la monarca de Gran Bretaña. De modo similar, estar «en Cristo» pone al creyente en correcta relación con el Padre.

La salvación del individuo no es el punto de la ilustración de Jesús. La cuestión de verdad posicional o identidad está eternamente segura para el creyente. El Señor estableció este en el versículo 3, asegurando a los discípulos que Dios ya ha hecho su parte; ellos «ya están limpios». Jesús entonces pasó de la cuestión de posición: «en mí»; a la de producción. El propósito de toda rama y toda vid es producir fruto (v. 2).

— 15:5 —

Al examinar esta ilustración, es de vital importancia mantener dos puntos enfocados: El tema no es la salvación sino la vitalidad del creyente. La imagen del «fruto» en la literatura bíblica es una analogía común para «prueba». El fruto prueba la identidad de una planta y revela su estado de salud (15:8).

Un horticultor experto sabe cuándo está viendo un peral en vez de un manzano al examinar las hojas y corteza. Para cualquier otro, la identidad del árbol pudiera ser confusa. Si, sin embargo, el árbol está cargado de fruta, no hay posibilidad de error. Todavía más, la buena calidad de la fruta es una fuerte indicación de buena salud. Incluso el novicio en horticultura sabe que abundante fruto ubérrimo y delicioso puede brotar solo de una planta fuerte y vibrante. Una planta seriamente enferma no puede cumplir su propósito.

Jesús claramente indicó que las ramas son los discípulos —no los que no son creyentes— y prometió que el hecho de permanecer, inevitablemente conduce a producir fruto. Por un lado, si ellos permanecen conectados a él, recibirían la sabia nutritiva, se fortalecerían, y a la larga darían evidencia inequívoca de su identidad como miembros de la vid (15:8). Todavía más, la presencia de fruto testificaría de su buena salud en Cristo. Por otro lado, considerando a las ramas que no dan fruto, mientras que no dejan de ser sarmientos, su salud se vuelve sospechosa, y su identidad pudiera cuestionarse. De hecho, las ramas que no permanecen conectadas a la vid se secan y no sirven para nada.

Los creyentes a menudo dan por sentado que producir fruto es responsabilidad de ellos, algo que debe hacer en gratitud a lo que Cristo hizo por ellos. Esforzarse por producir fruto solamente lleva a fracasar, hacer de tripas el corazón, prometer hacerlo mejor, probar de nuevo, y continuar ese miserable ciclo. Jesús instruyó a sus seguidores que concentren su atención en la permanencia antes que en la producción.

— 15:6 —

La interpretación de Juan 15:6 puede producir debate acalorado entre creyentes. Algunos han sugerido que los que «no permanecen en mí» son los creyentes que han sido infieles y han perdido su salvación, que el viñador decidió que hay que cortarlos y desecharlos. Pero Jesús dijo que nadie puede ser salvo y luego dejar de serlo (10:27-29). Otros sugieren que las ramas que no permanecen representan a los que nunca creyeron de verdad: personas que rechazan a Jesús de plano o que solo profesaron creer. La ilustración de Jesús, sin embargo, se aplica solo a los creyentes. Sabemos esto debido a que Juan 15:2

habla de toda rama «en mí», lo que da por sentado que existe una relación personal, y porque 15:3 especifica el público de Jesús como los que «ya están limpios».

Con mayor probabilidad, Jesús echó mano a las imágenes de la ilustración de Ezequiel:

> El Señor me dirigió la palabra: «Hijo de hombre, ¿en qué supera la leña de la vid a la madera de los árboles del bosque? Esa leña no sirve para hacer muebles, ¡y ni siquiera para hacer una percha! ¡Escasamente sirve para alimentar el fuego! Pero ¿de qué sirve cuando sus extremos se consumen y ya se ha quemado por dentro? Si cuando estaba entera no servía para nada, ¡mucho menos cuando ya ha sido consumida por el fuego! (Ezequiel 15:1-5).

El punto es sencillamente esto: los viñadores desechan las ramas desconectadas porque no sirven para nada. Como Warren Wiersbe lo dijo tan sucintamente:

> No es sabio edificar una doctrina teológica en una parábola o alegoría. Jesús estaba enseñando una verdad principal: la vida fructífera del creyente, y no debemos presionar los detalles demasiado. Tal como las ramas infructuosas son inútiles, también el creyente infructuoso es inútil; y hay que lidiar con uno y otro. Es trágico que el creyente que una vez fue fructífero retroceda y pierda el privilegio de comunión y servicio[7].

Jesús tomó la analogía de Ezequiel para ilustrar una verdad sencilla pero profunda: los creyentes que no permanecen en Cristo no sirven para nada. No podemos producir fruto por cuenta propia. Si, sin embargo, permanecemos en Cristo, lograremos nuestro propósito original y fácilmente seremos identificados como miembros saludables de la familia de Dios (15:8).

— 15:7-9 —

Rápidamente, Jesús cambió su enfoque de lo negativo a lo positivo. Mientras el creyente permanece, es decir, vitalmente relacionado, con Cristo, comienza a manifestar un carácter como el de Cristo. Se transforma desde adentro. Su mente se ocupa de la clase de pensamientos como la que tiene Dios. Su corazón empieza a reflejar los valores de Dios (Jeremías 31:31-33). Al pensar como Dios piensa, pedimos lo que concuerda con su plan, y el resultado es que nos da lo que pedimos.

— 15:10-11 —

Así que, ¿qué quiere decir «permanecer»? Sabemos que la analogía se aplica solo a creyentes, y que permanecer produce algo en la vida del creyente tal que otros pueden fácilmente identificarlo como conectado con Cristo (15:8). Pero, ¿cómo puede uno «permanecer en Cristo»? De acuerdo con Jesús, la pregunta se responde en una palabra: obediencia. «Obedecer los mandamientos» y «permanecer en amor» son sinónimos.

Tome nota de las relaciones paralelas que estableció Jesús. Su conexión con el Padre es el modelo para nuestra conexión con él. Él obedece y ama al Padre; nosotros obedecemos y amamos a Cristo. Debido a que nuestra relación con Cristo es como la de él con su Padre, recibiremos el mismo beneficio, que él llamó «gozo». Esta palabra griega describe a alguien en un estado de alegría como en el tiempo de la cosecha (4:36) o en una boda (3:29). Es una palabra emotiva con el propósito de que sea lo opuesto del temor.

Cuando el diálogo empezó, Jesús notó el temor de los discípulos por el anuncio de su partida. Primero les aseguró que su partida no tenía el propósito de castigar sus debilidades; más bien, su partida era necesaria para bendecirlos a pesar de sus fracasos (14:1-15). Luego prometió que estaría con ellos mediante la presencia moradora del Espíritu Santo y que ellos percibirían su continua presencia por medio de él (14:16-31). No obstante esta seguridad, les dio un remedio contra el temor y un medio de experimentar su presencia continua a pesar de su ausencia física: obediencia (15:1-11). Cuando obedecemos, la confianza desplaza al temor (1 Juan 2:28; 4:18), lo que resulta en gozo.

Aplicación

El fruto de permanecer

Si usted ha confiado en Cristo, su destino eterno ya está determinado. Usted es un escogido de Dios y nada le arrebatará de su mano. Su *posición* en Cristo es segura; su *producción*, sin embargo, es otro asunto. Si usted «permanece» en Cristo —es decir, lo obedece, primordialmente al amarse unos a otros— disfrutará de cuatro beneficios específicos.

1. *Las oraciones son contestadas* (v. 7). Esto no es sugerir que Dios se convertirá en nuestro genio personal. La promesa es condicional. Si estamos conectados a la vid y estamos llegando a ser más y más como Jesús, nuestras oraciones no serán egoístas, sino del tipo de petición que Jesús haría. Jesús recibió todo lo que pidió porque él y el Padre estaban completa y consistentemente alineados en su pensamiento.

2. *Dios es glorificado* (v. 8). Conforme modelamos el carácter de Jesús, obedeciendo sus mandamientos de la misma manera que él obedeció a los de su Padre, el Dios triuno recibe todo el crédito. Él se deleita en vernos reflejar su carácter, y busca oportunidades para derramar su gracia sobre sus hijos en respuesta.

3. *Se estimula el amor* (vv. 9-10). Nótese la ausencia de esfuerzo o lucha. Conforme permanecemos en Cristo, las cualidades de carácter que honran a Dios empiezan a emerger, como las uvas naturalmente crecen de una rama saludable y conectada a la vid. Debido a que Dios es amor (1 Juan 4:8), otros notarán esta cualidad divina desarrollándose en nosotros.

4. *El gozo será desbordante* (v. 11). El gozo no se refiere a la felicidad superficial o alegría trivial. El gozo es un contentamiento que se siente profundamente y que trasciende las circunstancias difíciles y deriva el máximo placer de toda buena experiencia. En tanto que no es cuestión de reír, permanecer en Cristo inspira risa como usted nunca ha experimentado antes. El contentamiento y gozo profundo

viene de un lugar de completa seguridad y confianza, incluso en medio de la prueba. Una vez oí: «El gozo es la bandera que se iza en el castillo de nuestros corazones, anunciando que el Rey reside allí».

Es posible pastorear una iglesia sin permanecer en Cristo. Yo he hecho eso unas cuantas veces en mi vida, y es una desdicha. Es la mejor manera que conozco de hacerse una úlcera. También es posible dirigir un negocio como creyente, enseñar clases bíblicas, ser esposo o esposa, e incluso aconsejar a las personas, todo sin permanecer en Cristo. Todo bien que hacemos y todo éxito que disfrutamos, sin embargo, no tendrá impacto duradero. A la inversa, cuando obedecemos, cuando permitimos que su fuerza fluya por nosotros, el Señor produce resultados que desafían toda explicación natural: oraciones poderosamente efectivas, bendiciones que honran a Dios, amor sin límites y gozo inexplicable.

Cualidades de un amigo (Juan 15:12-17)

¹²Y éste es mi mandamiento: que se amen los unos a los otros, como yo los he amado. ¹³Nadie tiene amor más grande que el dar la vida por sus amigos. ¹⁴Ustedes son mis amigos si hacen lo que yo les mando. ¹⁵Ya no los llamo siervos, porque el siervo no está al tanto de lo que hace su amo; los he llamado amigos, porque todo lo que a mi Padre le oí decir se lo he dado a conocer a ustedes. ¹⁶No me escogieron ustedes a mí, sino que yo los escogí a ustedes y los comisioné para que vayan y den fruto, un fruto que perdure. Así el Padre les dará todo lo que le pidan en mi nombre. ¹⁷Éste es mi mandamiento: que se amen los unos a los otros.

Samuel Taylor Coleridge fue un genio solitario. Nació en Devonshire, Inglaterra, como el menor de diez hijos. De padres ancianos, no recibió el cariño que la mayoría de los niños reciben y, por consiguiente, nunca tuvo la oportunidad de cultivar relaciones personales íntimas. Su padre murió antes de que cumpliera los diez años, después de lo cual lo enviaron a un internado notorio por su tratamiento cruel. Después de eso, vivió con varios parientes. Con todo, quienes lo cuidaron reconocieron su intelecto excepcional y lo matricularon en Cambridge, en donde rápidamente se distinguió como un erudito.

Coleridge se dio a conocer por tres hábitos notables en sus estudios: lector voraz, prolífico escritor y pensador radical. Con el tiempo, sus esfuerzos filosóficos le alejaron de la fe de su padre, un clérigo destacado, y a dejar Cambridge antes de graduarse. Acumuló una deuda enorme, estudió filosofía francesa, intentó fundar una sociedad utópica en Pensilvania, se casó, se divorció, se volvió irremediablemente adicto al opio, y con el tiempo se las arregló para alienarse de familia y amigos por igual.

Entonces conoció a William Wordsworth, que entabló amistad con este genio sin raíces. Esto le condujo al período más productivo de escribir y publicar, incluyendo «Remorse» («Remordimiento»), «Love» («Amor») «Kubla Kahn», y su obra más famosa: «The Rime of the Ancient Mariner» («Rima del marinero antiguo»). El protagonista de esta emotiva autobiografía se lamenta:

Solo, solo, total, totalmente solo;

¡Solo en un mar ancho y amplio!
Y nunca un santo se compadeció
de mi alma en agonía[8].

Con el tiempo Wordsworth descontinuó su relación con Coleridge, que se volvió excesivamente dependiente del opio, se separó de su segunda esposa, abandonó a sus hijos, y ya no podía sostener ningún trabajo significativo. Se mudó a la casa de un farmacéutico, James Gillman, esperando reducir su dosis de opio, pero pronto encontró una fuente secundaria. Con todo, Gillman le permitió a Coleridge quedarse al cuidado de su familia por el resto de su vida.

Unos pocos años antes de su muerte, Coleridge reconoció el valor de su único amigo en su poema «Youth and Age» («Juventud y vejez»), que incluye el verso: «La amistad es un árbol de refugio»[9].

Cuán cierto que es eso. En mi juventud yo negaba la necesidad de amistades íntimas, convencido de que la necesidad de otros es una señal de debilidad emocional o espiritual. Todavía no había sufrido el aguijonazo de la vida en el mundo real. Rápidamente me di cuenta de que buscar amigos íntimos es una señal de madurez emocional y espiritual. También noté que Jesús, el hombre más capaz, más maduro que jamás ha vivido, buscó el compañerismo de doce hombres y cultivó amistad íntima con unos pocos de ellos. Luego, en vísperas de su crucifixión, se retiró a un lugar apartado con los doce, no solo para darles su sabiduría sino también para derivar consuelo y recibir respaldo.

Durante su discurso sobre cómo esos hombres y subsiguientes generaciones de discípulos deben conducirse después de su partida, el Señor destacó la importancia de amigos íntimos. Estos árboles de refugio extienden su protección con cuatro ramas:

- un desdén del sacrificio personal (v. 13).
- una dedicación a objetivos mutuos (v. 14).
- una confidencialidad mutua (v. 15).
- un deseo compartido de éxito (v. 16).

— 15:12 —

Los mandamientos a que Jesús se refiere en el versículo 10 se incorporan en este mandamiento, «nuevo» (13:34; cf. Mateo 22:37-40; Marcos 12:29-34) para los creyentes: que se amen los unos a los otros.

En el sentido mundanal del término, el mandamiento suena imposible de ponerlo en práctica. ¿Cómo podemos posiblemente amar a alguien a quien casi ni conocemos y por quién no sentimos nada? El concepto de amor del mundo se orienta a uno mismo, se basa en el desempeño y lo impulsa el sentimiento voluble. La gente se enamora y se desenamora como si el amor fuera una fuerza al azar, misteriosa, que afecta dos mentes por una temporada y puede esfumarse tan rápido como apareció.

La palabra griega aquí no es el voluble *eros*, y ni siquiera el *filia* de corazón, sino *agape*. *Agape* a menudo incluye emociones profundas, pero empieza como una decisión. *Agape* no considera mérito y no espera inspiración. *Agape* es la clase de amor que ejemplificó Dios, especialmente en relación a su Hijo. Todavía más, el tiempo del verbo es presente, lo que sugiere una acción repetida y continua: «continúen amándose los unos a los otros». La cualidad de ese amor debe ser del mismo tipo de amor que recibimos de Cristo. Él es nuestro ejemplo y nuestro estándar.

El Señor entonces describió este amor en términos prácticos, dando cuatro ejemplos seguidos del mandamiento repetido (v. 17).

— 15:13 —

Un desdén del sacrificio personal. En tanto que este versículo tiene a la vista la acción de Jesús muriendo en lugar de todos los seres humanos, su sacrificio ilustra un principio importante. El ejemplo último de amor por otro es estar dispuesto a darle una más alta prioridad a la vida del ser querido que la de uno mismo. Charles Dickens incorporó esto en su novela *Un cuento de dos ciudades*, cuyos personajes fueron atrapados en la turbulenta locura y desenfrenado baño de sangre de la Revolución Francesa. En la escena final, el abogado licencioso, Sydney Carton, toma el lugar de su amigo en la guillotina para conseguir su seguridad. Los espectadores recordaron la serena expresión de Carton mientras subía de los escalones del cadalso, diciendo en efecto: «Es lo mejor, mucho mejor que puedo hacer, que lo que jamás he hecho; es un descanso mejor, mucho mejor al que voy del que jamás he conocido»[10].

Este sacrificio último es la expresión última de amor. Es muy improbable, no obstante, que nosotros nos veamos frente a tal alternativa. Con mayor probabilidad se nos pedirá que entreguemos nuestras vidas en medidas pequeñas, día tras día, antes que en un gran gesto grandioso. De muchas maneras, esto es mucho más difícil. El amor por un amigo no lleva historial del sacrificio; esta clase de amor valora al otro más que a uno mismo de modo que el sacrificio se vuelve cuestión de pequeña significación.

— 15:14 —

Una dedicación a objetivos mutuos. Esta afirmación incluye una condición. Si escogemos hacer lo que Jesús ordena, se nos identifica como sus amigos y receptores de su sacrificio (v. 13). Esto no es sugerir que debemos obedecer a la perfección; después de todo, no somos capaces de hacerlo. Más bien, habla de nuestra intención de buscar sus objetivos al seguir sus instrucciones.

El soldado en el campo de batalla respalda el objetivo de la misión siguiendo las órdenes que le ha dado su oficial al mando; aunque muera antes de lograr su tarea. Si deliberadamente desobedece, socava la misión. Lo mismo con nosotros. Nosotros somos sus amigos cuando respaldamos sus objetivos.

— 15:15 —

Una confidencialidad mutua. Este uso de *filos*, («amigo, compañero») es raro en cuanto a Jesús, a quien usualmente se le trataba como Señor, Maestro, Rabí, o «mi Dios». *Filos* en este contexto sugiere una relación de iguales; y nosotros por cierto no podemos afirmar igualdad con Cristo, aunque a la larga le veremos cara a cara y seremos hechos como él es (1 Juan. 3:2). La relación es tal que Jesús nos eleva a una posición más alta de lo que nos merecemos; no obstante, su superioridad nunca queda en compromiso.

Cuando niño disfrutaba de la compañía de hombres mayores que me trataban como un hombre; y por un tiempo, me sentía como si fuera su igual. Siempre que nos subíamos a un automóvil, sin embargo, se me recordaba que yo no era su igual. Ellos tenían una licencia para conducir y yo no; ellos sabían cómo conducir el vehículo mientras mis pies a duras penas podrían alcanzar los pedales. Lo mismo es con Cristo. Él nos eleva al estatus de «amigos», nos habla de los detalles de su plan redentor para el mundo, y nos pide que estemos junto a él para lograrlo. Por el Espíritu Santo que mora en nosotros, el Hijo de Dios nos permite completo acceso a su mente, libremente contándonos sus pensamientos y planes más profundos.

Las amistades genuinas no se hallan en la superficialidad. La intimidad entre amigos deja poco espacio para secretos. Cuando los amigos comparten todo detalle de la vida, independientemente de lo vergonzoso o escandaloso, las oportunidades para la recuperación, la curación y el crecimiento abundan. El Creador Todopoderoso del universo nos ha invitado a relacionarnos con él como amigos, ¡a disfrutar de estatus de iguales con nuestro Hacedor!

— 15:16 —

Un deseo compartido de éxito. La relación que el Señor nos llamó para tener con él es recíproca, que se vuelve clara en este versículo. Los creyentes son escogidos y destinados para el propósito de obediencia («dar fruto»). Sus mandamientos incluyen amarnos los unos a los otros como él nos amó y a edificar su reino. Conforme obedecemos, somos transformados para pensar con la mente de Cristo y para orar por lo que Dios desea lograr. Consecuentemente, hay una unidad creciente de mente y propósito.

— 15:17 —

El mandamiento final del Señor no solo encierra su enseñanza sobre el amor en el reino de Dios, sino que también introduce la clase contrastante de relación que existe entre el reino de Dios y el mundo (15:18-27). La importancia de nuestro amor de los unos para los otros se vuelve obvia como la luz que brilla en la oscuridad, según lo que estudiaremos en el próximo pasaje.

La relación de amor que caracteriza la unidad de la Trinidad es la misma clase de relación de amor que el Señor desea para los suyos. Todavía más, nuestro amor de los unos para los otros nos permite recibir el amor de Dios. Lo opuesto también es verdad. No podemos conocer el amor de Dios si no amamos a aquellos a quienes él ha llamado y destinado para obedecerle (1 Juan 3:10). El no amarnos los unos a los otros nos hace como el mundo, que se caracteriza por el odio. No hay terreno medio entre el amor y el odio; debemos escoger lo uno o lo otro.

Aplicación

Refugio para un amigo

Para el fin de su vida, Samuel Taylor Coleridge recibió a una corriente continua de admiradores, pero años de adicción al opio lo dejaron con un solo amigo genuino. James Gillman se convirtió en el árbol de refugio de Coleridge.

Como se anotó arriba, aprendimos de la explicación que el Señor da del amor que un amigo protector extiende su protección con cuatro ramas. Cada una de estas cuatro cualidades se debe aplicar a las relaciones saludables, en la cual cada amigo se ha ganado y preserva la confianza del otro. En algunos casos raros, el desprendimiento, la dedicación, lealtad y respaldo se pueden tergiversar para hacer más daño que bien. A fin de ser amigos genuinos para otros, debemos entender lo que cada elemento supone y no supone.

1. *Un desdén del sacrificio personal.* Sacrificar quiere decir renunciar a algo sin esperar nada en pago. La sola motivación para el sacrificio debe ser el mayor y más alto bien del otro. Por consiguiente, no sacrifique nada que no esté dispuesto a perder. No sacrifique nada a menos que esté dispuesto a no recibir nada en pago y que su sacrificio se dé por sentado. La gracia probablemente no es gracia sin la posibilidad de que se abuse de ella. Si usted no está dispuesto a sacrificarse sin sentimientos encontrados, es mejor no ofrecer ese bien y admitir que la confianza que tiene en su amistad todavía no es lo suficientemente profunda.

2. *Una dedicación a objetivos mutuos.* Las amistades genuinas se basan en valores comunes. Las metas individuales pueden ser diferentes para dos personas. Sus objetivos no tendrán conflicto, no obstante, y en última instancia honrarán los mismos principios. Por ejemplo, una mujer puede dedicarse de todo corazón a las misiones en el extranjero, en tanto que su amiga más íntima se siente impulsada a evangelizar en su ciudad. Cada una puede estimular los objetivos de la otra porque tienen el mismo valor común de esparcir las buenas nuevas.

Una dedicación a objetivos mutuos no requiere que los amigos persigan objetivos idénticos de la misma manera. Eso sí, sin embargo, se respaldan el uno al otro.

3. *Una confidencialidad mutua.* Respaldar la confidencialidad de otro incluye guardar los asuntos privados con absoluta discreción. Todavía más, contar algo confidencial requiere completa honestidad entre amigos. Yo confío en un puñado de hombres para que me den su consejo honesto mientras examino mis planes. Confío en que ellos me dirán sus pensamientos sinceros, especialmente cuando

discrepan con mi enfoque. Y, lo más difícil de todo, acato su consejo, aunque no esté convencido de que tengan razón.

Permítame decirlo de otra manera, porque esto es crucial: la mayor prueba de confianza en mi amistad con estos hombres es cuando yo acato su consejo *antes* de que me convenza plenamente yo mismo. Si me dicen que un cierto curso de acción no es sabio o es injusto, evito ese enfoque independientemente de lo convencido que esté. No quiero decir que tomo decisiones por la regla de la mayoría, sino que confío en estos pocos amigos para que me ayuden a sortear mis propios puntos ciegos.

Un amigo también hace honor a la confidencia de otro, animándole y respaldando sus esfuerzos, no solo ofreciéndole palabras de afirmación, sino mediante el sacrificio.

4. *Un deseo compartido de éxito.* Los amigos no socavan los esfuerzos de otro. Los amigos quieren ver al otro lograr los deseos honorables de su corazón, y se ayudan los unos a los otros a alcanzar esas metas. Los amigos animan, desafían, guían, critican, celebran y se suplementan los unos a los otros.

En mi juventud quería tener tantos amigos como fuera posible. Pero conforme iba madurando, me di cuenta de que ser amigable no es lo mismo que ser amigo. Debemos ser generosos con nuestra amabilidad. La amistad genuina y profunda, sin embargo, es costosa. Por consiguiente, ahora escojo con sabiduría a mis amigos más íntimos, porque me doy cuenta de que no tengo recursos inagotables para sacrificar. Tengo solo una cierta cantidad para dar en respaldo de los esfuerzos de otro. Todavía más, no puedo mantener la confianza de un número infinito de amigos. Así que mi lista de amigos genuinos es manejablemente corta, en tanto que escojo disfrutar de compañerismo con muchos y ofrecer amabilidad a todos.

La promesa de persecución (Juan 15:18—16:4)

> ¹⁸»Si el mundo los aborrece, tengan presente que antes que a ustedes, me aborreció a mí. ¹⁹Si fueran del mundo, el mundo los querría como a los suyos. Pero ustedes no son del mundo, sino que yo los he escogido de entre el mundo. Por eso el mundo los aborrece. ²⁰Recuerden lo que les dije: "Ningún siervo es más que su amo." Si a mí me han perseguido, también a ustedes los perseguirán. Si han obedecido mis enseñanzas, también obedecerán las de ustedes. ²¹Los tratarán así por causa de mi nombre, porque no conocen al que me envió. ²²Si yo no hubiera venido ni les hubiera hablado, no serían culpables de pecado. Pero ahora no tienen excusa por su pecado. ²³El que me aborrece a mí, también aborrece a mi Padre. ²⁴Si yo no hubiera hecho entre ellos las obras que ningún otro antes ha realizado, no serían culpables de pecado. Pero ahora las han visto, y sin embargo a mí y a mi Padre nos han aborrecido. ²⁵Pero esto sucede para que se cumpla lo que está escrito en la ley de ellos: "Me odiaron sin motivo."
>
> ²⁶»Cuando venga el Consolador, que yo les enviaré de parte del Padre, el Espíritu de verdad que procede del Padre, él testificará acerca de mí. ²⁷Y también ustedes darán testimonio porque han estado conmigo desde el principio.
>
> ¹⁶:¹»Todo esto les he dicho para que no flaquee su fe. ²Los expulsarán de las sinagogas; y hasta viene el día en que cualquiera que los mate pensará que le está prestando un servi-

cio a Dios. ³Actuarán de este modo porque no nos han conocido ni al Padre ni a mí. ⁴Y les digo esto para que cuando llegue ese día se acuerden de que ya se lo había advertido. Sin embargo, no les dije esto al principio porque yo estaba con ustedes.

Los residentes de los Estados Unidos de América ya no viven en una nación cristiana. Me atrevo a decir que ni siquiera viven en una nación post-cristiana. Ahora estoy convencido, más que nunca, que vivimos en una nación anti-cristiana. ¿Cuando cambió la marea? Nadie puede decirlo con certeza, pero cuando la corrección política prohíbe el humor a costa de todos excepto de los cristianos, y la cultura popular halla divertida la blasfemia, un aluvión de persecución seguirá pronto. La historia nos ha enseñado eso.

Las palabras de Jesús deberían ser particularmente pertinentes para nosotros. Nosotros, como los discípulos, recibimos su palabra durante un tiempo de relativa paz y seguridad. Pero nuestro futuro no es menos cierto que el de ellos en la víspera del arresto de Jesús. Al preparar el Salvador a los restantes once discípulos para el ministerio después de su partida física del mundo, les instó a derivar fuerza de Dios mediante la obediencia y a apoyarse los unos a los otros en el mismo tipo de amor que hay dentro de la Trinidad.

Pero también quería prepararlos para la realidad. En tanto que la victoria está asegurada, los seguidores de Jesús son soldados en un gran conflicto entre dos campos: el reino de Dios y el sistema del mundo gobernado por Satanás, las fuerzas de la luz y las tinieblas (Juan 1:5; 3:19-21; 8:12; 12:36; 1 Juan 1:5-7; 2:8-11; Apocalipsis 21:23-24; 22:5). Todavía más, la guerra trae adversidad, sufrimiento, lobreguez e incluso muerte.

En este pasaje Jesús responde a cuatro preguntas respecto a la naturaleza de este conflicto y nuestro papel como creyentes en medio del mismo.

- ¿Quién se va a poner de lado del sistema del mundo en contra del reino de Dios?
- ¿Qué van a hacer los enemigos del reino de Dios?
- ¿Por qué va a tener lugar este conflicto?
- ¿Cómo debemos conducirnos durante el conflicto?

15:18-19

Jesús identificó al enemigo del reino de Dios como «el mundo». La construcción de la oración gramatical del griego y este uso del término que se traduce «si» indica que la condición se considera como cierta. Esto sería como un hombre diciendo: «Si el sol sale mañana, iré a jugar golf». En otras palabras, el hombre está seguro de que estará en las pistas al día siguiente. Por consiguiente, podemos sustituir el término «si» con «debido a que».

«El mundo» no quiere decir el planeta Tierra. El planeta no tiene mente, así que no puede ser malo. La naturaleza ha sido torcida y corrompida por el mal, pero no es mala en sí misma. A decir verdad, Pablo personificó a la naturaleza como una espectadora inocente, sufriendo los efectos perversos del mal y gimiendo por redención de parte de su legítimo Dueño (Romanos 8:20-22). Más bien «el mundo» representa el sistema del mundo caído, que opera de acuerdo con los valores de Satanás y está sujeto a la maldición del pecado (Génesis 3:14-19). «El mundo» también representa a la porción de la humanidad que vive por sus valores y está dispuesta a servir a sus fines. Jesús originalmente vino para redimir al mundo (Juan 3:17; 12:47), pero el mundo le rechazó (3:18; 12:48); por consiguiente, él empezó a separar a «los suyos» del mundo (10:14, 26-27; 13:1; 15:19). Su crucifixión formalmente declararía la línea divisoria entre el reino de Dios y el de Satanás, y su resurrección exigiría que cada individuo tome su decisión.

El mundo o ama u odia; no hay terreno neutral. El mundo ama u odia dependiendo de si uno concuerda con él. La disposición del mundo es completamente condicional, lo que es una razón por la que sabemos que la aceptación condicional de la religión y el legalismo es del mundo, y no de Cristo. El sistema del mundo, del cual la religión es una parte (16:2), viste su odio en sofisticación, refinamiento, cultura y paz. Pero el sistema del mundo es un enemigo grosero, babeante, ignorante de Dios y, por consiguiente, detesta a cualquiera que se atreve a ponerse del lado de Dios.

Si no está seguro de esto, vaya a los lugares de educación superior, o busque a los capitanes de la industria, o preséntese ante los poderes políticos, y luego preséntales el evangelio de Jesucristo con claridad. Observe cómo su «tolerancia» se desvanece. Observe cómo su semblante controlado, racional, se disuelve en desdén barato. Le advierto que planee su ruta de escape, porque pronto la opinión popular no les dará razón para velar su odio y se desatarán para ventilar toda su cólera. Las crónicas del tiempo pasado son prueba de que el ciclo de la historia volverá a repetirse.

—15:20-24—

El fruto del odio es la persecución. Jesús les prometió a sus seguidores más íntimos que la persecución sería su recompensa en el mundo. El término griego que se traduce «perseguir» quiere decir «hacer huir, acosar», o como A. T. Robertson lo define: «Perseguir como a una bestia salvaje»[11]. En la persecución, el odio se vuelve deliberado, y no meramente coincidencia. El mundo perseguirá a los cristianos a fin de dar salida a su odio.

Jesús dijo que el odio del mundo siempre había existido y se concentró en la casa de Dios bajo el disfraz de verdadera devoción. Antes de que él viniera a la tierra, el odio del mundo había tenido poca oportunidad de expresarse. Mató a los profetas del Señor, contaminó sus palabras, ignoró sus advertencias y convirtió su casa en guarida de ladrones, pero se podría presentar un caso, aunque débil, para la duda o el malentendido. Pero cuando Dios se presentó a sí mismo en persona, en carne de ser humano y en cumplimiento de toda expectativa mesiánica, dejó al mundo sin excusa por rechazarlo. La carne del Hijo de Dios se volvió la ocasión para que el mundo exponga su odio por su Creador y, de este modo, lleve a consumación su pecado.

—15:25—

Jesús explicó el porqué de la guerra del mundo contra el reino de Dios: porque los creyentes no son del mundo (v. 19), el mundo detesta a los que no son suyos (v. 19), y el mundo no reconoce (o no «conoce») a Dios como soberano (v. 21). Y por consiguiente, el mundo rechaza a Cristo como su emisario. Todavía más, el mundo persigue a los creyentes en cumplimiento del destino del mundo (v. 25). Está constitucionalmente predispuesto a aborrecer todo lo que vaya asociado con Dios; por consiguiente, no puede comportarse de otra manera.

El ministerio terrenal de Jesús es una ilustración grandiosa de esta verdad, que Juan predijo en sombra en el prólogo de su narración (1:5, 8-11).

—15:26-27—

La abrupta mención que el Señor hace del Espíritu Santo al parecer fue a propósito. Su papel en la vida del creyente es proveer valor sobrenatural frente a la persecución. Todavía más, el sufrimiento a menudo levanta dudas. El Espíritu Santo testificará de la verdad de Jesucristo en los creyentes tanto como por medio de los creyentes a sus perseguidores y a otros que presencian su persecución.

—16:1-3—

Cuando los autores humanos de las Escrituras prepararon sus manuscritos, escribieron en el estilo del tiempo, que no incluye puntuación, ni separación entre palabras, ni divisiones entre capítulos o versículos. Estas fueron añadidas por editores posteriores y traductores y no se consideran inerrables como el texto original. De ordinario, la ubicación de divisiones entre capítulos tiene sentido bueno y lógica. La división entre el capítulo 15 y el 16 de Juan, sin embargo, es desdichada. Juan 16:1-4 debería ir con el capítulo 15.

«Todo esto» se refiere a todo lo que Jesús tenía para decir en cuanto a la relación del creyente con el mundo, que es tensa en el mejor de los casos, hostil en otros casos, y puede llegar a ser mortal. Jesús les reveló esto a los discípulos a fin de que ellos no se sorprendieran y tropezaran en su andar espiritual. Como muchas de las lecciones de Jesús, sin embargo, no hicieron caso y todos tropezaron y cayeron. Cuando arrestaron al Señor, huyeron. Durante su crucifixión, la mayoría se escondió. Antes de su resurrección, todos perdieron la esperanza. Después de su resurrección, dudaron. Y antes de la venida del Espíritu Santo, flaquearon. Solo después de recibir al Espíritu Santo actuaron con decisión y hablaron con intrepidez.

Jesús predijo el azote de la religión en las espaldas de los creyentes genuinos. En verdad, la gente los mataría, convencidos de que estaban agradando al Señor. Nada menos que el apóstol Pablo, antes de su conversión, estuvo entre la multitud de autoridades religiosas que mató al primer mártir cristiano, Esteban (Hechos 7:54—8:1).

—16:4—

A la declaración del Señor en 16:1 le sigue un aparte parentético y luego se completa por esta declaración de conclusión. Estas palabras son transición de lo dicho sobre la persecución inevitable después de la partida de Jesús, hacia la bendición del Espíritu Santo.

El Señor reconoció que sus palabras tendrían escaso significado al momento. Los discípulos todavía no comprendían lo que estaba a punto de suceder o por qué. Pero en el momento apropiado sus palabras vendrían a la mente y les ayudarían a hallar sentido en la tribulación que enfrentarían. Ellos no tendrían que preguntarse: *¿Estamos luchando por la persecución debido a algún fracaso de parte nuestra?* No, la persecución no solo debía esperarse, sino que es una consecuencia normal de vivir en un territorio hostil durante el gran conflicto entre el bien del mal, entre el Señor y el gobernador de este mundo, Satanás.

Recuerdo una ocasión cuando leía el libro de Apocalipsis con un secreto escepticismo. Me parecía inconcebible que alguien se opusiera abiertamente al Dios viviente. Eso se debe a que crecí en una era cuando los productores de películas de Hollywood, pocos de los cuales profesaban creer en Jesús como el Mesías, evitaban mostrar la cara del actor que hiciera de Cristo porque se consideraba irreverente. Así era el respeto de los que no son creyentes. Así que razonaba que la blasfemia que se predice en las visiones de Juan debían ser causadas por la ignorancia. ¿Quien se opondría al Creador en su cara? ¿Quién sería tan necio como para burlarse de Aquel que tiene el poder de la vida y la muerte sobre todos los seres humanos?

LA CONTROVERSIA *FILIOQUE*

La cláusula «que procede del Padre» ha sido el centro de una controversia histórica entre las iglesias oriental y occidental, primordialmente en lo que tiene que ver con el Credo Niceno. Al afirmar el Espíritu Santo, el Credo Niceno fue enmendado en el año 385 d.C. para que diga: «[Creemos] en el Espíritu Santo, Señor y Dador de la vida, que procede del Padre, a quien junto con el Padre y el Hijo se adora y glorifica...». Y por más de dos siglos todas las iglesias estuvieron de acuerdo.

En el siglo sexto, las iglesias de Europa occidental, que hablaban latín, enmendaron el credo de nuevo para incluir las palabras: «y del Hijo» (la expresión latina es *filioque*). Así el credo decía: ««[Creemos] en el Espíritu Santo, Señor y Dador de la vida, que procede del Padre y del Hijo, a quien junto con el Padre y el Hijo se adora y glorifica...». Las iglesias occidentales aducían que la frase añadida era necesaria para preservar la igualdad del Padre y el Hijo en contra de la herejía. La iglesia oriental, sin embargo, aducía que la frase no está incluida en Juan 15:26 y que las Escrituras debían ser definitivas. Con el tiempo, la iglesia oriental y la iglesia occidental se dividieron, en parte debido a esta controversia.

A decir verdad, Jesús no pronunció esta verdad con el propósito de definir la naturaleza de la Trinidad sino para explicar el papel del Espíritu Santo en la vida de los creyentes y en el plan de Dios de proclamar la verdad al mundo. Es inapropiado hablar del Padre y el Hijo como seres separados en relación con el Espíritu. Padre, Hijo y Espíritu son tres personas y un Dios.

Cuatro décadas más tarde, toda duda que pude haber tenido en cuanto a las visiones de Juan se ha desvanecido. Desde entonces he ido más allá de la burbuja de cultura cristiana que rodeaba a Houston, Texas, antes de la Segunda Guerra Mundial. He visto las tinieblas de la idolatría en naciones no cristianas. He sentido el odio que brota del corazón de los que quieren esparcir su religión mediante la violencia y el terrorismo. He visto a mi propia nación volverse tolerante de toda filosofía y religión concebibles *excepto* el cristianismo. Y ahora, necesito solo encender el televisor para oír a multitudes reírse a rabiar mientras un comediante se mofa de los poderes del Todopoderoso, o ver los dibujos animados a altas horas de la noche mostrando a Jesús y Satanás como los principales personajes en alguna comedia.

Amárrense los pantalones, creyente. La línea entre la sátira y la burla es sorprendentemente tenue. El humor a costa de cualquier grupo invita el odio, y el odio enciende el sendero de la persecución. Si nos dirigimos a tal tiempo otra vez, no debe sorprendernos. Jesús nos advirtió.

Aplicación
Preparados para la persecución

Los creyentes en el mundo occidental han disfrutado un largo período de paz relativa y asombrosa autoridad, particularmente en los Estados Unidos de América, nación fundada sobre principios cristianos. Pero debemos aceptar que esto es una anomalía en el gran esquema de la historia del mundo. Nuestro verano al sol pronto dará a luz a la oscuridad del invierno. De hecho, las brisas del otoño se han puesto inequívocamente frías últimamente.

Esto no debería ser sorpresa. Juan nos advirtió en Apocalipsis que el mal con el tiempo se volverá inimaginablemente poderoso sobre el mundo e indeciblemente cruel contra los creyentes genuinos en Jesucristo. Muchos anticristos un día se postrarán ante el Anticristo. Muchas persecuciones a la larga darán lugar a la gran tribulación de los tiempos del fin. Esto es profecía, y sucederá. Por consiguiente, debemos prepararnos. Jesús explicó cómo cuando preparaba a sus discípulos para las difíciles horas que tenían por delante.

1. *Apóyese en el Espíritu Santo para que supla sabiduría, capacidades y valor* (15:26). La súbita mención que Jesús hace del Espíritu Santo en medio de su charla sobre la persecución fue intencional. «Cuando venga el Consolador, que yo les enviaré de parte del Padre, el Espíritu de verdad que procede del Padre, él testificará acerca de mí. Y también ustedes darán testimonio porque han estado conmigo desde el principio» (15:26-27). Jesús prometió que el Espíritu proveería todo lo que los creyentes necesitarían para dar testimonio fiel de Jesucristo.

2. *Fielmente proclame la verdad divina y manténgase firme* (15:27). Nótese que en tanto que batallar contra la inmoralidad y perseguir la justicia social es digno de encomio, nuestra misión primaria es «testificar». La única arma efectiva contra el mal es la verdad. El Espíritu Santo dará conocimiento de Jesucristo a la mente y nos capacitará para comunicar su verdad. Y, debido a que los que dicen

la verdad tiene garantizada la persecución, él proveerá valor sobrenatural para soportar el mal con dignidad.

Un erudito del Nuevo Testamento escribe: «Es aquí donde los creyentes fallan en su mayoría. Cuando se nos persigue, retrocedemos. Huimos. Cambiamos nuestra posición». No cambie su posición. Manténgase firme. *El libro de los mártires*, de Foxe es un libro de peso, lleno de oraciones de santos moribundos. Vez tras vez el Espíritu Santo dio su fuerza mientras las llamas consumían el cuerpo de los creyentes fieles.

3. *No se deje entrampar por el mal* (16:1). El verbo griego que se traduce «tropezar» es *escandalizo*. La idea principal que lleva el término es «cerrar algo», como una trampa de conejos accionada por resorte. Más tarde se convirtió en la palabra preferida para el hecho de colocar deliberadamente un tropiezo en la senda de otro para hacerle caer. Jesús instó a sus discípulos a permanecer, es decir, obedecer su mandato de amarse unos a otros a fin de no caer en la trampa del mundo.

Cuando no nos amamos unos a otros, nos comportamos como el mundo, que se sirve a sí mismo a costa de otros.

4. *Nunca se olvide que la persecución y el ascenso del mal son inevitables* (16:4). Cuando el mal triunfa sobre la verdad, rápidamente empezamos a preguntarnos si hemos hecho algo malo, o si hemos dejado de hacer algo que deberíamos haber hecho. Jesús advirtió a sus discípulos que el mal parecería ganar la victoria después de su muerte y sepultura, pero que su sufrimiento era parte del plan divino para redimir a los seres humanos desde el principio. Él sufrió y murió para expiar los pecados de los seres humanos, no debido a ningún fracaso específico de parte de los restantes once discípulos.

Nunca debemos olvidar que el mal disfrutará de victorias a corto plazo, pero que Cristo ya ha conquistado el mal, el pecado, la enfermedad, el sufrimiento, la muerte y la decadencia. La persecución es inevitable y, en muchos casos, fatal. La muerte, no obstante, no es el fin de la vida. La resurrección espera, en la cual existiremos fuera del alcance del mundo y su aflicción. Nunca debemos olvidar que un día pronto Cristo volverá para silenciar a los enemigos de Dios mediante una derrota aplastante. Él fue vindicado por su resurrección; nosotros seremos vindicados por la nuestra.

Los creyentes somos notorios por recordar lo que debemos olvidar y olvidar lo que debemos recordar. Olvídese de su pecado; Cristo lo ha conquistado. Recuerde que la persecución es inevitable; espere el triunfo de Cristo.

Al prepararnos para soportar la persecución por proclamar a Cristo, permítame derivar tres distinciones útiles.

1. *Hay una gran diferencia entre tomar una pelea y soportar la persecución.* Jesús ni buscó problemas ni invitó la persecución. Con fidelidad proclamó la verdad divina y el mal lo halló; porque el mal siempre trata de destruir la verdad.

2. *Hay una gran diferencia entre amar al mundo y ser parte del mismo.* Jesús nos dejó en el mundo para que proclamemos su amor a los perdidos. Nos advirtió, no obstante, que evitemos pensar y comportarnos como el mundo. El mundo se ha declarado enemigo de todos los que creen, así que no tiene sentido hacer lo que el mundo hace.

3. *Hay una gran diferencia entre vivir en temor y ejercer precaución.* Jesús sabía su destino. Sabía que sufriría la angustia de la cruz por llevar la pena de todo pecado. No obstante, dio pasos razonables para evitar la captura en público y mantuvo su ubicación en privado en otras ocasiones. Nadie necesita ofrecerse como voluntario para la persecución o el martirio. Si el maltrato y la muerte son nuestro destino, los perseguidores nos hallarán. Entonces debemos enfrentarlo con valentía.

En su libro *God Tells the Man Who Cares*, A. W. Tozer escribe: «Los hombres piensan del mundo, no como un campo de batalla sino como un parque infantil. No estamos aquí para luchar, estamos aquí para divertirnos. No estamos en tierra extranjera, estamos en casa. No estamos alistándonos para vivir; ya estamos viviendo»[12]. Mientras más vivimos aquí, más deberíamos añorar nuestro verdadero hogar. Que nuestra oración sea el amén de Juan: «Ven, Señor Jesús» (Apocalipsis 22:20).

Funciones del Espíritu Santo (Juan 16:5-15)

> [5]»Ahora vuelvo al que me envió, pero ninguno de ustedes me pregunta: "¿A dónde vas?" [6]Al contrario, como les he dicho estas cosas, se han entristecido mucho. [7]Pero les digo la verdad: Les conviene que me vaya porque, si no lo hago, el Consolador no vendrá a ustedes; en cambio, si me voy, se lo enviaré a ustedes. [8]Y cuando él venga, convencerá al mundo de su error en cuanto al pecado, a la justicia y al juicio; [9]en cuanto al pecado, porque no creen en mí; [10]en cuanto a la justicia, porque voy al Padre y ustedes ya no podrán verme; [11]y en cuanto al juicio, porque el príncipe de este mundo ya ha sido juzgado.
>
> [12]»Muchas cosas me quedan aún por decirles, que por ahora no podrían soportar. [13]Pero cuando venga el Espíritu de la verdad, él los guiará a toda la verdad, porque no hablará por su propia cuenta sino que dirá solo lo que oiga y les anunciará las cosas por venir. [14]Él me glorificará porque tomará de lo mío y se lo dará a conocer a ustedes. [15]Todo cuanto tiene el Padre es mío. Por eso les dije que el Espíritu tomará de lo mío y se lo dará a conocer a ustedes.

Las palabras de Jesús pueden haberles sonado como un revoltijo de piezas de rompecabezas a los aturdidos discípulos. Después de anunciar su partida inminente de la tierra (13:33; 14:1-6), Jesús instó a sus seguidores a obedecer sus mandamientos (14:12-15; 15:1-11), que se amen los unos a los otros (15:12-17), y que estén prevenidos en cuanto a la hostilidad del mundo (15:18-27). Mientras da todas estas predicciones, promesas y mandamientos, Jesús aludió a la venida del Espíritu Santo para enseñar a los creyentes todo lo que necesitaban saber (14:16-17, 26; 15:26). Pero estas referencias al paso podían solo haberlos desconcertados. En el Antiguo Testamento, el Espíritu Santo estaba reservado para reyes y profetas, y ocasionalmente para el individuo común cuando el Señor quería realizar algo extraordinario. La idea de que el Espíritu de Dios en verdad morara en cada creyente era inconcebible; una extravagancia increíble de la cual nadie era digno. Las cabezas de los discípulos deben haber estado dando vueltas.

Aunque los discípulos no preguntaron en cuanto al Espíritu Santo —se sentían demasiados preocupados con el pensamiento de que Jesús se iba— el Señor volvió a su promesa a fin de aclarar su función en la vida de los discípulos… y en la vida de los creyentes a través de los tiempos.

— 16:5-7 —

Jesús se lamentó de que los discípulos se preocuparan tanto por su propia seguridad que no se les despertó por lo menos algo de curiosidad en cuanto al futuro inmediato de Jesús. En los siguientes días verían los sucesos más significativos de la historia humana, e inaugurarían la edad de la gracia, el principio de la iglesia universal en la tierra y la expansión mundial del evangelio. Después de su indecible sufrimiento, Jesús recibiría gloria inexpresable. Él quería participarles todo esto a sus compañeros, pero más que eso, quería que ellos se interesaran.

No obstante, Jesús cuidó de sus corazones llenos de tristeza. El término griego que se traduce «tristeza» significa «dolor», que bien puede ser físico o emocional. El dolor llenaría el corazón de los discípulos, que se sentían como huérfanos espirituales. Todo lo que podían pensar era en que lo iban a perder.

Jesús calmó su dolor con una verdad maravillosa. La presencia física del Señor sería reemplazada por algo muy superior. En tanto que Jesús en la carne podía estar solo en un lugar a la vez, el Espíritu Santo puede estar en todas partes a la vez. El acceso limitado a la presencia de Dios daría lugar a la comunión continua con él. La enseñanza mediante medios físicos empezaría a tener lugar directamente en sus corazones. Lejos de quedar abandonados, los discípulos experimentarían la presencia de Dios como nunca antes.

El ministerio del Espíritu Santo, explicó el Maestro, tendría dos aspectos primarios: uno al mundo (vv. 8-11) y otro a los creyentes (vv. 13-15).

— 16:8-11 —

El ministerio del Espíritu Santo al mundo. El verbo griego que se traduce «convencer» tiene una amplia variedad de significado fuera del Nuevo Testamento, incluyendo «mofarse, poner en desdén, reprender». Los escritores del Nuevo Testamento restringieron la definición a una: «mostrarle a los seres humanos sus pecados y llamarlos al arrepentimiento»[13]. El Espíritu Santo confronta al mundo respecto a tres temas primarios: pecado (su culpa), justicia (su impotencia), y juicio (su destino).

Pecado (*jamartía*) se refiere a la incapacidad o falta de disposición de uno para hacer lo que Dios ordena, lo que resulta en culpa delante de él. Jesús murió para pagar la pena del pecado de todo el mundo, pero solo los que creen en él se han apropiado de su sacrificio y, por consiguiente, están sin culpa ante el Padre. Los que no creen en Cristo siguen en su pecado y deben responder por sus decisiones (v. 9).

Justicia (*dikaiosune*) se refiere a la posición legal de uno ante Dios como «no culpable». En este contexto, Jesús relaciona la cuestión de justicia a que él «vaya al Padre». En todo su ministerio Jesús afirmó unidad con el Padre, por lo cual el mundo (los dirigentes religiosos) le acusaron de pecado, engaño y blasfemia (5:18; 7:12; 9:16, 24; 10:33). Su ida al Padre es la vindicación última de la justicia de Cristo sobre la del mundo. El Espíritu Santo confrontará a los seres humanos con la justicia del Hijo (v. 10).

Juicio (*krisis*) se refiere a la vida y carácter de uno siendo cernidos a fin de determinar su valía moral. Jesús dijo repetidas veces que no había venido con el propósito de juzgar, sino que los individuos se revelarían a sí mismos por su respuesta a la verdad encarnada (3:17-18; 5:22-23; 12:48). En virtud de la vindicación de Cristo, Satanás ha sido cernido y se le ha hallado falto. El Espíritu Santo confrontará a los seres humanos respecto a su decisión por Satanás en lugar de decidir por el Hijo (v. 11).

Interesantemente, la confrontación del Espíritu Santo no parece ser directamente dentro del corazón de los que no son creyentes. Él puede, de hecho, hacer eso; pero ésa no es la enseñanza aquí. En los versículos 7 y 8, Jesús dijo: «se lo enviaré a ustedes. Y cuando él venga, convencerá al mundo...». El contexto de los versículos 8-11 es la venida del Espíritu Santo «a ustedes». En otras palabras, el Espíritu Santo confrontará al mundo desde dentro de los creyentes, por medio de los creyentes. Los que son del mundo no tienen al Espíritu Santo activo en ellos.

El hijo o hija de Dios que vive en esta tierra, fortalecido por el Espíritu de Dios, es una carta viviente que el mundo observa. Conforme el mundo presencia al hijo o hija de Dios siendo controlado por el Espíritu Santo, el mundo observa una vida que está atravesando transformación. El mundo es confrontado por el Espíritu Santo vía su actividad en los creyentes.

—16:12—

Jesús reconoció las limitaciones de tiempo y de la capacidad de los discípulos para recibir más verdad. Su preocupación por sí mismos les impedía absorber más información respecto a su misión después de la partida de Jesús. Es más, sin el Espíritu Santo, sus mentes no podían comprender las verdades espirituales que él quería impartirles. Él prometió más revelación de verdad por medio del Espíritu.

—16:13-15—

El ministerio del Espíritu Santo a los creyentes. Una de las muchas distinciones entre «el mundo» y «los suyos» es la forma en que el Espíritu Santo ministra. Su ministerio al mundo convence a fin de producir arrepentimiento. Su ministerio a los creyentes, en contraste, es producir obediencia mediante la transformación.

El Espíritu Santo realiza su misión de la transformación del creyente trayendo la verdad divina a la mente de los suyos. Antes de que las Escrituras fueran escritas, revelaba la verdad directamente a ciertas personas: profetas en el Antiguo Testamento, profetas y apóstoles en la era del Nuevo Testamento. Una vez que el último apóstol, Juan, completó la comunicación escrita final de Dios, el libro de Apocalipsis, los seres humanos habían recibido toda la divina verdad que necesitaban para vivir en obediencia. Ahora su ministerio es traer a la mente las Escrituras, iluminar su significado junto con la experiencia, y aplicarla. Participamos en el proceso de transformación del Espíritu Santo mediante el ejercicio de disciplinas espirituales.

¿Cómo iban los discípulos a saber cuándo el Espíritu de Dios estaba trayéndoles nueva revelación? ¿Cómo iban a hacer la distinción entre los pensamientos de Dios y su propia imaginación? De acuerdo con Jesús, la revelación del Espíritu Santo siempre «glorificará» al Hijo. Como hemos descubierto en nuestro estudio de 13:31-38, la palabra griega para «gloria» (*doxa*) se deriva de un verbo que quiere decir «creer, pensar». Ser glorificado es ser revelado de manera como para que se lo considere bueno. Ser glorificado es ser vindicado a ojos de todos los testigos. Por consiguiente, el concepto de gloria en el vocabulario de Jesús significa que la verdad que había estado enseñando y la verdad de su identidad serían vindicadas a ojos de todos los seres humanos. Prometió que el Espíritu Santo solo daría revelación consistente con lo que Jesús ya había enseñado. Todavía más, el ministerio del Espíritu siempre serviría para demostrar que el Hijo es genuino.

La promesa de Jesús del Espíritu Santo probablemente no hizo gran cosa para calmar las mentes angustiadas de los once discípulos. El don del Espíritu Santo habría estado más allá de su comprensión, no muy diferente a como lo es para nosotros, solo al revés. Nosotros no podemos concebir la vida sin él, y por consiguiente es fácil dar por sentado la sabiduría suya al morar en nosotros. Si queremos saber cómo sería la vida como creyentes si se nos abandonara a nuestros propios recursos, todo lo que necesitamos hacer es observar a los discípulos de Jesús después de la resurrección y antes de Pentecostés. Tenían la mente embotaba y eran débiles de espíritu, miedosos, confusos, dudosos, resistiéndose a creer, sin objetivo y aletargados.

¡Gracias a Dios, él no nos ha dejado solos!

Aplicación

Cambie canales

Jesús nos dio la tarea de proclamar las buenas nuevas a un mundo hostil y proclamar su amor por los perdidos, misión imposible sin ayuda divina. Felizmente no nos dejó solos. Envió al Espíritu Santo para que convenza al mundo de pecado y restrinja el mal. Hallo en esta sección de las Escrituras dos principios prácticos que ayudan a aclarar nuestro llamamiento a fin de que podamos obedecer con mayor fidelidad.

1. *Al convencer al mundo, el Espíritu Santo desea usarnos como canal.* El Espíritu de Dios no usa edificios, ni púlpitos, ni símbolos para convencer al mundo. No usa ni la naturaleza, ni la ciencia, ni la filosofía, y ni siquiera la teología. De hecho, las Escrituras indican que él no convence a los pecadores directamente. Según Jesús, ¡los *creyentes* convencen al mundo! Es el Espíritu Santo en nosotros,

llamándonos fuera del mundo y transformándonos. El Espíritu Santo usa creyentes transformados como el medio de confrontar al mundo.

Esto no es decir que nos ha nombrado para que seamos la conciencia del mundo. Él no nos ha llamado a señalar pecados y anotar nombres. Sí, en ocasiones debemos adoptar una posición contra la maldad o declarar una cierta actividad como pecado. Sin embargo, no nos ha nombrado como su fuerza policial santa. Más bien convence al mundo de pecado al santificar a «los suyos». Cuando la gente peca en grupos, no pueden sostenerse cuando uno de su número empieza a hacer lo correcto. Tratan de meter al individuo de nuevo en cintura, y cuando no lo logran, se vuelven hostiles contra él o ella.

2. *Al comunicar la palabra, el Espíritu desea ver cambios.* Cuando el Espíritu Santo comunica la palabra de Dios, desea ver transformada la vida de las personas. De hecho, a menudo usa circunstancias desagradables como el medio de transformar a los creyentes, lo que a menudo causa tensión. Pedimos a Dios que cambie las circunstancias, ¡pero él prefiere cambiarnos *a nosotros!*

Los «salmos de lamento» suelen empezar con el salmista postrado, suplicando cambio. Todo se ha vuelto un caos, su vida se ha destrozado, está rodeado y afligido y se le han acabado las opciones. Sorprendentemente, al final el mismo salmista está alabando a Dios por su bondad. Nada en cuanto a sus circunstancias cambió desde que empezó a escribir hasta que completó la composición. Más bien, adorar a Dios cambió al salmista. Fue cambiado muy adentro.

Hace muchos años recibí una carta de un miembro de la iglesia que había atravesado el peor año imaginable. Su esposa lo dejó y se llevó a sus hijos. Retos en sus negocios le trajeron presiones que nunca había conocido. Rápidamente se le estaba acabando las opciones. En su carta admitió: «Con enemigos por todas partes, de repente descubrí mediante la transformación que recibí de la palabra de Dios que podía amar a los que me odian y que no tengo que vivir con el ácido del resentimiento carcomiéndome. Aprendí que puedo, en verdad, orar por mi esposa y amarla tanto como amo a los pequeños que ella me quitó». Concluyó diciendo: «¡Estas han sido las circunstancias más difíciles que jamás he conocido, pero he sido transformado. ¡Alabado sea Dios!»

Este hombre llegó a ser un agente de cambio divino en su propio sector del mundo al permitir que la Palabra y el Espíritu lo cambien por dentro. Cuando somos transformados, llegamos a ser canales de la transformación divina del mundo. Conforme somos cambiados, nos volvemos agentes divinos de cambio en el mundo.

Tres palabras que nos mantienen en marcha (Juan 16:16-33)

¹⁶»Dentro de poco ya no me verán; pero un poco después volverán a verme.

¹⁷Algunos de sus discípulos comentaban entre sí:

«¿Qué quiere decir con eso de que "dentro de poco ya no me verán", y "un poco después volverán a verme", y "porque voy al Padre"?» ¹⁸E insistían: «¿Qué quiere decir con eso de "dentro de poco"? No sabemos de qué habla».

¹⁹Jesús se dio cuenta de que querían hacerle preguntas acerca de esto, así que les dijo:

—¿Se están preguntando qué quise decir cuando dije: "Dentro de poco ya no me verán", y "un poco después volverán a verme"? ²⁰Ciertamente les aseguro que ustedes llorarán de dolor, mientras que el mundo se alegrará. Se pondrán tristes, pero su tristeza se convertirá en alegría. ²¹La mujer que está por dar a luz siente dolores porque ha llegado su momento, pero en cuanto nace la criatura se olvida de su angustia por la alegría de haber traído al mundo un nuevo ser. ²²Lo mismo les pasa a ustedes: Ahora están tristes, pero cuando vuelva a verlos se alegrarán, y nadie les va a quitar esa alegría. ²³En aquel día ya no me preguntarán nada. Ciertamente les aseguro que mi Padre les dará todo lo que le pidan en mi nombre. ²⁴Hasta ahora no han pedido nada en mi nombre. Pidan y recibirán, para que su alegría sea completa.

²⁵»Les he dicho todo esto por medio de comparaciones, pero viene la hora en que ya no les hablaré así, sino que les hablaré claramente acerca de mi Padre. ²⁶En aquel día pedirán en mi nombre. Y no digo que voy a rogar por ustedes al Padre, ²⁷ya que el Padre mismo los ama porque me han amado y han creído que yo he venido de parte de Dios. ²⁸Salí del Padre y vine al mundo; ahora dejo de nuevo el mundo y vuelvo al Padre.

²⁹—Ahora sí estás hablando directamente, sin vueltas ni rodeos —le dijeron sus discípulos—. ³⁰Ya podemos ver que sabes todas las cosas, y que ni siquiera necesitas que nadie te haga preguntas. Por esto creemos que saliste de Dios.

³¹—¿Hasta ahora me creen?—contestó Jesús—. ³²Miren que la hora viene, y ya está aquí, en que ustedes serán dispersados, y cada uno se irá a su propia casa y a mí me dejarán solo. Sin embargo, solo no estoy, porque el Padre está conmigo. ³³Yo les he dicho estas cosas para que en mí hallen paz. En este mundo afrontarán aflicciones, pero ¡anímense! Yo he vencido al mundo.

La última ocasión de Jesús para enseñar a sus discípulos se acercaba a su fin. Estos momentos finales de tranquilidad entre amigos pronto darían paso a la angustia en el Getsemaní, la injusticia durante la persecución, ridículo cruel, brutal flagelación y finalmente sufrimiento y muerte por la crucifixión. Sin embargo, a pesar de su propio deseo de confort y estímulo, Jesús consoló y animó a sus seguidores. Desprendido hasta el fin, Jesús ofreció tres promesas para mantener a sus discípulos avanzando conforme la ominosa sombría de la cruz oscurecía sus días. Estas promesas se pueden reducir a tres palabras que no son menos útiles para nosotros hoy:

Gozo (vv. 19-24)

Amor (vv. 25-28)

Paz (vv. 31-33)

Al examinar las promesas de Jesús, gozo, amor y paz, note el lugar central que se da a la oración al apropiarnos de ellas.

— 16:16 —

Jesús les dio a sus discípulos una predicción negativa seguida de una promesa positiva. «Ya no me verán» predice su muerte inminente en la cruz, en tanto que «volverán a verme» promete su aparición por la resurrección. La frase «dentro de poco» excluye que se refiera a su segunda venida al fin de los días.

Esta fórmula de predicción y promesa establece un patrón definible para el resto de su conversación con los once discípulos restantes. Su diálogo sigue este patrón de explicación:

Una predicción y una promesa: ¡Resurrección! (v. 16).
    Los discípulos reaccionan (vv. 17-18).
        Una predicción y una promesa: «gozo» (vv. 19-23).
        Una predicción y una promesa: «amor» (vv. 25-28).
    Los discípulos reaccionan (vv. 29-30).
Una predicción y una promesa: «paz» (vv. 31-33).

— 16:17-18 —

Los discípulos no eran muy diferentes a un niño de seis años haciendo preguntas en un funeral; podían aguantar solo cierta cantidad de detalles. Por consiguiente, Jesús les preparó para las horas difíciles que tenían por delante lo mejor que pudo sin revelar demasiada información específica. Lamentablemente, los discípulos se habían agitado por la perspectiva de que se iba y nada podía consolarlos, ¡ni siquiera la promesa de la presencia de Dios morando en ellos!

Jesús trató de mantener el asunto lo más elemental y sencillo que fuera posible: «Dentro de poco me voy, y después de otro poco ustedes me verán de nuevo» (paráfrasis mía). Sin embargo, esto atizó la ansiedad en los discípulos.

— 16:19-24 —

Jesús predijo que los discípulos sentirían tristeza intensa, durante la cual el mundo celebraría lo que percibía como victoria. Claramente, esto se refería a su inminente sufrimiento, muerte y entierro; su odisea, sin embargo, ilustra un gran principio para todos los que viven entre el tiempo de la ascensión del Señor y su retorno al final de los días. Durante este intervalo —durante este gran tiempo intermedio al que llamamos la *edad de la iglesia*, o la *edad de la gracia*— los creyentes experimentan tristeza. Los seres queridos se mueren. Los cuerpos contraen enfermedades. Inocentes sufren persecución. Mientras tanto, gente malévola prospera y el mal parece disfrutar del botín de la victoria.

A esta predicción Jesús añadió una promesa. La celebración de victoria del mundo llegará a un fin abrupto. Cuando el Hijo de Dios sea vindicado por su resurrección, «los suyos» serán vindicados con él. La tristeza de los creyentes se convertirá en gozo (vv. 20, 22, 24).

El Señor ilustró su promesa con la penetrante imagen de una mujer que sufre el intenso dolor del alumbramiento; que sin que sea coincidencia, es una de las maldiciones de la caída (Génesis. 3:16). Conforme el dolor crece, la transición de la tristeza al gozo se acerca. Luego, en un instante, el más grande de los sufrimientos humanos se vuelve la ocasión de nuestro más grande gozo. La aflicción de la maldición produce una nueva vida.

«En aquel día» (v. 23) se refiere a la era después de su resurrección, el tiempo en el cual los discípulos podrían regocijarse. En tanto que la razón para el gozo no puede ser quitada, Jesús implicó una condición. El medio para experimentar este gozo es la oración. Una vez que el sacrificio expiatorio ha quedado hecho, la barrera entre los seres humanos y Dios queda quitada. A los creyentes se les concede acceso al Padre por el Hijo. Cualquier cosa que pidamos y que está de acuerdo con la voluntad de Dios («en mi nombre») será concedida. El resultado de esta intimidad en la oración es gozo; gozo en su medida más plena.

––– 16:25-28 –––

Jesús entonces predijo que la necesidad para que él les enseñe mediante «lenguaje figurado» desaparecería. El término griego que Juan usa para describir la manera oscura de Jesús para hablar literalmente quiere decir «clave». Típicamente, la interpretación de tal «clave» depende de la familiaridad de uno con la imagen a que se refiere (10:6). Por ejemplo, yo puedo decirle a alguien: «Tu pensión anual de paternidad está a punto de madurar». Esa persona debe entender el concepto de una pensión anual de paternidad para saber lo que quiero decir.

Jesús evidentemente deseaba no tener que ser circunspecto con los discípulos, pero era para su bien. Su propósito para usar lenguaje indirecto, muy parecido al de la profecía en general, era a darles esperanza para la tribulación que se avecinaba y equiparlos para la obediencia. El significado de sus palabras se aclararía conforme los sucesos se desenvolvían. Él esperaba que esas palabras salieran a la mente de ellos en momentos cruciales y que los discípulos supieran cómo responder bien.

«En aquel día» (v. 26) se refiere a la misma era como en el versículo 23. Bajo el viejo pacto, las personas se acercaban a Dios por medio del sacerdocio, oficiales divinamente nombrados en el templo que mediaban la relación entre el adorador y Dios. Durante su ministerio, Jesús se volvió el medio físico de las relaciones humano-divinas. Las personas se acercaban a Jesús buscando milagros, enseñanza divina, revelación de Dios y perdón de pecados. Jesús prometió que, después de su resurrección, sería el puente permanente entre los seres humanos y Dios. Por medio de él, «en su nombre», los creyentes podrían acercarse directamente al Padre.

Caracterizó este acceso sin restricciones al Padre y su respuesta de bienvenida como «amor». Mediante la oración, los creyentes disfrutan de una relación de amor con el Padre que ya no está estorbada por el pecado sin castigar. Y el medio para este libre intercambio de amor es, de nuevo, la oración.

16:29-30

Encuentro encantadora la respuesta de los discípulos, y estoy seguro de que el Señor también. Note el uso de ellos de «ahora» en respuesta al «en aquel día» del Señor. Ellos captaron apenas un pequeño vislumbre del futuro y pensaron que lo entendieron por completo. Sus afirmaciones en cuanto a la deidad de Jesús y su afirmación exclusiva de verdad divina fueron absolutamente al punto… ¡si tan solo las hubieran entendido!

16:31-33

Jesús recibió de buen grado la comprensión de los discípulos. Su diálogo había sido una larga serie de ciclos de temor y aseguramiento. Conforme se alejaban decisivamente de su temor, sin embargo, Jesús contuvo su entusiasmo desenfrenado. Ellos no sabían ni cerca tanto como pensaban. Él respondió con otra predicción y promesa.

Jesús predijo que los discípulos lo abandonarían, sin duda pensando de esto como cumplimiento de Zacarías 13:7 (cf. Mateo. 26:31; Marcos 14:27). Dijo que la «hora» se acercaba y en verdad «ya está aquí». En ese momento la chusma que Judas había reunido ya había empezado a encender sus antorchas. Pronto, rodearían Getsemaní.

A esta lóbrega predicción Jesús añadió una promesa. En tanto que toda la humanidad pronto abandonaría a Jesús, incluyendo sus amados discípulos, el Padre permanecería fiel. Mientras Jesús más tarde exclamaría desde la cruz: «Dios mío, Dios mío, ¿por qué me has desamparado?» (Mateo 27:46), esto no implicaba al Padre por abandonarlo. Jesús pronunció este clamor de desesperación para llamar la atención de todos al salmo profético de David, Salmo 22. Si bien el lamento del Señor con precisión reflejaba la angustia emocional de la cruz, como David, sabía que el Padre, en verdad, no lo había abandonado. Este incidente, como la súplica angustiada del Señor en Getsemaní, revela la humanidad de Jesús y la fragilidad de la forma humana. No debe sugerir, no obstante, que el Padre y el Hijo estaban en posiciones opuestas. El Padre y el Hijo eran uno, y nada puede dividir al Dios triuno.

Jesús prometió además que «en él» tendremos paz. Esta paz no es solo paz con Dios (Romanos 5:1), sino la paz subjetiva también. A pesar del caos de vivir en un mundo hostil, podemos disfrutar de tranquilidad. Sin embargo, esto también es condicional. Como el gozo, la paz está disponible, pero debemos escogerla. Escogemos la paz cuando escogemos creer que Cristo ha vencido al mundo.

Usted tal vez recuerde la afirmación de Juan en el prólogo: «Esta luz resplandece en las tinieblas, y las tinieblas no han podido extinguirla» (1:5). El término griego para «comprender» es deliberadamente ambiguo, teniendo una amplia variedad de significado dependiendo del contexto y, por consiguiente, sin equivalente directo en español. El significado primario es «atrapar, atacar, vencer, sostener sin aflojar el agarre». Como a menudo sucede en el idioma, la definición literal con el tiempo condujo a su uso metafórico: «comprender, entender». Evidentemente Juan quería dar un doble sentido, tanto un significado literal como otro figurado. Las tinieblas no pudieron ni comprender ni vencer a la Luz.

En este contexto, sin embargo, Juan escoge el verbo *nikao*, que no es ambiguo: «conquistar». Como para resumir todo el ministerio de Jesús en la tierra, Juan empezó su narración con «Esta luz resplandece en las tinieblas, y las tinieblas no han podido extinguirla» (1:5), y concluye el ministerio de enseñanza del Señor con «Yo he vencido al mundo».

Jesús presentó a sus discípulos —y a nosotros por extensión— el reto de «animarse». El término griego quiere decir «atreverse, ser intrépido, tener buen valor, estar alegre o tener confianza». La definición incluye otros dos matices de significado. Primero, «confiar en, apoyarse en», y, segundo, «ser intrépido frente a alguien o algo, marchar con valentía a»[14]. Toda la variedad de significado encaja en la exhortación del Señor. Su victoria sobre el mundo —el pecado, el mal, Satanás, la muerte, la forma torcida en que el mundo opera— nos da razón para lanzarnos de cabeza al conflicto. No tenemos nada que temer; porque incluso si morimos, vivimos.

El gozo, el amor y la paz son nuestros… con solo creer en Cristo.

¿Cree usted?

Aplicación

Tres palabras (más una) para mantenernos en marcha

Si de alguna manera pudiera meterme en la piel de esos discípulos y revivir lo que debe haber sido levantarse de la mesa y que el Señor guíe en oración como lo hizo en Juan 17, y luego caminar esos pasos y seguirlo al Getsemaní, pienso que dos pensamientos me hubieran venido. Primero, *su vida tal vez no haya sido larga, pero su muerte no fue un error*. Segundo, *mi vida tal vez no sea fácil, pero yo puedo seguir adelante*.

Para el fin de su discurso, Jesús había dicho, en efecto: «Les prometo que la vida en este mundo va a ser difícil, pero yo he vencido al mundo. No obstante, ustedes pueden ser más que vencedores debido a mi poder». Él les mostró cómo perseverar con gozo, triunfar en el amor, y vivir en paz.

¿Tiene usted un gozo que no se quita? ¿Tiene usted confianza en el amor de Dios? ¿Tiene usted confianza en la verdad de que él está de su lado? ¿Puede descansar con confianza en su sabiduría y decirle: «Señor, tú lo sabes todo, así que no voy a cuestionarte más»? Cuando la vida se derrumba, las cualidades del gozo, amor y paz son dones de Dios para mantenernos en marcha. Pero como una cuenta bancaria abundante, no nos sirven de nada si no echamos mano de ella. Los dones del amor, gozo, amor y paz requieren fe. *El no confiar en la promesa de Dios lleva a una falta de gozo, amor deficiente y paz inestable.*

Falta de gozo. Carecemos de gozo cuando el mal gana la mano más fuerte y nos preocupamos de que se vuelva permanente. Pero, ¿qué tal si supiéramos con certeza que cada prueba será el medio para recibir una mayor bendición? Supóngase que usted vive en un mundo en el cual cada empleo que se pierde lleva a un trabajo mejor, y de mejor paga. Cada enfermedad conduce a la salud mejorada y una vida más larga. Cada revés financiero a la larga resulta en un salario más alto. ¿Cómo consideraría cada aflicción? ¿Con terror o con expectativas? ¿Con lobreguez o con gozo? ¿De qué manera su creencia afectaría su capacidad para perseverar?

Aunque el mundo que acabo de imaginarme no existe —el Señor no ha prometido darnos salud y riqueza en esta vida—, Dios ha dicho que ha vencido al mal y que recibiremos en la vida venidera bendición mucho mayor de la que podemos imaginarnos. La aflicción aquí en la tierra dará paso a salud perfecta, riqueza ilimitada y vida eterna en el cielo. Aquí en la tierra, la bendición que adquirimos de la aflicción es cura para nuestras almas y salud espiritual aumentada.

Cuando confiamos en que a la larga prevaleceremos sobre el sufrimiento, perseveramos con gozo. La diferencia es la fe.

Amor deficiente. La clase de amor que Jesús enseñó no es egoísta. No podemos obedecer sus mandamientos de amarnos los unos a los otros si estamos preocupados primordialmente con nuestras propias necesidades y antojos.

Cuando los saduceos trataron de ponerle a Jesús una trampa con una pregunta risible respecto al matrimonio en el cielo, él los dejó anonadados con su respuesta. El matrimonio será obsoleto después de la resurrección (Mateo 22:29-30; Marcos 12:24-25). En el cielo, el amor íntimo, sin egoísmo, atento, será parte de todos los que viven allí. Aquí en la tierra, sin embargo, luchamos por mantener ese tipo de relación de amor ¡apenas con una persona! ¿Cuántos matrimonios están en dificultades por individuos que se manipulan el uno al otro para tratar de saciar sus necesidades? Recurren a la manipulación, el control, enfurruñamiento, gritos, echar la culpa y todo otro medio imaginable porque no confían en que su cónyuge se interese en ellos.

Seamos sinceros; no amamos a otros porque no confiamos en que sean recíprocos. Vivimos bajo la falsa noción de que si no nos cuidamos nosotros mismos, nadie lo hará… ni siquiera Dios. En consecuencia, dedicamos la mayor parte de nuestras energías a cuidarnos nosotros mismos en vez de confiar en el Señor mientras damos prioridad a las necesidades de otros.

Todo vuelve a la fe. Cuando no confiamos en que el Señor nos va a cuidar, no obedecemos su mandamiento más básico: «ámense los unos a los otros» (15:17).

Paz inestable. Jesús contrastó su paz con la tribulación del mundo (16:33). Tener la paz de Cristo es tener el cumplimiento último del *shalom* hebreo: vida y satisfacción y abundancia. Esta paz con Cristo por cierto resultará en enajenamiento y persecución del mundo. No obstante, la tribulación en última instancia dará paso a una bendición abrumadora.

Aunque tenemos esta paz como un producto colateral de la gracia de Dios, nuestra capacidad de sentir paz interna depende por entero de nuestra confianza en su cuidado soberano y bondad firme. Él ha prometido tribulación; sin embargo, también ha prometido que las victorias del mundo son de corta duración. Él ha vencido al mundo; por consiguiente, debemos soportar pacíficamente el sufrimiento a corto plazo con la certera expectativa de su triunfo final.

Jesús les dio a sus discípulos, y a nosotros por aplicación, tres palabras más una para mantenernos en marcha en los días difíciles: gozo, amor, paz… y fe (16:31).

Intercesión divina (Juan 17:1-19)

¹Después de que Jesús dijo esto, dirigió la mirada al cielo y oró así:

«Padre, ha llegado la hora. Glorifica a tu Hijo, para que tu Hijo te glorifique a ti, ²ya que le has conferido autoridad sobre todo mortal para que él les conceda vida eterna a todos los que le has dado. ³Y ésta es la vida eterna: que te conozcan a ti, el único Dios verdadero, y a Jesucristo, a quien tú has enviado. ⁴Yo te he glorificado en la tierra, y he llevado a cabo la obra que me encomendaste. ⁵Y ahora, Padre, glorifícame en tu presencia con la gloria que tuve contigo antes de que el mundo existiera.

⁶»A los que me diste del mundo les he revelado quién eres. Eran tuyos; tú me los diste y ellos han obedecido tu palabra. ⁷Ahora saben que todo lo que me has dado viene de ti, ⁸porque les he entregado las palabras que me diste, y ellos las aceptaron; saben con certeza que salí de ti, y han creído que tú me enviaste. ⁹Ruego por ellos. No ruego por el mundo, sino por los que me has dado, porque son tuyos. ¹⁰Todo lo que yo tengo es tuyo, y todo lo que tú tienes es mío; y por medio de ellos he sido glorificado. ¹¹Ya no voy a estar por más tiempo en el mundo, pero ellos están todavía en el mundo, y yo vuelvo a ti.

»Padre santo, protégelos con el poder de tu nombre, el nombre que me diste, para que sean uno, lo mismo que nosotros. ¹²Mientras estaba con ellos, los protegía y los preservaba mediante el nombre que me diste, y ninguno se perdió sino aquel que nació para perderse, a fin de que se cumpliera la Escritura.

¹³»Ahora vuelvo a ti, pero digo estas cosas mientras todavía estoy en el mundo, para que tengan mi alegría en plenitud. ¹⁴Yo les he entregado tu palabra, y el mundo los ha odiado porque no son del mundo, como tampoco yo soy del mundo. ¹⁵No te pido que los quites del mundo, sino que los protejas del maligno. ¹⁶Ellos no son del mundo, como tampoco lo soy yo. ¹⁷Santifícalos en la verdad; tu palabra es la verdad. ¹⁸Como tú me enviaste al mundo, yo los envío también al mundo. ¹⁹Y por ellos me santifico a mí mismo, para que también ellos sean santificados en la verdad.

La hora era probablemente alrededor de la medianoche. Jesús y los once restantes habían dejado el lugar en donde habían comido la cena juntos y se habían dirigido a otro lugar, tal vez al patio externo (14:31). Después de declarar: «En este mundo afrontarán aflicciones, pero ¡anímense! Yo he vencido al mundo» (16:33), me imagino que Jesús permitió un largo silencio para sellar el momento. Conforme las advertencias y promesas del Señor empezaron a penetrar, puedo tan solo imaginarme los sentimientos de impotencia de los discípulos mientras se quedaban contemplando la vasta expansión de estrellas por encima. Qué vulnerables deben haberse sentido, sabiendo que pronto estarían sin su Maestro, que los había dirigido y protegido. Sin duda, pocos de ellos podían recordar el momento previo a la entradea de Jesús en sus vidas, cuando les llamó a que lo sigan, y les dio propósito.

Después de un tiempo de reflexión en silencio, me imagino las palabras de Jesús —tranquilas, y sin embargo resonantes— bañando a los desesperanzados discípulos, envolviéndolos por un momento antes de elevarse al cielo. Las palabras que el Hijo dirige a su Padre les recuerdan a los hombres que el vacío del espacio está lleno de la presencia del Todopoderoso; y él jamás los dejará solos.

Los eruditos han llamado a esta oración de Jesús su «oración sumo sacerdotal», pero yo prefiero otro término. Esta es verdaderamente «la oración del Señor», más que el ejemplo con el cual les enseñó a sus discípulos a orar (Mt 6:9-13; Lc 11:2-4). Todavía más, «sumo sacerdotal» me suena fría, como el rezo memorizado de algún oficial eclesiástico togado y aburrido. Esta es la oración de un hombre que amaba a sus seguidores y se preocupaba lo suficiente como para pedir que los rodee la protección de Dios. Con gran pasión, oró primero por sí mismo y el éxito de su misión (17:1-12), y luego por la protección de sus discípulos mientras ellos cumplían su propósito (17:13-19), y finalmente por las generaciones de creyentes que le seguirían como resultado del ministerio de los discípulos (17:20-26).

— 17:1-3 —

El término griego que se traduce «cielo» es la misma palabra para «firmamento». El contexto por lo general aclara lo que el autor se propone. En este caso bien sea «cielo» o «firmamento» es apropiado. La exhortación de Jesús en 14:31, sin embargo, sugiere que los hombres salieron del salón y pueden haber estado dirigiéndose de Jerusalén a Getsemaní.

Los términos «hora» y «gloria» han sido significativos en toda la narración de Juan. «Gloria» se refiere a la crucifixión, resurrección y ascensión del Señor que vindicaría la verdad de su enseñanza y su identidad como Hijo de Dios. La «hora» había sido designada desde antes de que comience el tiempo; era el destino para el cual Jesús había nacido (Daniel 7:13-14). Sin embargo, Jesús no se concentró en el sufrimiento que estaba a punto de soportar. Más bien, llamó la atención al cumplimiento del plan de Dios, la gloria que el Padre recibiría, y la dádiva de la vida eterna para todos los «suyos».

Jesús definió la vida eterna como el tener una relación personal con Dios y su Hijo, el Mesías, Jesús. La palabra «conocer» (*ginosko*) viene de un término griego que quiere decir «comprender» antes que meramente percibir o reconocer. El término implica un intercambio de ideas y valores, tal que los que los intercambian tienen completa familiaridad. Es el término que describe la relación de amigos íntimos e incluso parejas casadas. La vida eterna no es solo vida larga sino vida en abundancia (10:10); es gran cantidad compaginada con alta calidad. Esta satisfacción se puede disfrutar solo cuando el individuo cumple el propósito para el que fue creado: glorificar a Dios y disfrutar de él plenamente.

— 17:4-5 —

Jesús reflexionó sobre la verdad de su identidad, recordando cómo había venido de la gloria para reflejar la gloria del Padre en la tierra. Habiendo completado su tarea, miraba con expectativa su retorno a la gloria. Esto no es decir, sin embargo, que Jesús se despojó de su humanidad. Más bien, volvió al

Intercesión divina (Juan 17:1–19)

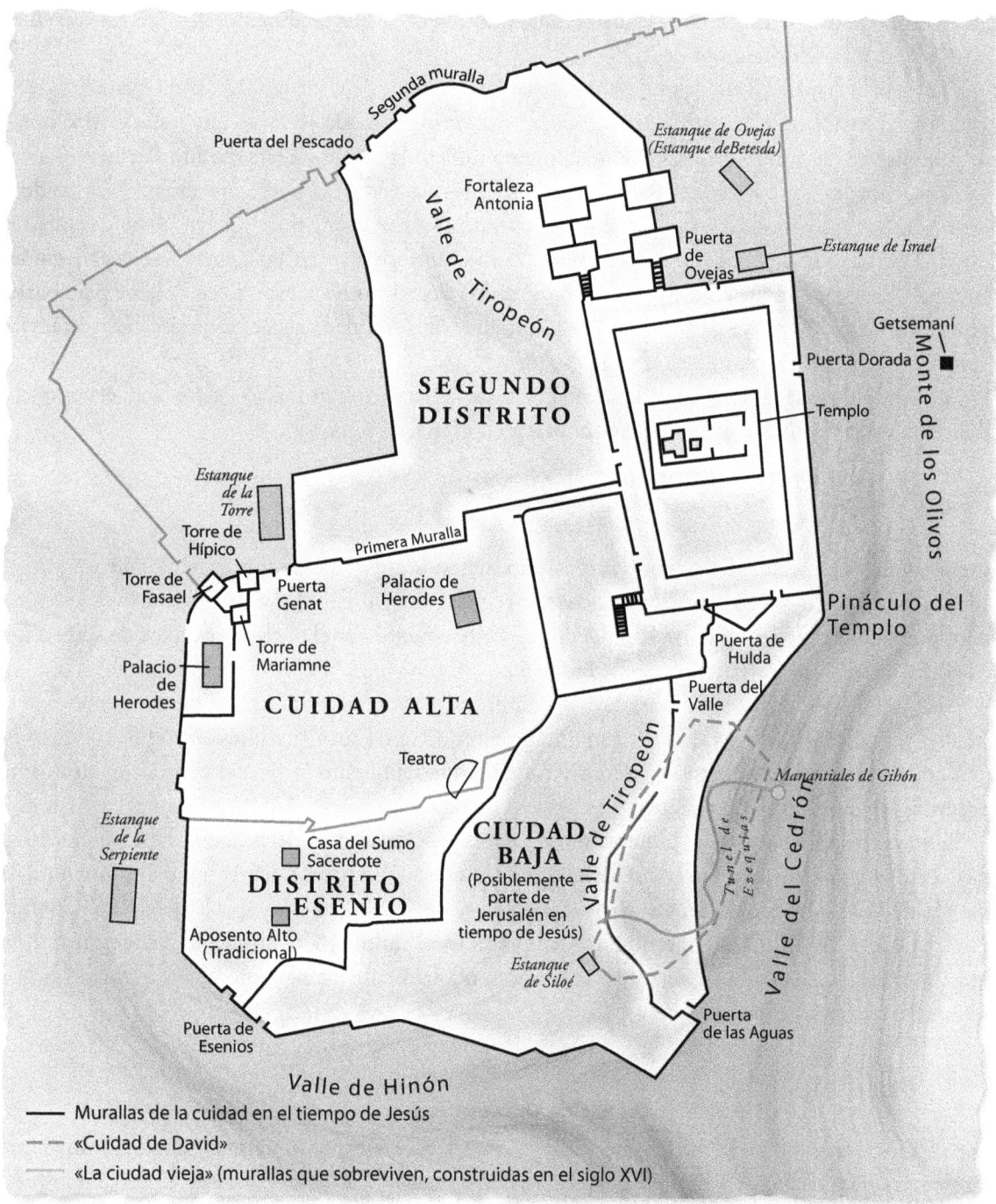

Jerusalén al tiempo de la crucifixión de Jesús. No podemos saber con certeza la ubicación del aposento alto; no obstante, la tradición sugiere una casa privada en el hipotético «distrito esenio», al sudoeste del palacio del sumo sacerdote.

cielo en un cuerpo glorificado, de resurrección; la misma clase que recibiremos cuando los creyentes sean resucitados en los tiempos del fin.

Estas palabras reflejan el profundo anhelo que Jesús sentía por el cielo. (¿Nos atreveríamos a decir que añoraba su hogar?) Con demasiada facilidad nos olvidamos que en tanto que Jesús se hizo hombre y se puso en el mundo mediante un nacimiento milagroso, no es de este mundo. Tendemos a ver todo desde una perspectiva terrenal, así que recordamos su vida en la tierra, apreciamos su grandeza como hombre y nos imaginamos qué experiencia gozosa debe haber sido trabajar, vivir y ministrar con él. Pero, piense en lo que dejó para nacer como hombre y sufrir las peores de las aflicciones humanas. Piense en lo que dejó cuando salió del cielo para entrar en el mundo en Belén y para partir del mundo a una distancia de unos quince kilómetros en Jerusalén; nacer bajo tales circunstancias humillantes y sufrir tal humillación en la muerte.

¡A Dios sea toda la gloria porque Jesús no partió de la tierra en humillación! Más bien, él completó su tarea y luego conquistó a la muerte para partir en gloria.

— 17:6-8 —

Aun cuando las peticiones del Señor por sí mismo fueron breves y nada egoístas, rápidamente pasó el enfoque de su oración a las necesidades de los once que estaban reunidos a su alrededor y a los discípulos que estos pronto dirigirían. Aunque oró específicamente por ellos, los principios de su oración se aplican a todos los creyentes desde ese momento.

Jesús indicó que había «manifestado» el «nombre» del Padre al mundo. Un nombre representa el carácter y atributos de la persona. El término griego que se traduce «manifestar» significa «revelar, exhibir». El Hijo no solo enseñó verdad divina, sino que representó la verdad divina con su misma presencia. Ver al Hijo es ver al Padre.

El Señor identificó a sus seguidores como aquellos que Dios le dio «del mundo» y que «guardan [u obedecen] su palabra». Esta «palabra» no es otra cosa que las Escrituras del Antiguo Testamento; los que son de Dios son los que se mantienen sensibles a sus palabras escritas y que le obedecen. Cuando Jesús, el Verbo de Dios en carne humana, se presentó al mundo, «los suyos» le recibieron por fe. Jesús, a su vez, los recibió y, mediante esta oración, oficialmente los presentó al Padre mientras que personalmente garantizaba su autenticidad.

— 17:9-11 —

La petición de Jesús empieza con la frase: «Ruego por ellos», y luego abruptamente cambia a un aparte parentético antes de volver a retomarla en el versículo 11 con: «protégelos con el poder de tu nombre». Su aparte parentético específica a quien Jesús intenta que el Señor «proteja». El mundo en general no está a la vista aquí, sino «los suyos»: hombres y mujeres que han respondido al Verbo creyendo, que ya no se identifican con el mundo. Una vez que Jesús ascendió para unirse a su Padre, los creyentes serían ciudadanos del cielo viviendo en un territorio hostil, por así decirlo, entre los ciudadanos del mundo. Él pidió a su Padre que los «proteja» y los unifique.

El Verbo que se traduce «guardar» es un término que describe el deber primario de un pastor de ovejas. Significa «guardar, proteger». La idea es mantenerlos separados de los peligros del mundo, incluso mientras siguen viviendo entre vecinos hostiles. Todavía más, el Señor le pidió al Padre que una a los creyentes a fin de que ellos disfruten de la misma unidad de la que participa la Trinidad.

— 17:12-13 —

Jesús lamentó dejar a los discípulos en el mundo y, sin embargo, reconoció que el plan del Padre era mejor para todos. Con todo cuidado y fidelidad los guardó del mal y los preservó hasta este punto; ahora los pone en las aptas manos de su Padre.

Solo el «hijo de perdición» había sucumbido a Satanás. La frase «hijo de perdición», o «hijo de destrucción», es una expresión semita para el destinado a la condenación. Por supuesto, Jesús se refería a Judas, a quien llamó «un diablo» (6:70), quien acogió la idea de Satanás de traicionar al Señor (13:2), y en quien Satanás entró (13:27). Judas no se había perdido debido a que en verdad nunca creyó. Meramente se contaba entre los fieles, circunstancia que la profecía predijo y Dios utilizó para realizar sus propósitos (cf. Salmo 41:9; Juan 13:18).

Mucho de la enseñanza del Señor en esta noche final con sus discípulos tendría poco significado para ellos al momento. Sin embargo, una vez que las horas difíciles de su sufrimiento hubieran pasado y que estuviera de nuevo frente a ellos en la gloria de su cuerpo de resurrección, los discípulos hallarían en ellas inmensurable esperanza. Más de sesenta años después, Juan dio preeminencia a este discurso final, al cual dedicó cinco de los veintiún capítulos de su narración.

— 17:14-16 —

Nótese la aguda distinción entre los creyentes genuinos y «el mundo». La palabra de Dios es la causa de esta división, trazando una línea de batalla entre los que obedecen a la palabra y los que detestan al Señor y «los suyos». El verbo griego *miseo* quiere decir «aborrecer, detestar», y describe la decisión de uno de dar prioridad a algo por sobre otra cosa (12:25). *Miseo* puede o no incluir emoción intensa.

El universo que Juan describe es dualista, queriendo decir que existe una división aguda entre el bien del mal. Dios creó al mundo y dictaminó que era «bueno» (Génesis 1:31). El pecado entró en el mundo y trajo consigo el mal, sufrimiento y muerte. Como resultado, el mundo opera de acuerdo a los valores de Satanás, que están en entera oposición a la manera de Dios en todo nivel. Juan ilustra esta división usando las imágenes opuestas de luz y oscuridad. En consecuencia, ningún lado puede tolerar al otro. En donde hay luz, no puede existir oscuridad; la oscuridad no puede aguantar la luz. De modo similar, los seres humanos no pueden vivir en ambos campos simultáneamente. Los que prefieren la oscuridad no toleran a nadie que amenace su existencia trayendo la luz.

Es interesante que Jesús no le pidiera al Padre que saque a los creyentes del mundo orientado a la oscuridad. Más bien, le pidió al Padre que a los creyentes los preserve de Satanás. Pidió unidad (v. 11) y preservación del mal (v. 15), y no puedo dejar de ver la relación entre estas dos cosas. Es más, Juan estableció esta conexión entre unidad y preservación del mal en su carta a las iglesias de Asia Menor. «[Los apóstatas] salieron de entre nosotros, en realidad no eran de los nuestros; si lo hubieran sido, se habrían quedado con nosotros. Su salida sirvió para comprobar que ninguno de ellos era de los nuestros» (1 Juan 2:19). Luego entreteje los conceptos de luz (creencia en la verdad de Cristo), amor (unidad entre creyentes), y obediencia (prueba de creencia genuina), a fin de atar a los cristianos al mástil de la santificación a fin de que todos sean preservados al fin, o «venzan al mundo» (1 Juan 5:1-12).

El versículo 15 es una descripción clara de la estrategia de Jesús. Jesús nunca anima a los creyentes a enclaustrarse dentro de las paredes de un monasterio; ni físico ni espiritual. Él quiere que se ilumine la oscuridad del mundo, no solo desde el cielo por el Hijo sino por multitudes de luces pequeñas también. Le pidió a su Padre que nos diera aislamiento térmico, no aislamiento social. Pidió, en efecto: «aísla térmicamente a los creyentes para que puedan moverse entre el mal sin que el maligno los queme».

17:17-19

Jesús expresó el medio por el cual los creyentes permanecerían unificados y preservados del maligno: santificación. El verbo griego es *jagiazo*, que quiere decir «dedicar para uso específico». Esta era una palabra común en el culto pagano, describiendo el proceso de purificar algo y luego apartarlo para uso especial en el culto. Algo que había sido santificado se consideraba ceremonialmente puro. Los judíos usaban el término en referencia a cualquier cosa reservada para el uso de Dios, incluyendo su pueblo del pacto, la raza hebrea. Pablo le dio al término una aplicación incluso más personal. Debido a que el Espíritu Santo mora en el creyente, el creyente es un templo y, por consiguiente, no menos consagrado que el «Lugar Santísimo» (Éxodo 26:33-34; Levítico 16:2; 1 Corintios 6:19-20).

Jesús usó el término incluso de manera más específica en reverencia a la verdad; la verdad divina expresada por los profetas del Antiguo Testamento, que fielmente anotaron la revelación de Dios, la verdad divina que el mundo había olvidado debido al pecado de Adán y continúa rechazando con el pecado continuo, la verdad divina literalmente incorporada en el Hijo de Dios. Jesús oró que sus seguidores no meramente percibieran la verdad divina o reconocieran la verdad, sino que fueran purificados por ella y apartados del mundo para el uso especial de Dios.

Esto no es algo que sucederá de la noche a la mañana. Posicionalmente, hemos sido santificados. En la experiencia, debemos llegar a ser santificados conforme el Espíritu Santo nos conforma a la verdad.

Puedo pensar de pocas experiencias que lo dejan a uno más humilde o que lo animan más que el oír las oraciones de otro por mí. Cuando las preocupaciones terrenales me doblegan los hombros y oprimen mis sienes, oír que alguien lleva mis cargas al cielo es un alivio que casi ni puedo describir. Siento que se me entiende. Sé que alguien muestra empatía con mi lucha y la toma en serio lo suficiente como para unir su espíritu con el mío para pedir la intervención de Dios. Recibo confianza. Oír la intercesión de otro me da seguridad razonable de que mis propias oraciones son consistentes con los valores de Dios. Crezco en sabiduría.

La oración de otro ofrece perspectivas que yo no había considerado. Recibo valor. Alguien con más objetividad puede orar con mayor confianza en el poder y bondad de Dios, lo cual siempre es contagioso. Adquiero perspectiva. Los que no se han desalentado por el sufrimiento pueden ver mejor mi lucha desde una perspectiva eterna, y eso siempre es útil. Recibo consuelo. Es lamentable que no intercedamos más a menudo los unos por los otros.

Imagínese oír al Hijo de Dios acercarse a su Padre por usted. Imagínese el estímulo, confianza, sabiduría, valor y perspectiva que usted adquiriría al oírle interceder por usted. ¡Qué don maravilloso les dio el Señor a sus discípulos en víspera de su tormento! La preparación de ellos para el ministerio estaba completa; habiéndolos consagrado para el ministerio, Jesús dirigió su oración hacia la generación de creyentes que a estos once discípulos había encargado dirigir.

Aplicación
La oración y la obra de Dios

La oración de Jesús por sí mismo, sus discípulos, y las generaciones de creyentes que seguirían subraya tres verdades fundamentales en cuanto a la relación entre la oración y cualquier esfuerzo que honra a Dios.

1. *La oración nos ayuda a mantener la gloria de Dios como la primera prioridad en todo esfuerzo.* Jesús empezó su oración reconociendo el propósito primario de su misión en la tierra. Como Hijo de Dios, pidió ser glorificado —ser vindicado a vista de todos los seres humanos como la incorporación de la verdad divina— no por él mismo, sino para que esa gloria se reflejara en el Padre.

Cuando vamos al Padre por el Hijo, pidiendo que se realice algo, somos sabios en reconocer la gloria de Dios como el objetivo primario en todo esfuerzo humano, sea que esté directamente asociado con el ministerio o no. Cuando pedimos éxito en un negocio, que sea para la gloria de Dios; y que sea de manera genuina, y no de dientes para afuera. Al pedir que el ministerio se amplíe, empiece su oración sometiendo todas las cosas a la gloria de Dios. Incluso yo iría hasta el punto de incluir lo siguiente: «Y, Señor, si esto no te da gloria a ti, por favor niéganos la petición y luego guíanos a realizar tu voluntad a tu manera».

2. *La oración nos ayuda a recordar que cualquier esfuerzo humano que honra a Dios triunfará debido a su poder, y no al nuestro.* Jesús reconoció que las personas vendrían a él debido a que pertenecían a Dios. El Padre las trajo; Jesús las guardó (6:37, 39, 65; 12:32; 17:2, 6, 9, 24). Por supuesto, es tonto preguntar si el Padre y el Hijo fueron responsables por el éxito debido a que son de la misma esencia; el Padre y el Hijo son dos personas y un Dios. Sin embargo, la oración del Hijo es nuestro ejemplo.

Al orar, subordinemos nuestros deseos al mayor diseño de Dios. Después de todo, somos parte de su plan redentor, ¡y no al revés!

3. *La oración nos hace mirar a Dios para lograr éxito y no al mundo.* Jesús reconoció en su oración que los deseos del mundo se oponen a los del Padre (vv. 9, 11). Jesús oró, en efecto: «Señor: unifícalos, presérvalos, apártalos y obra por medio de ellos». Él no dijo: «Señor: Que el mundo les ayude a realizar tu plan».

El mundo no es amigo de la gracia. Por consiguiente, debemos esperar resistencia al proclamar las buenas noticias. La oración nos ayuda a recordar a quién agradecer por el éxito, aun cuando el mundo parezca cooperar.

No puedo imaginarme el tratar de realizar la tarea que Dios nos ha dado aparte de la oración. ¡Qué desalentador pensar que nos encargara que cambiemos al mundo y luego nos dejara para que lo hagamos con nuestros propios recursos! Bien pudiera habernos pedido que vaciemos los océanos con una cucharita. Por dicha, no nos dejó para que realicemos esta tarea del tamaño de Dios sin el poder divino. Más bien, ha prometido realizar la obra. Nos pide que nos unamos a él a fin de que podamos disfrutar de la victoria con él cuando la obra quede completa. Por consiguiente, que toda meta que persigamos y toda oración que elevemos refleje esta verdad transformadora.

Cuando Jesús oró por usted (Juan 17:20-26)

[20]»No ruego sólo por éstos. Ruego también por los que han de creer en mí por el mensaje de ellos, [21]para que todos sean uno. Padre, así como tú estás en mí y yo en ti, permite que ellos también estén en nosotros, para que el mundo crea que tú me has enviado. [22]Yo les he dado la gloria que me diste, para que sean uno, así como nosotros somos uno: [23]yo en ellos y tú en mí. Permite que alcancen la perfección en la unidad, y así el mundo reconozca que tú me enviaste y que los has amado a ellos tal como me has amado a mí.

[24]»Padre, quiero que los que me has dado estén conmigo donde yo estoy. Que vean mi gloria, la gloria que me has dado porque me amaste desde antes de la creación del mundo.

[25]»Padre justo, aunque el mundo no te conoce, yo sí te conozco, y éstos reconocen que tú me enviaste. [26]Yo les he dado a conocer quién eres, y seguiré haciéndolo, para que el amor con que me has amado esté en ellos, y yo mismo esté en ellos».

Josefo, historiador judío del primer siglo, anota un relato maravilloso que puede ser verdad o no[15]. En su gran campaña para dominar al mundo, Alejandro Magno avanzó del Helesponto a Egipto, sitiando las ciudades amuralladas y conquistando la tierra entre un punto y el otro. Su ruta a Egipto le llevó por el estrecho puente de tierra entre el mar Mediterráneo y el desierto de Arabia, tierra gobernada por Jerusalén. Israel era un pedazo de territorio selecto para todo el que quisiera controlar el comercio con Egipto. Nadie sabía esto mejor que los ciudadanos de Jerusalén, que temblaban ante el retumbar de los cascos de los caballos y de los carros que se precipitaban hacia el sur para saquear su amada nación. El pueblo de Jerusalén se congregó alrededor del sumo sacerdote Jadúa, que cayó de rodillas ante Dios pidiendo respuestas. ¿Cómo defendería él al indefenso pueblo de Israel? Las murallas de la ciudad se derrumbaban por la edad y nadie se atrevía a levantarse contra los experimentados guerreros de Grecia. El Señor le llevó a decorar la ciudad y abrir las puertas. Debía hacer que cada persona recibiera vestida de blanco al ejército de Alejandro, en tanto que los sacerdotes llevarían los ropajes de su oficio.

Cuando el ejército de Alejandro se acercó a Jerusalén, Jadúa encabezó la procesión de sacerdotes y ciudadanos hacia el norte para darle el encuentro. El sumo sacerdote llevaba vestidos púrpura y escarlata así como también un turbante, que llevaba una placa de oro con el nombre de Dios grabado en ella. Se detuvo mientras el polvo de los cascos de los caballos y los carros se levantaba y oscurecía el cielo. Cuando los griegos llegaron a la vista de la procesión judía, Alejandro detuvo su marcha, se desmontó, se puso frente al sumo sacerdote y adoró el nombre de Dios; algo que jamás había hecho antes. De acuerdo con Josefo, el conquistador había visto la visión de un pueblo vestido de blanco, los sacerdotes y el nombre de Dios grabado en oro.

A su llegada a Jerusalén, Alejandro ofreció sacrificio a Dios, según instrucciones de Jadúa, y trató a los judíos con la mayor bondad. Luego Jadúa abrió el rollo antiguo de la profecía de Daniel, específicamente a los capítulos 7 y 8. Le mostró a Alejandro una profecía de más de doscientos años, que predecía el dominio griego sobre el mundo occidental (Daniel 8:21). De repente Alejandro se alegró mucho. Aunque era un hombre de talante sombrío, de repente se regocijó, prometiendo poner un perímetro de protección alrededor de Sión y permitiendo que los judíos retuvieran su ley. Alejandro se había visto a sí mismo en las Escrituras y quedó profundamente afectado por la experiencia.

Nosotros tenemos esa oportunidad hoy. Juan fielmente anotó la oración de nuestro Señor en la víspera de su arresto, en la cual intercedió por usted y por mí. Él acudió a su Padre por nosotros, sabiendo de nuestras necesidades con antelación y pidiendo que cada una de ellas sea suplida en abundancia. ¡Piénsenlo! ¡Él oró por nosotros! De hecho, oró específicamente por tres necesidades cruciales:

Nuestra unidad espiritual (vv. 21-23)
Nuestro destino eterno (v. 24)
Nuestro amor mutuo (vv. 25-26)

—17:20—

¿Ve las palabras «también por los que»? Allí es donde va su nombre. Si usted ha creído en Jesucristo, él oró por usted. Habiendo orado por sí mismo y por el éxito de su misión, y habiendo intercedido por protección para los discípulos y éxito en su ministerio, el Señor le pide a su Padre por las generaciones de creyentes que vendrían a la fe bien sea directa o indirectamente por el ministerio de los discípulos. Esto incluyó a los judíos creyentes de Jerusalén tanto como a los creyentes gentiles que no son del rebaño hebreo (10:16). Con toda certeza, este acto de intercesión divina incluyó a todo

De mi diario

El don de intercesión

Puedo pensar de pocas experiencias que lo dejan a uno más humilde o que lo animan más que el oír las oraciones de otro por mí. Cuando las preocupaciones terrenales me doblegan los hombros y oprimen mis sienes, oír que alguien lleva mis cargas al cielo es un *alivio que casi no puedo describir*.

- *Siento que se me entiende.* Sé que alguien muestra empatía con mi lucha y la toma en serio lo suficiente como para unir su espíritu con el mío para pedir la intervención de Dios.
- *Recibo confianza.* Oír la intercesión de otro me da seguridad razonable de que mis propias oraciones son consistentes con los valores de Dios.
- *Crezco en sabiduría.* La oración de otro ofrece perspectivas que yo no había considerado.
- *Hallo valor.* Alguien con más objetividad puede orar con mayor confianza en el poder y bondad de Dios, lo cual siempre es contagioso.
- *Adquiero perspectiva.* Los que no se han desalentado por el sufrimiento pueden ver mejor mi lucha desde una perspectiva eterna, y eso siempre es útil.

Es lamentable que no intercedamos más a menudo los unos por los otros. Ahora imagínese oír al Hijo de Dios acercarse a su Padre por usted. Imagínese el estímulo, confianza, sabiduría, valor y perspectiva que usted adquiriría al oírle interceder por usted. Una oración perfecta de labios de un hombre perfecto. ¡Qué don!

creyente que jamás ha vivido o que jamás vivirá antes de que la vieja creación sea reemplazada por la nueva (Apocalipsis 21:1).

Note la expresión «por el mensaje de ellos». Ya no es la «palabra de Dios» ni incluso «mi palabra». Los discípulos ahora poseen la verdad y pueden decir que es de ellos. Por la identificación con Cristo, los creyentes son uno con él y por consiguiente son portadores de la luz. Esta verdad es nuestra, en que él nos ha llenado con la verdad divina en la persona del Espíritu Santo.

— 17:21-23 —

El Señor primero pidió unidad en el cuerpo de creyentes. Repitió el término tres veces en tres versículos, expresando su deseo de nuestra unidad en la fe (vv. 20-21), nuestra unidad en gloria (v. 22), y nuestra unidad en obediencia (v. 23). No podemos ignorar la significación de que el Señor pensara en todas las necesidades de todos los creyentes de todos los tiempos y luego pidiera unidad entre todos ellos. Habrá todo tipo de circunstancias y todo tipo de «ismos», pero puede haber solo un cuerpo de Cristo, unido en la fe.

Cuando todos ellos tienen su identidad en Cristo, todos tienen parte del mismo ADN espiritual. Todavía más, los creyentes participarán de la gloria que el Padre le dio al Hijo. El destino de todos los creyentes es seguir a Cristo a la eternidad. Tal como Jesús fue vindicado por su resurrección, recibió un cuerpo de resurrección y fue a estar con el Padre, ¡así también todos los creyentes!

Ser «perfecto» quiere decir ser hecho maduro o completo. Cristo desea que todos los creyentes estén completamente unificados en obediencia a fin de que la verdad de Cristo sea imposible que el mundo la ignore. Esta unidad de la fe, gloria y obediencia necesita aclaración, sin embargo, para que nadie la malentienda.

Unidad no es uniformidad. El entrenamiento para las fuerzas armadas despoja a cada recluta de su individualidad a fin de producir una unidad de tipo uniforme. A todos los nuevos reclutas se les da el mismo corte de cabello y se les exige que lleven el mismo uniforme. Cuando se gradúan del entrenamiento básico todos surgen pareciendo iguales, sonando iguales, comportándose igual, y preparados para el mismo tipo de obligación. Pero el cuerpo de Cristo no es uniforme (1 Corintios 12). Aquí tenemos una breve muestra de la historia del cuerpo de Cristo:

Saulo de Tarso, que luego se llamó Pablo, un judío que llegó a ser apóstol de Cristo.

Lucas, médico, creyente gentil e historiador cuidadoso.

Tertuliano, padre de la iglesia, apasionado, fogoso, lógico y sin embargo lleno de celo correcto.

Bernardo de Claraval, monje francés que compuso preciosos himnos desde un claustro.

Juan Wycliffe, el Lucero de la Reforma, que dio su vida por la traducción de la Biblia al inglés.

Jorge Whitefield, calvinista, evangelista de la iglesia de Inglaterra.

Juan Wesley, fundador de los metodistas e incansable predicador itinerante.

Carlos Haddon Spurgeon, calvinista bautista, conocido como el príncipe de los predicadores.

Dwight L. Moody, evangelista sin educación formal que fundó una universidad y una casa de publicaciones.

Unidad no es unanimidad. La unanimidad requiere acuerdo absoluto en todo asunto, incluyendo cuestiones de conciencia y cuestiones de opinión. En tanto que debemos concordar en ciertos asuntos cruciales de verdad absoluta, tenemos la libertad para discrepar en muchos asuntos sin tener que abandonar el amor o la aceptación. Felizmente no tenemos que concordar en todo, o si no, muchos de los grandes avances en el ministerio cristiano jamás hubieran ocurrido, como por ejemplo el renacimiento de las misiones al extranjero por medio de un idealista joven y apasionado llamado Guillermo Carey.

Unidad no es unificación. A mi juicio, Jesucristo no se perturba ni la mitad de lo que algunos se perturban por la existencia de varias denominaciones. La forma en la que algunos creyentes se separaron de otros tal vez no haya sido admirable, y las doctrinas de algunos no son tan puras como las de los otros; pero el concepto de iglesias que difieren en asuntos no esenciales y mantienen identidades distintas no pone en peligro la unidad. Algunos extremistas, es verdad, buscan razón para separarse. Algunos creyentes no pueden distinguir entre asuntos esenciales y no esenciales de doctrina y por consiguiente se comportan arrogantemente hacia los que discrepan, percibiendo más divisiones de las que realmente existen.

— 17:24 —

La segunda petición del Señor fue que los creyentes disfruten de la eternidad en el cielo con su Salvador. Nuestro destino eterno es una respuesta a la oración de Jesús por nosotros, y podemos estar seguros de que las peticiones del Hijo al Padre serán contestadas con fidelidad.

Nos explicó que fue para que podamos «ver» su «gloria». Una antigua traducción del verbo griego que se traduce «ver» es «contemplar», que capta mejor el matiz del término original. Al traducir al griego el arameo de Jesús, Juan pudo haber escogido cualquiera de cinco términos griegos, pero escogió *teoreo*. Este término típicamente describe a espectadores en un festival religioso, que ven con asombro, curiosidad o contemplación. El objeto de esta contemplación será la «gloria» de Dios en el cielo, en donde la *shequiná* no estará escudada en carne humana. Juan describe la gloria del Hijo en el libro de Apocalipsis como la fuente de toda luz en la nueva creación (Apocalipsis 21:22-24). En su presencia no habrá noche, ni ninguna oscuridad (cf. Juan 1:5; 1 Juan 1:5).

— 17:25-26 —

La petición final de Jesús al Padre fue por nuestro amor mutuo; la misma clase de amor de la que participan dentro de la Trinidad y demostró el Padre por el mundo al enviar a su Hijo.

Ya en el tiempo del ministerio terrenal de Jesús, el judaísmo había empujado a Dios a la periferia de la adoración. La gente había llegado a ver a su Creador tan trascendente, tan indeciblemente inabordable, que incluso temían decir en voz alta su nombre. Habían venerado a la ley tan por encima del Legislador que no reconocieron el gran amor de él por ellos. Jesús reintrodujo el verdadero carácter y atributos de Dios a los discípulos a fin de que todos pudieran conocer el abrumador amor del Creador por sus criaturas. Por lo menos una razón para dejar a los creyentes en el mundo es para que el mundo conozca el amor del Padre al observar a su pueblo.

Se me ocurre al reflexionar en esta última petición de Jesús que tenemos dentro de nosotros la capacidad de unirnos al Padre para contestar la oración de nuestro Salvador. El Señor deseaba unidad en la fe, unidad en destino y unidad en amor. Garantizó la unidad en el destino y preservará a sus creyentes hasta el fin. La unidad en la fe y la unidad en el amor, sin embargo, están a nuestro alcance debido al Espíritu Santo que mora en nosotros.

Si pudiéramos rendirnos a su control.

Después de que Jesús concluyó su oración, los hombres salieron, caminando en silencio hacia el huerto del Getsemaní. Él quería decirles mucho más, pero sus palabras serían un desperdicio en tanto y en cuanto los discípulos continuaran preocupándose por la vida sin su Maestro. No importa. Les había dado toda la información que ellos necesitarían para seguir adelante. Él confiaba en el Espíritu Santo que les ayudaría a recordar sus palabras, recabar sabiduría de ellas y crecer en confianza en el ministerio. Antes de recibir este don de la luz que moraría en ellos, sin embargo, los once debían atravesar una oscuridad terrible. Por un tiempo les parecería que las tinieblas del mundo habían vencido a la Luz de los seres humanos.

NOTAS: Confirmación del verbo (Juan 13:1–17:26)

1. Gladys M. Hunt, «That's No Generation Gap!» *Eternity* (octubre 1969), 15.
2. Kittel y Friedrich, eds., *Theological Dictionary of the New Testament*, 1:37.
3. Autor desconocido.
4. La Biblia no condena el hecho de sentir ansiedad, angustia o preocupación. Se nos aconseja evitar el afán por las preocupaciones del mundo, tales como las necesidades físicas que el Señor ha prometido suplir. La preocupación de un padre por el bienestar espiritual de sus hijos ¡está muy en orden! Sin embargo, la ansiedad debe impulsarnos a abordar los problemas constructivamente, especialmente empleando el remedio de Dios para la ansiedad: la oración (Filipenses 4:6-7). Dejemos a un lado la noción de que sentir ansiedad es pecado; no lo es. La ansiedad es contraproducente *en sí misma*. La ansiedad es innecesaria si no se realiza ninguna otra acción, particularmente en la oración. Pero la preocupación no debe hacernos añadir vergüenza a una carga emocional ya sobrecargada.
5. No es mi intención simplificar demasiado al temor. Las fobias serias a menudo requieren ayuda intensa de profesionales de la psicología. Estoy convencido, sin embargo, que estas verdades bíblicas son fundamentales para el tratamiento del temor crónico y debilitador.
6. Kittel y Friedrich, eds., *Theological Dictionary of the New Testament*, 1:185.
7. Warren W. Wiersbe, *The Bible Exposition Commentary* (Wheaton, IL: Victor, 1994), 1:356.

8. Samuel Taylor Coleridge, «The Rime of the Ancient Mariner», *The Collected Works of Samuel Taylor Coleridge: Poetical Works I, Poems (Reading Text)*: Part 1 (ed. J. C. C. Mays; Princeton Univ. Press, Princeton, 2001), 391.
9. Samuel Taylor Coleridge, "Youth and Age," *The Collected Works of Samuel Taylor Coleridge: Poetical Works I, Poems (Reading Text)*: Part 2 (ed. J. C. C. Mays; Princeton: Princeton Univ. Press, 2001), 1012.
10. Charles Dickens, *A Tale of Two Cities* (Oxford: Oxford Univ. Press, 1987), 358.
11. Archibald Thomas Robertson, *Word Pictures in the New Testament* (Grand Rapids: Baker, 1932), 5:262. . (Hay traducción al español).
12. A. W. Tozer, *God Tells the Man Who Cares* (Harrisburg, PA: Christian Publications, 1970), 154–55.
13. Kittel y Friedrich, eds., *Theological Dictionary of the New Testament: Abridged in One Volume*, 222.
14. Ibid., 315
15. Josephus, *Antigüedades* 11.8.4–5.

VINDICACIÓN DEL VERBO (JUAN 18:1—21:25)

Jesús entró en el mundo en controversia y vivió la mayor parte de su vida bajo la sombra de la duda. Su madre recibió una visita de un ángel informándole que ella sería la madre del Mesías, y que su nacimiento sería en cumplimiento literal de una antigua profecía: «Por eso, el Señor mismo les dará una señal: La joven concebirá y dará a luz un hijo, y lo llamará Emanuel» (Isaías 7:14; cf. Mateo 1:23). En otras palabras, ella concebiría a su hijo sin intervención de un padre humano. Lamentablemente, su maravilloso secreto pronto se convertiría en escándalo del barrio. Otra visión de ángeles le impidió a su prometido que entable un divorcio secreto, pero no tenemos indicación de que el Señor haya revelado sobrenaturalmente la verdad respecto de la concepción a alguien aparte de José. Nadie más en Nazaret recibió una visita de ángeles diciéndoles la verdad.

Desde el mismo principio y en todo su ministerio público, creer en Jesús sería cuestión de decisión. ¿En qué evidencia confiarían las personas? ¿En las Escrituras o en sus propios prejuicios y presuposiciones? ¿Qué autoridad iban a aceptar las personas? ¿Al Verbo de Dios o sus propios deseos?

Al proclamar Jesús la verdad divina, sus críticos aprovecharon toda oportunidad para cuestionar sus orígenes (6:42; 8:19, 41; 7:27, 41; 9:29), ejerciendo gran cuidado para evadir la abrumadora evidencia profética de su identidad divina. Como hemos observado, la mayoría de personas persistentemente ignoró las «señales» que él realizó como milagros (9:16; 11:47-48; 12:37), irónicamente exigiendo a la vez que él se demuestre realizando señales milagrosas (2:18; 4:48; 6:30). No obstante, muchos otros fueron atraídos a su obvio poder divino. Finalmente, «los suyos» avanzaron más allá de la necesidad de señales milagrosas para aceptar al hombre como el Verbo de Dios, su Mesías, Hijo de Dios.

Para el fin de su ministerio público, Jesús había polarizado a la nación. Por un lado estaban las autoridades incrédulas del templo con toda su finura religiosa. Por otro, una colección de desarrapados de unos pocos cientos de creyentes consagrados. Entre unos y otros estaba una vasta multitud, cuyas almas colgaban en la balanza. A cada lado: a los secuaces del mal, como a los seguidores de Jesús, se les había encargado la tarea de ganarlos.

Cuando el sol se ponía una noche antes de la Pascua, cada lado se retiró para prepararse para la primera batalla real de una guerra invisible, una campaña cósmica por las almas de los seres humanos. Cada lado afirmaba ser el único guardián de la verdad divina, pero los dirigentes religiosos esperaban resolver el asunto rápidamente. Antes de que terminara la fiesta de la Pascua, se proponían demostrar su caso matando a Jesús. Lo someterían a juicio por oponerse abiertamente a las autoridades del templo —y a Dios por extensión— y luego lo crucificarían por blasfemo. Para cuando se pusiera el sol en «el día de la preparación», esperaban enterrar su cuerpo y, con eso, toda esperanza de que fuera

TÉRMINOS CLAVE

ἀκολουθέω [*akolouteo*] (190) «seguir, ir por el mismo camino»

Literalmente, este verbo quiere decir «ir en el mismo camino», que, por supuesto, lleva la connotación metafórica de imitar los pensamientos, creencias, acciones o estilo de vida de otro. De modo similar, podemos decir de un hijo que adopta el oficio de su padre: «Sigue las pisadas de su padre». El Antiguo Testamento no ofrece un término hebreo similar para seguir a Dios. Se vuelve el término favorecido en el Nuevo Testamento, tal vez porque el ejemplo de Cristo es más accesible.

δοξάζω [*doxazo*] (1392) «glorificar, hacer glorioso, hacer excelente, revelar la valía de alguien»

En la traducción al griego del Antiguo Testamento, la *doxa* de Dios por lo general es una manifestación física de su naturaleza santa y justa. En el vocabulario del cielo, *doxa* es justicia hecha visible. En el Evangelio de Juan, la glorificación ocurre cuando la naturaleza justa de Dios se revela. Por consiguiente, un cuerpo es glorificado cuando refleja de nuevo la plena imagen de Dios, que había sido distorsionada por la caída. A la larga, los creyentes participarán de la gloria de Cristo (Ro 8:17; Col 1:27; 3:4) cuando reciban un cuerpo de resurrección como el suyo (Filipenses 3:21).

τετέλεσται [*tetelestai*] (5055) «completado, llevado a cumplimiento, pagado por completo»

Este es la forma pasiva perfecta del verbo *teleo*, «completar» o «cumplir». Un verbo en la voz pasiva indica que el sujeto recibe la acción debido a alguna influencia externa (por ej., «La pelota *fue lanzada*»). El tiempo perfecto pone la nación en el pasado, en tanto que hace énfasis en resultados continuos. Este término griego declara que algo ha sido llevado a un estado de compleción y por consiguiente ya no necesita más intervención. También es un término de contabilidad, que quiere decir «pagado por completo».

φανερόω [*faneroo*] (5319) «manifestar, hacer visible, revelar, brillar»

El griego clásico usa muy poco este término, que quiere decir «hacer visible lo que era invisible». Es causativo y pone énfasis en particular en el estado anterior de no ser visible. Por consiguiente, halla amplio uso en el Nuevo Testamento, que registra un tiempo asombroso de revelación divina. Jesús manifestó la gloria de Dios tanto literal como figuradamente en el sentido de que la humanidad experimentó a Dios de maneras que no fueron posibles antes. Jesús manifestó verdad como solo un «Dios-hombre» podría. Luego Jesús se manifestó en un estado nunca antes visto: una forma glorificada, incorruptible de humanidad.

el Mesías prometido, Hijo de Dios, el Verbo encarnado, Salvador de la humanidad. Con las buenas noticias: Salvación por gracia sola, por fe sola, en Cristo solo, yaciendo frías en la tumba, su arrogante religión de obras podría de nuevo reinar suprema y las autoridades del templo de nuevo en control.

Pero, como Jesús les había prometido a sus discípulos, la victoria que ganaron los malhechores sería breve. Ellos se destruirían a sí mismos con las mismas armas que habían esgrimido contra su Creador. El Verbo encarnado resucitaría de la tumba en un cuerpo glorioso de resurrección, triunfante sobre la enfermedad, el desastre, la muerte y la corrupción, victorioso sobre el mal y el pecado. Para cuando saliera el sol el domingo por la mañana, la verdad divina emergería de la tumba, completamente vindicada a los ojos de toda la humanidad. Clara y repetidamente afirmó sus palabras de aseguramiento. Sus discípulos las oyeron, y pronto las olvidarón conforme la marejada de opinión pública y decisiones oficiales se pusieron en contra suya. En pocas horas, todos se irían.

La verdad en el banquillo (Juan 18:1-27)

> ¹Cuando Jesús terminó de orar, salió con sus discípulos y cruzó el arroyo de Cedrón. Al otro lado había un huerto en el que entró con sus discípulos.
> ²También Judas, el que lo traicionaba, conocía aquel lugar, porque muchas veces Jesús se había reunido allí con sus discípulos. ³Así que Judas llegó al huerto, a la cabeza de un destacamento de soldados y guardias de los jefes de los sacerdotes y de los fariseos. Llevaban antorchas, lámparas y armas.
> ⁴Jesús, que sabía todo lo que le iba a suceder, les salió al encuentro.
> —¿A quién buscan? —les preguntó.
> ⁵—A Jesús de Nazaret —contestaron.
> —Yo soy.
> Judas, el traidor, estaba con ellos. ⁶Cuando Jesús les dijo: «Yo soy», dieron un paso atrás y se desplomaron.
> ⁷—¿A quién buscan? —volvió a preguntarles Jesús.
> —A Jesús de Nazaret —repitieron.
> ⁸—Ya les dije que yo soy. Si es a mí a quien buscan, dejen que éstos se vayan.
> ⁹Esto sucedió para que se cumpliera lo que había dicho: «De los que me diste ninguno se perdió».
> ¹⁰Simón Pedro, que tenía una espada, la desenfundó e hirió al siervo del sumo sacerdote, cortándole la oreja derecha. (El siervo se llamaba Malco).
> ¹¹—¡Vuelve esa espada a su funda! —le ordenó Jesús a Pedro—. ¿Acaso no he de beber el trago amargo que el Padre me da a beber?
> ¹²Entonces los soldados, con su comandante, y los guardias de los judíos, arrestaron a Jesús. Lo ataron ¹³y lo llevaron primeramente a Anás, que era suegro de Caifás, el sumo sacerdote de aquel año. ¹⁴Caifás era el que había aconsejado a los judíos que era preferible que muriera un solo hombre por el pueblo.
> ¹⁵Simón Pedro y otro discípulo seguían a Jesús. Y como el otro discípulo era conocido del sumo sacerdote, entró en el patio del sumo sacerdote con Jesús; ¹⁶Pedro, en cambio, tuvo que quedarse afuera, junto a la puerta. El discípulo conocido del sumo sacerdote volvió entonces a salir, habló con la portera de turno y consiguió que Pedro entrara.
> ¹⁷—¿No eres tú también uno de los discípulos de ese hombre? —le preguntó la portera.
> —No lo soy —respondió Pedro.
> ¹⁸Los criados y los guardias estaban de pie alrededor de una fogata que habían hecho para calentarse, pues hacía frío. Pedro también estaba de pie con ellos, calentándose.
> ¹⁹Mientras tanto, el sumo sacerdote interrogaba a Jesús acerca de sus discípulos y de

sus enseñanzas.

²⁰ —Yo he hablado abiertamente al mundo —respondió Jesús—. Siempre he enseñado en las sinagogas o en el templo, donde se congregan todos los judíos. En secreto no he dicho nada. ²¹¿Por qué me interrogas a mí? ¡Interroga a los que me han oído hablar! Ellos deben saber lo que dije.

²²Apenas dijo esto, uno de los guardias que estaba allí cerca le dio una bofetada y le dijo:
—¿Así contestas al sumo sacerdote?

²³ —Si he dicho algo malo —replicó Jesús—, demuéstramelo. Pero si lo que dije es correcto, ¿por qué me pegas?

²⁴Entonces Anás lo envió, todavía atado, a Caifás, el sumo sacerdote.

²⁵Mientras tanto, Simón Pedro seguía de pie, calentándose.
—¿No eres tú también uno de sus discípulos? —le preguntaron.
—No lo soy —dijo Pedro, negándolo.

²⁶ —¿Acaso no te vi en el huerto con él? —insistió uno de los siervos del sumo sacerdote, pariente de aquel a quien Pedro le había cortado la oreja.

²⁷Pedro volvió a negarlo, y en ese instante cantó el gallo.

La injusticia es una realidad inevitable de la vida en un mundo caído. Tarde o temprano, cada individuo será malentendido, se tergiversarán sus palabras, se le acusará falsamente, se le difamará, se chismeará de él o abiertamente se le hará mal. Aunque todos participamos de la experiencia, eso no lo hace más fácil. Llevamos la imagen de Dios, quien ama la justicia tanto como ama misericordia y ese aspecto de nuestra naturaleza anhela que el bien prevalezca sobre el mal, especialmente cuando nuestro bienestar está en juego.

Jesús fue el único que vivió toda su vida sin caer moralmente, y sin embargo lo detuvieron, juzgaron, declararon culpable y condenaron para que sufra el castigo de un criminal. Su arresto fue una traición, sus juicios una farsa, su sentencia como culpable ilegal y su castigo una burla de la justicia. Y sin embargo, en toda la odisea permaneció en calma, respondió con verdad a todas las preguntas sinceras, habló la verdad con dignidad, y con calma resolvió permitir que el Padre lo vindique a su debido tiempo.

— 18:1 —

Al concluir Jesús su oración (17:1-26), sus palabras sin duda les parecieron como una frazada abrigada a los discípulos conforme se convencían de su inminente partida. Estaban, en verdad, eternamente seguros al cuidado soberano de Dios, pero a duras penas se daban cuenta del horroroso mal que se levantaba contra el Señor en esos mismos momentos. Incluso mientras los once hombres restantes confiaban en que su Maestro cumpliera sus promesas, uno se había escurrido en la oscuridad de la noche para traicionarlo. Los oficiales del templo estaban organizando un pelotón de tropas romanas y judías combinadas, para cercar a Jesús pronto y arrastrarlo a no menos de seis audiencias criminales.

La fiesta de la Pascua empezaba a la caída del sol del día 14 de Nisán según el calendario judío.

Los Juicios de Jesucristo

Juicio	Autoridad que ofició	Pasaje bíblico	Acusaciones	Legalidad	Tipo	Resultado
1	Anás, ex-sumo sacerdote de los judíos (6-15 d.C.)	Juan 18:12-23	Ninguna acusación específica	Ilegal: • No hay jurisdicción • Realizado de noche • Ninguna acusación • No hay testigos • Maltratado durante el juicio	Judío y religioso	Hallado «culpable» de irreverencia y enviado a Caifás
2	Caifás, yerno de Anás y sumo sacerdote (18-36 d.C.) con el sanedrín	Mateo 26:57-68 Marcos 14:53-65 Juan 18:24"	Que decía ser el Mesías, el Hijo de Dios, que ellos consideraban blasfemia	Ilegal: • Realizado de noche • Falsos testigos • Ninguna acusación • Maltratado durante el juicio	Judío y religioso	Declarado «culpable» de blasfemia y retenido para sentenciarlo cuando fuera de día
3	El sanedrín	Marcos 15:1 Lucas 22:66-71	Continuación del juicio anterior ante el sanedrín, las acusaciones las mismas	Ilegal: • Se cambió la acusación • No hay testigos • Votación indebida	Judío y religioso	Sentenciado a ser entregado a los romanos para su ejecución
4	Pilato, gobernador de Judea (26-36 d.C.)	Mateo 27:11-14 Marcos 15:2-5 Lucas 23:1-7 Juan 18:28-38	Traición y sedición contra Roma	Ilegal: • Declarado «inocente» pero sigue arrestado • No hay abogado defensor • Maltratado durante el juicio	Romano y civil	Declarado «no culpable» pero enviado a Herodes Antipas en busca de algún subterfugio
5	Herodes Antipas, gobernador de Galilea (4 a.C-39 d.C.)	Lucas 23:8-12	No se hizo acusación alguna. Interrogado ampliamente por Herodes.	Ilegal: • No hay jurisdicción • Ninguna acusación específica • Maltratado durante el juicio	Romano y civil	Maltratado, vejado, falsamente acusado y devuelto a Pilato sin decisión formal
6	Pilato	Mateo 27:15-26 Marcos 15:6-15 Lucas 23:13-25 Juan 18:39-19:16	Continuación del juicio anterior ante Pilato, las acusaciones las mismas	Ilegal: • Declarado «inocente», pero condenado	Romano y civil	Declarado «inocente», pero sentenciado a ser crucificado para apaciguar a la chusma furiosa. Simultáneamente, un hombre culpable de homicidio, traición y sedición fue puesto en libertad.

Debido a que los judíos reconocían el año por el ciclo lunar, casi es imposible determinar la fecha exacta de la crucifixión de Jesús. El día pudo haber sido cualquiera entre fines de marzo y principios de abril. Probablemente alrededor de la medianoche Jesús y sus discípulos se dirigieron al Getsemaní. Algunos expositores interpretan 14:31 como que quiere decir que salieron del aposento alto hacia el huerto y que Jesús continuó su plática mientras caminaban (15:1—17:27).

Me es difícil imaginarme a Jesús concluyendo su conversación íntima con una oración solemne mientras caminan por la ciudad y bajan al valle del Cedrón. La construcción de esta oración gramatical (literalmente: «Habiendo dicho Jesús estas cosas, salió...») sugiere que los hombres salieron del aposento alto pero no se dirigieron al huerto sino después de que Jesús hubo terminado su oración. Tal vez Jesús concluyó su discurso de despedida en algún patio fuera de la residencia en donde habían comido, o bajo alguna antorcha en los escalones del sur del templo de Herodes.

Los hombres con mayor probabilidad salieron de Jerusalén por una puerta oriental, viajaron hacia el noreste por la ruta periférica externa de la muralla más allá del monte del templo y luego cruzaron la quebrada del Cedrón. La descripción literaria del griego es: «el torrente de invierno del Cedrón», lo que quiere decir un valle estrecho que se llena con los arroyos de invierno, pero relativamente seco en otras temporadas. David también cruzó este valle cuando tuvo que huir por la revuelta de Absalón, durante la cual uno de sus asesores de confianza le había traicionado (2 Samuel 15:23-31). Juan puede haber mencionado el detalle del Valle del Cedrón como una alusión deliberada a una historia bien conocida, tal como alguien hoy día aludiría a las playas de Normandía. De inmediato visiones del Día D vienen a la mente.

— 18:2-3 —

Su destino era su retiro acostumbrado (v. 2), un huerto amurallado en el Monte de los Olivos, tal vez en la falda occidental que da a la Ciudad Santa. Los Evangelios Sinópticos nos dicen que fue allá para orar y prepararse para la terrible odisea que estaba a punto de atravesar (Mateo 26:36-46; Marcos 14:32-42; Lucas 22:39-46). Los lectores de Juan sabrían bien esta parte del relato, así que probablemente Juan no vio ningún beneficio en incluir esto en su narración.

Según Mateo, Jesús oró aproximadamente tres horas (Mateo 26:40, 42, 44), después de lo cual llegó Judas con un pequeño ejército de soldados romanos y guardias del templo. La palabra griega *speira*, traducida «cohorte», es un término técnico que se usa para designar un pelotón específico de luchadores dentro del ejército romano. En el tiempo de Jesús, una «cohorte» romana consistía de 480 soldados de pelea, sin incluir a los oficiales y personal de respaldo. (El número total dentro de una «cohorte» romana se acercaba a los 600). El hecho de que estas tropas eran una combinación de oficiales y guardias del templo no es un detalle insignificante. La autoridad del templo imponía su voluntad mediante el poderío de Roma. Es más, el hecho de que vinieron con lámparas y antorchas nos dice que el monte estaba cubierto por la oscuridad, tal vez siendo alrededor de las tres o cuatro de la mañana.

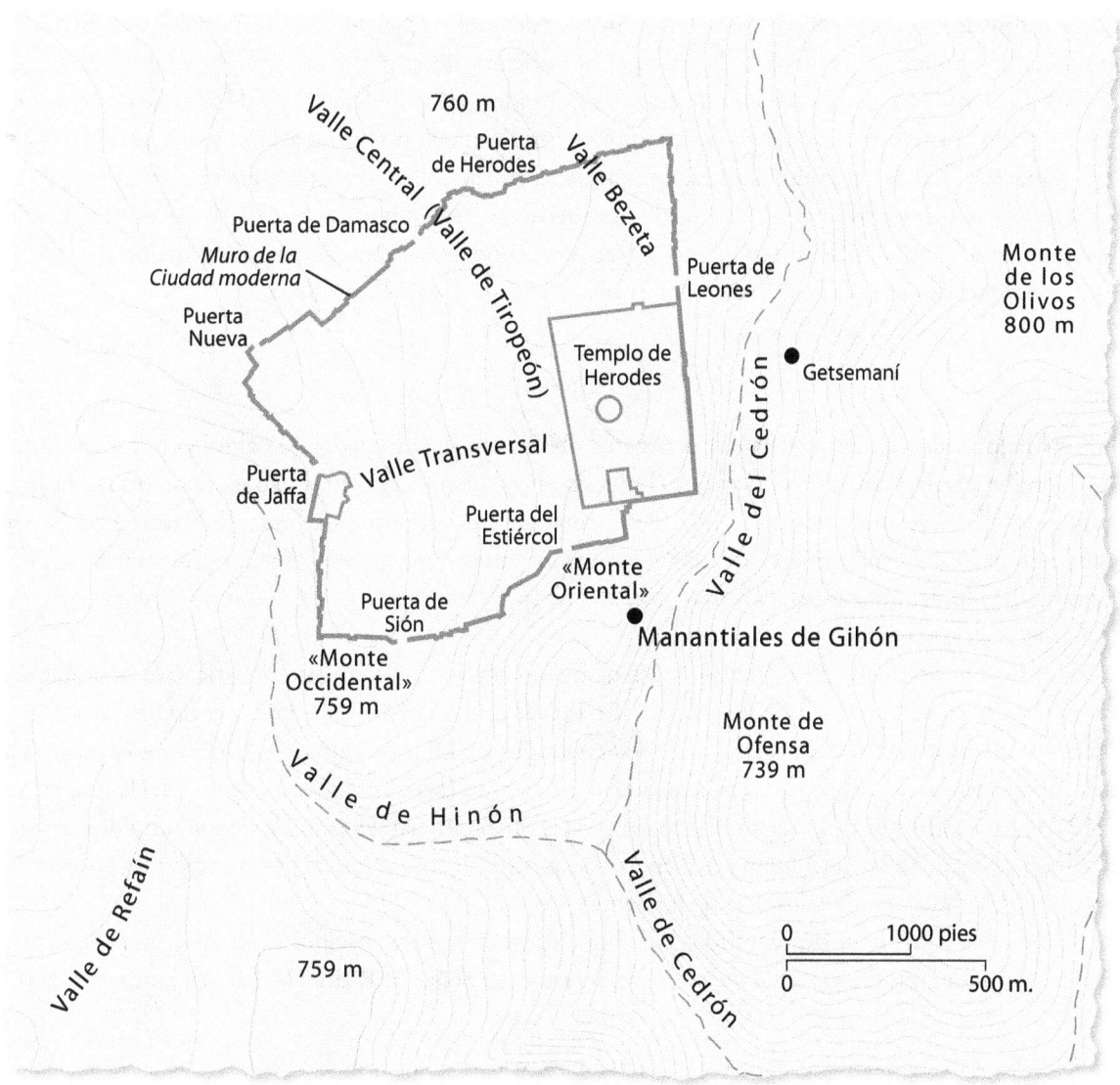

Después de la cena, Jesús llevó a sus discípulos más allá del gran templo, cruzando el valle del Cedrón, y subiendo por la falda occidental del Monte de los Olivos a un retiro familiar. Aun cuando Juan no menciona el lugar, sabemos por Mateo 26:36 y Marcos 14:32 que el huerto se llamaba Getsemaní.

Naturalmente, nunca habrían sabido dónde estaba Jesús sino hubiera sido por Judas. Los oficiales del templo habían tratado de arrestarlo en varias ocasiones, pero se les escapó de las manos en el templo, o multitudes de testigos desalentaron a sus posibles captores, o mantuvo en secreto sus movimientos. Una vez que hallaron un hombre de adentro dispuesto a traicionar a Jesús, sin embargo, podían atraparlo sin testigos.

Si hubieran logrado hacerlo antes, las autoridades del templo tal vez le hubieran puesto una emboscada y hubieran asesinado a Jesús y pocos hubieran notado que faltaba. Pero justo días antes Jesús había entrado en la ciudad con multitudes gritando: «¡Rey de Israel!» y «¡Hosanna!» que quiere decir «¡Sálva[nos] ahora!]». Asesinarlo los hubiera implicado en una mala acción y convertido a Jesús en un mártir. Él se había vuelto demasiado popular. Primero, ellos necesitaban desacreditarlo y poner al hombre común en su contra. Caifás vio la muerte de Jesús como un medio de demostrar buena voluntad hacia Roma, diciendo en efecto: «¿Ven cómo podemos mantener la paz? ¡Pueden confiar en que esto pondrá el punto final a un levantamiento judío!» (Juan 11:49-51; 18:14).

— 18:4-9 —

Los soldados rodearon la muralla del perímetro del huerto para impedir que alguien se escape, pero Jesús no iba a huir. Sabía que venían por él mucho antes de que llegaran. Hizo en la oscuridad la pregunta sencilla: «¿A quién buscan?» Cuando el comandante contestó: «A Jesús de Nazaret», el Señor confirmó que estaba allí presente. A esto, los soldados «dieron un paso atrás y se desplomaron» (v. 6). Esto pudiera indicar que esperaban un contraataque (por eso trajeron casi 600 hombres para pelear) y tomaron posiciones defensivas.

Hay otra posibilidad, sin embargo. Jesús de nuevo empleó la altamente significativa designación propia *ego eimi*, «Yo soy» (4:26; 8:24, 28, 58; 13:19; cf. Éx 3:14). Juan rara vez incluye detalles a menos que tenga significación teológica. Los enemigos de Dios se amilanaron frente a la presencia del Todopoderoso, presagiando su postura al fin del tiempo (Isaías 45:23; Romanos 14:11; Filipenses 2:10-11; Apocalipsis 3:9). De cualquier manera, la reacción inicial del pelotón de soldados ofrece algo de alivio cómico. Seiscientos hombres bien armados quedan aterrorizados por un solo rabí y sus once seguidores, ¡y solo uno de ellos llevaba un arma!

Jesús, siempre el líder desprendido, pidió que dejaran ir a los discípulos, lo cual Juan notó que era un cumplimiento literal de la declaración anterior del Señor al Padre (17:12; ver también 6:39).

— 18:10-11 —

Pedro había indicado anteriormente que estaba listo para entrar en batalla con el Señor y dar su vida en la pelea (13:37; cf. Mt 26:33-35). Y lo dijo en serio. Se sintió listo para esgrimir una espada de metal a fin de ayudar a Jesús a tomar el trono por la fuerza y entonces instituir su nuevo reino. ¡Un hombre con una espada corta contra seiscientos! Ese es Pedro. Osado, impulsivo, apasionado, valiente... pero con mentalidad terrenal.

Juan incluye el detalle de que Pedro le cortó la oreja derecha al criado del sumo sacerdote, Malco («uno de realeza»). Algunos expositores, incluyendo yo mismo en el pasado reciente, han sugerido que Pedro quería matar al hombre cortándole la cabeza y que Malco se agachó en el último momento, perdiendo así solo la oreja. Después de reconsiderar varios detalles, sin embargo, prefiero otra explicación.

El nombre Getsemaní quiere decir «prensa de aceitunas». Este olivar es el sitio tradicional de la última noche angustiosa de Cristo antes de su arresto. Debido a que muchos de estos huertos ocupaban el Monte de los Olivos, nadie puede saber con certeza. Sin que importe eso, Getsemaní indudablemente era muy similar a esta fotografía.

Primero, el movimiento hacia abajo de una hoja por un hombre de mano derecha con probabilidad no cortaría una oreja derecha a menos que atacara a la víctima por detrás, y un Pedro zurdo hubiera sido un detalle muy extraño como para omitir. Todavía más, un golpe fuerte que cortó una oreja con probabilidad hubiera causado más daño, pero Juan no menciona nada más.

Debido a que Juan típicamente incluye detalles por su valor simbólico, es probable que Pedro apuntara a la oreja derecha del hombre con el propósito expreso de dejar una herida insultante. Malco era emisario del sumo sacerdote y por consiguiente representaba su autoridad. Cortar una oreja o una nariz se consideraba particularmente humillante, especialmente puesto que los judíos prohibían que individuos mutilados sirvieran en el templo. Todavía más, la tradición judía prescribía más alta restitución por órganos y extremidades del lado derecho del cuerpo.

Jesús reprendió a Pedro por comportarse como no creyente o por no ver el plan de Dios desenvolviéndose, a pesar de las muchas predicciones de Jesús. La «copa» de la que Jesús habló era una expresión bien conocida para su crucifixión (ver Mateo 20:22; 26:39; Marcos 14:36; Lucas 22:42).

— 18:12-14 —

Para arrestar a Jesús, los soldados indudablemente siguieron el procedimiento romano tirando de los brazos detrás de su espalda y colocándolos en grillos o atándolos fuertemente con sogas. En toda su odisea, podemos dar por sentado que permaneció atado y con un lazo alrededor del cuello. Entonces llevaron a Jesús al poder judío más alto en Israel, Anás.

Aunque Caifás oficialmente ostentaba el cargo de sumo sacerdote, muchos reconocían a su suegro, Anás, como la verdadera autoridad en Jerusalén y la voz final en todo lo que tenía que ver con el templo.

— 18:15-18 —

Los discípulos se escabulleron de inmediato después del arresto en el huerto (Mateo 26:56), aunque Pedro y Juan volvieron para seguir los movimientos del Señor desde una distancia segura. Cuando los soldados hubieron llevado a Jesús a la residencia de Anás —alrededor de las tres o cua-

ANÁS, «EL PADRINO» DE JERUSALÉN

Durante el primer siglo, el oficio de sumo sacerdote en Israel era esencialmente lo mismo que rey, aunque su nombramiento tenía que ser aprobado por Roma, y gobernaba bajo la autoridad del procurador. Aunque Caifás oficialmente tenía el oficio, muchos reconocían a su suegro, Anás, como el verdadero poder detrás del trono.

Anás fue nombrado sumo sacerdote en el año 6 d.C. por Cirenio, pero fue depuesto por Valerio Grato en el año 15 d.C. Con todo, él siguió siendo la cabeza de un vasto imperio de corrupción organizada en Jerusalén. «Él y su familia eran proverbiales por su rapacidad y codicia»[1]. Después de su remoción del cargo, él esgrimió su poder por medio de su hijo, Eleazar, y luego su yerno, Caifás. De hecho, su familia ostentó virtualmente una línea ininterrumpida de sucesión por otros cuatro hijos más después de Caifás y después un nieto.

Además de los beneficios de la aristocracia saducea, Anás tenía un monopolio de animales considerados aceptables para el sacrificio en el templo, que vendía «en las cuatro famosas "casetas de los hijos de Anás" en el Monte de los Olivos, con una sucursal dentro de los recintos del mismo templo»[2]. De acuerdo con la ley de Moisés, los sacerdotes debían determinar cuáles animales eran de calidad suficiente para el sacrificio; y, por supuesto, Anás controlaba a los sacerdotes.

Cuando Jesús limpió el templo de lo que él llamó «ladrones», varias autoridades religiosas exigieron saber: «¿Con qué autoridad haces esto? —lo interrogaron—. ¿Quién te dio esa autoridad?» (Mateo 21:23). Comprensiblemente, no podían imaginarse que un hombre desafiara a la familia mafiosa de Anás sin el respaldo de alguien inmensamente poderoso. Cuando descubrieron que estaba actuando solo, empezó el complot para arrestarlo.

El observador casual en el segundo juicio pudiera haberse sentido impresionado por el celo religioso de Caifás, que dijo «¡Ha blasfemado! —exclamó el sumo sacerdote, rasgándose las vestiduras» (Mateo 26: 65) cuando Jesús afirmó ser el Mesías. En realidad, sin embargo, él y Anás querían a Jesús muerto por dos razones. Primero, se atrevió a desafiar el control soberano del sumo sacerdote sobre el templo. Segundo, y más importante, era malo para sus negocios.

tro de la mañana— a Juan se le permitió entrar. El que fuera conocido por Anás probablemente se debía a la riqueza de su familia y estatus social.

Cuando Pedro entró en el gran corredor de la residencia de Anás, la portera lo reconoció como discípulo. Su negación de Jesús sería la primera de las tres que el Señor había pronosticado (13:38).

Tómese nota del detalle de Juan respecto a la fogata: es una fogata *de carbón*. Juan incluye este rasgo al parecer insignificante para imprimir en las mentes de los lectores la imagen de Pedro mirando a través de una fogata y negando a su maestro. Más tarde, Juan recordará esta imagen alrededor de otras brasas (21:9).

— 18:19-21 —

Algunos expertos han cuestionado la historicidad de los relatos de los Evangelios, notando que los juicios de Jesús ante las autoridades judías no cuadran en el protocolo establecido. La ilegalidad de los juicios, sin embargo, es precisamente el punto aquí. La tradición judía cuidadosamente regulaba la celebración de los juicios criminales, incluso más que los casos civiles. Ningún juicio se debía celebrar en secreto o de noche, y el único lugar apropiado para una audiencia en casos criminales era el «salón de juicios» en el templo. Todavía más, cuando se debía presentar evidencia, no se podía obligar al acusado a testificar en su propio caso. Todas las acusaciones tenían que ser sustanciadas por múltiples testigos corroboradores.

Anás rompió las reglas del sanedrín preguntándole a Jesús directamente en cuanto a sus seguidores y su enseñanza, esperando oír algo que lo incriminara. A primera vista, la respuesta de Jesús parece insolente. Sin embargo, estaba meramente señalando el procedimiento apropiado. En los tribunales estadounidenses actuales, el abogado defensor hubiera dicho: «¡Objeción! De acuerdo a la Mishná: Sanedrín 3:3-4, no se puede obligar al acusado a presentar evidencia contra sí mismo; todavía más, el juez que preside no puede examinar a un testigo (o al acusado)».

Jesús entonces pidió que testificaran los testigos. Todo lo que había dicho y hecho tuvo lugar en presencia de multitudes. De acuerdo con la costumbre judía, testimonios conflictivos no podían condenar al acusado, sino solo absolverlo. Jesús sabía que una votación justa de testigos bien sea lo hubiera exonerado de toda acusación o cancelado el falso testimonio de los dirigentes religiosos. Él no objetó los procedimientos a fin de escapar la convicción y ejecución; había aceptado su destino en el huerto. Jesús levantó cada objeción para establecer —para el récord y toda la historia— su inocencia y la corrupción del sanedrín.

— 18:22-24 —

La brutalidad no se permitía en el tribunal y, sin embargo, uno de los guardias se puso frente a Jesús y lo abofeteó en la cara. Jesús mantuvo perfecta compostura y respondió con una petición razonable. Él dijo, en efecto: «Si mi objeción no da lugar, indica el precedente legal. Si hay lugar, no se me debe castigar por tener razón».

Los falsos juicios de Jesús

	Regla	Fuente primaria
1	Ningún juicio podría tener lugar durante las horas de la noche (antes del sacrificio de la mañana).	Mishná: Sanedrín 4:1
2	Los juicios no podían tener lugar en vísperas de un sabbat ni durante los festivales.	Mishná: Sanedrín 4:1
3	Todos los juicios debía ser públicos; los juicios secretos estaban prohibidos.	Mishná: Sanedrín 1:6
4	Todos los juicios se debían celebrar en el salón del juicio que en el recinto del templo.	Mishná: Sanedrín 11:2
5	Los casos capitales exigían un mínimo de veintitrés jueces.	Mishná: Sanedrín 4:1
6	Un acusado no podía testificar contra sí mismo.	Mishná: Sanedrín 3:3-4
7	Se exigía que alguien hablara a favor del acusado.	
8	La convicción exigía el testimonio de dos o tres testigos en perfecta alineación.	Deuteronomio 17:6-7, 19:15-20
9	Los testigos para la acusación debían ser examinados y examinados de nuevo en forma extensa.	Mishná: Sanedrín 4:1
10	Los casos capitales debían seguir un orden estricto, empezando con argumentación de parte de la defensa y luego los argumentos para la convicción.	Mishná: Sanedrín 4:1
11	Todos los jueces del sanedrín podían abogar por la absolución, pero no todos podían abogar por la convicción.	Mishná: Sanedrín 4:1
12	El sumo sacerdote no podía participar en el interrogatorio.	
13	Cada testigo en un caso capital debía ser examinado individualmente y no en la presencia de otros testigos.	Mishná: Sanedrín 3:6
14	El testimonio de dos testigos que se hallaba en contradicción hacía que ambos fueran invalidados.	Mishná: Sanedrín 5:2
15	La votación para declarar convicto y sentenciado en un caso capital se debía realizar individualmente, empezando con el más joven, de modo que los miembros más jóvenes no fueran influidos por la votación de los mayores.	Mishná: Sanedrín 4:2
16	Los veredictos en casos capitales se debían dar sólo durante las horas del día.	Mishná: Sanedrín 4:1
17	Los miembros del sanedrín debían reunirse por parejas toda la noche, debatir el caso, y volver a reunirse con el propósito de confirmar el veredicto final e imponer sentencia.	Mishná: Sanedrín 4:1
18	La sentencia en un caso capital no se podía dar sino hasta el día siguiente.	Mishná: Sanedrín 4:1

Fuente secundaria	Práctica real
Laurna L. Berg, "The Illegalities of Jesus' Religious and Civil Trials," *Bibliotheca Sacra*, 161 (julio- septiembre, 2004): 330–42.	Jesús fue llevado a Anás, Caifás y al sanedrín de noche.
Berg, ibid.	Los juicios tuvieron lugar de noche durante la celebración de la Pascua.
Berg, ibid.	Jesús fue llevado ante el sanedrín de noche para interrogarlo y de inmediato fue declarado «culpable». Sólo su sentencia oficial tuvo lugar durante el día.
Berg, ibid.	Jesús fue llevado primero a Anás, luego a Caifás antes de ponerlo ante el sanedrín.
Berg, ibid.	No sabemos cuántos jueces había presentes. Los juicios tuvieron lugar durante la noche y durante un festival.
Berg, ibid.	El sanedrín declaró culpable a Jesús por sus propias palabras y no vieron la necesidad de testigos.
Darrell L. Bock, "Jesus v. Sanhedrin: Why Jesus 'lost' his trial," *Christianity Today* 42.4 (6 abril 1998), 49.	Nadie habló a favor de Jesús, y cuando objetó la ilegalidad del procedimiento, lo abofetearon.
	La acusación buscó testigos contra Jesús, pero sus testimonios estaban en conflicto.
	Se buscaron testigos contra Jesús con el propósito de declararlo culpable, y no para absolverlo y ni siquiera para descubrir la verdad.
Berg, ibid.	Nadie habló en defensa de Jesús, ni antes de las acusaciones, ni después.
Berg, ibid.	Los principales sacerdotes y el concilio buscaron testigos contra Jesús.
Bock, ibid.	Tanto Anás como Caifás interrogaron directamente a Jesús, haciéndole preguntas diseñadas para que se incriminara.
Berg, ibid.	No sabemos a cuántos testigos se trajeron para que testificaran en algún momento dado.
Berg, ibid.	
Berg, ibid.	Los miembros del sanedrín votaron simultáneamente y casi se amotinaron.
Berg, ibid.	El sanedrín declaró a Jesús culpable y le condenó de inmediato; luego se volvió a reunir al día siguiente para dar la apariencia de orden.
	Vemos sólo un apuro para juzgar y ninguna indicación de que los jueces se reunieran por alguna otra razón y mucho menos para hallar a Jesús «no culpable».
Berg, ibid.	El sanedrín declaró culpable a Jesús y le condenó de inmediato; luego volvió a reunirse al día siguiente para dar la apariencia de orden.

Habiendo establecido el hecho de que nadie había testificado contra él, y que no era culpable de nada más que permitir que Anás hiciera el ridículo, Jesús dejó al viejo sacerdote sin tener nada más que decir. Claramente, el objeto del juicio no era descubrir la verdad; por consiguiente, Jesús se negó a cooperar. Sin otra palabra, «Anás lo envió, todavía atado, a Caifás» (v. 24). Él había esperado que Jesús le hubiera facilitado las cosas implicándose a sí mismo, pero el Señor intrépidamente aplicó las propias reglas de jurisprudencia del sanedrín. Y tenía la verdad de su lado. Declarar a Jesús culpable de un crimen capital y hacerlo creíble por causa de la opinión popular no sería fácil.

— 18:25-27 —

Juan menciona el juicio del Señor ante Caifás, que oficialmente tenía el cargo de sumo sacerdote. Lamentablemente, a la justicia no le fue mucho mejor en este juicio que en el anterior (Mt 26:57-68; Mr 14:53-65). En tanto que la audiencia parecía más legítima —celebrada por un sumo sacerdote real y con la asistencia de varios miembros del sanedrín— violó muchas de sus mismas reglas. El juicio se celebró en secreto, por la noche y en el palacio del sumo sacerdote en vez de en el salón de reunión del concilio. Todavía más, no se había provisto abogado para el acusado y el concilio presionó el caso contra Jesús en lugar de pesar imparcialmente la evidencia.

Para mantener por lo menos la apariencia de propiedad, el concilio se desbandó antes de que saliera el sol. De acuerdo con sus reglas, los miembros debían reunirse por parejas, comer una comida ligera, y debatir el caso exhaustivamente en preparación para el dictamen final al día siguiente. Más bien, se turnaron para maltratar al acusado. Mientras tanto, afuera en el patio, Pedro cumplía la profecía de su Maestro. Dos negaciones más completaron su fracaso.

Mientras el relato que da Juan de este primer juicio se acerca a su fin, vemos cómo Jesús responderá a la injusticia de los próximos cinco. El Señor aceptó que no recibiría justicia de los seres humanos. Él sabía que el mundo estaba —como ahora— contaminado por el pecado y gobernado por gente corrupta. Así que no esperaba justicia de los tribunales, ni pidió la aprobación de la gente buscando afirmación. Más bien, el Hijo se sometió a la voluntad del Padre y permitió que la injusticia hiciera avanzar su plan. Jesús sencilla y directamente dijo la verdad en respuesta a preguntas válidas, y se negó a permitir que la ira o la amargura impidieran que alguno la viera —si alguno verdaderamente quisiera verla— y confió a Aquel que en última instancia juzgará con justicia a toda alma.

Aplicación

Cómo soportar con gracia la injusticia

Puedo pensar de unas pocas situaciones más desafiantes en lo personal que soportar a solas la injusticia y sin que nadie lo note. Debido a que llevamos la imagen de Dios, la justicia satisface una necesidad profundamente asentada y dada por Dios; debido a que estamos contaminados por el pecado,

La verdad en el banquillo (Juan 18:1-27)

En el extremo este del pórtico real del templo, setenta y un ancianos se sentaban en hileras semicirculares alrededor de un sector que parecía una era. El sanedrín oficialmente se reunía aquí para fijar las políticas nacionales o religiosas y para dictaminar en casos civiles y criminales. Todas sus deliberaciones y decisiones estaban abiertas al público.

no obstante, nuestro deseo de justicia se vuelve un esfuerzo supremamente egoísta. El enojo exige satisfacción. La amargura exige desquite. Una desesperanza egocentrista clama alivio al cielo. El aislamiento desesperado anhela un abogado, en tanto que un mundo insensible ociosamente presencia nuestro sufrimiento. En ese crisol solitario de injusticia, el silencio del cielo puede ser ensordecedor.

Jesús no nos prometió ni sacarnos del mundo ni prevenir la opresión del mundo. Más bien, oró que seamos preservados en las pruebas y persecuciones (17:14). Por consiguiente, no nos preservará de la injusticia; más bien, ha prometido preservarnos *al atravesar la injusticia*. Todavía más, nos prometió gloria al otro lado de nuestro sufrimiento. La agonía que usted sufre —aunque se sienta abrumadora— no será desperdiciada. Si usted lo permite, esta experiencia puede ser el medio por el cual Dios le da su mayor bendición.

George Matheson expresó esto muy bien en su libro *Thoughts for Life's Journey* [Pensamientos para la jornada de la vida]:

> Alma mía, ¡no rechaces el lugar de tu postración! Nunca ha sido salón de vestir de la realeza. Pregunta a los grandes del pasado cuál ha sido el punto de su prosperidad; te dirán: «Fue el suelo frío en el cual una vez yacía». Pregúntale a Abraham; él te señalará el sacrificio en Moria. Pregúntale a José; él te dirigirá a su mazmorra. Pregúntale a Moisés; él fechará su fortuna a los peligros en el Nilo. Pregúntale a Rut; ella te pedirá que construyas su monumento en el campo de su sudor. Pregúntale a David; él te dirá que sus cantos brotaron por la noche. Pregúntale a Job; y él te recordará que Dios le contestó desde un torbellino. Pregúntale a Pedro; él exaltará su hundimiento en el mar. Pregúntale a Juan; él le dará las palmas a Patmos. Pregúntale a Pablo; él atribuirá su inspiración a la luz que lo dejó ciego. Pregunta a uno más: el Hijo del Hombre. Pregúntale de dónde ha venido su gobierno sobre el mundo. Él responderá: «De la tierra fría en la cual una vez yacía: el suelo de Getsemaní; allí recibí mi cetro». Tú, también, alma mía, serás engalanada por Getsemaní. La copa que tú quisieras que pase de ti será la corona en el más allá. La hora de tu soledad te coronará. El día de tu depresión te engalanará. Es tu *desierto* que irrumpirá en canción; son los árboles de tu bosque silencioso que aplaudirán…
>
> La voz de Dios a tu noche será ésta: «Tu tesoro está escondido en la tierra en donde estabas yaciendo[3].

Poco después de su oración por nosotros, Jesús soportó la peor injusticia que ser humano alguno pudiera experimentar. Nadie jamás fue más inocente que Jesús. Pocos jamás serán más hipócritas y corruptos que Anás, Caifás, la élite del templo o Herodes Antipas. Tal vez reflexionando en cómo Jesús se condujo durante ese tiempo horroroso, Pedro escribió a los creyentes perseguidos: «Pero ¿cómo pueden ustedes atribuirse mérito alguno si soportan que los maltraten por hacer el mal? En cambio, si sufren por hacer el bien, eso merece elogio delante de Dios» (1 Pedro 2:20).

Un día el Señor volverá y restaurará la justicia. En el último día, la verdad reinará suprema y todos los que han sufrido injusticia serán vindicados, tal como Jesús fue vindicado por su resurrección. Mientras tanto, someta su necesidad por oírse al plan soberano de Dios. Deje de buscar vindicación. Diga la verdad en amor y sin pedir disculpas a las partes apropiadas. Consuélese en el hecho de que su Salvador comprende su lucha.

Prisa por juzgar (Juan 18:28—19:16)

²⁸Luego los judíos llevaron a Jesús de la casa de Caifás al palacio del gobernador romano. Como ya amanecía, los judíos no entraron en el palacio, pues de hacerlo se contaminarían ritualmente y no podrían comer la Pascua. ²⁹Así que Pilato salió a interrogarlos:

—¿De qué delito acusan a este hombre?

³⁰—Si no fuera un malhechor —respondieron—, no te lo habríamos entregado.

³¹—Pues llévenselo ustedes y júzguenlo según su propia ley —les dijo Pilato.

—Nosotros no tenemos ninguna autoridad para ejecutar a nadie —objetaron los judíos.

³²Esto sucedió para que se cumpliera lo que Jesús había dicho, al indicar la clase de muerte que iba a sufrir.

³³Pilato volvió a entrar en el palacio y llamó a Jesús.

—¿Eres tú el rey de los judíos? —le preguntó.

³⁴—¿Eso lo dices tú —le respondió Jesús—, o es que otros te han hablado de mí?

³⁵—¿Acaso soy judío? —replicó Pilato—. Han sido tu propio pueblo y los jefes de los sacerdotes los que te entregaron a mí. ¿Qué has hecho?

³⁶—Mi reino no es de este mundo —contestó Jesús—. Si lo fuera, mis propios guardias pelearían para impedir que los judíos me arrestaran. Pero mi reino no es de este mundo.

³⁷—¡Así que eres rey! —le dijo Pilato.

—Eres tú quien dice que soy rey. Yo para esto nací, y para esto vine al mundo: para dar testimonio de la verdad. Todo el que está de parte de la verdad escucha mi voz.

³⁸—¿Y qué es la verdad? —preguntó Pilato.

Dicho esto, salió otra vez a ver a los judíos.

—Yo no encuentro que éste sea culpable de nada —declaró—. ³⁹Pero como ustedes tienen la costumbre de que les suelte a un preso durante la Pascua, ¿quieren que les suelte al "rey de los judíos"?

⁴⁰—¡No, no sueltes a ése; suelta a Barrabás! —volvieron a gritar desaforadamente.

Y Barrabás era un bandido.

¹⁹:¹Pilato tomó entonces a Jesús y mandó que lo azotaran. ²Los soldados, que habían tejido una corona de espinas, se la pusieron a Jesús en la cabeza y lo vistieron con un manto de color púrpura.

³—¡Viva el rey de los judíos! —le gritaban, mientras se le acercaban para abofetearlo.

⁴Pilato volvió a salir.

—Aquí lo tienen —dijo a los judíos—. Lo he sacado para que sepan que no lo encuentro culpable de nada.

⁵Cuando salió Jesús, llevaba puestos la corona de espinas y el manto de color púrpura.

—¡Aquí tienen al hombre! —les dijo Pilato.

⁶Tan pronto como lo vieron, los jefes de los sacerdotes y los guardias gritaron a voz en cuello:

—¡Crucifícalo! ¡Crucifícalo!

—Pues llévenselo y crucifíquenlo ustedes —replicó Pilato—. Por mi parte, no lo encuentro culpable de nada.

⁷—Nosotros tenemos una ley, y según esa ley debe morir, porque se ha hecho pasar por

Hijo de Dios —insistieron los judíos.

⁸Al oír esto, Pilato se atemorizó aun más, ⁹así que entró de nuevo en el palacio y le preguntó a Jesús:

—¿De dónde eres tú?

Pero Jesús no le contestó nada.

¹⁰—¿Te niegas a hablarme? —le dijo Pilato—. ¿No te das cuenta de que tengo poder para ponerte en libertad o para mandar que te crucifiquen?

¹¹—No tendrías ningún poder sobre mí si no se te hubiera dado de arriba —le contestó Jesús—. Por eso el que me puso en tus manos es culpable de un pecado más grande.

¹²Desde entonces Pilato procuraba poner en libertad a Jesús, pero los judíos gritaban desaforadamente:

—Si dejas en libertad a este hombre, no eres amigo del emperador. Cualquiera que pretende ser rey se hace su enemigo.

¹³Al oír esto, Pilato llevó a Jesús hacia fuera y se sentó en el tribunal, en un lugar al que llamaban el Empedrado (que en arameo se dice Gabatá). ¹⁴Era el día de la preparación para la Pascua, cerca del mediodía.

—Aquí tienen a su rey —dijo Pilato a los judíos.

¹⁵—¡Fuera! ¡Fuera! ¡Crucifícalo! —vociferaron.

—¿Acaso voy a crucificar a su rey? —replicó Pilato.

—No tenemos más rey que el emperador romano —contestaron los jefes de los sacerdotes.

¹⁶Entonces Pilato se lo entregó para que lo crucificaran, y los soldados se lo llevaron.

Para cuando los dos primeros juicios habían terminado, Jesús estaba sangrando y seriamente lesionado; pero todavía no se había dictado ninguna sentencia oficial. Los juicios tuvieron lugar bajo la cobertura de la noche y por consiguiente los hubiera considerado ilegítimo cualquiera a quien el sanedrín esperaba impresionar, incluyendo el judío del pueblo y sus amos romanos. La narración de Juan omite toda mención del tercer juicio, tal vez porque su punto ha quedado suficientemente claro. El tercer juicio judío fue meramente por apariencias; no cambió nada.

Alrededor de las seis de la mañana el sumo sacerdote convocó al concilio al lugar oficial de juicio, un salón semicircular en el extremo oriental del pórtico real del templo. El lugar estaba diseñado para que se parezca una era. En tiempos antiguos, los agricultores se reunían en un lugar en donde al trigo se lo separaba del tamo a fin de separar la verdad y el mal. Era en esa era en donde se decidían todos los asuntos de justicia ante toda la comunidad. En tanto que el juicio tuvo lugar a la luz del día, en el edificio apropiado, y ante los ojos del público, los dirigentes religiosos violaron sus propias reglas. Su propósito no fue descubrir la verdad sino buscar una acusación que satisfaga un conjunto específico de requisitos.

Para el fin del tercer juicio, los dirigentes religiosos decidieron la acusación de traición contra Roma. Jesús había afirmado ser el Cristo, a quien los judíos ampliamente consideraban su esperanza de expulsar a sus opresores romanos. Esto convencería al gobernador romano para que ejecute a Jesús y aplacaría a las masas hebreas agitadas. Los dirigentes pensaban que podían complacer a todos. El imperio se libraría de un potencial revolucionario, y una vez que Jesús hubiera sido ejecutado, el pueblo lo rechazaría como otro falso Mesías. Parecía una solución ideal que produjo una coalición improbable de fariseos (en su mayoría escribas y maestros laicos), saduceos (sumo sacerdotes aristócratas), y zelotes (revolucionarios encubiertos).

— 18:28–29 —

Mientras los dirigentes religiosos llevaban a Jesús del templo al procurador romano, Poncio Pilato, para que lo condene, la acusación contra Jesús cambió de blasfemia a traición. Juzgarían a Jesús según la ley romana en lugar de conforme al código de los judíos. Su juicio ante Pilato siguió un proceso común de cuatro pasos:

Acusación (18:28–29)
Interrogatorio (18:33–35)
Defensa (18:36–38a)
Veredicto (18:38b)

El supervisor romano normalmente residía a unos 113 kilómetros al noreste de Jerusalén, en Cesarea, ciudad edificada por Herodes el Grande en honor a César Augusto y diseñada para que se pareciera a Roma. Cuando visitaba Jerusalén, Pilato ocupaba la residencia oficial del procurador, llamada pretorio, que había sido el palacio de Herodes el Grande. Siendo casa de un gentil, los judíos no quisieron entrar para no contaminarse ritualmente. Juan usa esta ironía con gran efecto. Las autoridades religiosas se conservaron ritualmente puras mientras entregaban a su víctima a los gentiles para su ejecución.

Poncio Pilato era amigo personal de Lucio Sejano, líder de facto de Roma durante el prolongado retiro del emperador Tiberio en la isla de Capri. Poco después de subir al poder, Sejano le concedió a su amigo uno de los cargos más codiciados en el imperio: procurador de Judea. El historiador Filón de Alejandría describió a Pilato como «un hombre de disposición muy inflexible, y muy implacable tanto como muy obstinado»[4].

— 18:30–32 —

La conversación entre los dirigentes judíos y su gobernador ilustra la enemistad que existía entre ellos. Su respuesta sarcástica dijo, en efecto: «Si este hombre no fuera culpable de algo serio, no estaríamos aquí, Pilato». Todavía más, parece que esperaban su cooperación sin cuestionar. Los romanos no se oponían a matar a un individuo a cambio de paz civil, y a Pilato por cierto no le importaba matar judíos. Ya tenía dos cosas en su contra, sin embargo, así que procedió con cautela.

Cuando se vieron ante el reto de juzgar a Jesús de acuerdo con la ley judía, los líderes revelaron su problema. Los romanos por lo general permitían que las civilizaciones conquistadas se gobernaran a sí mismas, pero se reservaban el derecho de pena capital. Los judíos querían matar a Jesús, pero

Después de que Herodes Arquelao fue depuesto y desterrado a Galia, el palacio de la familia se convirtió en la residencia oficial del procurador romano, que era Pilato al tiempo de los juicios de Jesús. Para evitar la contaminación ritual durante la fiesta de la Pascua, los dirigentes religiosos se negaron a entrar en la casa de Pilato. Con toda probabilidad él oyó sus quejas en el patio limitado por las «tres torres» a la izquierda de la fotografía.

no tenían autoridad para matarlo. La nota editorial de Juan se refiere a la predicción de Jesús de que él sería «levantado» en una cruz (3:14; 8:28; 12:32-33), y no apedreado según el método judío de ejecución.

— 18:33-38 —

Una vez que se presentaba la acusación, se interrogaba al acusado. Esta era su oportunidad de decir su versión del asunto. Pilato le hizo a Jesús la cuestión pertinente, presumiblemente porque ya sabía la acusación oficial contra Jesús. Es probable que Pilato hubiera presenciado la entrada triunfal de Jesús pocos días antes (12:3). Quería saber si Jesús estaba, en verdad, en el proceso de derrocar al gobierno de Judea. La respuesta de Jesús reveló una verdad fundamental del universo: estaba a punto de cambiar.

PONCIO PILATO

Para cuando Jesús empezó su ministerio público, el emperador Tiberio se había retirado a una villa lujosa en la isla de Capri, dejando la administración diaria del imperio en manos de su mano derecha de confianza, Lucio Sejano. Éste se había ganado la confianza del emperador al transformar un pequeño regimiento de guardaespaldas imperiales en la Guardia Pretoriana, una especie de fuerza de policía secreta que llegó a ser un factor influyente en la política romana. Todavía más, con astucia eliminó a todos sus rivales políticos gracias a astutas maniobras e intriga violenta. Uno de los rivales a quienes destruyó fue Druso, el propio hijo del emperador, a quien lentamente envenenó con la ayuda de la esposa del desdichado hombre.

Con Druso muerto a causa de lo que parecían ser causas naturales, Sejano disfrutó gobernando como líder de facto de Roma, y se cuidó de que su amigo Poncio Pilato recibiera uno de los nombramientos más prestigiosos del imperio: procurador de Judea. Aunque extremadamente desafiante, el cargo ofrecía potencial ilimitado para la grandeza política en el imperio. Sejano quería un gobernador fuerte para mantener a Judea en paz servil, a pesar del descontento judío que crecía.

El historiador Filón de Alejandría describió a Pilato como «un hombre de disposición muy inflexible, implacable y obstinado»[5]. La inflexibilidad de Pilato le había servido bien en el pasado, pero casi le llevó a la ruina en Judea. En donde él impuso fuerza bruta, se necesitaba finura. No entendió el delicado balance entre la autonomía y el control que se necesitaba para gobernar a los judíos. A poco de tomar el mando desde su cuartel en Cesarea Marítima, Pilato envió un mensaje claro a Jerusalén, haciendo que la gente supiera que él estaba a cargo. Normalmente, el ejército del procurador pasaba el invierno en Cesarea, pero Pilato ordenó que los soldados pasaran el invierno en Jerusalén. Todavía más, les ordenó que llevaran la imagen del césar en sus escudos y que los mostraran en lugares clave por toda la ciudad. Decidió que a Jerusalén se la debía tratar como a todas las demás naciones conquistadas. Por supuesto, esto violó la ley judía que prohibía «imágenes grabadas» (Deuteronomio 4:15-18).

A poco, una numerosa delegación de líderes del templo marchó en masa a Cesarea para protestar. El impasse resultante se convirtió en un choque de voluntades. Para Pilato quitar las imágenes sería una demostración humillante de debilidad, y sin embargo mantener la paz era su única responsabilidad. Los líderes judíos se negaron a volver hasta que se quitaran las imágenes, lo que hizo que Pilato respondiera por la fuerza. El historiador judío Josefo describió los medios con que el procurador terminó con la controversia.

> Al sexto día [de la protesta] ordenó a sus soldados que llevaran sus armas [ocultas], mientras él iba y se sentaba en el tribunal, cuyo asiento fue preparado en el lugar abierto de la ciudad de tal modo que escondía al ejército agazapado listo para oprimirlos; y cuando los judíos se presentaron con la petición de nuevo, dio la señal a los soldados para que los cercaran, y amenazó que su castigo sería no menos que la muerte inmediata, a menos que dejaran de fastidiarlo y se regresaran a casa. Pero entonces ellos se echaron al suelo, y descubrieron sus cuellos, y dijeron que estaban listos para morir, antes de que la sabiduría de sus leyes sea transgredida, ante lo cual Pilato quedó tan profundamente afectado por su firme resolución para mantener inviolables sus leyes, que al presente ordenó que las imágenes sean devueltas de Jerusalén a Cesarea[6].

No mucho tiempo después otro impasse terminó en una masacre judía. A los pocos días los líderes judíos enviaron una petición a Tiberio para que quitara a Pilato. Para entonces, Tiberio había descubierto que Sejano había envenenado a su hijo e hizo que lo ejecutaran. Conforme los ciudadanos de Roma arrastraban por las calles el cuerpo mutilado de Sejano, Pilato de repente se encontró sin un solo amigo en todo el mundo.

Pilato quería saber si Jesús era una amenaza al gobierno de Roma. Lo era, pero no como Pilato temía. Los reinos de la tierra se basan en el poder: fuerza militar, potencia intelectual, astucia política, abundancia financiera, ventaja social. El reino de los cielos se basa en la verdad, y la llegada del Mesías una solitaria noche a Belén no era ni con mucho una invasión. Ahora, en algún momento antes de su muerte y antes de que Cristo vuelva en poder, cada individuo debe escoger a cuál reino va a servir: los reinos de la tierra o el reino de Dios, los reinos basados en el poder o el reino basado en la verdad.

Jesús le aseguró a Pilato, en efecto: «No se preocupe, señor procurador; porque mi reino se basa en la verdad, y no en la fuerza; mis seguidores no se están armando para una guerra material».

Pilato desdeñó la selección de Jesús de la verdad en lugar de la fuerza. «¿Y qué es la verdad?» El mundo romano no era muy diferente al nuestro hoy. Pilato no subió al poder y prominencia defendiendo la causa de la verdad. Los romanos eran implacablemente pragmáticos. La verdad es la herramienta de la conveniencia. En sus mentes, «la historia la escriben los vencedores», y la verdad es lo que los poderosos dicen que es. Pero de acuerdo con Jesús, escoger entre la verdad y la conveniencia es como uno escoge a cuál reino va a servir.

Jesús le presentó a Pilato una alternativa: la misma alternativa que nos ofrece a nosotros hoy: hacer acomodos con la verdad y promover tu estatus en el reino de Tiberio, o andar en la luz de la verdad y recibir las recompensas invisibles del reino de Dios.

Pilato no podía darse el lujo de tener parte en ese escenario perdedor que se le presentó esa mañana. Su amigo Sejano había sido ejecutado como traidor, así que con probabilidad no sobreviviría a otro desacuerdo con la aristocracia judía. Y sin embargo, Jesús estaba ante él, inocente de todo crimen contra Roma y, sin embargo, con una multitud amotinada insistiendo en que era una amenaza seria a Tiberio. Cada vez que ellos habían apelado a Roma, siempre se habían salido con la suya. Y la última carta que recibió de Tiberio decía con claridad que era mejor que respetara las sensibilidades judías o sufriría el fin de su carrera, o algo peor.

Juan no anota el quinto juicio del Señor ante Herodes Antipas. De acuerdo con Lucas 23:8-12, Pilato trató de deshacerse del problema enviando a Jesús a Antipas, hijo de Herodes el Grande, y gobernador presente de Galilea. Pero Antipas no quiso meter las manos. Después de humillar a Jesús, lo devolvió a Pilato vestido de uno de sus propios mantos reales como burla. Pilato había ganado un amigo muy necesitado en Antipas, pero Jesús quedó como problema suyo para resolver.

A la larga Pilato tuvo que dictar un veredicto. Habiendo oído la acusación, e interrogado al acusado, y oído su defensa (v. 36), Pilato declaró: «Yo no encuentro que éste sea culpable de nada».

18:39-40

Antipas no quiso quitar a Jesús de las manos de Pilato, así que el procurador tuvo que resolver el asunto de otra manera. Una solución potencial se hallaba en una celda como a unos seiscientos metros del Pretorio: un conocido «bandido». Pero no lo confunda por un ladronzuelo. El término griego describe lo que nosotros llamaríamos un terrorista. Roma detestaba a los ladrones y piratas, que trastornaban el comercio por tierra y mar. Pero en Judea, el robo y el homicidio se habían convertido en agenda política.

Se informa que el nombre del hombre era Barrabás, que tiene el significado peculiar de «hijo de un padre». Bien pudiera haber sido un tipo de seudónimo como «Juan Pueblo» adoptado a fin de proteger a su familia de la retribución romana. Sea como sea, era un notorio enemigo del estado, ladrón y homicida, la clase de hombre que Roma disfrutaba al tener la oportunidad de ejecutar en la manera más terrible conocida: la crucifixión.

De acuerdo con la costumbre de los predecesores de Pilato, podía soltar de la cárcel a un hombre durante la fiesta de la Pascua. Pensó que podía tentar a la chusma para soltar a Jesús dándoles una alternativa menos atractiva. Si los judíos escogían soltar a Barrabás, genuino enemigo de Roma, pondrían en riesgo su amistad con Tiberio. Con toda certeza, escogerían poner en libertad a un inocente antes que invitar la ira del César. Pero Pilato subestimó el odio que los líderes religiosos le tenían a Jesús.

— 19:1 —

El plan de Pilato no resolvió su problema; meramente cerró más el apretón político que lo rodeaba. Ellos entendieron su juego y ahora él sería el que estaría soltando a un criminal peligroso para hostigar más a Roma. Desesperado por hallar una solución y no queriendo soltar a Barrabás, Pilato esperaba satisfacer las ansias de sangre de la chusma sentenciando a Jesús a la «muerte a medias».

La sencilla declaración de Juan: «Pilato tomó entonces a Jesús y mandó que lo azotaran» es aturdidoramente sencilla. Jesús fue llevado a la guarnición romana (la Fortaleza Antonia) adyacente al templo y entregado a un experto en la tortura llamado *lictor*, que usaba un látigo con largas correas de cuero llamado *flagrum*. Las correas de cuero podían ser meramente anudadas o, si el *lictor* quería causar más daño, podía escoger un látigo con pequeñas pesas de metal o incluso pedazos de hueso ensartados en las correas. «Las bolas de hierro causaban contusiones profundas, y los pedazos de hueso y las correas de cuero cortaban profundamente la piel y los tejidos subcutáneos. Entonces, conforme la flagelación continuaba, las laceraciones destrozaban los músculos más profundos en el esqueleto y producían trozos colgantes de carne que sangraba»[7]. De acuerdo a un patólogo forense, la flagelación típicamente resultaba en «costillas fracturadas y severas lesiones en los pulmones con laceraciones sangrantes dentro de la cavidad torácica y neumotórax parcial o completo (colapso de los pulmones)»[8].

— 19:2-3 —

Debido a que el procedimiento podía potencialmente hacer que la víctima cayera en shock en menos de cinco minutos, los soldados convirtieron el suceso en un espectáculo, deleitándose en humillarlo.

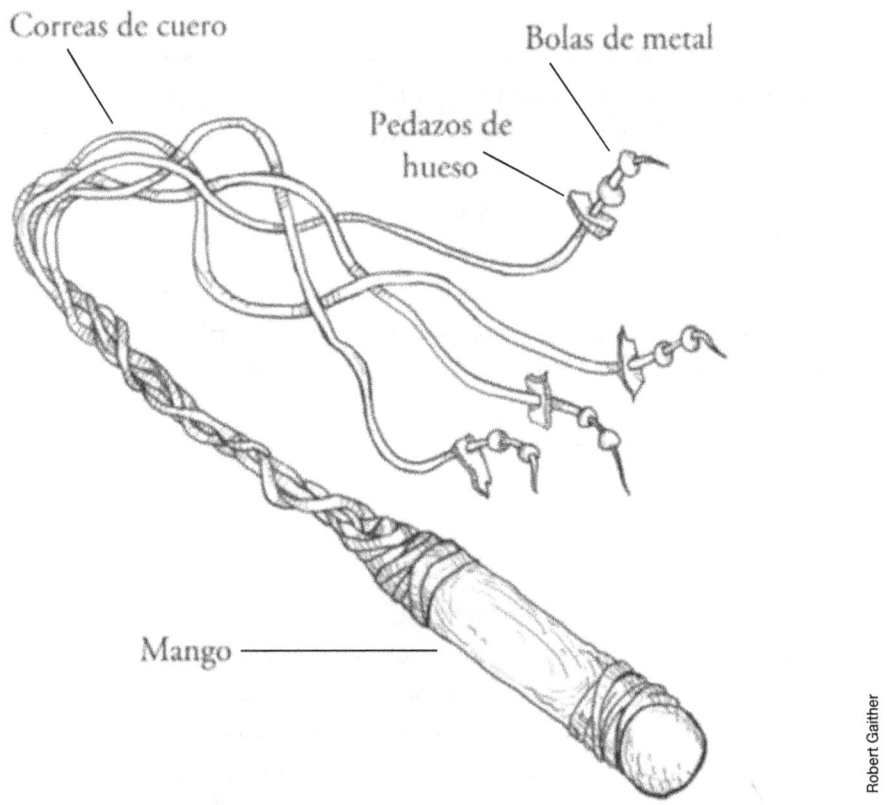

El verdugo podía controlar la cantidad de heridas en su víctima escogiendo el *flagrum* apropiado. Correas de cuero anudadas producían menos daño, en tanto que pesas de metal insertadas en las correas causaban profundas contusiones e incluso fracturaban las costillas. Algunos verdugos insertaban pedazos de hueso de oveja en las correas, los que destrozaban la carne de la víctima con cada latigazo. Las víctimas que no morían de inmediato por el shock a menudo sucumbían por la infección más tarde. Sin que sea sorpresa, la flagelación se llegó a conocer como «muerte a medias».

A tres o cuatro latigazos seguiría la mofa. Luego, conforme se recuperaba, más latigazos. Esto continuaba hasta que la víctima no podía aguantar más sin morirse.

Cuando el *líctor* completó su espeluznante tarea, puso de nuevo el manto real de Antipas sobre el cuerpo destrozado e hinchado de Jesús, y lo envió de regreso a Pilato, esta vez llevando una corona de espinas como burla de su supuesto reinado.

— 19:4-7 —

Pilato esperaba que al ver a Jesús humillado y flagelado casi hasta la muerte saciaría a la chusma furiosa que tenía en su patio, pero ellos no iban a aceptar nada menos que una sentencia de crucifixión. Pilato desafió a los líderes religiosos a que desafiaran a Roma aplicando ellos mismos la sentencia de muerte. Pero su respuesta tomó al procurador desprevenido. El título «Hijo de Dios» era particularmente significativo para los romanos. De hecho, César Augusto se había declarado hijo de un dios porque era el heredero del poder y título de Julio César, a quien habían declarado un dios. Todavía más, el título «Hijo de Dios» arrojaba nueva luz a la declaración anterior del Señor: «Mi reino no es de este mundo» (18:36-37).

—— 19:8-11 ——

En este punto el pánico empezó a llenar a Pilato. Antes, había desdeñado a Jesús como un lunático inocuo. Su pregunta anterior: «¿Eres tú el rey de los judíos?» (18:33), era condescendiente, lo que hizo que Jesús a su vez preguntara: «¿Preguntas esto por tu propia iniciativa?» (traducción mía). Esta vez Pilato preguntó anhelante: «¿De dónde eres tú?»

Jesús ya había contestado a la pregunta, así que no había necesidad de responder de nuevo. Cuando Pilato amenazó con ejercer poder sobre el Hijo de Dios, Jesús aclaró su declaración previa en cuanto a los reinos de la tierra y el reino de los cielos. El universo había cambiado. La verdad vence a la fuerza, si no más temprano, entonces en última instancia. Jesús le recordó a Pilato que el poder le había sido dado desde arriba y que era él quien estaba sujeto al juicio en verdad.

Este fue una última súplica para que Pilato se sometiera al reino de Dios en lugar de al reino de Tiberio (o a cualquier otro reino terrenal).

—— 19:12-16 ——

A estas alturas Pilato estaba frenéticamente buscando una manera de soltar a Jesús sin perder el favor de la aristocracia judía ni poner en peligro su promoción en el reino de Tiberio. Finalmente, sacó a Jesús ante ellos y trató de avergonzar a la multitud para que se echara para atrás. Pero la chusma esgrimió una última amenaza; planeaba informar a Tiberio que Pilato había respaldado el reclamo de otro hombre de soberanía sobre Israel.

Pilato tenía que escoger. ¿Tiberio o Jesús? ¿Los reinos de la tierra o el reino del cielo? ¿La fuerza o la verdad?

La presión del mundo resultó ser demasiado para Pilato. Como es cierto para la mayoría de los políticos, la popularidad pública triunfó sobre la integridad personal. Obligado a escoger, eligió confiar en la fuerza, servir al reino del mundo. Sin otra palabra, pasó al lugar oficial de juicio llamado bema. Esta era una plataforma elevada desde la cual se leían los decretos oficiales, incluyendo veredictos y sentencias en juicios criminales. Pilato optó por las autoridades religiosas: Anás, Caifás, los sacerdotes, escribas, fariseos, saduceos, zelotes y herodianos, explícitamente. «Aquí tienen a su rey». La chusma respondió a gritos su decisión: «César» y los reinos del mundo.

Juan anota el tiempo como el mediodía del día de la preparación de la Pascua. Es decir, el 14 de Nissan. La referencia de Juan al tiempo y el día siempre tiene significado teológico o simbólico. Al medio día del día de la preparación los sacerdotes en el templo empezaban a sacrificar a los corderos pascuales de acuerdo con Éxodo 12:6. Debido a que tenían tantos adoradores para atender —como cien mil peregrinos— los sacerdotes trabajaban toda la tarde hasta la caída del sol. Juan quería recalcar que Jesús había sido sentenciado al mediodía y estaría colgando en la cruz conforme los corderos pascuales estaban siendo sacrificados en el templo.

Los juicios de Jesucristo —todos ellos injustos y prejuiciados— ahora eran historia. Los siglos han reducido a nada los cuerpos de los enemigos de Jesús. Solo Dios sabe en cuanto a sus almas. Con todo, las opciones que ellos enfrentaron siguen siendo nuestras hoy. Jesús llama a toda persona a servir a su reino en lugar de a los reinos del mundo. ¿La verdad o el poder? ¿El camino de Dios o el camino del mundo? ¿Fe u obras? ¿Gracia u orgullo? Pilato trató en vano de buscar un camino medio,

Mucho antes de que Herodes el Grande empezara la construcción del complejo del templo, los gobernantes hasmoneos (una familia sacerdotal judía) construyó una ciudadela. Herodes fortificó y amplió la estructura a fin de asegurar y proteger su nuevo complejo del templo. Para apaciguar los temores de Roma de que estaba preparándose para la guerra, la nombró Antonia, por su amigo Marco Antonio. Poco después de su muerte, la fortaleza se convirtió en una guarnición de soldados romanos cuando Jerusalén cayó bajo el directo control de Roma.

alguna artimaña en la cual pudiera servir a ambos o a ninguno sin tener que escoger, pero no la hay. Y nosotros también debemos escoger.

Aplicación

El camino no tomado

En 1920 Robert Frost nos intrigó con los versos de apertura de su poema clásico:

> Dos caminos divergían en un bosque amarillo,
> y lamentando que no podía seguir los dos
> y ser un viajero, largo tiempo me detuve…[9].

Lamentablemente, nuestra jornada por la vida nos lleva a bifurcaciones en el camino que no son ni nostálgicas ni encantadoras. La decisión que enfrentamos no es entre un convencionalismo y la curiosidad tanto como entre la verdad y el poder, las riquezas en la tierra o tesoros en el cielo, éxitos terrenales o pureza espiritual, confort a corto plazo o recompensa eterna. El impulso a preservar nuestro confort en el aquí y ahora puede poderosamente superar nuestra decisión de obedecer a Dios. Digamos las cosas tal como son: sus recompensas a menudo son intangibles y casi siempre demoradas, lo que hace de la obediencia una cuestión de confianza.

Poncio Pilato se hallaba en una encrucijada crítica: para él, una decisión que tendría impacto eterno. Él tenía que decidir a qué reino iba a servir. Dictar un veredicto de «inocente» y soltar a Jesús por cierto hubiera destruido su carrera política y bien pudiera haber invitado severo castigo de parte de Roma. Así que, en lugar de someterse al reino de Dios, Pilato hizo a un lado la verdad por amor al poder, éxito terrenal y confort a corto plazo.

Antes de que lo juzguemos y nos contemos nosotros como justos, permítame presentarle un reto a su ética con una prueba. ¿Qué tal si usted fuera un secretario en el ejército alemán, muy ocupado tecleando sus órdenes, y la orden de acorralar judíos y otros que disienten llegara a su escritorio? En un régimen totalitario, la desobediencia casi con certeza resulta en severo castigo, si acaso no la muerte. Y, ¿para que? Con toda probabilidad a usted ni siquiera se le recordaría por su posición. Otro secretario anónimo, sin nombre, sería obligado al servicio después de su remoción, de todas maneras. ¿Qué se ganaría? Por cierto la satisfacción de que usted hizo lo que consideró correcto. Pero eso con toda probabilidad vendría al costo de gran sufrimiento.

¿Qué tal de una situación de corte no tan claro? El miembro de más alto rango de la oficina de su patrono —la persona con más poder y que menos cuentas rinde— le pide que haga algo que su conciencia claramente le dice que es malo. ¿Qué hacer? No hay vidas en juego. Es improbable que algo trágico resulte. Además, ¿qué se ganaría? Si lo despiden, ¿acaso la satisfacción de hacer lo correcto es dulce? O, al contar la situación a sus compañeros de trabajo y que ellos expresen su enfado, ¿se desembarazaría usted de la responsabilidad con las palabras: «Una orden es una orden; yo solo estoy siguiendo órdenes»?

El camino que seguimos se bifurca más de una vez. Nuestra decisión inicial de confiar en Jesucristo es la decisión más crucial que tomaremos, pero es la primera de muchas. Cada día debemos escoger a qué reino vamos a servir. ¿Se someterá usted a la verdad o sucumbirá al poder?

Muerte en una cruz (Juan 19:17-37)

¹⁷Jesús salió cargando su propia cruz hacia el lugar de la Calavera (que en arameo se llama Gólgota). ¹⁸Allí lo crucificaron, y con él a otros dos, uno a cada lado y Jesús en medio.

¹⁹Pilato mandó que se pusiera sobre la cruz un letrero en el que estuviera escrito: «JESÚS DE NAZARET, REY DE LOS JUDÍOS». ²⁰Muchos de los judíos lo leyeron, porque el sitio en que crucificaron a Jesús estaba cerca de la ciudad. El letrero estaba escrito en arameo, latín y griego.

²¹—No escribas "Rey de los judíos" —protestaron ante Pilato los jefes de los sacerdotes judíos—. Era él quien decía ser rey de los judíos.

²²—Lo que he escrito, escrito queda —les contestó Pilato.

²³Cuando los soldados crucificaron a Jesús, tomaron su manto y lo partieron en cuatro partes, una para cada uno de ellos. Tomaron también la túnica, la cual no tenía costura, sino que era de una sola pieza, tejida de arriba abajo.

²⁴—No la dividamos —se dijeron unos a otros—. Echemos suertes para ver a quién le toca.

Y así lo hicieron los soldados. Esto sucedió para que se cumpliera la Escritura que dice:
«Se repartieron entre ellos mi manto,
y sobre mi ropa echaron suertes».

²⁵Junto a la cruz de Jesús estaban su madre, la hermana de su madre, María la esposa de Cleofas, y María Magdalena. ²⁶Cuando Jesús vio a su madre, y a su lado al discípulo a quien él amaba, dijo a su madre:

—Mujer, ahí tienes a tu hijo.

²⁷Luego dijo al discípulo:

—Ahí tienes a tu madre.

Y desde aquel momento ese discípulo la recibió en su casa.

²⁸Después de esto, como Jesús sabía que ya todo había terminado, y para que se cumpliera la Escritura, dijo:

—Tengo sed.

²⁹Había allí una vasija llena de vinagre; así que empaparon una esponja en el vinagre, la pusieron en una caña y se la acercaron a la boca. ³⁰Al probar Jesús el vinagre, dijo:

—Todo se ha cumplido.

Luego inclinó la cabeza y entregó el espíritu.

³¹Era el día de la preparación para la Pascua. Los judíos no querían que los cuerpos permanecieran en la cruz en sábado, por ser éste un día muy solemne. Así que le pidieron a Pilato ordenar que les quebraran las piernas a los crucificados y bajaran sus cuerpos. ³²Fueron entonces los soldados y le quebraron las piernas al primer hombre que había sido crucificado con Jesús, y luego al otro. ³³Pero cuando se acercaron a Jesús y vieron que ya

estaba muerto, no le quebraron las piernas, ³⁴sino que uno de los soldados le abrió el costado con una lanza, y al instante le brotó sangre y agua. ³⁵El que lo vio ha dado testimonio de ello, y su testimonio es verídico. Él sabe que dice la verdad, para que también ustedes crean. ³⁶Estas cosas sucedieron para que se cumpliera la Escritura: «No le quebrarán ningún hueso» ³⁷y, como dice otra Escritura: «Mirarán al que han traspasado».

Sin que importe la posición de uno sobre los méritos o moralidad de la ejecución como forma de justicia, toda persona concordará en que no hay nada agradable o atractivo en ejecutar a alguien. Todos los instrumentos de muerte son horribles y brutales por su propia naturaleza, y tratar de hacerlos menos horrorosos sería absurdo. Con todo, la ejecución ha recorrido largo camino desde los días de Cristo, e incluso los últimos cientos de años han visto cambios significativos.

Los métodos modernos de aplicar la pena capital difieren de los métodos antiguos de dos maneras significativas. Primero, las ejecuciones modernas se hacen en privado, manteniendo a la galería de testigos lo menos numerosa posible. Las ejecuciones antiguas eran espectáculos públicos con una atmósfera casi como de circo. El propósito expreso de una ejecución pública era su valor percibido como disuasivo de crímenes similares. Segundo, las ejecuciones modernas están diseñadas para producir la muerte lo más rápido y con el menos dolor posible. Los métodos antiguos eran prolijamente preparados para extender el proceso de muerte todo lo posible, mientras que se prolongaba al máximo la agonía.

De todos los métodos de ejecución, sean antiguos o modernos, ninguno rivaliza la práctica de la crucifixión en términos de crueldad. El antiguo orador Cicerón describió la crucifixión como «el peor extremo de torturas infligida en esclavos»[10]. Tácito la llamó una «muerte infame».

De acuerdo al historiador griego Heródoto, los persas inventaron la práctica después de experimentar con otros métodos de dilatar la muerte, tal como el apedreamiento, ahogamiento, hoguera, hervir en aceite, estrangulación y desollar vivo. A la larga, los persas empezaron a empalar a criminales o enemigos particularmente detestables a fin de evitar que contaminaran la tierra, que su dios Ormuz había hecho sagrada. Alejandro Magno adoptó la crucifixión, lo que influyó a los cuatro generales que le sucedieron, y quienes la pasaron a los cartagineses. Los romanos heredaron la práctica de los cartagineses y luego buscaron nuevas maneras para prolongar la muerte y agudizar el dolor.

La crucifixión combinaba cuatro cualidades que los romanos apreciaban más en una ejecución: implacable agonía, muerte dilatada, espectáculo público y absoluta humillación.

Típicamente a la víctima se la flagelaba antes de la crucifixión. El lictor podía afectar cuánto tiempo sobreviviría un individuo en una cruz ajustando el nivel de lesiones que causaban en la víctima. Si el verdugo quería que la víctima muriera rápido, un flagelo con aserrados trozos de huesos de oveja insertados en las correas produciría rápidamente shock para que la muerte ocurra rápidamente. Una flagelación más ligera con correas de cuero sencillas podía resultar en que el individuo durara hasta una semana en la cruz. Merrill Unger dice que hubo «casos registrados de individuos que sobrevivieron hasta nueve días»[11].

Este fue el aspecto físico de la crucifixión que Jesús enfrentaba. Las dimensiones espirituales de su sufrimiento son inimaginables. Pero no debemos aferrarnos a la noción de que Jesús fue una víctima impotente de un plan fallido. Jesús no murió la muerte de mártir, ni tampoco murió antes de completar la misión propuesta. Por el contrario, en tanto que Pilato se engañó con la noción de que él esgrimía el poder de la vida y la muerte sobre Jesús, en verdad no lo tenía. Él dictó la sentencia de muerte en obediencia a sus propias compulsiones inescapables y en perfecta armonía con el plan soberano de Dios (Salmo 22; Isaías 53; Hechos 2:22-23; 3:18).

A la hora señalada Jesús empezó su solitaria marcha hacia su gloria destinada. Pero antes de entrar en la luz de la resurrección, debía recorrer la oscuridad y el sufrimiento.

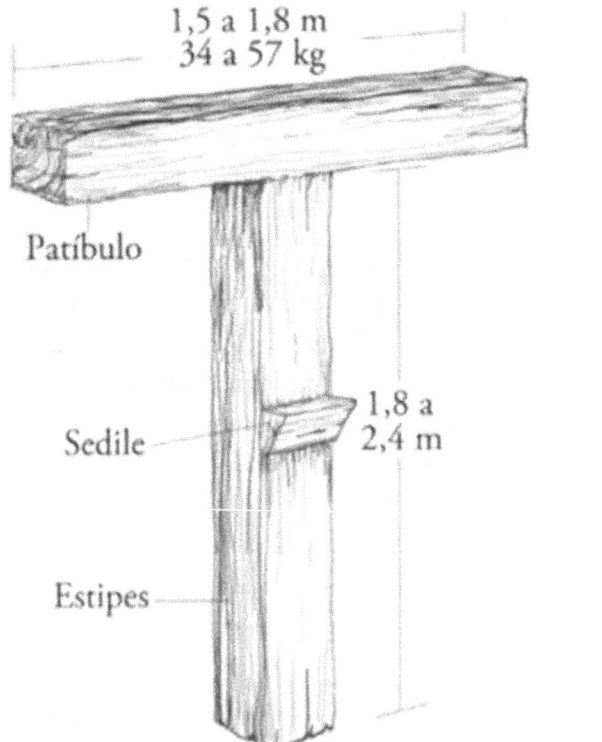

Los romanos no desperdiciaban nada en el macabro arte de la ejecución, incluyendo madera y clavos. Todo se volvía a usar. Por consiguiente, el patíbulo (travesaño) se sujetaba encima del poste (madero vertical) con una ensambladura de mortaja y espiga, lo que les permitía desmantelar la cruz más fácilmente para la próxima víctima. A veces, para demorar la muerte y prolongar la agonía de la víctima, el verdugo sujetaba un sedile (asiento) entre las piernas de la víctima.

— 19:17 —

Ninguno de los Evangelios menciona mucho en cuanto a la procesión del Señor al lugar de la crucifixión, probablemente porque era una vista familiar para los lectores del primer siglo por todo el imperio; tan común como una procesión fúnebre. La víctima iba en el centro de un cuadrado imaginario, con un soldado colocado en cada esquina y el comandante del pelotón a la cabeza. El pelotón de ejecución se le llamaba un *quarternion*, que servía bajo el mando de un *exactor mortis*.

A la víctima típicamente se le obligaba a llevar el travesaño (llamado *patibulum*) a un poste vertical que esperaba (llamado *estipes*), si podía físicamente después de la flagelación. Un letrero llamado *titulus* colgaba del cuello, llevando el nombre de la víctima y una lista de sus crímenes. Una vez que se ponía al individuo en la cruz, el letrero se clavaba encima de su cabeza a fin de que todos supieran por qué se le colgó para que muera.

Los romanos habían designado un lugar fuera de Jerusalén con el propósito de crucificar a criminales. Los locales lo apodaron como «el lugar de la Calavera», tal vez porque una protuberancia de la peña parecía una calavera, o meramente porque era un lugar de muerte. Tres habían sido sentenciados para morir ese día. Indudablemente, más sufrirían allí la siguiente semana, o tal vez antes.

— 19:18 —

Los lectores de Juan no necesitaban más descripción del modo de ejecución de Jesús que la frase corta: «Lo crucificaron». Los detalles del método estaban indeleblemente impresos en su mente. Los occidentales del siglo veintiuno, sin embargo, necesitan de la ayuda de historiadores y científicos para entender la naturaleza de esta terrible odisea.

El pelotón de ejecución ponía el *patibulum* en la tierra y los sujetaba encima de los *estipes*, usando una ensambladura de mortaja y espiga para formar una gigantesca T mayúscula. Desnudaban a la víctima por completo y la ponían contra la madera y la sujetaba a la cruz con sus brazos extendidos y los pies planos contra el frente de los *estipes*. A la víctima por lo general se la ataba a la cruz en vez de clavarla. Los clavos eran costosos y los romanos querían extender el proceso de muerte, lo que llevaba mucho más tiempo si se suspendía al reo con cuerdas en vez de clavos.

Sin embargo, si el verdugo quería acelerar la muerte, clavaba a la víctima a la cruz por la base de las palmas y por encima de los pies. Simulacros realizados en voluntarios junto con un examen prolijo del registro histórico revela que la muerte por lo general se sucedía debido a la exposición, deshidratación, hambre o asfixia por fatiga. En el caso de la asfixia, la víctima quedaba tan agotada, deshidratada y mal nutrida como para alzarse para su próxima respiración, lo que conducía a la sofocación.

La víctima clavada a una cruz, tal como alguien atado en el lugar, también tenía que mantener su cuerpo en constante movimiento para aliviar el dolor de sus brazos, pecho y piernas, lo que solo agitaba los nervios dañados en las heridas de los clavos. A menos que los guardias le rompieran las piernas a la víctima, las causas primarias de la muerte para víctimas clavadas probablemente era el shock hipovolémico [excesiva pérdida de sangre], shock traumático, o paro cardíaco y respiratorio[12].

Sabemos que Jesús fue clavado a la cruz porque más adelante en el Evangelio de Juan el discípulo Tomás se refiere a las huellas de los clavos en las manos de Jesús (20:25-27). Todavía más, los romanos estaban atentos a las sensibilidades judías, asegurándose de que los hombres no quedaran colgados en sus cruces durante un sabbat especial, así que aceleraban la muerte.

— 19:19—22 —

Pilato ordenó que el *titulus* preparado para Jesús indicara su «crimen» como siendo «el Rey de los judíos», lo que enfureció a los oficiales del templo, a quien Juan se refiere como «los principales sacerdotes de los judíos». De ordinario los llamaba «principales sacerdotes» o «judíos», pero no ambas cosas. En este caso, retuvo el «de los judíos» para recalcar la ironía del título de Jesús: «Rey *de los judíos*». Los oficiales del templo ya habían declarado anteriormente su lealtad: «No tenemos más rey que el emperador romano» (19:15), así que exigieron que se alterara el *titulus*. Pilato, sin embargo, había llegado al fin de su cuerda. Había puesto la verdad y la justicia a un lado para retener su favor político y evitar la ira de Tiberio.

Claramente Pilato había quedado impactado por su encuentro con Jesús y, al parecer, vio algo de credibilidad en sus afirmaciones. Si experimentó alguna conversión, sin embargo, la historia guarda silencio al respecto. Más bien, tenemos evidencia razonablemente creíble de que Pilato volvió a chocar con los judíos y Roma lo llamó, desterrándolo a Galia, en donde se suicidó.

— 19:23—24 —

Antes de clavar a Jesús a la cruz, los soldados lo desnudaron por completo, como todas las víctimas de esta muerte humillante. Típicamente los judíos llevaban un *quitón* (ropa interior contra la piel) y por lo menos otra prenda de vestir de *jimation* (manto o túnica). Debido a que la tela era material valioso, dividieron sus vestidos exteriores por las costuras y se repartieron entre el *quarternion*. Su ropa interior sin costura, sin embargo, hubiera tenido mucho menos valor si se la dividía.

Juan incluye este detalle para demostrar el asombroso cumplimiento de la profecía dada casi mil años antes. David vio en visión la crucifixión del Mesías siglos antes de que el método se hubiera inventado (Salmo 22:18).

— 19:25—30 —

Juan incluye su relato de testigo ocular de una conversación íntima entre Jesús y su madre al pie de la cruz. Como un detalle final de su vida, Jesús puso a su madre al cuidado de Juan y luego pidió algo de beber. Según Juan, hizo esto en cumplimiento de las Escrituras. No está claro, sin embargo, a qué pasaje específico se refiere (Salmo 69:21 o 22:15 es probable).

Alguno de los presentes puso una esponja en el extremo de una rama de hisopo, lo que liga con las imágenes de la Pascua. Más tarde esa noche, los judíos mojarían ramas de hisopo en sangre de sus corderos sacrificados y luego la aplicarían a los postes y dinteles de sus puertas (Éxodo 12:22). El «vino agrio» por lo común se daba con las comidas a los soldados y obreros como ayuda para reducir la fiebre y proveer refresco.

Después de beber el vinagre, tomó su última respiración y clamó: «¡*Tetelestai!*». Jesús puede haber pronunciado su última palabra en griego para que la entendieran judíos y gentiles por igual. Lo más probable, sin embargo, es que habló en arameo, que Juan tradujo al griego. Los arqueólogos han hallado papiros de recibos de impuestos con *tetelestai* escrito encima, que quiere decir «pagado en su totalidad». Con el último aliento de Jesús en la cruz, declaró cancelada la deuda del pecado, completamente satisfecha. Luego —como Juan declara— Jesús por voluntad propia entregó su espíritu y murió. Nadie le quitó la vida (10:17-18).

19:31-34

La muerte de Jesús tuvo lugar relativamente rápido. La combinación de la «muerte a medias» que soportó anteriormente, la pérdida de sangre y el shock de los clavos, y el puro agotamiento de las noches previas sin dormir eran suficientes para matar a cualquier hombre rápidamente. Parece mejor, sin embargo, tomar la frase de «entregó el espíritu» (v. 30) por lo que dice. Su vida acabó por decisión propia. Nadie le quitó la vida.

Los judíos consideraban abominación dejar un cadáver colgado por la noche (Deuteronomio 21:22-23), especialmente en el sabbat o un día de fiesta, así que pidieron que les quebraran las piernas a los hombres para producir la muerte antes de que se pusiera el sol. Algunos científicos han sugerido que las víctimas rápidamente se sofocarían por no poder alzarse con las piernas. Investigación más reciente de un patólogo forense, sin embargo, ofrece una explicación más plausible.

> Una sola fractura femoral cerrada (fémur) puede resultar en la pérdida de 2 litros de sangre, y hasta 4 litros de sangre se pueden perder por fracturas de ambos fémures… La marcada hemorragia de la fractura de las piernas y el severo dolor ahondaría el nivel de shock hipovolémico y traumático, con la consiguiente caída de la presión sanguínea y un rápido desarrollo de congestión en las extremidades inferiores, resultando en inconsciencia, coma y muerte[13].

Después de quebrar a golpes las piernas de las otras dos víctimas, los soldados hallaron a Jesús ya muerto. Para asegurarse de que estuviera muerto, un soldado tomó una lanza corta, llamada *pilum*, y se la clavó en el costado, probablemente por la caja torácica, perforando el saco del pericardio. Halló lo que estaba buscando: sangre mezclada con fluido claro, señal inequívoca de muerte.

19:35-37

Juan interrumpe su narración con un aparte parentético extenso. Juan ofrece un testimonio ocular de que Jesús en efecto murió. Más de sesenta años después, una serie de herejías había infectado a las comunidades de creyentes. Irónicamente, pocos falsos maestros del día de Juan dudaban de la deidad de Cristo. ¡Cuestionaban la realidad de que fuera humano! Una herejía, llamada docetismo, aducía que Jesús meramente parecía ser humano pero que más bien era una aparición divina que no se podía ver ni tocar. Algunos de los llamados evangelios gnósticos se inventan relatos fantásticos de Jesús fingiendo comer sin consumir comida en realidad y nunca necesitando tener que defecar.

Algunos críticos antiguos pueden haber afirmado que Jesús en realidad no murió, sino que meramente «se desmayó». Sin embargo, esta no era la preocupación principal de Juan. Él luchó fuertemente contra la noción de que el Hijo de Dios no era completamente humano. El relato detallado de Juan de la evidencia física demostró que Jesús tenía un cuerpo como el nuestro y que murió con tanta certeza como todos los seres humanos morirán. Esto tiene que ver con la resurrección literal, corporal, más adelante en su narrativa.

Juan aumenta su testimonio ocular con imágenes de la Pascua (Éxodo 12:46; Número 9:12) y profecía bíblica (Salmo 34:20; Zacaría 12:10).

A menudo me he preguntado lo que Barrabás pensó luego del don que recibió de un hombre que nunca conoció. ¿Quiso Barrabás saber quién soportó su flagelación, quién llevó su cruz hasta las afueras de la ciudad, quién aguantó la horripilante y vergonzosa muerte que él se había ganado? Barrabás sin duda se sintió abrumadoramente aliviado al librarse de la cruz, pero, ¿alguna vez entendió que Jesús sufrió la muerte por todos los pecadores, incluyendo él mismo?

No hay que equivocarse. Todos somos culpables de pecado y merecemos sufrir la muerte como la pena justa por la rebelión contra nuestro Creador. La justicia no se puede hacer a un lado. Esta rebelión exige un castigo, y el castigo es la separación eterna de Dios en un lugar de tormento. Con todo, nuestro Juez ha postergado su veredicto final. Dios amó tanto al mundo que dio a su único Hijo, para que todo aquel que cree en él no sufra la muerte eterna, sino que tenga vida eterna (3:16).

Jesús, aunque absolutamente inocente, tomó el lugar del pecador sin esperanza. Tomó el lugar de otro en la cruz. Sí, Barrabás quedó libre, pero su libertad inmerecida es meramente una metáfora de una verdad mucho mayor, más personal.

Tomó *el lugar suyo* en la cruz. ¡Jesús murió *por usted*!

Aplicación

Una suerte peor que una muerte en una cruz

En la búsqueda por diseñar el modo más doloroso de ejecución posible, nadie superó la capacidad de los romanos para la crueldad. Los romanos reservaban su variación de la crucifixión para los esclavos, desertores, revolucionarios y solo los peores criminales; gente que ellos consideraban menos que humanos. Cicerón escribió: «Atar a un ciudadano romano es un crimen; flagelarlo es una abominación; matarlo es casi un acto de asesinato; crucificarlo ¿qué es? No hay palabra apropiada que pueda posiblemente describir una obra tan horrible»[14]. La crucifixión les daba a los romanos una oportunidad extraordinaria de infligir agonía junto con humillación. Por consiguiente, llegó a ser «uno de los medios más fuertes para mantener orden y seguridad. Los gobernadores imponían este castigo servil especialmente a los luchadores de la libertad que trataban de librarse del gobierno de Roma»[15].

Así que, imagínese la sorpresa de Pilato cuando la chusma furiosa exigió que un inocente tome el lugar de un culpable en una cruz. ¡Imagínese la sorpresa de Barrabás! Sentado en el pabellón de los condenados a muerte escuchando el juicio, no podía oír la parte de Pilato en la conversación. Todo lo que podía oír era el rugido de la chusma a la distancia: «¡Barrabás!… ¡Fuera! ¡Fuera! ¡Crucifícalo!» (Juan 18:40; 19:15).

Barrabás debe haberse sentido abrumado por el terror al oír a los guardias acercándose a su celda. Tan solo puedo imaginarme su total asombro al sentir que las cadenas le caían de las manos. Debe haber sentido alivio abrumador mientras los soldados lo conducían al extremo del pabellón de celdas y a la luz del día. Su castigo justo había sido hecho a un lado. ¡Estaba libre!

A veces me pregunto: ¿Qué si Barrabás hubiera dicho: *«¿Libertad? Aprecio la oferta, pero prefiero sufrir la muerte más horrorosa imaginable?»* Nadie en su sano juicio hubiera declinado la oferta de evadir la muerte en una cruz. Así que, ¿por qué las personas rechazan la oportunidad de evadir el tormento eterno en lugar de muerte eterna? ¿Por qué alguien se negaría a recibir la dádiva de vida eterna, comprada para él o ella por el sufrimiento y la muerte de Jesucristo en su lugar?

¿Cuál ha sido su respuesta a la oferta de la gracia?

Una resurrección milagrosa (Juan 19:38—20:10)

[38]Después de esto, José de Arimatea le pidió a Pilato el cuerpo de Jesús. José era discípulo de Jesús, aunque en secreto por miedo a los judíos. Con el permiso de Pilato, fue y retiró el cuerpo.
[39]También Nicodemo, el que antes había visitado a Jesús de noche, llegó con unos treinta y cuatro kilos de una mezcla de mirra y áloe. [40]Ambos tomaron el cuerpo de Jesús y, conforme a la costumbre judía de dar sepultura, lo envolvieron en vendas con las especias aromáticas. [41]En el lugar donde crucificaron a Jesús había un huerto, y en el huerto un sepulcro nuevo en el que todavía no se había sepultado a nadie. [42]Como era el día judío de la preparación, y el sepulcro estaba cerca, pusieron allí a Jesús.
[20:1]El primer día de la semana, muy de mañana, cuando todavía estaba oscuro, María Magdalena fue al sepulcro y vio que habían quitado la piedra que cubría la entrada. [2]Así que fue corriendo a ver a Simón Pedro y al otro discípulo, a quien Jesús amaba, y les dijo:
—¡Se han llevado del sepulcro al Señor, y no sabemos dónde lo han puesto!
[3]Pedro y el otro discípulo se dirigieron entonces al sepulcro. [4]Ambos fueron corriendo,

pero como el otro discípulo corría más aprisa que Pedro, llegó primero al sepulcro. ⁵Inclinándose, se asomó y vio allí las vendas, pero no entró. ⁶Tras él llegó Simón Pedro, y entró en el sepulcro. Vio allí las vendas ⁷y el sudario que había cubierto la cabeza de Jesús, aunque el sudario no estaba con las vendas sino enrollado en un lugar aparte. ⁸En ese momento entró también el otro discípulo, el que había llegado primero al sepulcro; y vio y creyó. ⁹Hasta entonces no habían entendido la Escritura, que dice que Jesús tenía que resucitar.
¹⁰Los discípulos regresaron a su casa.

El Dr. Frank Morrison no era la clase de individuo que uno encontraría en la iglesia el domingo en la mañana, pero se ganó el respeto de todos: bien educado bretón, abogado de profesión y hombre supremamente moral, pero escéptico en cuestiones de fe. Según su propio relato, era un hombre movido solo por lógica irresistible y hechos verificables. Prefería la teología de los críticos alemanes, el doctor Matthew Arnold de Oxford, Carlos Darwin y Sir Tomás Huxley. Por consiguiente, rechazaba la posibilidad de milagros y de lo sobrenatural, y suponía que a todas las tradiciones cristianas se les debía despojar de su «exceso de creencias primitivas y suposiciones dogmáticas» para hallar al Jesús real, a quien consideraba «una figura casi legendaria de pureza y noble hombría». Naturalmente, esto quería decir que creía en la realidad histórica de un hombre llamado Jesús que murió a manos de Roma. Pero negaba la creencia cristiana histórica en la resurrección de Jesucristo.

Decidido a descubrir a Jesucristo sin los adornos de la región, Morrison se dispuso a estudiar los últimos días de Jesús y descubrir la verdad de la semana subsiguiente. Escogió perseguir el estudio desde un punto de vista puramente intelectual, usando los documentos de las Escrituras, la historia y la arqueología, decidido a permitir que los hechos formen la historia. Y con la tozuda curiosidad e indeclinable lógica de un Sherlock Holmes, desentrañó el misterio de Jesús. El resultado de sus hallazgos y transformación personal se publicaron en su libro *¿Quién movió la piedra?* En el prefacio, Morrison escribe:

> [Este libro es] el relato interno de un hombre que originalmente se dispuso a escribir una clase de libro pero se halló obligado por la pura fuerza de las circunstancias a escribir otro.
>
> No es que los hechos mismos se alteraron, porque están registrados imperecederamente en los monumentos y en las páginas de la historia humana; pero la interpretación que se da a los hechos atravesó un cambio. De alguna manera mi perspectiva cambió. No de repente, como en un fogonazo de perspectiva o inspiración, sino lentamente, casi imperceptiblemente, por la misma obstinación de los mismos hechos.
>
> El libro que fue planeado originalmente quedó archivado[16].

Claro, no puede haber resurrección si primero no hay un cadáver. El milagro de la tumba vacía depende de la certeza de la muerte de Jesús. La necesidad de sustanciar este hecho se debe a los críticos que declaran que nunca murió. Libros enteros se han escrito aduciendo que Jesús cayó en coma y quedó inconsciente en la cueva sepulcral. Luego, dentro del frío húmedo de la tumba, revivió, empujó la piedra, se escabulló por entre los guardias, y luego se escapó en la noche, aduciendo que había resucitado.

Juan describió y defendió la resurrección de Jesús contra otros tipos de repudio, pero sus palabras —inspiradas y preservadas por el Espíritu Santo— siguen siendo útiles para nosotros hoy; no solo por razón de teología correcta, sino por algo más básico: «para que también ustedes crean» (19:35).

— 19:38 —

Los antiguos no estaban tan aislados de la muerte como nosotros en las naciones modernas, desarrolladas, del siglo veintiuno. Ciertamente los hombres que se ganaban la vida ejecutando a otros sabían cuando habían terminado su tarea. Y a diferencia de hoy, las personas preparaban a sus propios muertos para el entierro. Para la edad de treinta años, casi todos habían visto docenas de cadáveres de cerca y de manera personal. Nosotros podemos ser engañados por un cuerpo comatoso, pero no la gente en los días de Jesús.

Después de que la lanza del centurión hubo confirmado la muerte, dos de los discípulos secretos de Jesús y del sanedrín pidieron permiso para llevarse el cuerpo de su amigo. Normalmente, los romanos echarían los restos en una tumba sin marca, junto con otros enemigos del estado, pero Pilato probablemente quería evitar ofender a más judíos de los que ya había ofendido. De acuerdo con Filón de Alejandría, extender esta cortesía no era raro.

> He conocido instancias antes de ahora de hombres que habían sido crucificados cuando este festival y día festivo estaban cerca, que fueron bajados y dados a sus parientes, a fin de que recibieran los honores de la sepultura, y para que disfruten de tales observaciones como se deben a los muertos; porque se solía considerar que incluso los muertos deben derivar algo de regocijo del festival de natalicio de un buen emperador, y también que el carácter sagrado del festival se debía respetar[17].

— 19:39-42 —

José y Nicodemo esperaron que los soldados bajaran el cuerpo de Jesús de la cruz, y luego tuvieron que flexionar y masajear su cuerpo a fin de relajar el rigor mortis, que con certeza ya había cundido debido a la caída de la temperatura y el esfuerzo físico antes de la muerte. Después de bajar sus brazos de la posición en V, lavaron su cuerpo y lo ungieron con aceite antes de envolverlo en una sola sábana de lino. Luego ataron una tela separada debajo de su quijada y por sobre la cabeza para mantener la boca cerrada hasta que el rigor mortis se extendiera.

La «costumbre judía de la sepultura» requería que los hombres envolvieran el cuerpo de Jesús de la cabeza a los pies en tiras de lino empapadas en una mezcla de resina con especies. Juan describió la cantidad como cien *litrai* romanos. Cada *litra* pesaba algo así como 325 gramos, así que deben haber usado alrededor de 33 kilogramos de especias aromáticas para contrarrestar el hedor de la descomposición. Entonces se colocaba el cuerpo en una cueva sepulcral, tallada en una colina de piedra caliza. Después de que el cuerpo se descompusiera en una concha sepulcral en la tumba, su familia hubiera reunido sus huesos y los hubiera colocado en el osario de la familia, o «cofre de huesos», junto con los de otros cadáveres ya descompuestos.

Debido a que el sol estaba por ponerse pronto, el grupo de entierro tuvo que actuar con rapidez. El día santo empezaba a la puesta del sol y ellos debían estar puertas adentro con la familia para la celebración de la Pascua. Pero Deuteronomio 21:22-23 exigía que el cuerpo de algún ejecutado fuera enterrado el mismo día. Indudablemente aplicaron solo la primera capa de lino y resina antes de colocar aprisa el cuerpo en la tumba, con la intención de volver el domingo para completar el proceso (Marcos 16:1-3; Lucas 23:54—24:1). Una vez que su cuerpo estaba dentro, un grupo de hombres hizo rodar una gigantesca piedra sobre la entrada a fin de mantener fuera a los ladrones de tumbas y animales salvajes, y el hedor de la descomposición adentro.

20:1-2

Juan da por sentado que el lector está familiarizado con los relatos de los Sinópticos de la resurrección de Jesús (Mateo 28:1-8; Marcos 16:1-8; Lucas 24:1-12), así que su propósito es poner algo diferente en el relato. Los relatos combinados revelan que varias mujeres, incluyendo María Magdalena, vinieron a la tumba del huerto para completar el proceso de entierro. Llegaron separadamente, pero más o menos a la misma hora. Al descubrir la tumba vacía, las mujeres se dividieron. Mateo, Marcos y Lucas nos dicen lo que les sucedió a las demás mujeres (Lucas 24:10), en tanto que el relato de Juan se concentra en las experiencias de María Magdalena. En tanto que las demás mujeres entraron para ver más de cerca, María Magdalena de inmediato corrió para informar a Pedro y a Juan.

Debido a que nosotros vemos este relato con una visión retrospectiva de 20/20, no debemos ser demasiados duros con María. Imagínese volver a la tumba de un amigo íntimo o pariente apenas un par de días después del funeral. Al acercarse al sepulcro para dejar flores, ve que la tierra ha sido sacada de la tumba, el ataúd está abierto junto al agujero y el cuerpo ha desaparecido. Naturalmente, usted quedaría estupefacto y daría por sentado que por alguna razón habían exhumado el cuerpo.

Aunque Jesús había anunciado su resurrección, sus seguidores podían ver los sucesos solo por ojos naturales. La visión sobrenatural es don del Espíritu Santo.

20:3-8

El griego tiene no menos de seis verbos que se traducen «ver», pero que tienen diferentes matices y usos específicos. En 20:5-8 Juan usa tres diferentes formas: *blepo* (v. 5), *teoreo* (v. 6) y *eidon* (v. 8), para describir las diferentes clases de «ver» que fue la experiencia de Pedro y de él mismo.

Al oír el informe de María, Juan y Pedro corrieron a la tumba para investigar. Juan llegó primero, se detuvo a la entrada de la cueva y atisbó adentro. Él «observó sin necesariamente entender» (*blepo*) los lienzos del envoltorio (v. 5). Pedro llegó momentos más tarde, solo para abrirse paso a la cueva, en donde «examinó con el propósito de investigación» (*teoreo*) la condición curiosa de los lienzos sepulcrales (v. 6). El sentido general de la descripción de Juan es que la resina y las vendas habían formado un capullo hueco en donde había estado el cuerpo. Alguien que se hubiera robado el cuerpo se hubiera llevado todo, o por lo menos hubiera desenvuelto los lienzos y los hubiera arrojado a un lado. Todavía más, la tela que se usó para atar la mandíbula de Jesús había sido enrollada y puesta a un lado. Si esto era una patraña, ¡se la realizó de una manera muy complicada!

Finalmente, Juan entró en la tumba, y allí «percibió con comprensión» (*eidon*) y creyó. Él «lo captó». Como nosotros diríamos, «se le prendió el foco». Ató todos los cabos y se dio cuenta de que Jesús había resucitado.

— 20:9-10 —

Juan explica la razón para la lentitud de los discípulos para captar el pleno significado de lo que vieron (cf. 2:22). No entendían la necesidad de la resurrección del Mesías. Por cierto las profecías aludían a que él resucitaría (Salmo16:10-11; Oseas 6:2), pero era más una necesidad lógica.

Para el primer siglo, los eruditos judíos luchaban por comprender cómo el Mesías podía sufrir y morir por amor de su nación y, sin embargo, vencer a sus enemigos, guiarlos a la prosperidad y establecer un imperio mundial. Una teoría sugería que las profecías mesiánicas predecían el surgimiento de dos individuos, uno que sacrificaría su vida y otro que reinaría en su lugar. Estas profecías al parecer conflictivas permanecían como un acertijo hasta que...

Juan reconoció que la resurrección corporal milagrosa, del Mesías lo resolvía todo. ¡En más de una manera!

A diferencia de Morrison, que puso sus libros a un lado una noche y confesó: «Creo», Will Durant, el famoso agnóstico profesor de la Universidad Columbia, enfrentó la muerte con lobreguez abrumadora. Alguien cercano a Durant anotó sus palabras finales, palabras de un hombre que había rechazado la fe en Jesucristo y abiertamente negado el hecho de su resurrección. Él escribió:

> Dios, que fue una vez la consolación de nuestra vida breve, y nuestro refugio en la aflicción y sufrimiento, evidentemente ha desaparecido de la escena; ni telescopio ni microscopio lo descubren. La vida se ha vuelto, en esa perspectiva total que es la filosofía, un lastimero pulular de insectos humanos en la tierra, un eccema planetario que tal vez pronto se cure; nada es cierto excepto la derrota y la muerte —un sueño del cual, parece, no hay despertar.
>
> Nos vemos empujados a concluir que el más grande error en la historia humana fue el descubrimiento de la «verdad». No nos ha hecho libres, excepto por engaños que nos confortaron y restricciones que nos preservaron. No nos ha hecho felices, porque la verdad no es hermosa, y no merece que se la persiga tan apasionadamente. Al mirarla ahora nos preguntamos por qué nos apresuramos tanto para buscarla. Porque nos ha quitado toda razón para la existencia excepto por el placer del momento y la esperanza trivial del mañana[18].

Will Durant murió en 1981.

El Dr. Roberto Ingersoll, abogado estadounidense y fiscal general del estado de Illinois, dictó conferencias ampliamente, defendiendo sus creencias agnósticas. A menudo dejaba estupefactos a sus públicos poniéndose de pie en un escenario y dramáticamente gritándole al cielo: «Si hay un Dios, que me mate aquí mismo. Te daré diez minutos». Por supuesto, el Señor en su gracia dejó que la insolencia pasara. Ingersoll asistió al funeral de su hermano y, casi sin poder hablar debido a su «aflicción incontrolable», ofreció las siguientes palabras: «La vida es un estrecho velo entre los picos fríos y desnudos de dos eternidades. Nos esforzamos en vano para ver más allá de las cumbres. Gritamos en voz alta, y la única respuesta es el eco de un lamento»[19].

Roberto Ingersoll murió en 1899.

Cada uno de nosotros, como Pedro y Juan y toda generación de escépticos y creyentes que han venido después de ellos, deben vérselas con la evidencia de la resurrección de Jesús. Si Morrison, Durant e Ingersoll pudieran volver de donde sea que estén para ofrecer su consejo, me preguntó qué dirían.

No; no me lo pregunto. Lo sé. Y en lo más hondo de su corazón, también usted.

Aplicación

La política de la resurrección de Cristo

Anteriormente, durante su ministerio en el templo, Jesús desafió a los líderes religiosos y gubernamentales de Israel respecto a la cuestión de libertad (8:31-38). Sorprendentemente, ellos estaban fuera del contacto con su situación política, fanfarroneado: «Nosotros somos descendientes de Abraham —le contestaron—, y nunca hemos sido esclavos de nadie. ¿Cómo puedes decir que seremos liberados?» (8:33). Irónico, considerando su servidumbre a Roma. Esto llevó a Jesús a hablar a la realidad de su esclavitud, tanto política como espiritual.

Los expositores no judíos por lo general interpretan la enseñanza de Jesús sobre la libertad desde un punto de vista exclusivamente espiritual, pero debemos recordar que el Mesías es el Rey de los judíos. Los oficiales del templo querían libertad política y pensaban que la habían logrado al mantener relaciones pacíficas con Roma, tales como para que Roma les permitiera adorar en paz. Jesús aclaró la cuestión, diciendo, en efecto: «Debido a que ustedes son esclavos del pecado, tampoco tienen libertad política». Entonces audazmente declaró, como su Rey: «Si el Hijo los libera, serán ustedes verdaderamente libres» (8:36). Esta fue una invitación a someterse a él como Rey de Israel.

La promesa de libertad es tanto espiritual como política, y no solo para Israel. Todos los que creen en un Jesucristo vivo pueden disfrutar de esta libertad, tanto espiritual como política.

Creer en un Cristo vivo es cuestión crucial con amplias ramificaciones y profundo impacto en el mundo. Las implicaciones de la resurrección no se limitan a la historia o filosofía. Negar la resurrección es negar las Escrituras. Negar las Escrituras es negar la existencia de Dios. Negar la existencia de

Dios es negar la realidad de la verdad o el significado. Si nada existe más allá de nuestra breve jornada en un universo sin sentido, entonces no deberíamos desperdiciar nuestras energías en ilusiones tales como la moralidad, el amor, propósito o la valía humana.

Incluso los que rechazan la resurrección entienden esto, aunque sea solo a un nivel subconsciente. Conforme cada cultura anteriormente cristiana se aleja más de la creencia en un Cristo vivo —y por consiguiente, de todas las implicaciones de su resurrección— esa sociedad sufre rápida declinación moral. El amor da paso al general desprecio del uno por el otro. Las políticas públicas no protegen a los que no pueden protegerse a sí mismos, tales como los ancianos, pacientes de enfermedades terminales y los por nacer. Violentos actos de desesperanza: masacres que terminan en el suicidio, se vuelven comunes. La justicia da paso a los caprichos de los dictadores. A la larga, todo lo que consideramos preciado como personas civilizadas se desvanece, dejando solo anarquía o despotismo para llenar el vacío. Conforme Benjamín Franklin escribió en una carta el 17 de abril de 1787: «Permítaseme añadir, que solo un pueblo virtuoso es capaz de la libertad. Conforme las naciones se vuelven corruptas y viciosas, tienen más necesidad de amos»[20].

Por consiguiente, la cuestión de la resurrección de Cristo es supremamente práctica. El que no se somete al Cristo resucitado no tiene otro amo que él mismo. Y de acuerdo con Jesús, esa no es libertad para nada, como la historia lo ha demostrado tan ampliamente.

Temo por mi propia nación como por todas las naciones que han desechado la creencia en el Cristo vivo. Hoy, más que nunca, los creyentes deben proclamar las buenas noticias. ¡ÉL HA RESUCITADO!

Reacciones al Señor resucitado (Juan 20:11-31)

> [11]Pero María se quedó afuera, llorando junto al sepulcro. Mientras lloraba, se inclinó para mirar dentro del sepulcro, [12]y vio a dos ángeles vestidos de blanco, sentados donde había estado el cuerpo de Jesús, uno a la cabecera y otro a los pies.
>
> [13]—¿Por qué lloras, mujer? —le preguntaron los ángeles.
>
> —Es que se han llevado a mi Señor, y no sé dónde lo han puesto —les respondió.
>
> [14]Apenas dijo esto, volvió la mirada y allí vio a Jesús de pie, aunque no sabía que era él. [15]Jesús le dijo:
>
> —¿Por qué lloras, mujer? ¿A quién buscas?
>
> Ella, pensando que se trataba del que cuidaba el huerto, le dijo:
>
> —Señor, si usted se lo ha llevado, dígame dónde lo ha puesto, y yo iré por él.
>
> [16]—María —le dijo Jesús.
>
> Ella se volvió y exclamó:
>
> —¡Raboni! (que en arameo significa: Maestro).
>
> [17]—Suéltame, porque todavía no he vuelto al Padre. Ve más bien a mis hermanos y diles: "Vuelvo a mi Padre, que es Padre de ustedes; a mi Dios, que es Dios de ustedes".
>
> [18]María Magdalena fue a darles la noticia a los discípulos. «¡He visto al Señor!», excla-

maba, y les contaba lo que él le había dicho.

¹⁹Al atardecer de aquel primer día de la semana, estando reunidos los discípulos a puerta cerrada por temor a los judíos, entró Jesús y, poniéndose en medio de ellos, los saludó.

—¡La paz sea con ustedes!

²⁰Dicho esto, les mostró las manos y el costado. Al ver al Señor, los discípulos se alegraron.

²¹—¡La paz sea con ustedes! —repitió Jesús—. Como el Padre me envió a mí, así yo los envío a ustedes.

²²Acto seguido, sopló sobre ellos y les dijo:

—Reciban el Espíritu Santo. ²³A quienes les perdonen sus pecados, les serán perdonados; a quienes no se los perdonen, no les serán perdonados.

²⁴Tomás, al que apodaban el Gemelo, y que era uno de los doce, no estaba con los discípulos cuando llegó Jesús. ²⁵Así que los otros discípulos le dijeron:

—¡Hemos visto al Señor!

—Mientras no vea yo la marca de los clavos en sus manos, y meta mi dedo en las marcas y mi mano en su costado, no lo creeré —repuso Tomás.

²⁶Una semana más tarde estaban los discípulos de nuevo en la casa, y Tomás estaba con ellos. Aunque las puertas estaban cerradas, Jesús entró y, poniéndose en medio de ellos, los saludó.

—¡La paz sea con ustedes!

²⁷Luego le dijo a Tomás:

—Pon tu dedo aquí y mira mis manos. Acerca tu mano y métela en mi costado. Y no seas incrédulo, sino hombre de fe.

²⁸—¡Señor mío y Dios mío! —exclamó Tomás.

²⁹—Porque me has visto, has creído —le dijo Jesús—; dichosos los que no han visto y sin embargo creen.

³⁰Jesús hizo muchas otras señales milagrosas en presencia de sus discípulos, las cuales no están registradas en este libro. ³¹Pero éstas se han escrito para que ustedes crean que Jesús es el Cristo, el Hijo de Dios, y para que al creer en su nombre tengan vida.

Juan escribe sus relatos de la vida, ministerio, muerte y resurrección de Jesús desde una perspectiva única, la de un hombre que se acerca al fin de su vida. Los jóvenes típicamente envuelven su temor a la muerte y a la nada en convenientes engaños, o se distraen con diversiones compulsivas. Pero un hombre en los noventa está lo suficientemente cerca del umbral de la muerte como para atisbar en el potencial abismo de la eternidad y cuestionar seriamente lo que verdaderamente cree. Conforme Juan se acerca a este último momento de verdad, echa un vistazo anhelante sobre su hombro y llama a todos nosotros que inevitablemente le seguimos: «¡Crean!». Esa es la única preocupación de su Evangelio: «que al creer en su nombre tengan vida» (20:31).

Al acercarse Juan al fin de su narrativa, presenta cuatro encuentros con el Cristo resucitado, cada uno destacando una crisis de creencia:

Pedro y Juan (vv. 1-10)
María Magdalena (vv. 11-18)

Discípulos (vv. 19-23)
Tomás (vv. 24-29)

Ya hemos examinado el primero; nos quedan tres.

— 20:11-14 —

Los relatos combinados de los Evangelios muestran a los seguidores de Jesús en un estado de caos la mañana de su resurrección. Andaban de un lado para otro, uniendo aquí y allá fragmentos de información al azar, tratando de hallar sentido en lo que uno había visto y otro había oído. Pedro y Juan volvieron a sus casas respectivas, razonablemente seguros de que Jesús había resucitado. Las otras mujeres ya habían sido enviadas en su misión por los ángeles (Mateo 28:5-8; Marcos 16:6-8; Lucas 24:5-9).

Mientras tanto, María Magdalena volvió a la tumba vacía, tal vez después de decirles a otros discípulos las mismas noticias, y allí se sentó, llorando. Mientras ella atisbaba en la cueva del sepulcro y estudiaba el capullo vacío de lienzos y resina, dos ángeles le hicieron la pregunta retórica: «¿Por qué lloras?» Sabían que María se regocijaría, si entendiera la verdad. Pero la pregunta también sirvió para entablar un diálogo que le ayudaría a entender. Ella, claro, pensó que alguien se había llevado el cuerpo de Jesús. Lo simpático es que Jesús estaba de pie justo detrás de ella a plena vista.

María se alejó de la tumba para notar que alguien estaba cerca, y con un breve vistazo le habló al hombre que pensó que era el hortelano.

— 20:15-18 —

Jesús repitió la pregunta de los ángeles: «¿Por qué lloras?», quizá por la misma razón. Pero ella no lo reconoció, ni por el sonido ni por la vista. Alguien ha sugerido que Jesús había alterado su apariencia o que los ojos de ella estaban impedidos de reconocerle (cf. Lucas 24:16), pero esto es dudoso dado el contexto. María de inmediato le reconoció cuando él dijo su nombre, como para captar su atención. Más probable, una combinación de factores impidieron que María reconociera al Señor. Jesús se veía muy diferente de sus últimos momentos en la cruz, y era la persona que menos esperaba ver viva. Todavía más, la frase «ella se volvió y exclamó» sugiere que inicialmente dio un breve vistazo al «que cuidaba el huerto» y le habló mientras se volvía.

La petición de María de que le entregaran el cuerpo de Jesús probablemente la hizo en el mismo espíritu de José y Nicodemo (19:38). No quería otra cosa que enterrar a su Maestro con dignidad y luego volver a la tarea de poner en su sitio los retazos de su vida. Cuando Jesús pronunció su nombre, María se volvió para mirar a Jesús —realmente mirarlo— y aceptó el hecho de su resurrección.

El significado del suave regaño de Jesús no es obvio de inmediato, sobre todo debido a que traducciones más antiguas han producido confusión innecesaria. La antigua traducción: «No me toques», no ayudó. Una traducción más acertada de la orden en imperativo presente, sería «Deja de aferrarte a mí». María se sintió tan abrumada por el alivio —suponiendo que ella tenía a su Señor de vuelta de la misma manera que antes— que se abrazó a él y lo retuvo como si al soltarlo lo fuera a perder de nuevo.

Jesús le aseguró a María que lo vería de nuevo, y que todavía no había ascendido al Padre. Le dio instrucciones para que diera el mismo mensaje a sus otros seguidores. Su mensaje confirmó dos verdades. Primero, su presencia física en la tierra era temporal; dentro de poco él ascendería para tomar su lugar en la gloria. Segundo, su relación con sus seguidores entonces cambiaría. El aferramiento físico de María tendría que dar paso a otro tipo de vínculo, una relación de fe.

Reducido a su esencia básica, el regaño de Jesús consiste de tres verbos en imperativo, tres órdenes: «Deja de aferrarte... ve... di» (v. 17). Su respuesta inmediata a su orden: obediencia. Ella hizo exactamente lo que le dijo.

— 20:19-20 —

Antes de que terminara el día de la resurrección de Jesús, sus seguidores empezaron a congregarse en lo que era probablemente un lugar familiar de reunión (cf. Lucas 24:33). Las puertas estaban cerradas y con llave esperando la persecución de parte de los líderes del templo. Juan incluye este detalle para ilustrar por primera vez la naturaleza diferente del cuerpo resucitado de Jesús. A diferencia de Lázaro, que había sido meramente revivificado, viviendo luego con las mismas limitaciones, sufriendo enfermedad y lesiones, y a la larga muriendo de nuevo, Jesús había resucitado. Su cuerpo de resurrección, aunque todavía completamente humano, poseía cualidades sobrenaturales. Él fue resucitado a una nueva clase de vida, para nunca más volver a morir.

A pesar de las puertas cerradas, Jesús de repente se apareció en medio de la congregación de seguidores. Lucas nos dice que su apariencia fue tan inexplicable por medios convencionales que los discípulos pensaban que era un fantasma. Con todo, tenía carne y huesos que se podían percibir al tocarlo (Lucas 24:37-39). Él saludo a sus aterrorizados seguidores recordándoles la «paz» que les había prometido previamente (Juan 14:27).

Al parecer los discípulos fueron lentos para aceptar lo que vieron como la presencia auténtica de su Maestro resucitado. La descripción de Juan se aplica a todo el grupo, que incluyó un amplio espectro de respuestas. Pedro y Juan probablemente estaban presentes y ya habían aceptado la realidad de la resurrección de Cristo. Aun así, el grupo como un todo fue lento para creer. A diferencia de María, que se abrazó a Cristo casi al instante, el grupo de seguidores necesitaba más evidencia.

Esta necesidad creciente de prueba objetiva, de paso, es un patrón en este segmento de la narrativa de Juan.

— 20:21-22 —

Una vez que el gozo de los discípulos reemplazó a su temor —lo que cumplió la promesa del Señor en el aposento alto (14:27)— volvió a comisionarlos para cumplir el gran plan divino de redención

(17:18). Jesús luego afirmó de nuevo su promesa anterior del Espíritu Santo (14:26; 15:26; 16:13; ver también Jeremías 31:31-34; Ezequiel 37:14; Joel 2:28-32). Ilustró su promesa de la venida del Espíritu Santo soplando sobre los discípulos, recordando la imagen de la creación (Génesis 2:7) y la profecía del Antiguo Testamento (Ez 37). Esto fue bien sea un bocado previo de prueba temporal de Pentecostés (Hechos 2) o meramente un gesto simbólico.

— 20:23 —

Disertaciones enteras se han escrito sobre este versículo y sus paralelos, Mateo 16:19 y 18:18. Algunos expositores aducen que estos versículos conceden autoridad apostólica para ser representantes de Cristo sobre la tierra. Estos mismos expositores afirman que su autoridad apostólica ha pasado a generaciones sucesivas hasta el día de hoy, designando a hombres de los cuales se puede buscar el perdón del cielo, por lo general a cambio de actos de penitencia.

En verdad, a los apóstoles se les concedió autoridad, la misma autoridad concedida a todos los creyentes, a todos los hombres y mujeres redimidos que llevan el Espíritu Santo en su persona. El Señor comisionó y fortaleció a los creyentes para proclamar su mensaje de perdón. La frase que se traduce «les serán perdonados» en el griego está en voz pasiva y tiempo perfecto, describiendo una acción ya tomada por Dios (conocida por los eruditos como «pasivo divino»), que tiene resultados continuos. Los pecados de los creyentes ya han sido perdonados por Dios. Si «alguien» responde creyendo a la proclamación del evangelio de parte de los discípulos, los discípulos tienen la autoridad de pronunciar perdonada a esa persona.

Esto armoniza con la forma en que Jesús veía su ministerio. En tanto que él sanó y perdonó a ciertos individuos, dijo que fue la fe de ellos lo que los salvó, sanó o restauró (5:24; también Mateo 9:29; 15:28; Marcos 5:34; 10:52; Lucas 7:50; 8:48; 17:19; 18:42). Y aunque su presencia fue un momento de crisis moral para algunos, fue la incredulidad de ellos mismos lo que los condenó (Juan 3:18-19; 5:22; 9:39-41).

— 20:24-25 —

Cuando Jesús visitó a sus seguidores escondidos en su cuarto secreto, Tomás estaba ausente. Algún tiempo después de la crucifixión de Jesús, Tomás puede haber vuelto a su casa en Galilea. Al volver a Jerusalén, oyó los relatos de los otros seguidores en cuanto a la resurrección de Jesús y, sin embargo, se negó a creer su testimonio, ¡incluyendo el de Pedro y de Juan! Esto le ha ganado a Tomás el apodo de «dudoso», pero sería más acertado llamarle pesimista o melancólico; y todavía mejor, reflexivo. Las únicas declaraciones anotadas de Tomás revelan una perspectiva alicaída, lastimera:

«Vayamos también nosotros, para morir con él» (11:16).

«Señor, no sabemos a dónde vas, así que ¿cómo podemos conocer el camino?» (14:5).

Tomás quería prueba concreta, no para satisfacer su duda sino para vencer su desesperanza. Él dijo, en efecto: «¿Resucitado? Es demasiado bueno para ser verdad. No voy a permitirme tener esperanza hasta que no pueda estar seguro de que mi esperanza no será destrozada de nuevo».

— 20:26-29 —

Ocho días después de la primera visita del Señor en el escondite de los discípulos, Jesús se apareció como antes y les ofreció el mismo saludo: «La paz sea con ustedes». De inmediato dirigió su atención al hombre más necesitado en el salón. Me consuela el enfoque gentil del Señor. Aunque la creencia era la cuestión que había que atender en Tomás, Jesús sabe que el problema del discípulo es la desesperanza, y no una mala gana obstinada de creer. Aunque la declaración de Tomás fue una hipérbole obvia, el Señor le ofreció a Tomás el aseguramiento que quería. Su regaño gentil dijo, en efecto: «Está bien poner completa confianza en mí; no te voy a defraudar. Aquí estoy, soy real, y no te abandonaré».

Tomás no necesitó tocar las heridas del Señor. Su confesión es un momento cumbre en la narrativa de Juan: «¡Señor mío y Dios mío!» Jesús afirmó la confesión de fe del discípulo y luego respondió con una bendición sobre todos los que habían recibido la verdad de su resurrección por fe en las promesas de Dios, antes que por la evidencia física (cf. 4:50).

Esta bendición de la fe de creyentes pasados sugiere una bendición similar para las generaciones de creyentes futuros.

— 20:30-31 —

Como se anotó arriba, Juan ilustró cuatro diferentes respuestas de fe a la resurrección de Jesucristo: Pedro y Juan (vv. 1-10); María Magdalena (vv. 11-18); discípulos (vv. 19-23); y Tomás (vv. 24-29). En cada encuentro, los participantes consideraron la evidencia y luego escogieron si iban a creer. Con cada episodio que pasa, la tensión entre la evidencia tangible y la creencia aumenta conforme cada participante requería más prueba que el anterior. Finalmente, Jesús bendijo a todos los que creyeron sin el beneficio de prueba tangible. Y con eso, Juan se vuelve a nosotros, los lectores.

Jesús realizó «señales» que convencieron a hombres y mujeres razonables de que él es el Cristo, la esperanza de vida eterna para todos. «Estas cosas» fueron escritas para que podamos creer y entrar en esa vida eterna.

Los moribundos no se interesan en opiniones. Las cuestiones de creencia se vuelven de importancia crítica, porque la muerte hace de toda la verdad innegable, aunque sin segundas oportunidades.

Hace muchos años un buen amigo mío me pidió que visitara a un hombre en el hospital. Se llamaba David. Había sido un individuo muy saludable hasta que severos dolores de cabeza lo obligaron a buscar la ayuda de un neurocirujano. Pero era demasiado tarde. La cirugía reveló un tumor maligno inoperable que pronto afectaría su capacidad de razonar y de comunicarse. La muerte seguiría pronto.

Después de obtener permiso de la familia y del personal del hospital, fui a la habitación del hombre. Tenía la cabeza rapada y envuelta en muchas vendas. Su cara delataba el dolor que valientemente soportaba. Su hijo estaba a su lado sosteniéndole una mano. Me presenté y le expliqué la razón de mi visita. —David: No me voy andar con rodeos. Todos tenemos que vérnosla con la muerte y lo que viene después, y su tiempo se está acabando.

—Adelante, —dijo.

—Escuche lo que escribió un hombre llamado Juan: «Y el testimonio es éste: que Dios nos ha dado vida eterna, y esa vida está en su Hijo. El que tiene al Hijo, tiene la vida [eterna]; el que no tiene al Hijo de Dios, no tiene la vida [eterna]» (1 Juan 5:11-12). David, al recibir a Jesucristo como su Salvador personal, aunque su futuro en la tierra es muy, muy incierto, muy lóbrego, usted puede tener la seguridad de la vida eterna.

—Yo quiero eso, —dijo—. ¡Lo tomo! ¡Lo recibo! ¡Aquí mismo!

Al explicarle las buenas noticias, cómo Cristo murió para pagar la pena de nuestros pecados de modo de que los que crean tengan la seguridad de la vida en el cielo, oí el llanto contenido de su hijo. Le tomé de la mano y le dije:

—David, permítame orar.

Él se aferró a mi mano más fuerte de lo que jamás he sentido en alguna ocasión, y oramos. En esos breves momentos, David pasó de la muerte a la vida. A los pocos meses, su fe se volvió una visible y tangible realidad en la vida más allá.

Aplicación

Respuesta al Señor resucitado

En Juan 20 Juan describe las respuestas de las personas al verse confrontadas con la evidencia de la resurrección de Jesús. Por lo general reaccionaron en una de cuatro maneras:

Algunos creyeron con evidencia indirecta. Respondieron al informe inicial con curiosidad, y cuando vieron la tumba vacía y vieron los lienzos sepulcrales vacíos, supieron que había resucitado (20:1-10).

Algunos creyeron con evidencia directa. Estuvieron, bien sea confusos o dudosos hasta que vieron al Señor resucitado con sus propios ojos (20:11-18).

Algunos fueron lentos para creer con evidencia directa. Inicialmente respondieron a la presencia del Señor con temor y después lentamente aceptaron la realidad de su resurrección (20:19-23, 26-28).

Algunos creyeron sin evidencia, indirecta o directa. Creyeron basados en las promesas de las Escrituras del Antiguo Testamento, las predicciones de Jesús y el testimonio de testigos confiables (20:29).

Jesús nunca cuestionó la necesidad de evidencia en cuestiones de fe, y es por eso que ofreció «señales» para validar su identidad y autenticar su mensaje. Fue selectivo en el uso de evidencia tangible, no obstante, porque sabía que para el escéptico ninguna prueba sería suficiente. Durante su ministerio público, Jesús rara vez usó «señales» para convencer a los corazones mal dispuestos. Más bien, ofreció evidencia tangible a corazones dispuestos a fin de añadir confianza a esa confianza. Él siguió el mismo modelo después de su resurrección.

Nótese que después de resucitar, Jesús se apareció solo a creyentes[21]. Si sus seguidores dudaron de su resurrección, no fue debido a que dudaran de la veracidad de sus afirmaciones. Simplemente pensaban que su resurrección era demasiado buena para ser verdad. Por consiguiente, Jesús recibió de buen grado su creencia, mientras que con ternura ofreció evidencia para fortalecer la confianza de ellos en la verdad. Con todo, elogió a los que creyeron en su resurrección sin mucha necesidad de prueba.

La fe y la evidencia no carecen de relación en la vida espiritual del creyente, pero nuestro punto de partida es crucial. La confianza en Dios debe venir primero; entonces la evidencia es útil. Aparte de la creencia, la evidencia virtualmente es inútil. Me gusta pensarlo de esta manera:

$$\text{Duda} + \text{evidencia} = \text{confusión}$$
$$\text{Creer} + \text{evidencia} = \text{confianza}$$

Siempre que encuentro a un escéptico —alguien que exige evidencia antes de creer— evito ofrecer prueba de nada. He desperdiciado suficiente tiempo en debates inútiles. Más bien, me concentro en el asunto real entre manos: el pecado de la persona y su necesidad del Salvador. Cuando un perdido se enfrenta con su propio pecado —de manera genuina— entonces la creencia es el próximo paso lógico. Luego, irónicamente, hallan gran consuelo y confianza en los hechos históricos de la resurrección de Cristo.

Nuestra debilidad... su fuerza (Juan 21:1-23)

¹Después de esto Jesús se apareció de nuevo a sus discípulos, junto al lago de Tiberíades. Sucedió de esta manera: ²Estaban juntos Simón Pedro, Tomás (al que apodaban el Gemelo), Natanael, el de Caná de Galilea, los hijos de Zebedeo, y otros dos discípulos.

³—Me voy a pescar —dijo Simón Pedro.

—Nos vamos contigo —contestaron ellos.

Salieron, pues, de allí y se embarcaron, pero esa noche no pescaron nada.

⁴Al despuntar el alba Jesús se hizo presente en la orilla, pero los discípulos no se dieron cuenta de que era él.

⁵—Muchachos, ¿no tienen algo de comer? —les preguntó Jesús.

—No —respondieron ellos.

⁶—Tiren la red a la derecha de la barca, y pescarán algo.

Así lo hicieron, y era tal la cantidad de pescados que ya no podían sacar la red.

⁷—¡Es el Señor! —dijo a Pedro el discípulo a quien Jesús amaba.

Tan pronto como Simón Pedro le oyó decir: «Es el Señor», se puso la ropa, pues estaba semidesnudo, y se tiró al agua. ⁸Los otros discípulos lo siguieron en la barca, arrastrando la red llena de pescados, pues estaban a escasos cien metros de la orilla. ⁹Al desembarcar, vieron unas brasas con un pescado encima, y un pan.

¹⁰—Traigan algunos de los pescados que acaban de sacar —les dijo Jesús.

¹¹Simón Pedro subió a bordo y arrastró hasta la orilla la red, la cual estaba llena de pes-

cados de buen tamaño. Eran ciento cincuenta y tres, pero a pesar de ser tantos la red no se rompió.

¹²—Vengan a desayunar —les dijo Jesús.

Ninguno de los discípulos se atrevía a preguntarle: «¿Quién eres tú?», porque sabían que era el Señor. ¹³Jesús se acercó, tomó el pan y se lo dio a ellos, e hizo lo mismo con el pescado. ¹⁴Ésta fue la tercera vez que Jesús se apareció a sus discípulos después de haber resucitado.

¹⁵Cuando terminaron de desayunar, Jesús le preguntó a Simón Pedro:

—Simón, hijo de Juan, ¿me amas más que éstos?

—Sí, Señor, tú sabes que te quiero —contestó Pedro.

—Apacienta mis corderos —le dijo Jesús.

¹⁶Y volvió a preguntarle:

—Simón, hijo de Juan, ¿me amas?

—Sí, Señor, tú sabes que te quiero.

—Cuida de mis ovejas.

¹⁷Por tercera vez Jesús le preguntó:

—Simón, hijo de Juan, ¿me quieres?

A Pedro le dolió que por tercera vez Jesús le hubiera preguntado: «¿Me quieres?» Así que le dijo:

—Señor, tú lo sabes todo; tú sabes que te quiero.

—Apacienta mis ovejas —le dijo Jesús—. ¹⁸De veras te aseguro que cuando eras más joven te vestías tú mismo e ibas adonde querías; pero cuando seas viejo, extenderás las manos y otro te vestirá y te llevará adonde no quieras ir.

¹⁹Esto dijo Jesús para dar a entender la clase de muerte con que Pedro glorificaría a Dios. Después de eso añadió:

—¡Sígueme!

²⁰Al volverse, Pedro vio que los seguía el discípulo a quien Jesús amaba, el mismo que en la cena se había reclinado sobre Jesús y le había dicho: «Señor, ¿quién es el que va a traicionarte?» ²¹Al verlo, Pedro preguntó:

—Señor, ¿y éste, qué?

²²—Si quiero que él permanezca vivo hasta que yo vuelva, ¿a ti qué? Tú sígueme no más.

²³Por este motivo corrió entre los hermanos el rumor de que aquel discípulo no moriría. Pero Jesús no dijo que no moriría, sino solamente: «Si quiero que él permanezca vivo hasta que yo vuelva, ¿a ti qué?»

Cuando Pedro conoció a Jesús y respondió a su llamado a seguirle, quizá pensaba que le estaba haciendo un gran favor al Mesías. El nuevo Rey de Israel necesitaría un hombre como él: intrépido, valiente, líder impositivo de hombres. Era fuerte, decidido, trabajador fuerte, rápido con la espada, e incluso más rápido para decidir lo que había que hacer y cómo hacerlo. Pedro era el tipo de hombre que logra que las cosas se hagan por la pura fuerza de voluntad.

Después de su fracaso en el patio durante los juicios de Jesús, Pedro no tenía tan alto concepto de sí mismo. Sin duda se estremecía cada vez que recordaba su impulsivo compromiso en el aposento alto: «Señor —insistió Pedro—, ¿por qué no puedo seguirte ahora? Por ti daré hasta la vida» (13:37). En verdad, al verse rodeado de seiscientos hombres, estuvo listo para acometer contra ellos con una espada apenas más larga que una daga. Pero en el patio, temió por su vida y mintió como un cobarde.

Una caída de cualquier clase es difícil superar, pero una caída moral en el campo del ministerio es para matar. Una metedura de pata moral particularmente horrible puede hacer que uno pregunte, como Pedro: «¿Qué bien puedo posiblemente hacer ahora?»

La respuesta a esa pregunta puede ser sorprendente.

— 21:1-3 —

Juan establece el escenario de este suceso como Galilea, en algún momento después de la confrontación de Jesús con Tomás cerca de Jerusalén. No tenemos manera de saber cuánto tiempo después de la resurrección tuvo lugar esto, pero no es probable que sea más de un mes (Hch 1:3). Se menciona a cinco de los Doce, en tanto que otros discípulos se dejan anónimos, tal vez porque no eran de los Doce. Sin que importe eso, Pedro y «los hijos de Zebedeo» (Jacobo y Juan), tenían mucho de historia con esta región. Allí fue donde Jesús les había extendido su llamado para que los hombres le sigan, prometiendo transformarlos en «pescadores de hombres» (Marcos 1:17).

Por no menos de tres años, aquellos hombres siguieron a su Mesías, aprendiendo y esperando por completo que se coronara Rey de los judíos. Luego, de repente, en cuestión de horas, todo cambió. Lo detuvieron, juzgaron, condenaron, crucificaron y lo pusieron en una tumba. Cuando los seguidores de Jesús enterraron a su Mesías, enterraron con él sus expectativas más preciadas. Y cuando se levantó de la tumba, los sueños de ellos quedaron detrás junto con los lienzos sepulcrales. Este largo período de quietud indudablemente se convirtió en una especie de estado en los aires para ellos. El Mesías murió, pero ya no estaba muerto. Jesús tuvo comunión con ellos en un nivel tan íntimo a veces, pero antes de la venida del Espíritu Santo, estaban sin liderazgo diario. El Reino, todavía potencial, no iba a ser todo lo que ellos habían esperado, así que quedaba un futuro sin forma, nada fijo. Nada sería como había sido antes.

La naturaleza humana no puede quedarse en los aires por mucho tiempo. Así que, cuando no podemos avanzar, no podemos sino volver a lo familiar; incluso a un memorable pasado que nos sentimos contentos con dejar. Pero como el refrán dice: «Nunca puedes volver a casa». Incluso si la casa no ha cambiado —y siempre cambia— usted ha cambiado.

«Me voy a pescar» no fue meramente un plan para pasar el tiempo en la insoportable espera. Pedro, siempre hombre de acción, no veía futuro para sí mismo en el servicio de Cristo, así que volvió a su exitoso oficio, pre-Cristo. Lamentablemente, los esfuerzos de Pedro para pescar no fueron mejores que sus perspectivas de pescar hombres (Lucas 5:10).

21:4-6

Una de las cualidades que más me encantan del Señor es su gracia, y no solo en el sentido teológico. Quiero decir su manera encantadora de aceptar y amar a los suyos. Pedro y sus amigos volvieron a lo familiar, así que el Señor fue a encontrarlos allí. Incluso usó la exagerada dependencia de ellos en el pasado para ventaja mutua.

La pregunta del Señor, expresada en griego, espera una respuesta negativa, algo parecido a como cuando uno dice: «Así que, no han pescado nada, ¿verdad?». Todavía más, los llamó *paidía*, forma plural de la palabra para designar a un niño pequeño. De acuerdo con un léxico, «también puede denotar "siervo" (posición social). Figuradamente lleva el sentido de comprensión no desarrollada pero también es un vocativo de afecto»[22].

Los discípulos habían estado en esta situación antes. Estos hombres habían pasado una noche desperdiciada en el mar cuando Jesús les instruyó que vuelvan a echar las redes. Cuando obedecieron atraparon una pesca récord. Él les prometió éxito similar en el ministerio (Lucas 5:5-11). Ahora, después de que había pasado tanto, su Señor resucitado les instruye que vuelvan a echar las redes. Con certeza, alguno de los hombres debe haber sospechado que el extraño en la orilla era Jesús. Una vez que la cuerda al tope de la red se estiró al punto de romperse, sin embargo, ya no quedó duda.

No nos olvidemos de todo el contexto de este suceso. Jesús no vio meramente un gran banco de peces desde una distancia como de cien metros, como algunos han sugerido. Él es el Creador. Él hizo al pez. Y él hizo que esos peces estuvieran donde los discípulos pudieran atraparlos en sus redes.

21:7-8

La frase «estaba semidesnudo» no quiere decir que Pedro estaba desnudo. Solo que se había quitado su túnica exterior y se había fajado su *quitón*, o «ropa interior», entre sus piernas y alrededor de la cintura. Al estilo característico de Pedro, se lanzó al mar y salió nadando a la playa, encantado de ver de nuevo a su Maestro. Mientras tanto, los otros discípulos trajeron arrastrando una red llena de pescado.

21:9

Juan incluye tres detalles significativos:

- Jesús había preparado una fogata y brasas. Esta es una alusión literaria deliberada a la caída de Pedro en el patio, que ocurrió junto a una fogata (18:18).
- Jesús tenía pescado asándose al fuego. El Señor no depende de los esfuerzos de la humanidad para realizar su voluntad.
- Jesús tenía pan esperándoles. El desierto en el cual Jesús dio de comer a la multitud con cinco panes y dos pescaditos estaba justo detrás de ellos.

De mi diario

Corazón a corazón con Jesús

Los hombres se sentían agotados después de echar las redes toda la noche, y desalentados por recogerlas vacías. El entusiasmo inicial de la resurrección del Señor se había desvanecido y ellos se habían puesto inquietos, anhelantes de saber qué habría luego. Pero el Señor no planeó llenar sus vidas con actividades. Por lo menos por el momento. El Espíritu Santo no vendría casi por dos meses lunares después de su crucifixión, tiempo durante el cual esperaba que los discípulos no hicieran nada. Para hombres de acción, sin embargo, no hacer nada era lo más difícil que Jesús jamás había exigido.

Después del trauma emocional de la pasión del Señor, sus seguidores necesitaban refrigerio. Necesitaban tiempo para recuperar su equilibrio. Habría tiempo suficiente para la evangelización, y bautismos, y enseñanzas, y retos, y la expansión y todas las emociones y desilusiones del ministerio. Mientras tanto, ¿les permitió el Señor que disfrutaran de un tiempo de —me atrevería a llamarlo— aburrimiento?

Espero que los discípulos hayan saboreado ese desayuno en la madrugada con Jesús. Espero que hayan disfrutado de ese raro tiempo de aburrimiento, durante el cual el Señor restauró por completo sus espíritus heridos a la salud. Me los imagino sentados o reclinados alrededor de la fogata que el Señor había preparado para ellos, con el humo subiendo en el aire frío de la mañana, con el ruido de las olas en la playa, el aroma del pescado asado a su alrededor y el sabor del pan fresco directo de la mano del Salvador.

Me pregunto de qué hablaron esa mañana. Dudo que fuera en cuanto a trabajo.

— 21:10-11 —

Pedro, en su impulsiva exuberancia, dejó que los otros discípulos arrastraran la carga de pescado. La invitación de Jesús a él para añadir su pescado a la fogata es significativa. En tanto que el Señor puede hacer todo sin ayuda de nadie, invitó a Pedro a que contribuyera con el fruto de sus esfuerzos. El Señor quiere disfrutar de la victoria que conseguimos juntos, no debido a que nos *necesite* sino porque nos *quiere*.

Así que Pedro volvió a las redes con sus compañeros y procesó los extraordinarios resultados de la ayuda divina dada al esfuerzo humano.

— 21:12-14 —

Juan aclara que los hombres sabían que estaban en la presencia del Señor. Y su imagen de Jesús repartiendo el pan y el pescado no es accidente, clara alusión a la abundancia que creó en el desierto (6:11).

Juan nota que esta es la tercera «manifestación» de Jesús después de su resurrección. El término quiere decir «hacer visible lo que previamente no se veía».

— 21:15-17 —

Como si llevara a Pedro de regreso al principio, antes de que fuera la roca, Jesús miró al otro lado de la fogata y se dirigió al desinflado discípulo por su original nombre de pila: Simón, hijo de Jonás. «Simón» se basa en el nombre hebreo «Simeón», que a su vez se basa en el verbo hebreo *shamá*, «oír, acatar, prestar atención».

El tiempo había llegado para que Jesús atendiera la herida más profunda de Pedro. Si no fuera por la compasión perfecta del Señor, su pregunta tal vez se hubiera podido considerar como una burla cruel. La frase añadida «más que éstos» era una referencia inequívoca a la declaración audaz de Pedro de lealtad en el aposento alto (13:37; ver también Mateo 26:33; Marcos 14:29; Lucas 22:33).

El griego tiene no menos de tres palabras para amor. *Eros* describe los sentimientos eufóricos, de «enamoramiento» del romance; es decir, antes de que se acabe la luna de miel. *Filía* describe el afecto cálido que tienen amigos, familiares cercanos, e incluso los enamorados románticos después de que la intimidad ha cimentado su unión. El verbo, *fileo*, quiere decir «tratar a alguien como uno de la propia gente de uno»[23]. Los griegos tenían *filía* en alto respeto como una conexión profundamente emocional entre personas.

Una tercera palabra, *agape*, se halla rara vez fuera de la literatura judía y cristiana. A diferencia del eros de corta duración, *agape* no es impetuoso, sino firme y deliberado. En tanto que *filía* describe afecto, *agape* habla de lealtad: «Este es un amor que hace distinciones, escogiendo sus objetos libremente. De aquí que es especialmente el amor de alguien superior a alguien inferior. Es amor activo, que no busca lo suyo propio»[24]. Los escritores del Nuevo Testamento echaron mano de esta palabra del Antiguo Testamento para expresar la clase de amor que Jesús vivió y enseñó. *Agape* ama a Dios primero, ama al prójimo como a uno mismo, y ama por igual a enemigos y amigos. Aunque fuertemente emotivo, *agape* no se alimenta por la emoción. Este amor como el de Cristo pone alto valor en expresiones tangibles de bondad antes que emociones que no logran nada.

Jesús le preguntó a Simón en cuanto a su agape. Simón respondió con filía.

Los eruditos y expositores no concuerdan en cuanto a la significación de los términos diferentes que Juan escoge para traducir la conversación del arameo. No pienso que la tediosa y deliberada selección de Juan de los términos griegos, sin embargo, sea irrelevante. Por el contrario, estoy convencido de que su selección de palabras refleja los sentimientos de cada hombre. Note el patrón de su diálogo:

—Simón, hijo de Juan, ¿me amas [*agapas*] más que éstos?

—*Sí, Señor, tú sabes que te quiero* [*fileo*].

—Apacienta mis corderos.

—Simón, hijo de Juan, ¿me amas [*agapas*]?

—*Sí, Señor, tú sabes que te quiero* [*fileo*].

—Cuida de mis ovejas.

—Simón, hijo de Juan, ¿me quieres [*fileo*]?

—*Señor, tú lo sabes todo; tú sabes que te quiero* [*fileo*].

—Apacienta mis ovejas.

La confianza y pasión que anteriormente habían alimentado las decisiones de Pedro —tanto sabias como necias, heroicas y cobardes— habían sido aplastadas en él. Este celo impulsivo distraía a Pedro impidiéndole reconocer un problema de toda la vida. En tanto y en cuanto hubiera enemigos externos que pelear, retos que enfrentar, dificultades que superar y pleitos que resolver, no tenía problema en reconocer que era, en verdad, muy incapaz.

El *filia* de Pedro se quedaba lejos de lo que uno y otro hombre deseaban, pero merece calificaciones altas por su sinceridad. Todavía más, reconoce la realidad del amor de Pedro. Su afecto por Jesús no se podía negar, pero no tenía poder para evitar otra caída, y él sabía. Ahora —con la arrogante confianza propia siendo cosa del pasado— Pedro estaba listo para depender del Señor para realizar el ministerio.

Tal como Jesús gentilmente rescató a Tomás de su desesperanza, así el Señor rescató a Pedro de su abatimiento. Invitó al humilde discípulo a volver a echar sus redes para otra pesca milagrosa, solo que esta vez, por almas de hombres.

— 21:18-19 —

Sospecho que Jesús dio tiempo para que su invitación penetrara. Luego, como experto mentor, animó a su discípulo. Habiendo lidiado con el pasado de Simón, reveló el futuro de Pedro. En el pasado, Simón era un hombre de autodeterminación, voluntarioso, que dirigía su propia vida. Incluso intentó el discipulado en sus propios términos, con resultados trágicos. Se comportó como un cobarde para distanciarse de Cristo.

Siguiendo a esta desilusión, mientras Pedro estaba en el punto más bajo de su desesperanza, Jesús le aseguró una muerte digna de Cristo. Su referencia a brazos extendidos alude a ser puesto en una cruz. El verbo que la NVI traduce «vestir» significa, literalmente, «sujetar». Este es un juego de palabras ingenioso que se refiere al hecho de ser sujetado a una cruz con clavos o cuerdas. En el pasado Simón decidía qué vestir y adónde ir. En el futuro, Pedro se sometería a la dirección de su Maestro y «vestiría» una cruz para su propia muerte honorable.

Jesús acentuó su estímulo con una orden: «¡Sígueme!», haciendo reminiscencia del llamado original de Simón (Mateo 4:19; Marcos 1:17; Lucas 5:10).

— 21:20-23 —

Evidentemente, esta porción de la conversación entre Maestro y siervo tuvo lugar mientras caminaban por la playa. Pedro notó que Juan le seguía detrás. De todos los discípulos, Juan es el que más honorablemente se portó. Aunque huyó del ataque en Getsemaní (Mateo 26:56; Marcos 14:50), pronto volvió y estuvo cerca de Jesús en todos sus juicios y crucifixión. En tanto que Simón mantuvo su distancia y negó su discipulado en el patio, Juan estuvo en el salón de la corte. En tanto que Simón se acobardó durante la crucifixión, Juan estuvo al pie de la cruz.

La caída personal por lo general lleva a comparaciones; bien sea rebajamos a otros para sentirnos menos inferiores, o permitimos que la vergüenza nos entierre en el fondo del mundo. Ninguna de esas respuestas viene de Dios. Jesús reprendió la pregunta de Pedro: «Señor, ¿y éste, qué?», señalando a Juan. Dijo, en efecto: «Tú haz lo que se supone que debes hacer; Yo me encargo de Juan». Luego repitió su llamado anterior con mayor énfasis, literalmente traducido, Jesús dijo: «Tú... a mí... ¡continúa siguiéndome!» (traducción literal mía).

Juan concluye su descripción del encuentro con una humorística nota al calce. Mucho antes de que él preparara su narración, el relato circulaba como versión oral. Pedro indudablemente la contaba a menudo como medio de estimular a otros creyentes abatidos. Ahora, después de pasar mucho de su vida atacando enseñanzas falsas respecto a Jesús, Juan probablemente se deleitó en la ironía de tener que poner por escrito un error que lo incluía a él mismo.

Muchos tomaron la corrección de Jesús a Pedro como queriendo decir que planeaba regresar antes de que Juan muriera. Es interesante que aquí haya un indicio del rapto en este malentendido. Los creyentes durante la vida de Juan no esperaban superar la expectativa normal de vida; usaron el comentario de Jesús para respaldar su propia ilusión de que volvería pronto. Con todo, Juan aclaró antes de su muerte que este rumor era falso.

El mundo de los negocios, como todos los reinos del mundo, busca líderes entre los que tienen capacidades naturales excepcionales. Las naciones buscan carismas e innatas destrezas en los políticos. Las fuerzas armadas han adoptado el lema «arriba o afuera», debido a que se espera que un oficial ascienda en galones hasta que ya no pueda subir más… o se jubile. En virtualmente toda esfera de la vida, un fracaso significativo por lo general significa despido o degradación: «O entras en vereda ¡o te largas!»

Pero no en el Reino de Dios.

Chuck Colson fue en un tiempo uno de los hombres más poderosos del mundo. Como hombre de confianza y consejero de Richard Nixon durante su presidencia, Colson también era uno de los más temidos, ganándose el apodo de «sicario». Años más tarde confió en Jesucristo, pero para entonces lo había perdido todo: poder, posición, prestigio, incluso su libertad. En su libro *Nací de nuevo*, escribe:

> He orado en especial por honestidad al escribir, sabiendo demasiado bien que mi naturaleza básica querría presentarme a mí mismo bajo la luz más favorable. Al caer, volver a levantarme, y caer de nuevo en estos pasados pocos años, estoy aprendiendo cómo Dios puede quebrantarnos a fin de rehacernos. Y a través de mi dependencia en él ha venido un sorprendente sentido de libertad, y un entusiasmo en mi espíritu[25].

Pedro emergió de su caída como hombre transformado, listo para reconocer sus propias incapacidades y listo para intercambiar la confianza propia por la confianza en Cristo. Con el sonido de la pesca milagrosa de peces todavía haciendo eco en el trasfondo, Pedro finalmente estaba listo para aceptar el llamado del Señor. «Tú… a mí… ¡continúa siguiéndome!»

¿Le ha fallado usted al Señor? Ese es su llamado para usted también.

Continúe siguiéndolo.

Aplicación

Acepte su llamado

En círculos cristianos tendemos a pensar de los ministros vocacionales a tiempo completo como «llamados» por Dios (y con razón). No son, sin embargo, los únicos llamados por Dios a cumplir un propósito divino. Todos los creyentes han sido llamados para dar gloria a Dios en lo que sea que hacen. Por consiguiente, pienso que es apropiado extender la amplitud del «llamamiento» para incluir toda vocación que un creyente decida escoger.

Con esto en mente, permítame ofrecer tres pensamientos de Juan 21:1-23 que nos ayudarán a aceptar nuestro llamamiento.

1. *Debemos aceptar nuestras limitaciones.* En tanto que debemos hacer lo mejor que podamos y siempre procurar la excelencia, nunca olvide que, en última instancia, el éxito no depende de nosotros. Pedro y sus asociados tenían una lucrativa empresa de pesca y eran expertos en su oficio. Tenían años de experiencia y todo el equipo apropiado, y sin embargo sus redes salieron vacías. Solo con la ayuda del Señor hallaron éxito. La pesca milagrosa ilustra que sin la ayuda del Señor, nuestra destreza y diligencia no resultará en nada.

2. *Debemos aceptar nuestras prioridades.* Todos los creyentes han sido llamados como discípulos y todos están comisionados para «hacer discípulos» (Mateo 28:19-20), sin que importe cómo cada

individuo se gana la vida. Es más, todos hemos sido llamados para dar gloria a Dios en lo que sea que hagamos (1 Corintio 10:31). Así que, estudiantes, comerciantes, amas de casa, profesionales, ministros, obreros… «Hagan lo que hagan, trabajen de buena gana, como para el Señor y no como para nadie en este mundo» (Colosenses 3:23).

¿Cuál es su actitud hacia el trabajo? Si usted empieza el día pensando: ¡Uf! ¡De nuevo a la brega! es tiempo de cambiar. Si un nuevo empleo no es posible (bien puede exigir otros sacrificios significativos, pero por lo general es posible), entonces el cambio tal vez tenga que ser interno. Empiece consagrando todo aspecto de su empleo al Señor para el propósito y gloria de Dios. «Señor: soy tuyo hoy. Este es tu escritorio. Esta es tu oficina. Estas son tus herramientas. Esta es tu computadora. Ahora ayúdame a convertirme en el mejor trabajador que puedo ser. Y en el proceso, pesquemos unos cuantos peces. Hagamos algunos discípulos».

3. *Debemos aceptar nuestras imperfecciones.* Pedro dejó a un lado su llamamiento de «pescar hombres» (Lucas 5:10) debido a su caída y tomó una vocación en la cual el fracaso no haría tanto daño en el Reino; por lo menos a su manera de pensar. Mientras que él quería dejar todo en el pasado y hacer lo mejor de un futuro inferior, Jesús lo encontró de frente. Ni negó, ni minimizó, ni racionalizó, ni ignoró el fracaso de Pedro. Más bien, mostró su empatía en no menos de tres ocasiones, cada vez llamando al desinflado discípulo a «apacentar sus ovejas». El Señor dijo, en efecto: «Sí, Pedro, lo echaste todo a perder. Y lo volverás a echar a perder. Con todo, quiero que cumplas tu llamamiento».

Las caídas son inevitables. Y el Señor nunca se sorprende cuando fallamos. No es como si nos hubiera llamado a seguirle sin saber el futuro. Con la pena de nuestros pecados pagada por completo, el fracaso para el creyente es meramente un recordatorio para que dependa del Señor y no de sí mismo; que reemplace la confianza propia con la confianza en Cristo.

Cuando servía como pastor en una iglesia en Waltham, Massachusetts, conocí a un evangelista particularmente talentoso llamado Bob. Trabajaba en lo que yo llegué a llamar el Gran Centro de Evangelización de Boston Metropolitano, que también resultaba ser la gasolinera que Bob tenía y operaba en Arlington. Temprano en su vida Bob reconoció que su vocación y su llamamiento eran uno y lo mismo.

La gasolinera de Bob llegó a ser bien conocida como el lugar adonde uno iba para recibir servicio completo al comprar combustible, así como también llantas, afinaciones y otras reparaciones. No era raro ver una media docena de autos en línea, uno tras otro, esperando ante las dos bombas frente a aquella diminuta gasolinera, esperando que el hombre los atendiera. Ahora bien, tome nota, él no tenía pancartas de «Jesús salva», ni rótulos religiosos, ni símbolos de pescado, ni tampoco una gran cruz en ninguna parte. No había ningún cartelón colgado en la calle que dijera: «Traiga su coche a Bob y entregue su alma a Jesús». Nada por el estilo. Bob hacía su trabajo con excelencia y proveía servicio excelente al cliente… y ejerció un impacto asombroso en los destinos eternos de incontables clientes. Perdí la cuenta de la gente que él dirigió a nuestra iglesia y al Reino como resultado de esa diminuta gasolinera, debido a que un hombre veía su vocación como su llamamiento.

Años más tarde, Bob se jubiló con algún dinero en el banco. Vendió su negocio, se mudó a la

Florida, y compró una casa al contado. Cuando más tarde me visitó en California, pude ver que la jubilación no le satisfacía. No me sorprendió, pues, cuando pocos meses más tarde recibí una carta de Bob.

Querido Chuck:
Detestaba Florida porqué detestaba mi jubilación. Mi ministerio no se puede jubilar.

Pasó a contarme de su aventura en la venta de neumáticos y la oportunidad para dar a conocer a Cristo entre sus clientes.

Lo hará hasta que su cuerpo deje de funcionar. No puede evitarlo. Así es cómo debe ser. Él había hallado su llamamiento.

Muchas otras señales... muchas otras cosas (Juan 21:24-25)

²⁴Éste es el discípulo que da testimonio de estas cosas, y las escribió. Y estamos convencidos de que su testimonio es verídico.

²⁵Jesús hizo también muchas otras cosas, tantas que, si se escribiera cada una de ellas, pienso que los libros escritos no cabrían en el mundo entero.

En mi calidad de ministro del evangelio, me asiste el mismo maravilloso privilegio como los capitanes de barcos, jueces y jueces de paz. Estoy autorizado para unir a un hombre y una mujer en matrimonio, unión santa y sociedad legal. Antes del gran día, la pareja debe ir a la corte para obtener una licencia de matrimonio. Luego, después de la ceremonia, pongo mi firma al pie de la licencia como testimonio ante la corte —y por consiguiente ante todos los interesados— de que dos individuos han sido unidos. Todavía más, otros dos testigos adicionales firman el documento, atestiguando el hecho de que he oficiado el servicio y afirmando que la firma del oficiante es la mía.

También era costumbre en Roma, y en todos los territorios del imperio, que *todos* los documentos legales fuesen firmados y rubricados, atestiguando su autenticidad. Cuando a Juan se le secaba la tinta en su rollo original y se preparaba para enrollarlo para enviarlo a las iglesias, añadió su declaración jurada, testificando de la verdad de que todo lo que había escrito fue bajo la inspiración y dirección del Espíritu Santo. Y se le unieron otros, que atestiguaron su firma.

—21:24—

El sello de autenticidad de Juan afirma tres hechos importantes.

Primero, todo lo que contiene este rollo es el relato de un testigo ocular; no solo uno de los Doce, sino uno de los amigos más íntimos de Jesús. «Éste es el discípulo» se refiere al individuo presente junto con Pedro y Jesús en la orilla (21:20-23), el mismo discípulo del que se rumoreaba que estaría vivo cuando el Señor regrese.

Segundo, toda palabra que contiene este rollo fue escrita por este mismo testigo ocular. Es probable que Juan preparó su declaración en la primera persona del plural («nosotros») para incluir a los ancianos que estaban presentes cuando él terminó el manuscrito. Aunque debatible, la tradición dice que escribió este Evangelio en Éfeso, la iglesia más influyente de Asia Menor y renombrada fortaleza de pureza doctrinal.

Tercero, toda palabra que contiene este rollo es verdad. Juan no solo presenció los sucesos y los recordó con precisión, sino que escribió bajo la inspiración del Espíritu Santo, quien guió sus selecciones editoriales y le cuidó del error.

— 21:25 —

Juan concluye su narración con una salvedad editorial, tal vez para contrarrestar la inevitable crítica que todos los biógrafos enfrentan: «Cómo pudiste dejar fuera algo tan importante como...». Y, digámoslo tal como es, cuando el tema es el Hijo de Dios, ¡los críticos estarían en fila por años sin fin!

Juan afirma que fue selectivo en cuáles sucesos incluir. Yo iría incluso más allá para decir que no solo fue selectivo sino estratégico. Él no se propuso proveer un relato exhaustivo (o agotador), sino presentar razones para creer (20:31). Además, incluir todo no hubiera sido factible. Nuestro conocimiento de Cristo nunca será exhaustivo porque él es Dios, y Dios es infinito.

En lugar de revelar a Cristo por completo, Juan se propuso revelarlo adecuadamente. Su narración, como muchas otras cosas en este ámbito de existencia, es limitada. Todo aquí es menos que lo mínimo de la vida por venir. Por consiguiente, Juan se contentó con escribir solo lo que era absolutamente necesario para llevar a sus lectores a creer en Cristo. Si eso se lograba, él se entusiasmaba por la perspectiva de que ellos hubieran aprendido de primera mano en cuanto al Hijo de Dios.

Si el conocimiento exhaustivo del Dios-hombre, Jesús, es lo que usted quiere, el creer le dará una eternidad para conocerlo tan profunda y completamente como desee (Apocalipsis 22:3-5).

NOTAS: VINDICACIÓN DEL VERBO (Juan 18:1–21:25)

1. "Annas," *International Standard Bible Encyclopedia* (Grand Rapids: Eerdmans, 1979), 128.
2. Ibid.
3. George Matheson, *Thoughts for Life's Journey* (New York: Hodder & Stoughton, 1908), 266–67.
4. Filón de Alejandría, *The Works of Philo: Complete and Unabridged* (trans. Charles Duke Yonge; Peabody, MA: Hendrickson, 1993), 784.
5. Ibid.
6. Flavio Josefo, *The Works of Josephus: Complete and Unabridged* (trans. William Whiston; Peabody, MA: Hendrickson, 1987), 392.
7. W. D. Edwards, MD, W. J. Gabel, MDiv, and F. E. Hosmer, MS, "On the Physical Death of Jesus Christ," *The Journal of the American Medical Association* 255, no. 11 (Marzo 21, 1986): 1457.
8. Frederick T. Zugibe, *The Crucifixion of Jesus: A Forensic Inquiry* (New York: Evans, 2005), 22.

9. Robert Frost, "The Road Not Taken," en *The Road Not Taken: An Introduction to Robert Frost* (ed. Louis Untermeyer; New York: Holt, Rinehart and Winston, 1968), 270.
10. Cicerón, *The Verrine Orations* (trans. L. H. G. Greenwood; Cambridge, MA: Harvard Univ. Press, 1976), 2:655.
11. Merrill F. Unger, *The New Unger's Bible Dictionary* (Chicago: Moody Press, 1982), 265.
12. Edwards, Gabel, and Hosmer,"On the Physical Death of Jesus Christ," 1461.
13. Zugibe,*The Crucifixion of Jesus*, 106.
14. Cicerón, *The Verrine Orations* 2:655–57.
15. Kittel y Friedrich, eds., *Theological Dictionary of the New Testament*, 7:573.
16. Frank Morison, *Who Moved the Stone?* (Downers Grove, IL: InterVarsity Press, 1981), 8.
17. Filón de Alejandría, *The Works of Philo*, 732.
18. Will Durant, *On the Meaning of Life* (New York: Long & Smith, 1932), 5.
19. Robert Green Ingersoll, *Complete Lectures of Robert G. Ingersoll* (New York: Freethought Press, 1944), 60.
20. Benjamin Franklin, *The Writings of Benjamin Franklin* (ed. Albert Henry Smyth; New York: Macmillan, 1907), 9:569.
21. El apóstol Pablo en el camino a Damasco es una excepción notable (Hch 9:1-19), así como también la creencia de Jacobo, el hermano de Cristo, que no creyó sino después de su resurrección.
22. Kittel y Friedrich, eds., *Theological Dictionary of the New Testament: Abridged in One Volume*, 760.
23. Ibid., 1262.
24. Ibid., 7.
25. Charles Colson, *Born Again* (Old Tappan, NJ: Revell, 1977), 12.

Notas

Notas

Notas

Notas

Notas

Notas

Notas

Notas

Notas

Nos agradaría recibir noticias suyas.
Por favor, envíe sus comentarios sobre este libro
a la dirección que aparece a continuación.
Muchas gracias.

Vida@zondervan.com
www.editorialvida.com

www.ingramcontent.com/pod-product-compliance
Lightning Source LLC
Chambersburg PA
CBHW080330170426
43194CB00014B/2517